中國近代期刊彙刊·第二輯

# 國風報

## 一

第一年第一期——第一年第四期

中華書局

**圖書在版編目(CIP)數據**

國風報/國風報館編.—北京:中華書局,2009.10
(中國近代期刊彙刊.第2輯)
ISBN 978-7-101-06604-3

Ⅰ.國… Ⅱ.國… Ⅲ.期刊-彙編-中國-清後期
Ⅳ.Z62

中國版本圖書館CIP數據核字(2009)第030738號

責任編輯:歐陽紅

中國近代期刊彙刊·第二輯
國 風 報
(全十册)
國風報館 編
*
中 華 書 局 出 版 發 行
(北京市豐臺區太平橋西里38號 100073)
http://www.zhbc.com.cn
E-mail:zhbc@zhbc.com.cn
北京市白帆印務有限公司印刷
*
850×1168毫米 1/32·242¼印張·9插頁·4200千字
2009年10月第1版 2009年10月北京第1次印刷
印數:1-800册 定價:980.00元

ISBN 978-7-101-06604-3

# 影印説明

## 一

《國風報》，一九一〇年二月二十日（宣統二年庚辰正月十一日）在上海創刊〔一〕。編輯兼發行人何國楨，實際主持人是梁啓超。它是繼《新民叢報》、《政論》後立憲派的主要報刊之一。

《國風報》，旬刊，出版之初，《申報》登有廣告：

「本報以忠告政府，指導國民，灌輸世界之常識，造成健全之輿論爲宗旨，月出三册，每册八萬字，逢一日出版，内容分諭旨、論説、時評、著譯、調查、記事、法令、文牘、談叢、文苑、小説、圖畫、問答、附録，凡十四門。議論宏通，記載詳確，談叢、小説各門饒有趣味，誠報界之偉觀，而立憲國民之糧也。定閲全年六元五角……上海四馬路國風報館。」

〔一〕梁啓超一九一一年五月十六日（辛亥四月十八日）《致林獻堂書》謂：日前此《國風報》亦欲如此辦法（按：指印刷所、發行所等設於神户），但以無資本，不得不委諸上海，極不便也。

《國風報》創刊號一開始就刊載梁啓超撰寫的《敘例》，略謂：

「立憲政治者，質言之則輿論政治而已。地方自治諸機關以及諮議局、資政院，乃至將來完全獨立之國會，凡其所討論設施，無一非輿論之返照，此事理之至易覩者，無待贅論。即政府大臣以至一切官吏，現已奉職於今日預備立憲政體之下，則無論若何强幹，若何腐敗，終不能顯違初訓，而故與輿論相抗，此又事勢所必至者也。夫輿論之足以爲重於天下，固若是矣。」

以爲「立憲政治」，「質言之則輿論政治而已」，從輿論上宣傳立憲，作爲立憲國民之糧。

《國風報》初創時，只在上海、北京、廣州以及日本東京設立分售處。不到一年，海内外各埠代理處增至六十三處，發行地點遍及十七省，並運銷南洋、澳洲、美國、加拿大等地，影響廣泛。

《國風報》，舊曆每月逢一出版，一九一一年七月停刊。第一年三十五期，第二年十七期，共五十二期。

## 二

《國風報》第一期發表梁啓超（署名滄江）《說國風》上、中、下，認爲「國風之善惡，則國命之興替所攸繫也」。「國家之盛衰興亡，孰有不從其風者耶？我國積數千年之歷史以有今日，而結集此最多數之國民，以享有此最形勝之國土，則我先王先民之遺風，其所以詒謀我者，當必有在。而今也我國國風，其有足以夸耀於天下者否耶？以視英、德、法、美、俄、日則何如。以視西、葡、土、猶太、高麗則又何如。嗟乎！國於天地，必有與立，我國人安可不瞿焉以驚、蹶焉以興也」〔一〕。希望「自附於風人之旨，矢志必潔，而稱物惟芳，託體雖卑，而擇言近雅，此則本報命名之意也」〔二〕。他要「灌輸世界之常識」，以「風人之旨」，「忠告政府」，「指導國民」，故以之名報。

《國風報》發行，正值清季立憲運動進入高潮，梁啓超論述「立憲」、「幣制」的文章很多在此發表，如《立憲九年籌備案恭跋》（第一年第一期）、《中國古代幣材考》（第一年第七期）、《幣制條議》（第一年第九期、第十期）、《諮議局權限職務十論》（第一年第二期）、《官制與官規》（第一年第五期）、《國民籌還國債問題》（第一年第四期）、《爲國會期限問題敬告國人》（第一年第十八、十九期）、《中國前途之希望與國民責任》（第二年第五、六、七、八期）等。他的論著，有的没有收入《飲冰室合集》，如《立憲九年籌備

〔一〕梁啓超：《説國風》上，《國風報》第一期。
〔二〕梁啓超：《説國風》下，同上。

案恭跋》；有的連載是否完稿，也待《國風報》查核始明，如《英國政界劇争記》，載第一、二、六期，收入《飲冰室合集・文集》二十六，末注「未完」，《合集》没有增加，知並未續撰，梁氏文章在《國風報》登出時，每有小注，《合集》删去。《國風報》註明「參見」或附原件、撰期，《合集》也删去了，其實這些都是有參考價值的。

《國風報》所載論文，每用筆名、代號，有的很難考定作者姓氏。

《國風報》出版到第二年，已是一九一一年，四月二十七日（三月二十九日）黄興等廣州起義，犧牲八十六人，七十二人葬於黄花崗，梁啓超在《國風報》第二年第十一期發表《粤亂感言》，謂「革命暴動之舉，吾黨所素不贊成也」。又謂「今兹革命黨人舉動，果足稱爲有意識與否，且勿具論，而要之死於斯難者，其中不乏愛國熱誠磊落英多之士，斯亦舉國所同認矣」。「雖然，夫孰使一國中爱國熱誠磊落英多之士，乃至鋌而走險以出於此一途者，政府之罪，則上通於天矣」。「抑政府其毋謂今兹之變瞬息敉平，遂可以高枕爲樂也。政府而不自爲製造革命黨之機器而已。今既若此，則革命黨之萌芽暢茂，正未有已時。野火燒不盡，春風吹又生，其不至驅全國人盡化爲革命黨焉而不止。此其禍之中於國家、中於朝廷固也，而政府之元惡大憝，其又安能獨免」。贊譽革命志士的「愛國熱誠磊落英多」，痛斥清政府的「元惡大憝」。細讀梁文，也可看到他當時的思想感情。那麽，影印《國風報》，對深入研究清季的預備立憲以至梁啓超的言論動向，都是有幫助的。

三

《國風報》出至第二年第十七期，已是辛亥革命前夕。這次出版，按原刊影印，原刊頁眉、頁碼有明顯錯誤的，均予以改正。第一年第一期至第三十五期的原刊，藏中華書局圖書館；第二年第一期至第十五期，藏上海社會科學院歷史所；第二年十六、十七期藏上海圖書館。這次影印，保留了原刊頁碼，每頁下的阿拉伯數字頁碼，係影印時所加。爲了方便查閱，現按照原刊目録編製總目，附於書前。

湯志鈞

二〇〇九年一月

# 總目

## 第一年第一號


…………一页
◉敍例
◉諭旨
◉圖畫　國會請願代表撮影　江蘇諮議局撮影
闕里　至聖文宣王墓　陋巷　孟母斷機處
◉論説　説國風上中下…………滄江
論各國干涉中國財政之動機…………滄江
◉時評　立憲九年籌備案恭跋…………滄江
現今全世界第一大事…………滄江
◉著譯　英德交惡論…………明水
氣球與飛機沿革畧…………秋水
◉調查　中國最近五年間實業調查記…………茶圃
◉特別記事　英國政界劇争記（一）…………滄江

◉記事　宣統元年大事記
千九百九年世界大事記
◉文牘　憲政編查館曾奏遵擬憲法大綱並逐年應行籌備事宜摺
國會代表請願書
◉談叢　歲晚讀書録……滄江
雙濤館隨筆……雙濤
◉文苑　漢譯開國五十年史自序……日本伯爵大隈重信
讀日本大隈伯爵開國五十年史書後……滄江
秋風斷籐曲……滄江
◉附録　憲政淺説……滄江

## 第一年第二號……一九三页

◉諭旨
◉圖畫　廣東諮議局開幕紀念
籌辦海軍大臣洵貝勒　籌辦海軍大臣薩鎮冰軍門
◉論説　説常識……滄江
地方財政先決問題……滄江

◉時評　讀農工商部籌借勸業富籤公債摺書後……滄江
諮議局權限職務十論……滄江
◉著譯　富籤公債説略……明水
氣球與飛機沿革畧（續）……秋水
◉調查　我國海軍現狀……海客
◉特别紀事　英國政界劇争記（續）……滄江
◉紀事　本國紀事　世界紀事
◉文牘　農工商部奏擬借公債參用富籤票辦法以興實業摺補録
考察憲政大臣于式枚奏各省諮議局章程權限與普國地方議會制度情形不符摺補録
憲政編查館奏議覆考察憲政大臣于式枚奏陳諮議局章程權限摺補録
◉談叢　春冰室野乘……春冰
◉文苑　送十六省議員詣闕上書序……張謇
步月偶占……觚齋
信豐至贛縣溪流曲折舟行萬山中晚泊立瀨墟遇雨……前人
臨江仙引　雪梅香……彊邨
◉小説　伶隱記……英國魏司根達原著　番禺馮滿澤譯述

◉附録　憲政淺説……滄江

## 第一年第三號……三四五頁

◉諭旨
◉圖畫　金山
焦山
◉論説　立憲政體與政治道德……滄江
論幣制頒定之遲速繫國家之存亡……滄江
◉時評　國會期限問題……滄江
錦愛鐵路問題……滄江
滿洲鐵路中立問題……滄江
◉著譯　格里森貨幣原則説畧……雙濤
歐洲七大國財政現狀……竹塢
宣統元年生計界……竹塢
◉特別紀事　美國最近東方政畧記……明水
◉紀事　本國紀事一　本國紀事二　世界紀事一　世界紀事二
◉文牘　都察院代遞總檢察廳廳丞王世琪等請開復已故湘撫陳寶箴原官呈御史

趙熙奏參部臣貪贓骫法錯亂紀綱請　飭查辦摺

◉談叢

春冰室野乘……春冰

◉文苑

將赴奉天海藏樓雜詩第二十四……蘇庵
讀范肯堂遺集愴然賦此……觚齋
還西山墓廬宿下關大觀樓與胡子靖話別……伯嚴
雪夜過瞻園誦樊山午詒倒疊前韻諸作感而和此……前人
大雪酒集桃園水榭疊前韻……前人
去西山還城同惺初皓如……前人
園夜寫意……前人
懷文太初……彊邨
約價口……前人
夏夜山寺納涼即景偶成……觚齋
不信一首柬樹園先生……弱父
晨起書懷……前人
次韻崔大九日登高見懷之作……前人
鵲蹋枝……乙樓

◉小說

伶隱記……英國魏司根達原著　番禺馮滿澤　譯述

## 第一年第四號……五〇五页

◉諭旨

◉圖畫　旅美干城學校學生步操圖

◉論説　論地方税與國税之關繫……滄江

改用太陽曆法議……滄江

◉時評　國民籌還國債問題……滄江

西藏戡亂問題……滄工

◉著譯　歐美七大國財政現狀……竹塢

◉調查　各省濫鑄銅元小史……滄江

◉法令　憲政編查館奏定京師地方自治章程

憲政編查館奏定京師地方自治選舉章程

◉文牘　山東巡撫孫寶琦奏釐定直省官制謹陳管見摺

江西提學使湯壽潛奏父老且衰勢難就養懇　恩准予開缺摺

御史江春霖奏參慶親王摺

御史江春霖奏遵　諭明白回奏摺

給事中忠廉等奏言路無所遵循請　明降諭旨摺

◉紀事　本國紀事　世界紀事
◉談叢　歲晚讀書録……滄江
春冰室野乘……春冰
◉文苑　味梨集序……遥遊
伯嚴先生見過招同游鷄鳴寺……君遂
前門汽車曉發晚宿順德……龍慧
贈夏午詒……伯弢
齊天樂木棉……彊邨
探芳信……前人
阮郎歸……前人
漁家傲……前人
浣谿紗……叔問
前調……前人
過秦樓……前人
◉小説　伶隱記……英國魏司根達原著　番禺馮滿澤譯述
◉附録　憲政淺説……滄江

第一年第五號……六五七页


◉諭旨
◉圖畫　德皇威廉第二像　美總統塔夫脱像
◉論説　官制與官規……滄江
改鹽法議……滄江
◉時評　西藏戡亂問題……滄江
張恰鐵路問題……滄江
城鎮鄉自治章程質疑……滄江
◉調查　各省濫鑄銅元小史……滄江
西藏問題關繫事項調查記……茶圃
我國外債現狀調查記……明水
◉紀事　本國紀事　世界紀事
◉法令　憲政編查館奏定府廳州縣地方自治章程
◉文牘　憲政編查館會奏彙案會議禁革買賣人口舊習酌擬辦法摺
度支部會奏併案覈議川鹽廢票改官摺
◉叢録　雙濤閣時事日記……雙濤

◉文苑
春冰室野乘……春冰
爲朱九江先生贍家立祠啓……遙遊
啼血三律
戊戌九月和宋燕生作二律……觚齋
六醜芙蓉……大鶴
慶春宮冬緒羈懷賦示漚尹……前人
◉小説
伶隱記……英國魏司根達原著 番禺馮滿澤譯述

## 第一年第六號……八一三页

◉諭旨
◉圖畫
英皇英后親臨議院圖
◉論説
論國民宜亟求財政常識……滄江
改鹽法議(續)……滄江
◉時評
諮議局權限職務十論(續)……滄江
臺諫近事感言……滄江
◉著譯
衛國卹民化梟弭盜均宜變鹽法議……張謇

◉調查　中國現行鹽政說畧……明水
◉特別紀事　英國政界劇爭記（續）……滄江
◉紀事　本國紀事　世界紀事
◉法令　憲政編查館奏定法院編制法并各項暫行章程
◉文牘　吉林巡撫陳昭常奏請設立責任内閣摺
◉叢録　雙濤閣時事日記……雙濤
春冰室野乘……春冰
◉文苑　五十自叙……裒碧
詩十一首
詞四首
◉小説　伶隱記……英國魏司根達原著　番禺馮滿澤譯述
◉附録　憲政淺説……滄江

## 第一年第七號

第一年第七號……九六七页
◉諭旨
◉圖畫　滄浪亭撮影　寒山寺撮影

◉論說
論請願國會當與請願政府並行……滄江
◉時評
再論籌還國債會……滄江
新軍滋事感言……滄江
再論錦愛鐵路問題……滄江
◉著譯
中國古代幣材考……滄江
◉調查
中國現行鹽政說畧……明水
◉紀事
中國紀事
世界紀事
◉文牘
山東巡撫孫寶琦奏詳解幣制三疑二誤並酌擬單數本位及平色法價等差摺
幣制調查局顧問員周金箴上度支部論幣制書
◉叢錄
雙濤閣時事日記……雙濤
江介雋談錄……野民
春冰室野乘……春冰
◉文苑
與葛倉督書……秦樹聲
與魏枚歎太史書……前人
詩二十一首
詞五首

◉小說　伶隱記……英國魏司根達原著　番禺馮滿澤譯述

## 第一年第八號……一一一三頁

◉諭旨
◉圖畫　張家口停車場
居庸關車站道岔作工景
◉論説　國家運命論……滄江
◉時評　軍機大臣署名與立憲國之國務大臣副署……滄江
駁藏政策之昨今……滄江
◉著譯　中國國會制度私議……滄江
◉調查　世界海軍調查記……明水
◉法令　學部奏定各學堂管理通則
◉文牘　憲政編查館奏行政事務宜明定權限酌擬辦法摺
吉林巡撫陳昭常奏創辦經征局勻定府廳州縣公費摺
熱河都統誠勳奏原設阜新縣治擬勘地移建摺
四川總督趙爾巽奏查明光緒三十四年分歲出入總數並上年清理財政

情形摺
督辦鹽政大臣奏遵　旨詳議摺
◉紀事　中國紀事
世界紀事
◉叢録　雙濤閣時事日記……雙　濤
江介雋談録……野　民
春冰室野乘……春　冰
◉文苑　詩二十四首
詞一首
◉小説　伶隱記……英國魏司根達原著　番禺馮滿澤　譯述

## 第一年第九號……一二七五页

◉諭旨
◉圖畫　孔林古栢
◉論説　幣制條議……滄　江
◉時評　湘亂感言……滄　江

◉著譯　中國國會制度私議(續)……滄江
◉調查　世界海軍調查記(續)……明水
◉文牘　國會請願同志會意見書
◉紀事　中國紀事
　世界紀事
◉叢録　歲晚讀書録……滄江
　春冰室野乘……春冰
◉文苑　詩十五首
　詞二首
◉小説　伶隱記……英國魏司根達原著　番禺馮滿澤譯述

## 第一年第十號

……一四二七页
◉諭旨
◉圖畫　曲阜孔廟攝影
◉論説　幣制條議(續)……滄江
◉時評　湘亂感言(續)……滄江

◉著譯
讀度支部奏報各省財政摺書後……滄江
中國國會制度私議（續）……滄江
貨幣主位制畧論……明水
◉調查
世界海軍調查記（續）……明水
◉文牘
各督撫爲鹽政新章請軍機處代奏電
河南巡撫吴重熹奏已故督臣徐廣縉功德在民懇　恩開復原官摺
湖南巡撫岑春蓂奏已故襄陽守鄭敦允請　宣付史館立傳摺
◉紀事
中國紀事
世界紀事
◉叢録
歲晚讀書録……滄江
春冰室野乘……春冰
◉文苑
哀考籃文……抱碧
詩十八首
詞三首
◉小説
伶隱記……英國魏司根達原著　番禺馮滿澤　譯述

## 第一年第十一號……一五七五页

◉諭旨
◉圖畫　岱廟畫壁
◉論説　論中國國民生計之危機……滄江
◉時評　讀幣制調查局調查研究問題書後……明水
　讀度支部奏定試辦豫算大概情形及册式書後……滄江
◉著譯　中國國會制度私議（續）……滄江
◉紀事　中國紀事
　世界紀事
◉法令　度支部奏定各省試辦宣統三年預算報告總册式附比較表式
◉文牘　浙江巡撫增韞代奏在籍編修邵章條陳官制摺
　各督撫爲鹽務處致鹽政處電
◉叢録　江介雋談録……野民
　春冰室野乘……春冰
◉文苑　梅陽歸養圖送江侍御詩七首

◉小說　伶隱記……英國魏司根達原著　番禺馮滿澤　譯述
## 第一年第十二號……一七二九页
◉諭旨
◉圖畫
靈岩寺寶塔
◉論説
米禁危言……滄江
◉時評
論直隸湖北安徽之地方公債……滄江
◉著譯
中國國會制度私議（續）……滄江
哈雷彗星談……藝蘅
◉法令
法部奏定法官考試任用暫行章程施行細則
◉文牘
度支部奏釐定幣制酌擬則例摺
度支部奏籌擬舊制銀銅各幣辦法摺
唐蔚芝侍郎上度支部條陳幣制書
順天府府尹王乃徵籌備第三屆憲政事宜並各級審判制度暨清訟辦法
請飭交議摺
◉紀事
中國紀事

世界紀事
◎叢録　江介雋談録……野民
春冰室野乘……春冰
◎文苑　詩十七首
◎小説　伶隱記……英國魏司根達原著　番禺馮滿澤譯述


## 第一年第十三號……一八七五页

◎諭旨
◎圖畫　鍾山雪景　北極閣
◎論説　立憲政治與輿論……長輿
◎時評　讀宣示幣制　明詔恭注……明水
◎著譯　中國國會制度私議（續）……滄江
◎法令　憲政編查館會奏呈進現行刑律　黄册定本請　旨頒行摺附清單
◎文牘　署鄂督瑞澂署湘撫楊文鼎會奏遵查湘省痞徒擾亂地方文武辦理不善情形分别參辦摺
署湖廣總督瑞澂奏特參籍紳挾私釀亂請分别懲儆摺

署粵督袁樹勛奏中央集權宜先有責任政府及監察機關摺
◉紀事　中國紀事
世界紀事
◉叢録　春冰室野乘……春　冰
◉文苑　詩十五首
◉小説　伶隱記……英國魏司根達原著　番禺馮滿澤　譯述

## 第一年第十四號……二〇四一页

◉諭旨
◉圖畫　瓊花圖
◉論説　公債政策之先決問題(續)……滄　江
◉時評　讀宣示幣制　明詔恭注……明　水
◉著譯　中國國會制度私議(續)……滄　江
◉法令　法部奏定考試法官指定主要各科應用法律章程摺併單
民政部奏定巡警道屬官任用章程
郵傳部奏定大小輪船公司註冊給照章程

◉文牘　福州船政廠隖模型説明書
◉特別紀事　南洋勸業會開幕附大事記……茶圃
◉紀事　中國紀事
世界紀事
◉叢録　春冰室野乘……春冰
江介雋談録……野民
◉文苑　詩十五首
詞六首
◉小説　伶隱記……英國魏司根達原著　番禺馮滿澤譯述

## 第一年第十五號……二一〇三頁

◉諭旨
◉圖畫　杭州文瀾閣
◉論説　矛盾之政治現象……茶圃
粵督滇督請立責任内閣摺書後……長輿
◉時評　讀幣制則例及度支部籌辦諸摺書後……滄江

◉著譯
中國國會制度私議（續）……滄江
◉調查
世界海軍調查記（續）……明水
◉文牘
滇督李經羲請設責任内閣摺
兩江總督張人駿奏查明廣東新軍滋事情形摺
給事中陳慶桂奏廣東新軍滋事請　派員查辦摺
廣州將軍增祺署理兩廣總督袁樹勛奏粤省新軍藉端釀變摺
廣東諮議局維持徵兵大局呈袁督文稿
度支部奏釐定兑换紙幣則例摺併單
◉紀事
中國紀事
世界紀事
◉叢録
春冰室野乘……春冰
宋徵君事略……野民
與寶覺居士書……寄禪
追致徐酡仙……前人
◉文苑
與曾公孫廣鎔書……前人
詩十一首
詞二首

◉小説 伶隱記……英國魏司根達原著 番禺馮滿澤譯述

○

## 第一年第十六號……一二三五一頁

◉諭旨
◉圖畫 蘇州虎邱撮影
◉論説 國會與人民……長輿
◉時評 讀幣制則例及度支部籌辦諸摺書後(續)……滄江
時事雜評二則……滄江
◉著譯 嗚呼波斯之立憲……明水
日本治臺成績……明水
◉法令 法部會奏詳訂檢察廳調度司法警察章程摺併單
度支部奏定造幣廠章程
◉文牘 憲政編查館會奏遵議變通府廳州縣地方審判廳辦法摺
憲政編查館會奏酌擬各省法官變通迴避辦法摺
山東巡撫孫寶琦奏請變通地方自治摺
◉紀事 中國紀事

世界紀事
◉叢録　春冰室野乘……春冰
◉文苑　詩集自序……更生
詩十六首
◉小説　伶隱記……英國魏司根達原著　番禺馮滿澤譯述

第一年第十七號……二五〇七頁

◉諭旨
◉圖畫　虎邱劍池　生公説法處
◉論説　論籌備立憲當先整肅紀綱……茶圃
◉時評　論政府阻撓國會之非……滄江
◉著譯　歐洲最近外交事情……明水
◉法令　憲政編查館奏定宗室覺羅訴訟章程
◉文牘　鄂藩王乃徵奏籌辦憲政請變通原案辦法摺
鹽政處會奏廣東鹽務擬請仍令舊商辦理摺
署粤督袁奏廣東械鬥日熾分別治標治本辦法摺

◉紀事 中國紀事
世界紀事
◉叢録 江介雋談録……野民
記穆珠索郎事……濮文曦幼生
◉文苑 詩十首
◉小説 伶隱記……英國魏司根達原著 番禺馮滿澤譯述

## 第一年第十八號……二六六五页

◉諭旨
◉圖畫 曲阜孔廟奎文閣
◉論説 中國國民生計之危機（續）……滄江
爲國會期限問題敬告國人……滄江
◉時評 六月二十五六兩日 上諭恭跋……寓庸
論萊陽民變事……長輿
◉著譯 美國之極東政策……瑟齋
◉調查 各省禁煙成績調查記……茶圃

◉法令　學部通行京外學務酌定辦法並改良私塾章程文
◉文牘　御史趙炳麟奏請飭吏安民摺
前使美大臣伍廷芳奏請剪髮不易服摺
鄂督瑞澂奏陳籌辦海軍摺
南洋大臣張人駿會奏南洋勸業會開幕情形摺
◉紀事　中國紀事
世界紀事
◉叢録　春冰室野乘……春冰
◉文苑　詩十八首
◉小説　伶隱記……英國魏司根達原著　番禺馮滿澤譯述

## 第一年第十九號……二八一七页

◉諭旨
◉圖畫　大孤山　小孤山
◉論説　爲國會期限問題敬告國人（續）……滄江
◉時評　德國膠州湾增兵問題……滄江

葡人圍攻過路環問題……長輿
◉著譯
中國國會制度私議（續）……滄江
新瓜分論……明水
美國之外交政策……瑟齋
◉文牘
讀中外各報感言……李稷勳
東南鐵道大計畫……景本白
論法律館禁止翻印法律各書……守闕齋主人
◉紀事
中國紀事
世界紀事
◉叢録
春冰室野乘……春冰
江介雋談録……野民
海外叢談……茶圃
◉文苑
詩十二首
◉小説
伶隱記……英國魏司根達原著　番禺馮滿澤譯述

第一年第二十號……二九七五页
◉諭旨
◉圖畫
居庸關山洞南口　居庸關山洞北口
◉論説
節省政費問題……滄江
◉時評
資政院章程質疑……滄江
◉著譯
中國國會制度私議（續）……滄江
歐州之政局……瑟齋
◉查調
津浦鐵路情形記……竹塢
◉文牘
滇督李經羲奏請飭部借款辦理實業摺
憲政編查館法部會奏議覆内閣侍讀學士延昌奏行法官考試請飭改定規則摺
湯壽潛呈軍機處電
浙江鐵路公司董事局政郵傳部電稿
籌辦江蘇全省認捐事務所簡章
◉紀事
中國紀事
世界紀事

◉文苑　詩七首
　　詞三首
◉小説　伶隱記……英國魏司根達原著　番禺馮滿澤譯述

## 第一年第二十一號……三一三七页

◉諭旨
◉圖畫　唐山煤井撮影
◉論説　中國國民生計之危機(續)……滄江
　　政治與人民……滄江
◉著譯　中國國會制度私議(續)……滄江
◉調查　我國之陸軍……竹塢
◉法令　外務部奏定各省交涉司章程
◉文牘　直督陳夔龍奏遵旨詳議行政經費摺
　　魯撫孫寶琦奏遵旨詳議行政經費摺
　　直督陳夔龍奏查明山東萊海兩縣滋事情形據實覆陳摺
◉特別紀事　日本合併朝鮮始末記……長輿

◉紀事　中國紀事
世界紀事
◉叢録　江介雋談録……野民
◉文苑　朝鮮哀詞二十四首……滄江
清明日游萬柳堂並袁督師墓……石遺
◉小説　伶隱記……英國魏司根達原著　番禺馮滿澤譯述

## 第一年第二十二號……三三一九一頁

◉諭旨
◉圖畫　英新皇佐治第五及后梅麗造像
◉論説　朝鮮滅亡之原因……滄江
◉時評　行政綱目諍言……志毅
◉著譯　日本併吞朝鮮記……滄江
銀行之意義及其効用説畧……明水
◉調查　中國對外貿易之大勢……茶圃
◉文牘　督辦鹽政處會奏酌擬整頓淮北票鹽辦法摺併二單

郵傳部查覆粤路弊混摺
◉紀事　中國紀事
世界紀事
◉叢録　春冰室野乘……春冰
◉文苑　詩六首
詞三首
◉小説　伶隱記……英國魏司根達原著　番禺馮滿澤譯述

## 第一年第二十三號……三四四五页

◉諭旨
◉圖畫　軍機大臣朗貝勒造像　軍機大臣徐世昌造像
◉論説　憲法與政治……柳隅
◉時評　借債造路平議……長輿
◉著譯　日本併吞朝鮮記（續）……滄江
◉調查　中國對外貿易之大勢（續）……茶圃
◉法令　法部奏定法官分發章程

◉文牘　前駐藏幫辦大臣温宗堯咨請川督代奏維持西藏大局摺附英國藍皮書譯稿
前農工商部侍郎唐文治咨請憲政編查館代奏文
◉紀事　中國紀事
世界紀事
◉叢録　江介雋談録……野民
海外叢談……茶圃
◉文苑　詩三首
◉小説　伶隱記……英國魏司根達原著　番禺馮滿澤譯述


## 第一年第二十四號……三五九九頁

◉諭旨
◉圖畫　前朝鮮皇帝今李王造像
◉論説　中國外交方針私議……滄江
◉著譯　銀行業務論……明水
海上之英國……瑟齋
◉法令　資政院議事細則

◉文牘　資政院分股辦事細則
江蘇巡撫程德全奏議覆御史趙炳麟等奏確定行政經費等摺
浙江巡撫增韞奏遵　旨併議御史趙炳麟等奏請定行政經費並附抒
管見摺
◉紀事　中國紀事
世界紀事
◉叢録　江介雋談録……野　民
藝衡館隨筆……令　嫻
◉文苑　詩九首
詞二首
◉小説　伶隱記……英國魏司根達原著　番禺馮滿澤　譯述


## 第一年第二十五號


……三七四五頁
◉諭旨
◉圖畫　德國皇太子及妃造像　德皇之家庭撮影
◉論説　中國外交方針私議（續）……滄　江

◉著譯　外債平議……滄江
銀行業務論（續）……明水
日本名士統治朝鮮談……奇甫
◉調查　中國礦業現狀調查記……茶圃
◉法令　憲政編查館奏定各省會議廳規則
法部奏定法官分發章程
◉文牘　署兩廣總督袁樹勛議復御史趙炳麟等條陳摺
晉撫丁寶銓奏覆政費並敬陳管見摺
度支部奏定兑换紙幣則例摺
◉特別紀事　葡萄牙革命記……元瑜
◉紀事　中國紀事
世界紀事
◉叢録　江介雋談録……野民
◉文苑　詩十四首
◉小説　伶隱記……英國魏司根達原著　番禺馮滿澤譯述

# 第一年第二十六號 ……三八八九页


◉諭旨
◉圖畫 資政院坐位圖
◉論説 責任内閣與政治家……滄江
外債平議(續)……滄江
◉時評 今後之中葡交涉……茶圃
葡萄牙革命之原因及其將來……滄江
中國最近市面恐慌之原因……滄江
◉調查 海外僑民調查記……繫匏
◉文牘 各省督撫籌商要政電
國會請願代表孫洪伊等上資政院書
各省督撫合詞請設内閣國會奏稿
◉紀事 中國紀事
世界紀事
◉叢録 海外叢談
◉文苑 詩十三首

◉小說　伶隱記……英國魏司根達原著　番禺馮滿澤　譯述

## 第一年第二十七號……四〇三七页

◉諭旨
◉圖畫　荷蘭女王威廉未納造像
◉論說　敬告國中之談實業者……滄江
外債平議（續）……滄江
◉著譯　德皇牽制三國協商之外交政策……茶圃
◉調查　洛潼鐵道調查記……茶圃
海外僑民調查記……繫匏
◉文牘　憲政編查館奏擬將官制提前官俸展後辦理摺
廣西巡撫張鳴岐奏籌備憲政當從本原著手擬請酌量變通摺
吉林巡撫陳昭常奏遵　旨併議御史趙炳麟等請定行政經費摺
湖廣總督瑞瀓奏遵　旨併議御史趙炳麟等奏請定行政經費摺
唐蔚芝侍郎咨郵傳部轉咨學部文
直督陳夔龍請先設内閣電

各省督撫第二次聯銜奏請國會内閣同時設立電
續録各省督撫籌商内閣國會電
◉紀事　中國紀事
世界紀事
◉文苑　詩十首
◉小說　伶隱記（完）…… 英國魏司根達原著　番禺馮滿澤　譯述

## 第一年第二十八號…… 四一八三页

◉諭旨
◉圖畫　絲繡意大利皇后像
◉論說　外債平議（續）…… 滄江
◉時評　讀十月初三日　上諭感言…… 滄江
評一萬萬圓之新外債…… 滄江
◉著譯　各國外交事件之大小觀…… 茶圃
◉調查　海外僑民調查記…… 繫匏
◉文牘　資政院奏請速開國會摺

度支部奏擬將國家税暨地方税章程同時釐定頒布摺
會議政務處奏會議度支部奏試辦宣統三年預算請飭交資政院照章辦理摺
度支部奏遵章試辦宣統三年預算並瀝陳財政危迫情形摺
兩江總督張人駿奏試辦預算切實裁減情形摺
僑寓日本華商請速開國會書
江督請軍機處代奏電
◉紀事
中國紀事
世界紀事
◉文苑
詩六十二首

## 第一年第二十九號……四三一九页

◉諭旨
◉圖畫
卧龍崗撮影
◉論説
滇督商改外官制通電書後……元瑜
論資政院之天職……滄江
◉著譯
日本勢力之增進……茶圃

論翻譯名義……民質
◉法令　陸軍部會奏遵限釐訂衈卹恩賞章程摺併單表
◉文牘　滇督李經羲奏懇請設内閣國會詳加解釋摺
江蘇諮議局議長張謇豫備資政院建議通改各省鹽法草案
◉紀事　中國紀事
世界紀事
◉叢録　春冰室野乘……春冰
江介雋談録……野乘
◉文苑　憶岱游圖序……袁昶遺稿
曾大父家傳……劉光第遺稿
◉小説　巴黎麗人傳

## 第一年第三十號……四四六三页

◉諭旨
◉圖畫　河工合龍撮影
◉時評　美國政局之劇變與盧斯福……明水
列强對於我國新外債之態度……明水

◉著譯　美國之政黨及其人物……繫　匏
新刑律争論之感言……崔雲松
◉法令　資政院會同學部奏定地方學務章程
◉文牘　晉撫丁寶銓奏查覆晉省礦産摺
郵傳部七品小京官劉澤瑩請確立財政監督大借外債以救危亡呈請代奏摺
浙撫增請速設内閣電
蘇撫陳請設内閣電
各省督撫籌商官制電
◉紀事　中國紀事
世界紀事
◉叢録　春冰室野乘……春　冰
江介雋談録……野　民
◉文苑　詩七首
◉小説　巴黎麗人傳

## 第一年第三十一號……四六一一页

◉諭旨
◉圖畫　黄河鐵橋撮影
◉論說　外官制私議……滄江
◉時評　亘古未聞之豫算案……滄江
◉著譯　兑换券發行權與銀行業之關係……明水
兑换券之功用……明水
◉法令　籌辦海軍處會奏擬訂海軍部暫行官制大綱列表呈覽摺附表
憲政編查館軍諮處陸軍部會奏釐訂陸軍部暫行官制大綱列表呈進摺附表
憲政編查館奏考核巡警道屬官任用章程摺
◉文牘　度支部試辦宣統三年各省各衙門豫算總說明書
◉紀事　中國紀事
世界紀事
◉叢録　江介雋談録……野民
◉文苑　詩十一首
◉小說　巴黎麗人傳

## 第一年第三十二號……四七五三页


◉諭旨
◉圖畫　泰山雲步橋攝影
◉論説　論中央地方之權限及省議會之必要與其性質……長輿
外債平議（續）……滄江
◉著譯　英國海軍之危機……繫匏
◉文牘　資政院奏參軍機大臣責任不明難資輔弼摺
資政院議員陳寶琛等提議奏請宣布楊慶昶所徼　景廟手詔並昭雪
戊戌寃獄案
編制局校訂新刑律意見書
憲政編查館奏派員考察憲政事竣回京謹將各省籌備情形據實臚陳摺
◉紀事　中國紀事
世界紀事
◉文苑　詩十八首
◉小説　巴黎麗人傳

# 第一年第三十三號 …………………… 四八九五页


◉諭旨
◉圖畫　山海關撮影
◉論説　國會開會期與會計年度開始期……滄江
◉時評　評新官制之副大臣……滄江
　　　砯諭與立憲政體……滄江
◉著譯　日人論中國整理財政策……明水
◉法令　資政院會奏議決著作權律遵章請　旨裁奪摺
◉文牘　資政院劾江督奏稿
　　　浙撫增中丞復督辦監政大臣函
　　　劉冕執上度支部整理大清銀行條陳
　　　蘇撫催設内閣電奏
　　　蘇撫第二次催設内閣之電奏
　　　蘇撫致瑞莘帥改籌備清單電
　　　續録各省督撫籌商官制電
◉紀事　特別紀事

中國紀事
世界紀事
◉叢録　春冰室野乘……春冰
江介雋談録……野民
◉文苑　詩二十首
◉小説　巴黎麗人傳

## 第一年第三十四號……五〇三七页

◉諭旨
◉圖畫　明孝陵撮影
◉論説　國會與義務……滄江
◉時評　軍機責任問題……明水
日本之對外政策……茶圃
◉著譯　各國兑換券制度説畧……明水
列国殖民成蹟之比較……茶圃
◉法令　學部奏改訂法政學堂章程摺併單
◉文牘　劉議員審查預算説

◉紀事　中國紀事
世界紀事
◉叢録　春冰室野乘……春冰
江介雋谈録……野民
◉文苑　詩十首
◉小説　巴黎麗人傳

## 第一年第三十五號……五一七九页

◉諭旨
◉圖畫　漢陽晴川閣
◉論説　説政策……滄江
中國憲法之根本問題……柳隅
◉時評　評資政院……滄江
◉著譯　日人論中國整理財政策續第三十三號……明水
◉文牘　法部奏派赴美第八次萬國監獄會會員報告書
◉紀事　中國紀事
世界紀事

◉叢録　春冰室野乘……春　冰
◉文苑　詩八首
◉小説　巴黎麗人傳
◉文牘　補遺


## 第二年第一號……五三二七页


◉諭旨
◉圖畫　正大光明殿　天壇
◉論説　敬告國人之誤解憲政者……滄　江
◉時評　將來百論……滄　江
◉著譯　日人論中國整理財政策續第一年三十五號……明　水
◉文牘　憲政編查館奏遵擬修正逐年籌備事宜開單呈覽摺併單
李家駒奏考察日本財政編譯成書呈覽摺
◉紀事　中國紀事
世界紀事
◉叢録　春冰室野乘……春　冰
◉文苑　詩十九首

◉小説　巴黎麗人傳

## 第二年第二號……五四五五页

◉諭旨
◉圖畫　博塔攝影　鐵塔攝影
◉論説　僥幸與秩序……滄江
◉時評　中俄交涉與時局之危機……滄江
◉著譯　預算制度概説……明水
歐洲外交之大勢……繫匏
◉文牘　度支部奏試辦全國預算擬定暫行章程並主管預算各衙門事項摺
◉特別紀事　最近中俄交涉記……茶圃
◉紀事　中國紀事
世界紀事
◉叢録　春冰室野乘……春冰
◉文苑　詩六首
詞四首
◉小説　巴黎麗人傳

## 第二年第三號……五五八七页


◉諭旨
◉圖畫　古吹臺撮影
◉論説　皇室典範問題……柳隅
◉時評　將來百論（續）……滄江
（五）資政院之將來
（六）弼德院之將來
（七）三國同盟之將來
（八）三國協商之將來
（九）俄德協商之將來
資政院與報館之衝突……柳隅
◉著譯　日人論中國整理財政策（續）……明水
◉法令　學部奏擬訂地方學務章程施行細則摺併單
◉文牘　各督撫會陳改訂官制原奏
錫督力爭滇界之奏稿
雲南諮議局爲片馬交涉事上滇督呈

北京同志會布告全國同胞書
◉紀事　中國紀事
世界紀事
◉叢録　春冰室野乘……春冰
江介雋談録……野民
◉文苑　詩三首
詞三首
◉小說　巴黎麗人傳

## 第二年第四號……五七二七页

◉諭旨
◉圖畫　揚州平山堂撮影
◉論說　責任内閣釋義……滄江
◉時評　時事雜感……滄江
北京調查户口之報告
俄國與達賴喇嘛
我政府之對俄政策

俄國之第二次哀的美敦書
英美與英日
評近頃政府公布法律之手續……柳隅
◉著譯 豫算制度概說……明水
◉文牘 澤公等遵旨查明開平礦務情形及擬收回辦法摺
◉紀事 中國紀事
世界紀事
◉叢録 春冰室野乘……春冰
法律叢話……柳隅
◉文苑 詩四首
詞八首
小説 巴黎麗人傳

**第二年第五號**……五八七一页

◉論旨
◉圖畫 泰山黑龍潭撮影
◉論説 中國前途之希望與國民責任……滄江

閥閲的之政治家與平民的之政治家……柳隅
◉時評　將來百論(續)……滄江
◉著譯　中國人口問題……明水
◉文牘　兩次批准保和會條約附紅十字會條約暨各文件
◉紀事　中國紀事
世界紀事
◉叢録　春冰室野乘……春冰
◉文苑　詩十一首
詞二首
◉小説　巴黎麗人傳

## 第二年第六號……六〇一一頁

◉論旨
◉圖畫　泰山南天門撮影
◉論説　中國前途之希望與國民責任(續)……滄江
國會與外交……柳隅
◉時評　將來百論……滄江

(十三)北京之將來
(十四)上海之將來
(十五)羅馬教皇之將來
(十六)朝鮮貴族之將來
◉著譯　新疆危言……明水
◉文牘　兩次批准保和會條約(續)
◉紀事　中國紀事
世界紀事
◉叢録　春冰室野乘……春冰
◉文苑　詩十一首
◉小説　巴黎麗人傳

## 第二年第七號……六一三九页

◉諭旨
◉圖畫　欽天監天文臺
◉論説　中國前途之希望與國民責任(續)……滄江
外官制評議……更生

◉著譯　豫算制度概説……明水
◉文牘　兩次批准保和會條約（續）
◉紀事　中國紀事
世界紀事
◉叢録　春冰室野乘……春冰
◉文苑　詩五首
◉小説　巴黎麗人傳

## 第二年第八號……六二八一页

◉諭旨
◉圖畫　翁常熟遺像
◉論説　裁行省議……更生
論邊防鐵路……滄江
◉時評　時事雜感……滄江
嗚呼新外債竟成
日本亦一千萬
◉文牘　兩次批准保和會條約（續）

◉紀事　中國紀事
世界紀事
◉叢録　春冰室野乘……春冰
◉文苑　詩十四首
◉小説　巴黎麗人傳

## 第二年第九號……六四三九页

◉論旨
◉圖畫　滇緬北段騰邊界務失地圖
◉論説　爲籌製宣統四年預算案事敬告部臣及疆吏……滄江
外官制評議……更生
◉著譯　中國人口問題（續）……明水
◉文牘　沈祖燕查覆雲南畫界失地參案稟稿
◉紀事　中國紀事
世界紀事
◉叢録　春冰室野乘……春冰
◉文苑　詩七首

◉小説　巴黎麗人傳

第二年第十號……六五七九頁

◉諭旨
◉圖畫　教育聯合會撮影
◉論説　中國前途之希望與國民責任（續）……滄江
◉時評　論政府違法借債諉過君上之罪……滄江
　　我國民將自監督其財政乎抑待外人之監督我乎……明水
◉著譯　最近歐美各國立憲政治之趨勢……明水
◉法令　學部奏修訂存古學堂章程摺併單
◉文牘　憲政編查館會奏遵擬内閣官制並辦事暫行章程繕單恭候　欽定摺併單
　　憲政編查館會奏遵擬弼德院官制繕單恭候　欽定摺併單
◉紀事　中國紀事　世界紀事
◉叢録　春冰室野乘……春冰
◉文苑　詩十三首
◉小説　巴黎麗人傳

第二年第十一號……六七一—七頁

◉諭旨
◉圖畫　缺
◉論説　立憲國詔旨之種類及其在國法上之地位……滄江
◉時評　收回幹綫鐵路問題……滄江
粵亂感言……滄江
◉著譯　墨西哥革命之真相……明水
國民與國會之關係……柳隅
◉文牘　郵傳部奏粵川漢鐵路借欵緣由摺
川粵漢鐵路借欵合同
◉紀事　中國紀事
世界紀事
◉叢録　春冰室野乘……春冰
◉文苑　詩五首
◉小説　巴黎麗人傳

## 第二年第十二號……六八五一頁

◉諭旨
◉圖畫　周文王陵
◉論説　内閣果對於誰而資責任乎……滄江
違制論
◉著譯　巴拿馬運河與海權問題……竹塢
國民與國會之關係（續）……柳隅
◉法令　法部奏編定京外各級審判檢察廳辦事章程擬請頒行摺併單
◉文牘　諮議局聯合會呈都察院代奏皇族不宜充内閣總理大臣摺
諮議局聯合會呈都察院代奏增練備補兵爲徵兵預備摺
諮議局聯合會請飭閣臣宣布借債政策呈都察院代奏摺
◉紀事　中國紀事　世界紀事
◉叢録　春冰室野乘……春冰
◉文苑　詩十六首
◉小説　巴黎麗人傳

第二年第十三號……六九九三页


◉諭旨
◉圖畫　周武王陵
◉論説　内閣是否代君主負責任……滄江
對外與對内……滄江
◉著譯　英皇加冕感言……竹塢
盧斯福論白種衰亡之兆……竹塢
國民與國會之關係（續）……柳隅
◉文牘　度支部會奏遵旨籌畫川粤漢幹路收回詳細辦法摺
聯合會呈請代奏明降諭旨另簡大臣組織内閣稿
外務部奏覆變通外交官服式摺
◉紀事　中國紀事　世界紀事
◉叢録　春冰室野乘……春冰
◉文苑　詩十九首
◉小説　伶隱記

## 第二年第十四號……七一二七页


◉論旨
◉圖畫　巫峽撮影
◉論説　政黨與政治上之信條……滄江
利用外資與消費外資之辨……滄江
◉時評　國民破産之噩兆……滄江
◉著譯　國民與國會之關係（續）……柳隅
◉法令　内閣會奏酌擬内閣屬官官制暨内閣法制院官制摺併單
◉文牘　諮議局聯合會宣告全國書
湖南諮議局協議劃分國家税地方税呈文
蘇屬自治籌辦爲整理壤地插花斗入布告文
◉紀事　中國紀事　世界紀事
◉叢録　春冰室野乘……春冰
◉文苑　詩十二首
◉小説　巴黎麗人傳

## 第二年第十五號……七二六五页


◉諭旨
◉圖畫　灩澦堆
◉論説　學與術……滄江
政治家之德操……柳隅
◉時評　將來百論(續)……滄江
内閣協理大臣與副署……柳夷
◉著譯　國民與國會之關係(續)……柳隅
◉法令　資政院會奏遵　旨改訂資政院院章摺併單
◉文牘　法部代奏會員考察各國司法制度報告書
◉紀事　中國紀事
世界紀事
◉叢録　春冰室野乘……春冰
◉文苑　詩七首
◉小説　巴黎麗人傳

## 第二年第十六號……七三九九页

◉諭旨
◉圖畫　缺
◉論說　中國憲法上君主之地位……柳隅
　內閣與軍事之關係……柳隅
　英國上院改革劇爭之感言……竹塢
◉著譯　國民與國會之關係(續)……柳隅
◉文牘　直省諮議局聯合會爲閣制案續行請願通告各團體書
　陶仲涵上度支部改革幣制書
　唐蔚之侍郎致中央教育會說帖
◉紀事　中國紀事
　世界紀事
◉業録　春冰室野乘……春冰
◉文苑　編年東坡樂府序　藏語序
◉小說　巴黎麗人傳

# 第二年第十七號……七五三九页


◉諭旨
◉論説　論裁可權之範圍及裁可法律諭旨之格式……柳隅
皇室與人民……柳隅
論英法間都華海峽爲大地新化所自出……更生
◉著譯　國民與國會之關係（續）……柳隅
摩洛哥與德法西三國之關係……繫匏
◉文牘　外務部奏和屬領約已定請　旨派員畫押摺附片條約照會
護理川督王人文奏鐵路借款合同喪失　國權請治籤字大臣誤國之罪
並提出修改摺
◉紀事　中國紀事　世界紀事
◉業録　春冰室野乘……春冰
◉文苑　南海先生倦遊歐美載渡日本同居須磨浦之雙濤閣述舊抒懷敬呈
一百韻……滄江
◉小説　巴黎麗人傳
◉附録　西班牙遊記

# 國風報

大清郵政局特准掛號認為新聞紙類
日本明治四十三年二月十三日第三種郵便物認可

（每月三期逢一日發行）

宣統二年正月十一日

第一年第一期

國風報第一號

## 定價表

費須先惠逢閏照加

| 項目 | 報資 |
|---|---|
| 全年三十五冊 | 六元五角 |
| 上半年十七冊 | 三元五角 |
| 下半年十八冊 | 三元五角 |

| | |
|---|---|
| 零售每冊 | 二角五分 |
| 本國郵費 | 每冊四分 |
| 歐美郵費 | 每冊七分 |
| 日本郵費 | 每冊一分 |

## 廣告價目表

| | |
|---|---|
| 一面 | 十元 |
| 半面 | 六元 |

惠登廣告至少以半面起算如登多期面議從減

宣統二年正月十一日出版

四月念一日四版

編輯兼發行者　何國楨

發行所　上海福州路　國風報館

印刷所　上海福州路　廣智書局

## 分售處

北京桐梓胡同　廣智分局

廣州十八甫國事報館

廣州雙門底聖賢里　廣智分局

廣州十八甫廣生印務局

日本東京中國書林

# 國風報

## 各省代理處

- ▲直隸 保定府西大街 萃英山房
- ▲直隸 保定府 官書局
- ▲天津 府署東 原創第一家派報處
- ▲天津 浦東小關大行 公順京報局
- ▲天津 鄉祠南售報處 李茂林
- ▲天津 東馬路 羣益書局
- ▲奉天 省城交涉司對過 振泰報局
- ▲奉天 天圖書館
- ▲盛京 昌圖府北大街 振泰報局
- ▲吉林 省城板子胡同 文盛報房
- ▲山東 濟南府芙蓉街 維新書局
- ▲河南 開封府城北書店街 茹古山房
- ▲河南 開封府西大街 文會山房
- ▲河南 開封府西大街 大河書局

---

- ▲河南 開封府西大街 教育品社
- ▲河南 開封北書店街 總派報處
- ▲河南 武陟三官廟街 永亨利
- ▲河南 彰德府 茹古山房
- ▲陝西 省城內竹笆市 公益書局
- ▲陝西 省城 萃新報社
- ▲山西 省城翦子巷 文元書局
- ▲山西 省城 書業昌記
- ▲貴州 崇學書局
- ▲雲南 城東院街沙騰巷口 天元京貨店
- ▲安徽 廬州府神州日報分館 陳福堂
- ▲漢口 黃陂街 昌明公司
- ▲安慶 府龍門口 萬卷書樓

# 國風報

# 各省代理處

▲蕪湖 徽州碼頭 科學圖書社

▲四川 成都府學道街 輸文新社

▲四川 成都 正誼書局

▲四川 成都會府東街 華洋冬報總派處

▲四川 成都南紗帽街 安定書屋

▲湖南 長沙 羣益圖書公司

▲湖南 常德府 申報館

▲南京 城夫子廟 啓新書局

▲南京 城淮淸橋 莊嚴閣

▲南京 城花牌樓 崇藝書社

▲南京 城花牌樓 圖南書社

▲江西 省城洗馬池 開智書局

▲江西 廣信府文昌宮 益智官書局

▲江西 南昌萬子祠裱畫巷內 廣益派報社

▲福州 督署後 教科新書館總派報處

▲廈門 關帝廟街 新民書社

▲溫州 府前街 日新協記書莊

▲溫州 瑞安太平石街 廣明書社

▲蘇州 觀前街倉橋浜 瑪瑙經房

▲揚州 古旗亭街 經理各報分銷處

▲常熟 常照派報處 朱乾榮君

▲常熟 寺前街 海虞圖書館

▲常熟 孚記書莊

▲星加坡 南洋總滙報

▲澳洲 東華報

▲金山 世界日報

▲紐約 中國維新報

▲香港 中環砵甸乍街 致生印字館

# 國風報第一年第一號目錄

●敍例
●諭旨
●圖畫　國會請願代表撮影　江蘇諮議局撮影
闕里　至聖文宣王墓　陋巷　孟母斷機處
●論說　說國風上中下　滄江
論各國干涉中國財政之動機　滄江
●時評　立憲九年籌備案恭跋　滄江
現今全世界第一大事　滄江
●著譯　英德交惡論　明水
氣球與飛機沿革畧　秋水

●調查　中國最近五年間實業調查記　茶圃
●特別記事　英國政界劇爭記（一）　滄江
●記事　宣統元年大事記
千九百九年世界大事記
●文牘　憲政編查館會奏逐擬憲法大綱並逐年應行籌備事宜摺
國會代表請願書
●談叢　歲晚讀書錄　滄江
雙濤館隨筆　雙濤
●文苑　漢譯開國五十年史自序　日本伯爵大隈重信
讀日本大隈伯爵開國五十年史書後　滄江
秋風斷藤曲　滄江
●附錄　憲政淺說　滄江

國會請願代表攝影

江蘇諮議局

闕里

大成至聖文宣王墓

巷　陋

孟母斷機處

# 敘例

天相中國。誕膺我 德宗景皇帝。滂沛德音。布立憲之政。以垂諸無窮。而施諸罔極。今上皇帝善繼善述。申明成典而光大之。將以開百王未有之治。而饜率土具瞻之望。聖神文武。重熙累洽。自古聖賢之君。其體國子民之業。布在方策。若夫公天下之盛心。與夫措施規模之宏遠。則未聞有 聖 聖相繼如今日者也。蓋聞諸書曰。衆非元后何戴。后非衆罔與守邦。伏惟我 德宗景皇帝我

今上皇帝所以覆幬吾民而勤育之者。既已 仁至義盡。而無以復加。自今以往。其果能厝國家於長治久安。以遠慰 在天之靈。而近紓 宵旰之憂與否。**則舉國百僚士庶之責也**。夫立憲國之君主。其神聖不可冒犯之實。遠過於專制國。故決無或負政治上之責任。而一切用人行政。當由政府大臣任其勞。其有闕失。亦惟政府大臣尸其咎。苟爲政府大臣者。唯阿旅進退。不事事。而仍以衡石量書之役。重勞君上。或舉措乖方。貽誤國家。則託於奉令承敎。出納王命。不自引責。而使

君上代吾受過以爲民怨府此皆所以賊害皇室而與立憲主義最相反背者也坐是之故今後之爲政府大臣者苟非精白乃心有富貴不淫威武不屈之節操常惻然以憂天下爲心而舍私利以徇國家之急者則不容濫竽於其位固不俟論然又非僅能是而已足也必其識足以通古今之變洞庶民之隱知四國之爲然後能審時度勢以定一國政治之鵠而無或舉標而遺本圖小而失大見近而忘遠然後能使一方之福與全國之休常相調合使百年之計與救時之策各適其宜此以言乎施政之本原也若夫如何而能網羅俊傑使之在位如何而能董率百僚使咸率職內而政府全部如何而能統一之使權限各伸而步趨罔歧外而國民議會如何而能應對之使嘉謨畢采而橫議不行下而大小僚屬如何而能導督之使治具日張而官邪無作恒視此十數大臣之器量才略而一國之榮悴興替託命焉其他一切官吏其最急者當務德性純白忠於厥職亦固無論而又須於今世所謂普通常識爲士大夫所不可闕者皆能知其崖畧而於其所司之本職尤須能深明國家所以建置委任之意於其中條理纖悉周備靡不察究而廣之以閱歷厲之以精進然後舉國有方新之氣而庶績奏咸熙

之實若是乎**立憲國之政府大臣及一切官吏**其責任如此其洪大其資格如此其嚴重也若夫吾儕小民其在疇昔則出粟米麻絲作器皿通貨財以事其上已爾謹身節用媚茲一人以俟驅策已爾寒則待上之爲我衣饑則待上之爲我食患難則待上之爲我捍邪僻則待上之爲我坊故禮樂沿革刑政寬猛壹皆委諸肉食之謀而無取爲出位之議也至於立憲國民則不然國家畫出行政權之一部分責諸地方自治而使之助官治所不及吾既爲城鎮鄉一公民則城鎮鄉政之得失吾與有責焉既爲府州縣一公民則府州縣政之得失吾與有責焉既爲省之一公民則省政之得失吾與有責焉不寧惟是數月以後　朝廷將使吾民舉其賢者以入於資政院數年以後且使之爲獨立之一下議院而舉凡一國之大政皆將於此取進止焉使國民而能守政治上之庸德具政治上之常識則其行此參政權也必能匡政府之不逮而進國家於安榮其行此自治權也亦必能造一方之福利而置羣庶於衽席而不然者或聚武斷鄉曲之輩而爲汚吏傅之翼或羣放恣橫議之徒而爲亂民齎之糧兩者之性質雖絕相反要其不爲國家之福而爲國家之禍則一也若是乎**立憲國**

**之國民**其責任又如此其洪大其資格又如此其嚴重也然則自今以往我政府大臣一切官吏及我國民欲求所以踐此責任而備此資格其道何由曰、**是貴有健全之輿論也已矣**夫立憲政治者質言之則輿論政治而已先帝知其然也故　大誥曰大權統於　朝廷庶政公諸輿論蓋地方自治諸機關以及諮議局資政院乃至將來完全獨立之國會凡其所討論設施無一非輿論之返照此事理之至易覩者無待贅論即政府大臣以至一切官吏現已奉職於今日預備立憲政體之下則無論若何强幹若何腐敗終不能顯違　祖訓而故與輿論相抗此又事勢所必至者也夫輿論之足以爲重於天下固若是矣然又非以其名爲輿論而遂足貴也蓋以謷相謷無補於顛仆以狂監狂只益其號呶俗論妄論之誤人國中外古今數見不鮮矣**故非輿論之可貴而其健全之爲可貴**健全之輿論無論何種政體皆所不可缺而立憲政體相需尤殷者則以專制時代之輿論不過立於輔助之地位雖稍尨雜而不爲害立憲時代之輿論常立於主動之地位一有不當而影響直波及於國家耳然則健全之輿論果以何因緣而始能發生乎竊

嘗論之。蓋有五本

一曰常識

常識者謂普通學識人人所必當知者也夫非謂一物不知而引以爲恥也又非謂窮學理之邃奥析同異於豪芒也然而自然界社會界之重要現象其原理原則已經前人發揮盡致爲各國中流社會以上之人所盡能道者皆須略知之又本國及世界歷史上之重大事實與夫目前陸續發生之大問題其因果相屬之大概皆須略知之然後其持論乃有所憑藉自爲不可勝以待敵之可勝而不然者則其質至脆而易破苟利害之數本已較然甚明無復辯難之餘地而欲陳無根之義以自張其軍則人或折以共信之學理或駁以反對之事例斯頃刻成齏粉矣此坐常識之不足也

二曰眞誠

傳曰至誠而不動者未之有也不誠未有能動者也夫輿論者非能以一二人而成立者也必賴多人而多人又非威劫勢脅以結集者也而各憑其良知之所信者而發表之必多數人誠見其如是誠欲其如是然後輿論乃生故虛僞之輿論未有能存在者也今世諸立憲國其國中之輿論大率有數派常相水火然倡之者罔不以誠誠者何曰、以國家利害爲鵠而不以私人利害爲鵠是已蓋國家之利本有多端而利又恒必與害相緣故見智見仁權輕權重感覺

差別異論遂生而莫不持之有故言之成理若夫懷挾私計而欲搆煽輿論利用之以供少數人之芻狗則未有能久者也

**三曰直道**　國之所貴乎有輿論者謂其能爲國家求多福而捍禦其患也是故有不利於國民者則去之當如鷹鸇之逐鳥雀也然凡能爲不利於國民者則必一國中強有力之分子也故必有柔亦不茹剛亦不吐不侮鰥寡不畏强禦之精神然後輿論得以發生若平居雖有所主張一遇威怵則噤如寒蟬是腹誹也非輿論也甚或依草附木變其所主張者以迎合之是妖言也非輿論也

**四曰公心**　凡人類之智德非能完全者也雖甚美其中必有惡者存雖甚惡其中必有美者存故必無辟於其所好惡然後天下之眞是非乃可見若懷挾黨派思想而於黨以外之言論舉動一切深文以排擠之或自命爲袒護國民而於政府之所設施不問是非曲直不顧前因後果而壹惟反對之爲務此皆非以沽名即以快意而於輿論之性質舉無當也

**五曰節制**　近儒之研究羣衆心理學者謂其所積之分量愈大則其熱狂之度愈增百犬吠聲聚蚊成雷其涌起也若潮其飈散也若霧而當其熱度最高之際則其所演之幻象噩夢往往出於提倡者意計之外甚或與之

相反此輿論之病徵也而所以致病之由則實由提倡者職其咎蓋不導之以眞理而惟務撥之以感情迎合佻淺之性故作偏至之論作始雖簡將畢乃鉅其發之而不能收固其所也故節制尙焉以上五者實爲健全輿論所不可缺之要素故命之曰本而前三者則其成全之要素後二者則其保健之要素也夫健全輿論云者多數人之意思結合而有統一性繼續性者也非多數意思結合不足以名輿論非統一繼續不足以名健全苟缺前三者則無所恃以爲結合意思之具卽稍有所結合而斷不能統一不能有力其究也等於無有 **如是則輿論永不能發生輿論永不能發生則憲政將何賴矣** 苟缺後二者則輿論未始不可以發生也非惟可以發生或且一時極盛大焉然用褊心與恃客氣爲道皆不可以持久故其性質不能繼續不轉瞬而灰飛烟滅而當其盛大之時則往往破壞秩序橫生枝節以貽目前或他日之憂 **如是則輿論不爲國家之福而反爲病輿論不爲國家之福而反爲病則憲政益將何賴矣** 然則今日欲求憲政之有成亦曰務造成健全之輿論而已矣欲造成健全之輿論亦曰使輿論之

性質具此五者而已矣欲使輿論之性質具此五者亦曰造輿論之人先以此五者自勉而更以之勉國人而已矣夫輿論之所自出雖不一途而**報館**則其造之之機關之最有力者也吾於是謂欲盡報館之天職者當具八德 **一曰忠告** 忠告云者兼對於政府對於國民言之無論政府或國民苟其舉動有不軌於正道不適於時勢者皆當竭吾才以規正之而不可有所瞻徇容默不可有所袒庇假借而又非嬉笑怒罵之謂也嬉笑怒罵之言徒使人怨毒而不能使人勸使人懲且夫天下雖至正之理至重之事而一以詼諧出之則聞者亦僅資以爲談柄而吾言之功用損其什八九矣所謂不誠未有能動者也以勤懇惻怛之意將之法語巽言間迭並用非極聾瞶固當一寤如終不寤非吾罪矣 **一曰嚮導** 嚮導亦兼政府國民言之今茲之改革政體實迫於世界大勢有不得已者存政府國民雖塗飾敷衍者居大多數然謂其絕無一毫向上欲善之心亦太刻論也顧雖曰有之而不識何塗之從掖而進之先覺之責也斯所謂嚮導也雖然爲嚮導者必先自識塗至熟擇塗至精然後有以導人否則若農父告項王以左左乃陷大澤矣又必審所導之人現時筋力之所能逮循漸以進使

積跬步以致千里否則若屈子夢登天魂中道而無杭矣故嚮導之職爲報館諸職之餘而舉之也亦最難　**三曰浸潤**　浸潤與煽動相反對此二者皆爲鼓吹輿論最有力之具煽動之收效速浸潤之收效緩顧收效速者如華嚴樓臺彈指旋滅收效緩者如積壤泰華閱世愈堅且煽動所得爲橫溢之勢力故其弊之蔓延變幻每爲煽動之人所不及防浸潤所得爲深造之勢力故其效之錫類溥施亦每爲浸潤之人始願不及此兩者之短長也　**四曰強聒**　所貴乎立言者貴其能匡俗於久敝而慮事於未然也夫久敝之俗則民庶所習而安之者也未然之事則庸愚所驚而疑之者也懲其所習安而勸其所驚疑其自始格格不相入宜也是故立言之君子不能以一言而遂足也不能以人之不吾信而廢然返也反覆以諫若孝子之事父母再三以瀆若良師之誘童蒙久之而熟於其耳又久之而饜於其心矣黽勉同心不宜有怒風人之旨也甯適不來靡我不顧小雅之意也　**五曰見大**　社會之事至賾也其應於時勢之遷移而當有事於因革損益者不可勝舉也今之政俗其殃國病民者比比然也豺狼當道而問狐狸放飯流歠而責無齒決蔑克濟矣故君子務其大者遠者必綱舉

而目始張非謂目之可以已而先後主從則有別矣

**六曰主一** 鍥而舍之朽木不折狐埋狐搰效適相消今之作者其知悔矣故必擇術至愼持義至堅一以貫之徹於終始凡所論述百變而不離其宗然後入人者深而相孚者篤也若乃闌闠雜報專務射利並無宗旨或敷衍陳言讀至終篇不知所指或前後數日持論矛盾迷於適從此則等諸自鄶可無譏焉

**七曰旁通** 吾言輿論之本首舉常識夫常識者非獨吾有之而可以自足也輿論之成全恃多數人良知之判斷常識缺乏則判斷力何自生焉必集種種資料以饋之糧使人人得所憑藉以廣其益而眇其思則進可以獲攻錯而退可以助張目矣而所饋之糧能否樂饑是又在別擇之識非刻舟所能語也

**八曰下逮** 下逮云者非必求牧豎傳誦而竈婢能解也吾國文字奧衍教育未普欲收茲效談何易焉若惟此之務必將流於猥褻勸百諷一而已雖然即以士大夫論其普通智識程度亦有限界善牖民者其所稱道之學識不可不加時流一等而又不可太與之相遠如相礐然常先彼一跬步間斯可矣吾超距而前則彼將仆於後矣恒謹於此斯曰下逮若夫侈談學理廣列異聞自炫其博而不顧讀者之惟恐臥此則茲

術最拙者也。吾竊嘗懷此理想。謂國中苟有多數報館能謹彼五本而修此八德者。則必能造成一國健全之輿論。使上而政府大臣。及一切官吏。下而有參政權之國民。皆得所相助。得所指導。而立憲政體。乃有所托命。而我　德宗景皇帝憑几末命。所以屬望於我國民者。爲不虛。而國家乃可以措諸長治久安。而外之有所恃以與各國爭齊盟。吾念此久矣。國中先進諸報館。其果已悉與此理想相應與否。吾所不敢知。然而聲期相應。德欲有隣。駑駘十駕。不敢不勉。爰與同志共宏斯願。自抒勞者之歌。冀備輶軒之采。十日一度。名曰國風。所含門類。具於左方。

自我天覆油油斯雲大哉　王言其出如綸錄**諭旨**第一。

三年蓄艾。一秋餐菊。杜牧罪言。賈生痛哭。錄**論說**第二。

見兎顧犬。知人論世。言者無罪。聞者足戒。錄**時評**第三。

他山攻錯。羣言折衷。取彼楚檮。振我宋聾。錄**著譯**第四。

料民問俗。纖悉周備。網羅日知。以供歲比。錄**調查**第五。

謀及庶人。周知四國。十口相傳。一樹百穫。錄**記事**第六。

李悝六篇。蕭何九章。式我王度。示我周行。錄**法令**第七。

山公啓事。子駿移書。徵諸文獻。以廣外儲。錄**文牘**第八。

如是我聞。其曰可讀。夢溪筆談。亭林日錄。錄**談叢**第九。

梁苑羣英。建安七子。其風斯好。其文則史。錄**文苑**第十。

小道可觀。綴而不忘。九流餘裔。班志所詳。錄**小說**第十一。

大叩大鳴。小叩小鳴。既竭吾才。求其友聲。錄**答問**第十二。

東方畫像。摩詰聲詩。溯洄可從。臥游在茲。揷錄**圖畫**第十三。

文約義豐。語長心重。宿儒咋舌。老嫗解誦。附錄**政學淺說**第十四。

都凡十四門。每十日一卷。卷八萬言。年爲三十五卷。三百餘萬言。

釋例二十三凡

凡十日內　諭旨全錄。尊王也。若篇幅不給。則以晚出者移於次卷。

凡論說本報之精神寓焉。其對象。則兼政治上。與社會上。政治上者。納誨當道也。社會上者。風厲國民也。其選題。則兼抽象的與具體的。抽象的者。汎論原理原則也。具體的。

者應用之於時事問題也凡政治上所懷之意見無不吐而於財政及官方特先詳焉救時也凡社會上所覩之利病無不陳而於道德風習三致意焉端本也

凡論說之文短則不達長則取厭故最長者不過登三次而畢其有未盡則更端論之

凡論說所論則事之應舉措者也凡時評所評則事之已舉措者也

凡時評就國中所已舉措之事而論其得失而旨於規正者什八九蓋其舉措已當無俟規正者則亦無俟諛頌也惟輿論有抨擊政府而失辭者時亦爲政府訟直

凡時評於外國大事時復論列傳曰國之强也鄰國有焉國之亡也隣國有焉吾國人忽諸是乃所以不競也惟評外事則不及語其得失惟推論其影響所及者

凡時評不攻擊箇人非避怨敵以得失之大原不在是也

凡論說及時評皆不徇黨見不衍陳言不衒學理不作詼語謹五本務八德也

凡著譯皆取材於東西各國新出報章之論說其專書亦間採焉皆當世之務而作者之林也

凡時賢偉論與本報宗旨可以相發明者則歸諸著譯

凡調查亦兼政治上社會上兩方面。其資料或由自蒐集。或取材於外報。

凡記事分本國世界兩科。本國記事之目。曰　宮廷恭紀。曰用人行政。曰立法司法。曰國際交涉。曰財政生計。曰海陸軍事。曰運輸交通。曰金融貨幣。曰農工商礦。曰教育警察。曰地方政務。曰邊防藩屬。凡十目。其世界記事則以國別。

凡遇有重大事件發生。為國人所宜特留意者。則為特別記事。無之則闕。事過則止。凡特別記事。每追敘原因。推論結果。與時評相輔。凡特別記事置於普通記事之前。

凡記事皆為秩序的。系統的。以作史之精神行之。

凡法令已　奏准公布者錄之。

凡文牘有用者錄之。時評所糾者。錄其原文。

凡談叢無體例。無系統。自理想考據。掌故文藝。乃至中外異聞軼事。隨筆所之。智識之淵。趣味之藪也。

凡小說聊備一格。無以自表異於羣報。如其改善。願以異日。

凡答問對於本報所持之義。所譚之學。有疑難者。移書相質。則答之。其太洪大之問題。

太瑣末之事項。則不答也。

凡圖畫或名人畫像或歷史遺蹟。或勝地風景。採擇揷入。

凡附錄淺說專書實本報同人嘔心血之作。專務輸灌常識於多數國民。其體裁。則以至淺之筆。闡至邃之理。以至約之文。含至富之義。其種類。則首憲政。及國民生計。以次及財政。地方自治。教育。法學。乃至自然科學等。

凡全卷各門類所論述。恒互相發明。

凡每卷皆備十四門。但材料或有餘於篇幅。則調查、法令、文苑、答問、畫圖、間闕焉。

# 諭旨

宣統二年正月初二日　上諭莊親王載功著加恩賞戴三眼花翎欽此　上諭豫親王懋林前得罰俸處分著加恩寬免欽此　上諭上年順天直隸各屬被災地方業經分別蠲緩糧租貧民諒可不至失所惟念今春青黃不接之時民力未免拮据加恩著將被災歉收之武清等州縣廳各村莊應徵本年春賦地丁錢糧等項並原緩宣統元年及節年地丁錢糧等項分別緩至本年麥後秋後啟徵其坐落武清天津二縣地方之津軍廳葦漁課納糧地畝幷歸入二縣災歉村莊一律辦理以紓民力該督即按照原奏開明詳細數目刊刻謄黃徧行曉諭務使實惠均霑毋任吏胥舞弊用副朝廷履端布闓嘉惠畿疆之至意該部即遵諭行欽此監國攝政王鈐章軍機大臣署名

初三日　上諭吉林度支使陳玉麟著開缺送部引見欽此　上諭吳重熹奏特參庸劣不職各員一摺河南候補通判白榕性情懶惰人亦平庸候補知縣應桂馨人不安分聲名惡劣准補黑岡管河縣丞車鉞宗旨不正久未回工滎澤縣管河縣丞陳謙請

咨赴引二年餘未曾回工靈寶縣縣丞鄭榕任性妄爲民不堪擾候補縣丞方培東年老多病難期振作固始縣往流集巡檢國文魁縱子爲非頗滋民怨候補巡檢程霖調驗不到候補典史曹蘊鏡浮躁多事永城營虞城汛千總高良發擅離職守歸德鎮右營歸併左營候補把總赫連恭禮募補勇糧舞弊營私均著即行革職候補知縣鄭振軒嗜好未除有意規避候補縣丞稽爾楫嗜好已甚兼滋物議均著革職永不敘用候補副將石慶藩前管帶防營御下不嚴操防未能得力著以游擊降補該部知道欽此

監國攝政王鈐章軍機大臣署名

初四日 上諭上年山東被災各州縣業經分別蠲緩錢漕小民諒可不至失所惟念今春青黃不接之時民力未免拮据加恩著將被災之濟寧等州縣各村莊應徵本年上忙錢漕租課等項均分別緩至本年麥後及秋後啓徵其坐落該州縣境內之寄莊竈課與裁併衛所並永利等場均隨同民田一律辦理以紓民力該撫即按照單開詳細數目刊刻謄黃徧行曉諭務使實惠均霑毋任吏胥舞弊用副朝廷施恩布澤惠愛羣黎之至意該部即遵諭行欽此監國攝政王鈐章軍機大臣署名

論說一

# 說國風（上）

滄江

昔先王陳詩以觀民風吳季札觀樂一則曰美哉淵乎憂而不困其衛風乎再則曰美哉泱泱乎大風也哉蓋既積民以成國則國內之民之品性趨向好尚習慣必畫然有以異於他國若此者謂之國風國風之善惡則國命之興替所攸繫也故季札觀風以推知各國存亾之數短長之運未或有忒而中外古今之言治本者亦罔不致謹於是

夫古代則邈矣第弗深考若並世犖犖數名國蓋莫不各有其國風以矯然自異而其國之所以能獨秀於世界者恒必由此英人尊閱歷重實行雖屢挫折靡或退轉而惟期成於厥終其治事也以爲事前而計慮之毋甯事後而審察之彼非先定一原理原則乃始應用於實際蓋行諸實際而有成之後乃推求其所以獲成之原則而應用於

第二次者也故其遇事也恒冒險以進取而無或長慮卻顧於事前以沮其邁往之氣而既已爲之則雖累失敗而決不肯廢於中道惟案其失敗之所由徐徐改作以底厥成而已故其保守之性與其進取之性相引而俱强他國雖有良法美意苟非經英人實行而有效者則不屑學也其所實行而素習雖他國人羣起而非笑之不屑顧也其國內箇人之相視也亦然人人各自磨鍊於閱歷而務實行故不倚賴他人不爲他人所阻撓惟其如是故亦不阻撓他人亦不恃人之倚賴我以自爲重惟其如是故並政府亦非所倚賴並政府亦不得妄干涉箇人而人人皆有軒軒獨立求其在我之概惟其如是故其政治上之意見不輕相讓而亦不屑詭道以相爭常有兩大政黨堂堂正正互相督責互相補助以圖國家之進步此英國國風之大凡也德人反是德人蓋全世界最好學之國民也其性遲重而矜慎將有所興作則必先求其原則審之至當乃始從事故常於事前豫卜事後之成績常以先見防弊於未然其秩序常整齊嚴肅而決不許有一度之失敗以耗費其精力往往有期成於數十年後之事業而數十年前舉國已講求而播植之惟其然也故凡百皆仰先覺者之嚮導皆賴政府之指揮其人

民不肯妄作聰明以致甚囂塵上而亦以學術政治皆務覈名實故一切矯誣浮夸之言行不能見容於社會惟其然也故有不學學則必能有不謀謀則必周有不戰戰則必克彼義務教育之制全國皆兵之制皆自十九世紀之初率先他國以行之而收其成於六七十年以後以五旬之力而奪與國之霸業以七月之力而使法國爲城下盟皆謀定後動而決勝遠在事前其他舉措無大無小無公無私莫不有然此德國國風之大凡也若夫法人則又與彼二者異法人凡事先求原理原則而常賴國家之指揮嚮導頗與德人相類顧無德人服從秩序沈毅負重之美其喜事而敢於進取視英爲近顧無英人百折不回之概故其奮發也易其沮喪也亦易雖然法人有一特性爲全世界人所莫能逮者則其感覺之敏與願力之宏也法人之思想透明洞達而氣魄復能吞吐一世無論何種理論一入法人之意識則不旋踵而煽播徧於全歐中世十字軍之舉屢倡不成及法人被選爲教皇遂能使十數國之君主人民咸集其麾下七興大軍以開歐洲一新局面法國大革命所倡三權鼎立說人民主權說自由平等博愛主義等英國則於十七世紀已疾呼之而實行之矣顧英人僅認爲本身固有之權利

而法人則指爲人類自然之權利故英國之革命雖亦嘗放弒厥主其跡大類法國而他國未嘗一受其影響法人衍之則全歐風靡更展轉鼓蕩以及於全世界蓋應用原理以現於事實法人所最擅長也而其病也在浮躁而騖於感情故基礎不堅而難以持久此法國國風之大凡也俄與美建國日淺日本雖古國然晚近僅乃統一故之三國者其國風皆未甚成熟雖然於菟生七日而已有食牛之氣其得力所在固可察見也美人本英所自出其性之受於英者最多然英人尊階級務形式美人則重平等樂簡易此其所以異也美人蓋全世界中最務實之國民也故其學問之發明雖視歐洲諸國瞠乎其後及其應用科學於實際則舉諸國未有能及之者俄國於全歐最爲晚達殆如豫章之木生七年然後可識若其堅忍强固不汲汲於近功小利取勢常甚遠而得寸得尺以期大成則諸國所不逮也日本人最長於模倣性常以不若人爲恥人之有善則急起直追之若不及而凡有所效必實事求是以得其眞似銳於進取而勇於舍短此美俄日三國國風之大凡也之六强國者雖其國風互有長短得失然皆能善用其長而有以自得又有六國所同具之美風二焉曰重名曰愛國彼其人非不好

利然好利不如其好名苟於其名譽有所點污往往不惜犧牲身命以恢復之若徇財而驟名則社會所不齒也其人非不愛身然愛身不如其愛國國家有難爭匍匐以救之居恒黨爭雖烈一旦有事常能蠲棄小忿協同一致以外禦其侮此則六國者之所同也彼其國惟有此美風故能整飭其制度滋長其學藝濬發其富源强勁其軍旅內之人人各遂其生而外之則舉其國以左右世界世界列國雖百數而爲重者不過六七蓋有由也若夫西班牙葡萄牙之國風好虛榮而勇私鬥故雖嘗雄霸宇內及一蹶而不能復振其殖民之建國於美洲者雖號稱共和立憲而日尋干戈民不聊生土耳其之國風迷信而過於服從蠻勇而疏於實務故日蹙百里不自振拔猶太之國風嗜利無恥故國亾而永不克復其民漂流四海無寸土以託足高麗之國風惰而不事事好小利而喜傾軋常倚賴他國以求庇我故數千年不克自立而長爲人役由此觀之則國家之盛衰興亡孰有不從其風者耶我國積數千年之歷史以有今日而結集此最多數之國民以享有此最形勝之國土則我先王先民之遺風其所以詒謀我者當必有在而今也我國國風其有足以夸耀於天下者否耶以視英德法美俄日則何如

以視西葡土猶太高麗則又何如嗟乎國於天地必有與立我國人安可不瞿焉以驚蹶焉以興也

## 說國風（中）

國之有風也將一成而不變耶抑因時而屢易耶曰天下變動不居之物莫如風夫旣謂之風矣則安有一成而不變者吾徵諸史蹟而有以明其然也當十五六世紀荷蘭葡萄牙人競出航海其時英人猶蟄伏孤島未嘗有一毫海事思想不甯惟是其賤視商業也與我國古代無異蓋自額里查白女皇卽世之後英人始漸狎海而重商今則以海與商爲其天性矣日本當慶應之季舉國以閉關攘夷爲言僅閱數稔迨明治十年前後則國人之慕西風若羣蟻之趨羶也此其最切近而彰明較著者也更徵諸遠則古代希臘人當與波斯戰爭時舉國一致同仇敵愾一若甯聚族而殲而決不肯臣虜於人者乃不及二百年而內閧無虛日羅馬軍至百城迎降望風而靡羅馬當共和初政其人以尚勤儉尊武俠愛自由聞天下及其末葉乃相率俯首帖耳於一二悍將

驕主之下爲之奴隸迨帝政既衰益復驕奢淫佚文弱柔脆以卽於亡前後僅數百年間而其品性習尚一二皆適得其反又如蒙古人當宋元明之世驍勇撼大地所至使歐人股慄至舉其名以止兒啼曾幾何時其屈如蠖其馴如羊今者舉世界不武之民則蒙古其一也此不過舉一二以爲例耳若其他歷史上之陳跡類此者殆更僕難盡卽以我國言之昔顧亭林日知錄著世風一篇敘歷朝風俗變遷升降之跡而嘆息於春秋之美風至戰國而掃地以盡後漢之美風至三國六朝而掃地以盡言之有餘慨焉今之距亭林又三百餘年矣變遷之劇使人暗驚有明之士大夫尚氣誼重名節其內行常好矯矯自異而視國事如其家事有以爲不可者則相率而爭之雖廷杖瘐死不悔而繼起者且相屬及其亡也而洛邑頑民東海大老猶徧山澤自東漢以降士風之美未有若明代者也雍乾而後此風寖以陵夷衰微矣昔人謂明人好名本朝人好利蓋俗之趨媮其所由來者漸也懸崖轉石之勢至今日而愈速愈劇其墮落乃不知所屆自予之始與國中士大夫接也不過二十年耳而前後所覩聞已如隔世前此學子雖什九溺於帖括而京朝巖穴所至猶往往有篤學老儒終歲矻矻以讀書著書爲

事尋常學子釋褐以後未嘗廢學相見輒復論文譚藝其所學致用與否勿具論而要之不失士大夫之面目也今也不然舉國不悅學三傳束閣論語當薪矣然彼方且曰此舊學吾所不屑也及叩其所謂新學者又不過以求一卒業文憑試業得第爲無上之希望其內地中小學堂以下不必論即其曾受學位於外國大學者一得官後則棄所學若敝屣矣彼蓋以學問爲手段非以學問爲目的也故以新學自炫者徧國中而忠於學問者無一人學絕道喪一語今日當之矣然彼方且曰吾將爲政治家舉所學以措諸用而豈屑埋頭伏案作一學者也姑無論一國中雖有政治家而亦不可無學者也又無論政治家不可以廢學也卽如彼言政治家徧朝列矣顧未聞爲國家立一救時之策樹一宏遠之規其敷衍因循視疇昔所謂老朽更有甚焉而其摭拾塗附多立名目以病民而肥己者又往往出新學家之手也然則所謂守舊者又如何前此嫉新說若讐甚或火其書戮其人雖然不過闇於時勢耳然其心口如一猶不失爲光明磊落丈夫之行也今則心之所是非者猶昔而口則朝新政而夕立憲也前此京朝士夫樸素如老儒入署大率步行宴客不過數簋歲得俸廉數百金卽足以自給其名士

往往敝衣破帽蕭然自得而舉國且仰其風采今也全國國民富力視前此有日蹙而無日舒而中流社會之人日相炫以豪華雖以區區一曹郎而一室之陳設耗中人十戶之賦一席之飲宴値會典半年之俸而其尤宦達者更無論也前此偶有游戲諱莫如深今則樗蒱之博以爲常課狹邪之游明張旗鼓職務廢於叢脞神志昏於醉飽而舉國未或以爲非也前此賄賂苞苴行諸暮夜餽者受者咸有戒心今則攫金於市載寶於朝按圖索驥選樹論價恬然不以爲恥而且以此夸耀於其儕輩也此不過略舉其一二若悉數者則累數十紙而不能盡繩之以仲尼墨翟之教則曰是我之所不屑爲語之以英美德日之治則曰是我之所已幾及舍一身以外不復知有職務不復知有社會不復知有國家不復知有世界即以一身論舍禽息獸慾外不復知有美感不復知有學藝不復知有人道不復知有將來滔滔者天下皆是以雷霆萬鈞之力銷鑠一世夫豈無節士入此漩渦而淘捲以去耳孟子曰上無道揆下無法守朝不信道工不信度君子犯義小人犯刑國之所存者幸也又曰上無禮下無學賊民興喪無日矣國風敗壞一至此極就使車書一尊四郊不壘辛有猶將覩野祭而識爲戎范燮猶將

命祝宗以祈速死又況社鬼日謀於其內而飛虎日眈於其外者哉記曰國之將亡本必先顛又曰國家將亡必有妖孽嗚呼痛哉吾壹不解今世之士大夫曷爲忍而自顛其本而盈天下之妖孽壹何其多也夫人人亦知國家之必且無幸矣而十年以前呼號匍匐以思救之者尚有其人今則視爲固然而漠乎不復以動於其中也如處堂燕雀明見火燎之及棟而猶爭稻粱如在釜游魚亦識沸羹之剝膚而姑戲蓮藻人人懷且以喜樂且以永日之心人人作我躬不閱遑恤我後之想物理學所謂惰力兵法所謂暮氣醫家所謂鬼脉而今日中國之國風實兼備之嗚呼二十年前之人心世道有心人所私憂竊歎謂爲澆季者豈意每下愈況以至今日反望之若祥麟威鳳而不可復得見耶循此不變則希臘羅馬末葉之否運終無所逃而我國眞千古長夜矣悠悠萬事惟此爲大我國人其念之哉

## 說國風（下）

易曰風以動之又曰撓萬物者莫疾乎風論語曰君子之德風小人之德草草上之風

必偃詩序曰關雎風之始也所以風天下也吾嘗參合此諸義而有以知風之體與其用也夫風之初起於蘋末則調調刁刁而已其稍進也則侵淫而盛於土囊之口及其卒也乃飄忽淜滂激揚熛怒蹶石伐木梢殺林莽夫國之有風民之有風世之有風亦若是則已耳其作始甚簡其將畢乃鉅其始也起於一二人心術之微及其旣成則合千萬人而莫之能禦故自其成者言之則曰風俗曰風氣自其成之者言之則曰風化曰風教教化者氣習俗之所由生也此又考諸史而可徵也昔漢之風嘗大壞矣王莽盜國而獻符命者徧天下其寡廉鮮恥三代以來未嘗有也光武起而矯之尊經術禮獨行海內承風爭自濯磨人崇廉讓家重名節故東漢風俗之美冠絕今古中葉以降雖僻主相尋而大統無恙范蔚宗論之曰往車雖折而來軫方遒所以傾而未顚決而未潰豈非仁人君子心力之爲乎誠知言也及三國鼎峙以狙詐相尙而魏武復以驍雄之姿束縛馳驟天下士乃至下詔求貧汚辱之名見笑之行不仁不孝而有治國用兵之術者天下靡然趨之東京懿孅埽地以盡典午承流益蕩閑檢卒至舉國心死以釀五胡之亂故于令升論之曰禮法刑政於此大壞如室斯構而去其鑿契如水斯積

而決其隄防如火斯畜而離其薪燎也夫以哀平之世可以一變爲東京以東京之世可以一變爲魏晉則知乎樞機之發轉圜之速因果相繫之苻蓋有必至者矣然又非必帝者之力然後能使然也吾聞諸曾文正公之言矣曰『先王之治天下使賢者皆當路在勢其風民也皆以義故道一而俗同世教既衰所謂一二人者不盡在位彼其心之所嚮勢不能不騰爲口說而播爲聲氣而衆人者勢不能不聽命而蒸爲習尙於是乎徒黨蔚起而一時之人才出焉』吾又徵諸史而有以明其然也昔五季之俗至敗壞也而宋振之元之俗至敗壞也而明振之宋明之君未聞有能師光武者也而其所以振之者則文正所謂不在位之一二人者播爲聲氣而衆人蒸爲習尙也夫衆人之往往聽命於一二人蓋有之矣而文正獨謂其勢不能不聽者何也夫君子道長則小人必不見容而無以自存雖欲不勉爲君子焉而不可得也小人道長則君子亦必不見容而無以自存雖欲不比諸小人而不可得也此如冠帶之國有不衣褌而處者人必望而卻走被黻冕以入裸國其相驚以異物亦猶是也是乃所謂勢也而勢之消長其機則在乎此一二人者心力之强弱此一二人者如在高位則其勢最順而其效

最捷此一二人者而不在高位則其收效雖艱而其勢亦未始不可以成我　朝
聖祖仁皇帝身教言教聖於光武故康熙士習媲跡東都而雍乾以還其在下者未嘗有豪桀卓犖之士能以道義風厲一世故流風餘韻寖以陵夷至道咸間而甚微曾羅諸賢幾振之矣而適丁大難精力耗於戎馬其先所以切劘而相應求者率皆早歲彫落而軍旅之事往往不能不使貪使詐而跅弛之士或反因此以得志於時故　中興以後之國風非惟不進於前而反若退焉又繼之以海疆不靖舉國搶攘泰西政學浸潤輸將而祖述之者大率一知半解莫能究其本源徒以其所表見於外者多與我不類則盡鄙棄吾之所固有以爲不足齒錄而數千年來所賴以立國之道遂不復能維繫人心舉國倀倀然以彷徨於歧路間其險象固已不可思議矣而最近十年來一二赫赫具瞻炙手可熱之當道雖其才略足以經綸天下與否吾不敢言要其以先王之道爲不必學以名節之防爲不必謹則固其所未嘗自諱也其所以風厲天下者信有如魏武所謂負汚辱之名見笑之行不仁不孝而未或以爲病也所異者則魏武必以有治國用兵之術始爲及格今則並此資格而豁去之耳夫以醇樸久漓之民丁青

黃不接之會而復有居高明強有力者以身作則而納之於邪則其禍之烈於洪水猛獸又豈足怪哉今也 成王典學 周公負扆天地清明之象已漸見端矣所聞者在下之君子能正其心之所嚮以播爲聲氣與否而已古人有言物極必反吾國歷史往往待蜩唐沸羹千鈞一髮之際然後非常之業乃出其間而新氣運於以開焉信如是也則吾其或免於爲希臘羅馬末流之續也抑詩序又曰上以風化下下以風刺上主文而譎諫言之者無罪聞之者足以戒故曰風是以自二南以迄曹檜皆以風名而先王常使太史乘輶軒以采之而資以爲美教化移風俗之具焉本報同人學謭能薄豈敢比於曾文正所謂騰爲口說而播爲聲氣者顧竊自附於風人之旨矢志必潔而稱物惟芳託體雖卑而擇言近雅此則本報命名之意也

論說二

# 論各國干涉中國財政之動機

滄江

中國將來之險象不一其最劇而不可治者則各國之綰握我財政而限制我軍備也國中稍有識者憂之久矣嗟乎痛哉不幸而其第一事乃駸駸乎將現於實也據各報所稱述則我國駐劄某國使臣某君曾以電達政府謂各國將於下次海牙平和會議商擬會派員監督財政此事之信否吾不能言即信矣而果能決議以見諸實行與否亦所不敢言要之吾國於此二三年內苟不能將行政機關與財政基礎從根本處改革而建樹之則此不祥之妖夢行將急踐而決不能待至實施憲法召集國會之時此吾所敢言也

或有疑吾爲杞人之憂者雖然苟求其故則當有以明其不然也今日全世界之大問

題維何亦曰經濟問題而已各國對內對外之政策日新月異法令如毛載書充棟要其歸宿則皆以圖已國國民經濟之發榮也雖然經濟者無國界者也當今日交通至便之世一國經濟若有劇變其影響不旋踵而波及於他國故無論何國苟其經濟界含有杌隉不安之種子則非獨其國之私憂實世界之公患也而我國今日又各國經濟競爭之集點而與全世界之經濟關係最深切者也然則中國之經濟界苟含有杌隉不安之種子必尤爲各國之所不能坐視此事理之至易睹者

夫一國之政治固無一不與其國民經濟有連而因緣最深者莫如財政財政紊亂則其經濟界日即彫敝且恐慌之現象必相續而起（恐慌者經濟學上之一名詞其大意則一人破產而牽累及於全市全國全世界也）此事勢之無可逃避者也夫他人誠非有愛於我而視其經濟之日榮也雖然十年以來各國之投資營業於吾境內者已不啻幾億萬我國經濟之實力彼實占其中堅彼雖有種種特權避吾政治上之干涉然吾國財政紊亂所生之結果彼等斷不能不蒙其影響抑甚明矣藉曰直接無所蒙而其間接所蒙者殆不可紀極何以言之蓋今者各國無不以吾國爲其貨物之尾閭使吾國國民生計彫敝則其購買力必蹙減各國過

美之生產無與消受者而無論何種之製造公司皆受其敝矣我國中諸大市鎮其金融機關（即銀行）率皆外人握之恐慌一起則此等機關首當其衝而牽一髮則動全身將全世界之金融機關悉爲所撼搖夫至全世界之金融機關爲所撼搖則影響之相引於無窮者豈復可思議哉是故各國誠非有所愛於我而我國經濟界旣含有杌隉不安之種子則各國必思排除之而後卽安此情理之常毫無足怪者各國又誠非有所憾於我而我國之財政旣足以陷全國經濟界於杌隉之域則各國必思奪吾魁柄而代斡轉之又情理之常毫無足怪者

然則前此曷爲而久不行此曰、一國獨行之必他國之所不許也諸國共行之則某國某國當列於此團體之中而某國某國當擯於此團體之外者此一疑難也列於團體中之諸國當以何國權利較重而何國權利較輕者此又一疑難也一國政治無鉅無細而無不與財政有連若所綰者僅在度支部之會計則財政終無整理之時若擧其有連者而悉及之則發難未免太鉅此亦一疑難也夫欲紾一國之臂而奪其太阿謀之固不可以不愼況益以聯雞之勢各相猜而莫敢執其咎此所以盤馬彎弓而久不發也抑又見乎吾國頻年以來日以改革立憲諸名義號於天下亦庶幾其果出於至誠則必將有道焉拔吾國經濟界於杌隉之域而厝諸磐石與萬國交享其相當應得之利者則亦何必市怨犯怒而爲此擾擾也是故各國之久不行此者非有愛於我有憚於我彼蓋有所謀有所待也雖然改革立憲諸美名非可以久假不歸者苟無其實而襲其名掇拾敷衍以塗民耳目於一時吾民雖或易欺抑安足以逃眈眈者之炯鑒耶況乎託百度更始之名愈以增司農仰屋之歎當嗷鴻徧野之會乃更爲矢魚竭澤之謀自今以往財政之有日紊而無日整抑可見矣則其直接以貽害於本國之經濟界者何可勝道則其間接以貽害於全世界之經濟界者又何可勝道勢必至使各國雖欲坐視而終不能以坐視乃胥謀捐棄其猜忤開前古未有之例萃十數國之代表而公置一合議機關於我京師以代行我冢宰制國用之權而凡一切政務之待帑而行者悉受成焉則我四百兆神明之胄乃終爲天下之僇民矣嗚呼吾豈好爲不祥之言哉（宣統元年十月二十九日記）

此稿方成而連日讀外國報章有美國大統領所下國會敎令宣言各債權國當助

中國改良政治之一事。又有英國泰晤士報著極長之論說論中國國債擔保物不可恃之一事。未幾又遂有美國通告列國欲代我贖回滿洲鐵路而置諸各國共同監督之下之一事。警報頻仍。劌心怵目。嗚呼。事變之來。急轉直下。其相煎迫者未知所紀極。而其勢且將予我以不及防。我政府我國民。其尚能飲食衎衎以遨以嬉而不亟思所以自處耶。至此諸事之始末及吾國所以待之者。吾將更詳述而貢所懷。

（宣統元年十二月初六日補記）

時評

# 立憲九年籌備案恭跋

（參觀本號文牘門補錄原案）

滄江

光緒三十四年八月初一日。憲政編查館王大臣會奏遵擬憲法大綱並逐年應行籌備事宜摺。末附有九年籌備案一份。此實宣統八年前立法行政之準則。而國家安危存亡之所攸繫也。吾儕小民朝夕循誦。祇惕奉承。罔敢或怠。雖然。於欽佩之中。猶有不能不懷疑者焉。曰、此籌備案果能一一實行否耶。苟不能實行。則其所以扞格之者安在。有案而不實行。則其所生之結果又當何如。藉曰悉能實行也。即此遂足以舉預備立憲之實否耶。苟其不能。則其缺點又安在。凡此皆今日全國民所亟當研究之大問題也。而自此案頒布後。已逾一年。上而大吏。中而臺諫。下而民間輿論。似未嘗於此一

## 時評　二

厝意焉。揆諸　先帝渙汗大號之本意。其有怍矣。今也日日言豫備立憲。而人民之失望於政府也愈甚。雖曰局中之艱苦。非局外所能盡喻。得毋亦所由之道有未盡善。而其效乃坐是不睹耶。不揣檮昧。條其所惑以效忠告。庶幾我政府我國民一省覽而資采擇焉。

### 一　籌備案所列舉之條目

謹案全案所列舉籌備之目。都凡二十七事。賡續分屬於九年中。每年所籌備者。多則十四五事。少則六七事。夫以一國之大。政務之繁。而所列舉者僅有此數。則其宜爲犖犖最大者可知也。顧恭繹原案。則其洪纖有太相懸絕者。大者則如宣布憲法　皇室大典釐訂頒布民刑商訴訟法院會計諸法典。小者則如籌辦八旗生計編輯國民必讀課本設簡易識字學塾。夫八旗生計。國民識字等。夫孰謂非今日至急之政務。夫孰謂非此九年內所亟應籌辦。然以列於此案中。則夫最急而應籌辦之政務。其類此者。抑何限。即如貨幣法之當頒定也。銀行法之當改正也。鐵路之當推廣也。郵電之當經理也。農業之當保護也。工商之當獎厲也。種種衞生章程之當頒布也。凡此皆何一可緩者欲悉數之又可盡乎今一切不舉而獨於編纂課本創設學塾等列爲一條得毋於輕重繁簡之間有所未當乎就令專就教育言之簡易識字一事其目之見於案中者凡五年臚舉其成效者復三年其他各種學校皆不及焉在王大臣之意豈不曰教育普及所以增進人民程度爲立憲之基礎也獨不解所謂教育普及者僅恃此區區之簡易識字學塾而已足耶乃於最重要之國民教育機關若小學校中學校等皆未嘗以其推廣完成之期列諸案中於彼何其疏闊而於此何其苛細此愚蒙所不能解也況此事第二三年辦之於廳州縣第四五年辦之於鄉鎮而原案皆注云學部各省督撫同辦吾以爲此等事非由地方自治團體辦之則決不能有效者也今以責諸鞭長莫及之督撫及學部其毋乃徒欲於案中增一項以爲美觀乎夫吾則豈有惡於簡易識字學塾者**顧以凡圖治當先知治體**於不必干涉者而干涉之徒益煩擾而國之大臣疲精神於衡石量書其他要政勢必反致叢脞**姑舉此一端以爲例耳**

又原案第二三四年。均有籌備文官考試章程任用章程官俸章程一項。此皆澄清吏治之一要務。固已然與此同類而所關尤爲重要者有若文官分限章程有若官吏服務章程有若官吏懲戒章程皆闕而不舉則又何也得毋以此等綜覈名實之舉於今日專務鑽營徇庇舞文作弊之官吏社會有所不便耶。

又各級審判廳之籌備。其項目亘於八年。而審判官之養成考試任用分限等。一字未提及得毋以審判官之性質與普通文官毫無差別耶不然何詳於彼而畧於此也

又原案之例。每辦一事必先以釐訂章程。次以頒布章程。然後次以實行。獨於第六年有設立行政審判院一項。而六年以前於行政審判法之制定初未之及若謂制定行政審判法卽包舉於設立行政審判院一項目中則其他諸項目何皆不然若謂無行政審判法而可以設行政審判院則吾不解此院果何所據以行審判也

原案第一年頒布城鎮鄉自治章程。第二年頒布廳州縣自治章程。第二年至第六年辦城鎮鄉自治。第三年至第七年辦廳州縣自治。由此推之。似國家所認爲地方團體有法人之資格者。僅城鎮鄉與廳州縣之兩級。然參證諸他種法令。則又不然。城鎮鄉

自治章程中明有府議會府董事會等名稱是府亦爲一種之自治團體也諮議局章程中明定各省之所有財產及所負義務是省亦爲一種之自治團體也而此九年中關於省與府之地方自治事項未聞以何年頒布章程未聞以何年籌辦何年成立此大不可解也夫府且勿具論 **若夫各行省在法律上之地位應認爲地方自治團體而賦與以法人之資格與否實爲目前之最大問題** 全國人民直接之休戚胥繫是焉夫以我國地理上歷史上之關係言之其不能以廳州縣爲最高之地方自治團體此人人所共知而亦政府之所默認也乃於此九年籌備案中竟不聞頒布省之自治章程實行各省之自治則何也竊王大臣之意得毋以第三年有釐訂直省官制一項謂即此而已足耶 **夫官治與自治其性質絕不相蒙而其道並行而不悖** 此王大臣所能知矣而今乃闕之其遺忘耶其有意剝奪各行省之自治權耶

又原案於各種法律皆先以釐訂越一二年或三四年乃始頒布獨至第九年宣布憲

法一項則前此八年中絕無釐訂之文豈以爲憲法之重要反不如他種法律而可輕率以將事乎抑謂事關重大其內容不可先行漏洩以避事雜言厖之弊乎夫我國立憲之機發之自上則應採　欽定憲法主義誠不俟論雖然法也者國民意力之所合成也法而不與國民意力相應則事實上終不能有效　先帝立憲之本意蓋實有見於此然則將來之　欽定憲法其必當博採輿論所欲與聚所惡勿施明矣而秘之果何爲也

又原案宣布憲法項下注曰憲政編查館辦夫謂我國憲法當由　欽定則斷自聖衷而下此一切機關不許容喙猶可言也今既不爾以如此重大事件而僅屬諸憲政編查館而不使他機關參與其毋乃非　朝廷鄭重審愼之意乎

**原案所最可駭者則責任內閣以何年成立始終未嘗叙及也**　謂此事包舉於京師官制中耶則行政審判院也審計院也弼德院顧問大臣也何一非京師官制者曷爲而於第六第八第九等年而別條舉之謂彼等爲[illegible]

此所未有之官故不得不別舉耶則責任內閣亦何嘗爲前此所有者王大臣之意得毋謂現今專掌題奏之內閣或夙夜出納之軍機大臣或分立無統之各部尚書稍易其名遂足以當立憲國之責任內閣乎必不然矣夫建設責任內閣實爲立憲政體之第一義今也編製此外觀秩然之九年籌備案纖悉至於簡易課本學塾且年年縷舉而不厭獨於此最重要之機關而遺忘之其果遺忘耶抑有惡其害己者而故去其籍耶則人民之致疑於政府立憲之不誠又何足怪凡此皆鄙見對於原案所列舉之條目不能無疑者也其類此者尙多不復縷述

## 二　籌備案所排列之次序

原案區分九年排列整整一若於次第秩序之間幾經審愼而後發者然按諸實際乃大不然有宜先而後者有宜後而先者有宜合而分者有宜分而合者試條舉之原案第二年釐訂京師官制第三年釐訂直省官制一事而兩年分辦此大不可解者也試問釐訂官制之本意果實有見於現行官制之不足以致治而欲大行改革耶抑欲摭拾一二外國官職之名入吾縉紳錄中以爲美觀耶如後之說則何籌備憲政之可言

如前之說則宜合內外以通盤籌畫而不能枝枝節節以圖功明矣大抵釐訂官制之根本辦法在先定國家政務之範圍及其種類次乃辨其孰爲屬於官治行政者孰爲屬於自治行政者於官治行政範圍中辨其孰爲屬於中央官廳者孰爲屬於地方官廳者夫所謂中央官廳與地方官廳之別非以其官廳之或在京師或在直省云也其政務屬於中央者雖其官廳分設於各直省不害其爲中央官廳如各國之海關造幣廠專賣局等其最著也（類此者極多若徧舉之當數百事而未有已）其政務屬於地方者雖其官廳設於京師不害其爲地方政廳如京府京縣之衙署都城之市政公廨等其最著也今議改官制而京師與直省乃各不相蒙則試問各鑄幣局各官辦鐵路局各電報局之官吏其在外省者什而八九將歸諸京師官制乎抑歸諸直省官制乎然此猶曰專辦一事且或非各省所俱有也又如提學使交涉使巡警道勸業道乃至清理財政官等將歸諸京師官制乎抑歸諸直省官制乎

**夫現行官制之缺點雖不一端而最甚者莫如將中央與地方分作兩橛界限不清而互相**

**侵越互相推諉**今釐訂新官制是無異爲中央與地方劃定一新界約也凡重定界約者必於舊界有所變更或一造有所新割讓而他造有所新占領焉或兩造互有所新割讓而亦互有所新占領焉要之非兩造協而謀之不能爲功者也乃今也必釐訂京師官制旣畢然後釐訂直省官制吾誠不知其釐訂之從何著手也

原案第三年釐訂地方稅章程第四年釐訂國家稅章程驟然觀之一若登高自卑有條不紊 **不知此大乖財政學理而按諸實際又決不可行也** 蓋一國之租稅政策欲使之旣足國用而復不病民則不可不根據租稅原則按照本國情形以確定一租稅系統而此租稅系統者則國稅先定然後地方稅隨之者也故斷無先釐訂地方稅而後及國稅之理況地方稅之最重要者爲附加稅（即城鎮鄉自治章程所謂附捐） 附加稅云者附於國稅而加課之也然則國稅未定地方稅將何所麗以存立原案云云眞解人難索矣此事甚長吾當別論之（參觀第三號論說門地方財政之先決問題及第四號論說門國稅與地方稅之關係）

原案於第三年試辦各省預算決算第六年試辦全國預算而第四年始編訂會計法

第七年始頒布會計法第八年始實行會計法吾不知會計法未頒布實行以前預算決算從何辦起勿論他事即會計年度與預算格式已不知其何所適從矣或曰會計法未布以前略計本年所需幾何以製爲一表何嘗不可答曰是誠可也然若是則我國已行之千數百年矣無俟宣統二年宣統五年始行試辦也

原案於第二年調查各省人戶總數第四年調查各省人口總數戶與口分爲兩次調查吾誠不解其命意之所在夫調查人戶時已非併口數而調查之不可（民政部奏定調查戶口章程第四章爲調查戶數而此章第十一條即以人口多寡爲正戶附戶之別）何苦分爲兩截徒增政費且重擾人民也

**原案之最奇特者則凡各種法令皆將編訂釐訂頒布實行逐年排列是已**

故第一年則修改新刑律第二年則核訂新刑律第三年則頒布新刑律直至第六年乃實行新刑律第一年則編訂民律商律刑事民事訴訟律等法典至第四年乃核訂之第六年乃頒布之第八年乃實行之第二年編訂文官考試章程任用章程官俸章程第三年乃頒布之第四年乃實行之第二年釐

訂京師官制。第三年釐訂直省官制。至第五年乃頒布新定內外官制。第七年乃試辦新定內外官制。直至第九年然後新定內外官制一律實行。第三年編訂戶籍法。第五年頒布。第六年實行。第四年編訂會計法。直至第七年然後頒布。第八年然後實行。惟第三年釐訂地方稅章程。第四年頒布。第四年釐訂國家稅章程。第五年頒布。皆不言實行之年。大約此章程爲政府所憑藉以取於民者。急何能擇。故即以頒布之時爲實行之時矣。夫民律商律刑律等諸大法典。其內容浩瀚。其條理繁雜。幾經審慎然後頒布。此吾所最欽佩也。若謂無論何種法律章程必須窮一年之力以編訂。而編訂既了之後。又必須待來年或越數年始宜頒布。則天下安有如是之情理。夫國家之所以立一法者。豈不以此法爲應於時勢之要求萬不可缺也。信如是也。則早頒一日即救一日之敝。而故遼緩之。效彼月攘一雞以待來年者之所行。果何爲也哉。然此猶得曰出於慎重之意。未可厚非也。**若頒布與實行爲期懸絕。則事實上將有無窮之障礙生焉**　今世各立憲國之法律。皆以經國會議決君主裁可之後即爲完成公布特其形式耳然加以此形式之公布則其法律立生效力更無復絲毫疑義其有施行期限稍予猶豫者不過因遼遠之地小民或未能周知耳故大率以官報到達該地之日即爲新法律在該地有效之時此何以故蓋新定一法律皆所以規定人民之新權利新義務也而凡新法律皆有改廢舊法律之力是又消滅人民之舊權利舊義務也　**故每一法律之頒布則國中無量數人之公私權利義務皆緣而生大變動**　既頒布矣而實行之期乃遲至一年或三四年則此一年或三四年中人民將何所適從其間公私訴訟甲則主張新權利乙則主張舊權利而孰爲適法一任官吏之上下其手如此則蜩唐沸羹之象豈復可思議　**此眞所謂治絲而棼之也**　鄙意以爲中國幅員太廣交通未便則法律效力發生之期間不能各地畫一原非得已然或據各省距京師道里之遠近定一等級或即以政治官報到達之日爲期皆未始不可今若原案所定則雖輦轂之下而奉　旨頒布之法律猶有一年或數年等於廢紙吾不知果有何理由而必

須如此也而尤可異者則莫如新官制第二年已釐訂矣至第五年始頒布頒布猶具文耳至第七年始試辦試辦猶兒戲耳至第九年始實行夫官制之爲物固當與時推移務求其適而今日之時局一日百變國家政務之範圍隨之故各國官職之廢置無歲無有自第二年至第九年凡八年間其變遷當幾何而謂前所釐訂者後尚可用乎且政府既立意於第九年乃改官制則何不亦俟彼年始行釐訂而先爾僕僕甚無謂也平心論之今日非先行大改官制復何一事之能辦全份籌備案乃至一切摺奏章程皆拉雜摧燒之可也若欲舉預備立憲之實者惟有於第一二年全力以注此耳憲政編查館諸王大臣亦豈不知此而無奈完善之官制於國家憲政雖有大利而於籌備憲政之人乃大不利其籌備之責任愈重者則其不利也愈甚故籌備案中不能不於第二三年姑列一釐訂之目以塞輿望而遲之又久而頒

布遲之又久而試辦更遲至又久無所逃避然後實行夫所釐訂之新官制其內容如何果足爲施行憲政適宜之機關與否未可知也然猶塗飾遷延一至於此他更何望矣**全案中本末倒置之事莫此爲甚**稍有識者安得不爲流涕而長太息哉

要之全案中每一項目而分數年排列者**大率毫無意義不過苟以塞篇幅示每年項目之多而已**夫以九年內全國託命之法案而其究極不過塞篇幅是安得不爲流涕而長太息也

三　籌備案所責成之機關

原案每項目下皆有某部某館某處辦或各省督撫辦或某某會同辦字樣就表面論之則以此明責任之所歸豈不甚善然按諸事實卽又有不可行者**蓋政治上之事項與行政上之事項其性質截然差別**（參觀附錄憲政淺說第二章第三節）行政事項貴分任而政治事項貴總攬今此案名曰籌備憲政其性質固宜屬於政治事

項者居多數有欲專責於一二行政機關而不能者若前所述制定憲法之權不能專委諸憲政編查館其最著矣（憲政編查館雖非行政機關然亦豈足爲總攬機關）其他若釐訂官制若釐訂租稅若舉行豫算等事何一非當內合各部外合各省然後能行者又如設立行政審判院設立審計院設立弼德院顧問大臣等事凡此皆爲獨立之一機關又何待他機關之代爲辦者（此諸院與資政院事同一律而第二年第三年關於資政院事項皆注曰資政院辦而此諸項則憲政編查館會議政務處同辦此不可解也）又此九年內雖未有完全之上下議院而資政院固已成立則釐訂官制核訂諸大法典以及草定憲法乃至凡一切政治事項固宜許資政院以參與乃原案於第三年舉行開院以後資政院無復一事可辦豈眞僅以此爲一裝飾品耶 **推原案之蔽在於僅據現在所有之機關而硬派以職務** 殊不知現有機關本不足以副籌備憲政之用而性質之散漫無統一尤爲致梗之大原 **苟非建設一有統率有責任之內閣則憲政萬無能** 籌備之時吾國人徒見各國之所謂內閣

所謂國務大臣者大率以行政各部之長官組織而成乃謂吾旣有各部則凡百分委之已足殊不知內閣之與各部其性質大有差別其即以各部長官列爲閣員也不過取事實上之便利而非謂法理上不得不然故其人實以一身而同時兼司兩機關以其爲各部長官之資格而分任行政上之事項以其爲閣員之資格而總攬政治上之事項故各部則獨裁機關也而內閣則合議機關也雖曰舍各部之外無內閣而斷不能遂指各部之本體即爲內閣蓋其性質使然也今吾國徒有行政機關而無政治機關故於事之不能專屬一部者不得已而悉以歸諸憲政編查館及會議政務處夫此兩者果足以當政治機關乎勿論 朝廷本視之爲無足重輕其資格不足以語此也卽欲强以當之然一國之總攬政治機關豈容有兩箇乎總攬政治機關而與行政機關全然分離則有又一事能辦者乎苟不厝意於此而欲籌備之有成效吁其難矣

四 籌備案所期待之成效

原案所指數之成效如云某年某事一律成立某年某事一律完備者頗多而尤切明者則如第八年云變通旗制一律辦定化除畛域第七年云人民識字義者須得百分

之一第八年云人民識字義者須得五十分之一第九年云人民識字義者須得二十分之一夫變通旗制處以第一年設立若云法律上之滿漢平等也則應自第一二年即爲實行何待八年第八年以前民刑商訴諸法典已大半頒布施行若旗制尚未變通辦定豈一國中人民尚有所謂治外法權者在耶則一切法典幾何不全歸無效也又第八年以前城鎮鄉廳州縣之地方自治已一律成立若旗制尚未變通辦定則公民之資格何能畫一豈一國中人民尚有一部分不加入地方團體不能沐自治之惠者耶故此事至第八年始辦實屬遲遲事理之至易見者矣抑變通旗制者政治上之手段也而化除畛域者社會上之事實也國家之力所能逮者惟在變通旗制若民旗畛域之以何時而始得化除蓋有非徒恃政治之效者矣即曰有效也必需時日今於第八年始變通旗制而於是年即云化除畛域得毋謂人民心理之轉移有似化學上物質之和合可使旋至而立有效者耶以此期成不至大失望而不止也

又原案所謂某年人民識字義者須得幾分之幾問其何以能致此必曰吾固有簡易識字學塾也顧吾又嘗考學部奏定簡易學塾辦法則凡皆以爲中年失學者補習之

時評　十八

地也夫人至中年則固非父兄師長之所能督責且爲仰事俯畜計其職業各有所趨國家甯能以待未成年學童之法待之而强迫以必就學塾之義務乎殆不然矣若是則學塾雖凋亦安能言人民識字義者必遞年以一定之比例而增進耶即曰可以比例增進又安能謂今年方有百分之一者明年即有五十分之一再明年便有二十分之一夫樹人之計期以百年教育之爲效庶政中之最强固而亦最遲緩者也雖以德國日本教育之盛而其發達之程度且經十年猶未能增進一倍今我乃欲兩年而一倍三年而五倍天下有如此容易之業耶夫如原案所云云豈非吾儕小民所日夜禱祠者而無如按諸事勢與其所以經畫之跡實無異適燕而南轅蒸沙以求飯蓋未有能致者也其他各項目亦什九類是已耳古人有言其言之不怍則爲之也難又曰輕諾者必寡信 人民之竊竊焉疑之又何怪焉

嗟乎此九年籌備案者憲政之能成立與否係之憲政之能成立與否則數千年國家之存亡數萬國民之生死係之而今也其內容之鹵莽滅裂一至於此就令事事實力

奉行然其效之如何抑已可睹况乎其未必爾也嗟乎國家苟非煎迫於內憂外患窮無復之則亦何必紛紛焉爲是改作者既已不堪於煎迫而欲有所改作矣毋亦朝野上下精白乃心困而學之誠而求之其庶幾挽浩刧於萬一而迴天眷於將替而今顧何如矣夫俗吏愚氓不足深責若乃憲政編查館諸王大臣之公忠體國及其中濟濟髦士之績學識時則舉國所具瞻也謂其苟欲塗飾耳目敷衍門面以上欺　君父下愚士民耶則以我大夫之賢何至如是而其所表示設施以與天下共見者則固若此矣而籌備之功歷程已三之一其成績則又若彼矣循此以思則至宣統八年號稱籌備完成之時其果有以上答　君父之憂勤而下蘇士民之飢渴與否又豈待問也嗚呼以我大夫之賢而竟如是也其必有慮之未熟而擇之未精者也吾儕小民雖百無一似然幸生不諱之　朝與有匹夫之責苟心所謂危而不以告則戾滋重焉乃謹述所疑恭跋如右語曰狂夫之言聖人擇焉又曰良藥苦口利於病忠言逆耳利於行庶幾改之余日望之

時評

# 現今全世界第一大事

（參觀本號特別紀事門英國政界劇爭記）

滄江

現今全世界第一大事。則英國因上議院反對政府之財政案而致解散下議院是已。此事今方在進行中。其結果若何。當俟諸一月以後。在今日固無從懸斷。但其所牽涉者。爲英國憲法問題。爲全世界生計政策問題。若在野黨勝。則兩院之權力必將緣此而大生變動。則生出英國之政治革命。若在朝黨勝。則各國之言社會主義者。得一奧援。將羣起而效顰。則惹動全世界之社會革命。而上院或緣此而裁撤。則亦爲政治上之小革命。要之此次之事件。革命的事件也。

夫以今日之英國。在世界上其所占之位置。如彼其重。而忽有此驚天動地之事。則其爲世界第一大事。復何容疑。而其予吾國人以莫大之觀感者。抑有數端焉。

**其一** 觀此可以知世界生計競爭之勢。極劇烈而至可畏。彼英國之在野黨。不惜破憲法上之習慣。犯國民之所大忌。以求行其所主張之關稅保護政策。蓋有所

大不得已也然則我國之制定關稅稅率權全爲不平等之條約所束縛而政府及國民未聞有引以爲病而思匡救之者以視英人何如

其二　觀此可以知文明國之政府其所以保護細民利益者至周且備英國政府此次財政案所以開罪於上院者以其爲多數貧民之利也然則我國之日日務朘削小民者以視英人何如

其三　觀此可以知一國之租稅政策當有主義有系統其主義系統當適應於時勢之要求而異同得失利害輕重之間則全國國民生計之榮悴乃至國家盛衰皆於是乎繫今英國朝野兩黨所出死力以爭者則此主義系統之異也然則我國今日咨嗟患貧而曾不肯講求租稅之原理原則行英斷以組織一租稅系統而惟朝課一雜稅暮課一雜稅竭澤而漁而國帑曾不能得絲毫之增加者以視英人何如

其四　觀此可以知立憲政體必須有政黨乃能運用然既謂之政黨則其所持之政見必須以國利民福爲前提雖極相反然皆持之有故言之成理任行其一皆

足爲國家之福然則我國今日雖號稱豫備立憲而政府當道視政黨若蛇蝎國民亦未聞有能以政見相結合者以視英人何如

其五　觀此可以知凡政治上之競爭必須爲堂堂之陣正正之旗其所挾以爲競爭之鵠者必須選擇政治上之大問題今我國各省諮議局皆毛舉細故而於國計民生之重大者罕或齒及以視英人何如

其六　觀此可以知政治家所最重者在其德義節操所信奉之主義則守之不渝不淫於富貴不屈於威武英國兩大政黨皆具此精神故臨大敵而不撓經百折而不挫今我國之朝守舊而夕維新夕革命而朝立憲者以視英人何如

夫英國者世界立憲政體之母國也今我國方豫備立憲政府漸知負責任國民漸得參政權事事皆當取模範於先進國而忽有此大事以資我觀感正我國人所當在在留意以觀其因果之究竟者也故吾既詳載其始末復述吾所感者如右

# 英德交惡論（譯德國政治學叢報）

明水

邇來英德兩國。日相軋轢。匪特政治上有然。即生計上亦莫不然。推原厥由。實因德國數十年內。國勢驟盛。產業勃興。着着凌駕英國。昔日英貨銷場。漸爲德人所蠶食。比年德又擴張海軍。其意不盡奪英國之海上權不止。故英人驚危憂患。自十九世紀初期。戰拿破侖後。未有若斯之甚者也。英國國是。緣是動搖。一若生死存亡之機。悉懸於德國海軍告成之後者。是以君臣上下。狠狽擾攘。靡有甯日。今年德國出一政治學雜誌。其第二卷第二號。有某博士論說一篇。詳述英德歷年關繫。立論極公。足以考近日兩國人心之趨向。故錄其大意。告我國民。其言曰。

近者英德兩國。互相對抗。此實二十世紀初期最重大之事也。夫以世界有名之海軍

譯著　二

國與世界有名之陸軍國深相軋轢。其影響及於世界者何如。兩國國民猜疑之心與年俱進。果一旦破裂否。凡此二事。盡人所急欲知之者也。雖然。苟不審英國歷來之政策。與夫歐洲歷史之變遷。所以致兩國對抗之故。則欲解釋此疑問。終莫由也。

距今百年前。歐洲最大之事。厥爲英法相爭。淺見者流。以爲此事主因。全由拿破侖有併吞宇内之志。英人起而抗之也。其實互爭海權。及侵略殖民地耳。當時德之與英。渺不相接。蓋自十六世紀初。英漸雄視海内。而德方四分五裂。焦心内治。王者之名。僅存虛號。其無力以經營異域。與英國比權較力。自不待言。彼時海上大權。在葡萄牙西班牙之手。英盡智索能。以與之爭。至十七世紀末。英已與葡班抗衡。其後英國擊破西班牙之亞爾馬達艦隊。始於西班牙範圍之地。植其根荄矣。

當英國奪西班牙海權之時。忽有一勃興之國與爲敵者。則荷蘭也。雖然。英之勢已漸不可侮。而荷蘭西戰班。東戰法。疲於戎馬。用力不專。故英得從容籌策。展其睥睨四海之雄謀。

繼荷蘭以起者。則法蘭西。自十八世紀初期以來。法之所以謀弱英者。無所不至。而英輙有天助。法忽爲普魯士王腓力特列所破。英遂乘機以取法之加拿大東印度。其後法援美敵英。將雪前恥。然其殖民地所失已過半矣。拿破侖興。知非破英。則海權終不能盡有。故攻埃及。襲印度。日尋干戈。南征北討。凡欲爭雄於洶洶波濤間耳。不幸屢起屢蹶。終爲英禽。而英人之鋒。遂莫有當之者矣。

拿破侖敗後。英遂霸大地。權威赫灼。雖間有强敵。於英之海權。蓋未有敢染指者也。彼法所經營之殖民地。已强半屬英矣。美利堅雖翻然獨立。以新造之國。不遑事外。英且欲沈機觀變。幸其一旦有事。舉而復之。以歸於加拿大同一色之叛圖矣。俄羅斯戰亂頻仍。方急內治。德意志小國併立。釁觸爲憂。其他諸國。更碌碌無足比數。故英得高視闊步。壟斷世界之商業航業。以富兼四海。雖曰人事。豈非天哉。然而英之致此。亦自有故。彼英國國民者。世界中最長於政治能力之民族也。沈鍊審愼。不爲感情所激。不因功成而驕。國是一定。雖有黨派之爭。咸能降心相從。去私爲公。絕不輕舉妄動。即遇細微之事。亦必鄭重深謀。以期得當。近世研究英國政治者。無不爭嘆其天材之美。民德之純。謂爲得未曾有。嗟乎。英之强有以也夫。

然則英遂可高枕無憂乎。是又不能。英以區區三島。孤立海中。不特地小民多不足相容。且其地不宜於農。動憂乏食。英之汲汲於商業航業。而實行自由貿易者。良由於此。然此即英國之缺點。稍不自振。他人得乘虛抵隙。一舉而扼其咽喉。故亘十九世紀中。英國國民。所念念不忘者。惟在此久安之策。而先達之士。自戰拿破侖後。亦無日不籌商業航業之擴張。不與人以可乘之隙。且欲盡奪他人之權。使屈伏英國之膝下。雖然。此豈易致者哉。英雖極强。西班牙之殖民地。散在各洲者。猶復不少也。葡萄牙在南阿南米皆有兄弟之國。喋血相親也。法荷諸邦。亦多有屬地也。故英國而欲長爲大地之霸。亦惟有恃外交政策。以秘密手段。妨害他人。求自達其目的而已。此明英國之國情者。皆能洞見英國之深意也。即如一八一五年維也納會議之際。英國舉所侵荷蘭殖民地歸之。約曰。異日不獲英諾。不能以此等屬地。讓諸他人。又班葡結約。英亦干涉之。凡以操縱全歐。伸張爪牙也。其後美國門羅主義。即慮英以施班葡者施諸美。預爲防遏耳。

夫英國所用之外交政策。既着着奏效。加之班葡日即衰微。不能自拔。而荷屬印度。雖再爲荷蘭所有。終以多故國帑不支。且禍起蕭牆比利時起而自立。凡此種種事變。在他邦以爲極可憂者。在英則皆以爲可喜也。自餘諸國。或內政未修。或外患方烈。英之視之更蔑如矣。其間惟德法兩國。最足招英人之嫉忌。

德國自戰勝法國後。百度維新。人口日滋。富力日盛。當法腐心殖民政策之際。德即以普魯士關稅同盟爲中心。欲使聯邦經濟合爲一體。雖其成效未著。而英人心目中。總覺不快。一八八〇年。德欲擴張殖民地。兩國衝突。已兆其端。然當時英人以爲德獲屬地。經費必多。利不敵害。故亦漠然不以爲意。而對德之惡感情。猶未甚也。

以上所述。自十六世紀以至今日。英國國勢之發展。對外之政策。與夫近年英德猜疑之故。大畧可覩矣。雖然德於商業航業。經營不遺餘力者。非出於反抗英國之政畧也。且德之强。英亦有利焉。此非吾一人之私言。卽英之賢士。亦能言之者也。如張伯倫等。常言英人排德。實爲無意識之舉動。可謂明論。然國民之間。意氣卒難冰釋者。則以有他國爲之煽惑。故軋轢之度。日見其高。夫美國之商業航業。實英强敵。彼於加拿大西印度。皆在在有不測之心。而英反毫不爲備。乃集矢於吾德。不亦大可怪哉。

原此猜疑所以日深者。則南阿戰爭。亦一絕有關係之事也。一八九〇年。南阿洛迭甲公司中人。欲以詭謀。併吞杜蘭斯哇。此等舉動。即他國人猶極口詆其無法。況英國主權所係乎。乃德意志皇帝威廉二世。忽發一電致古魯家大統領。嘉其所爲。此報一傳。如晴天霹靂。全球震異。於是英人嘵然不平。謂德欲將杜蘭斯哇合并西南阿非利加洲之德國殖民地。以張其勢力。圖不利於英。議論沸騰。莫知紀極。此實吾德搆怨於英之最甚者也。

不寧惟是。敵國相猜。易啓離間。法自爲德敗後。無日不以復仇爲念。今遇此機。乃籍爲親英之地。而俄人之怨德者。亦肆口譏嘲。或言南阿之爭。德欲坐收漁人之利。或言波亞人之變。德實助之。蜚語中傷。無奇不有。幸英皇域多利亞與彼臣僚。深明大勢。知吾國情。反間者不得行其計。又由張伯倫氏倡議。派員赴德。親謁德皇。以協議南阿之事焉。其後一九〇一年。英皇域多利亞崩。德皇以帝者之尊。修家人之禮。躬赴倫敦。執紼送葬。以釋英民之怨。當是之時。英德親交。猜疑幾泯。忽而英德兩皇。意不相能。於是政治上之對抗。復歸於舊。此則猜忌之徒。有以使之然矣。其後因君斯坦丁波斯之鐵路問題。英國公論。復大譁然。以爲此項鐵路。不僅阻害英國在土耳其波斯之、勢力。且將波及印度。德雖再三明辯。而英人不信也。

近年英國外交上。頗多失敗。戰南阿時。俄東伸勢力於滿韓。西襲波斯之亞弗加里斯坦。而奪英權。法於北非洲擴張國勢。此皆英人自貽伊戚。曾不反省。乃亦歸咎於德。甚至畏德詭謀。急與杜國議和。罷戰後。即籌商對德之策。昔人所謂風聲鶴唳草木皆兵者。無乃似之。而吾德抑何冤也。

使英國對於德國政治上。生一大變者。法人有以導之也。夫法日欲尋釁於德。以雪前恥。故不惜財力。求得一與國。其親俄也。亦由於此。夫俄德之鄰也。俄德之交。已非一日。彼豈肯一旦棄其所親。而遠交法哉。其與法盟者。欺法耳。法人亦知俄終不足恃。乃欲與英提攜。然英法世仇。不易言歸於好。時則有法之外務大臣帖耳加西氏。極慮精思。冀得一當。然南阿戰亂之際。法人方表同情於杜蘭斯哇。頗招英怨。帖氏之謀。終不能就。戰事平後。適英人忌德之念日深。於是帖氏因勢利導。求親於英。兩國各以權利相讓。法則不問英在埃及之舉動。英則許法在摩洛哥之要求。夫摩洛哥者。地中海咽喉之地也。今一舉而付之仇敵之法。則英已默認法爲己之同盟國矣。至英日同盟。亦以弱德也。日俄之戰。恐亦英有以嗾使之。所以破德之與國。使德孤立也。要而言之。英之於德。一舉一動。無非怨德者。於是吾德亦終不忍坐視。親俄聯意。結好於奧匈。以爲自固之計。而英人益憤。流言德欲與英挑戰。又謂德欲以全力襲擊英本部。及其殖民地。且聽他國之讒言。謂德專欲滅英。猜疑至此。不亦奇乎。

爾來兩國感情交惡日甚。國民之間。無從解釋。意者東洋若有奇變。美國若有他謀。至時或可調和乎。雖然。世運變遷。今日已非十八九世紀。英國尚欲專有海權獨霸宇內。恐亦勢所不許。竊願英人急自反省。於其國際政策少加變易。以應此新時代也。

譯者案、此德國人之言也。若英人之所以訐德者。則亦復振振有辭。要之皆非也。皆是也。夫狡焉思啓。以圖自利者。何國蔑有。夫今日生計競爭之世界。其短兵相接。決死奮鬥。殆更烈於兵戰。彼各國之所以汲汲謀我者。凡以此耳。而人之互相謀者。則互相知之。而互相防之。人之謀我者。我則絕無所知。而更不思所以爲防。則矛頭淅米。瞎馬臨池。豈足喻其險哉。吾故譯此。以見世界最强之兩國。其安不忘危。猶且若此。庶幾我國人之一寤也。抑英德交惡。積之既久。將成事實。此又將來世界一變局之機。我國人如之何勿思。

# 氣球與飛機沿革畧

秋水

氣球之起。垂二百年。飛機則創自近日。雖構造各殊。要其意在破空淩雲則一也。今歐美諸邦。學子盡瘁於下。政府獎厲於上。舉世若狂。惟此是務。夫虛理爲實事之基。椎輪乃大輅之始。況此器之興。既非一日。中間鉅子輩出。前躓後起。至近年而益盛。雖制作未極精徵。而規模已能畧備。若其一間既達。則華嚴樓閣。彈指立現。亦意計中事耳。而吾國人乃鮮有知者。即或知之。亦以爲此游戲之具。視若不足輕重。豈知一器之興。往往積爲世變。試思近百年來世界大勢變動。如是其劇者。豈非輪船鐵路之爲乎。然輪船鐵路。其用僅局於地面者。影響之大。然且如此。則夫氣球飛機直欲導人類以入虛空者。其功用豈巧歷所能算。顧安可不一論究之。記者不敏。暇時輙蒐撿書報。裒而錄之。積之既久。居然成帙。今擇其尤要者。紀於報端。拉雜爲篇。畧

無體例。凡以粗明此器之梗概而已。若夫製造之工。運用之巧。則事涉專門。非記者力所能任。不敢妄述。讀者諒之。　著者識

氣球之制如其名。蓋以氣實球。懸舟球下。人得乘之以飛揚也。然氣之爲物本有多種。輕淡炭養人所習知。惟彼輕氣。質最稀微。弱不勝羽。故氣球之用。純藉此氣。用能扶搖直上。不翼而飛。驟觀似甚新奇。熟察亦覺平易。今夫物體不能離地而自存。必從高而降下者。一因地心吸力。一因其體過重。空氣不足以乘之也。若得一物。其重量輕於空氣。空氣之力。足以載之。而爲地心吸力所不及吸者。則浮游虛空。永無墜落。亦物理之原則。所不可逃者矣。彼氣球即利用此輕氣以爲之。夫何足怪之有。

氣球有三種。一曰繫置氣球。二曰游行氣球。三曰定向氣球。三種構造不同。用亦各異。繫置氣球者。以繩繫球端。縛繩於地。任球昇至若干高。而繩始終不放。乃於繩端附以電話。使得與地上通信者是也。此爲最初之氣球。而游行氣球則不然。初雖以繩繫球。昇時斷之。球乃隨風所之。飄蕩無定。故此種氣球構造雖較前稍精。而危險殊甚。人咸畏之。西歷一九〇二年。法國忽出一種氣球。能有快速度。能抵抗適度之風力。能隨人

意所向而翱翔乎空中。此即所謂定向氣球也。自此球出。而繫置游行兩種聲價掃地。蓋其能力之差。譬以扁舟與輪船競渡。舉帆與軍艦爭勝。優劣之數。奚待蓍龜。自今以往。空中事業。其必惟此定向氣球是賴者。可斷言矣。

最初氣球。實起於西歷一七八三年六月。法人孟各爾飛兄弟所發明。而游行氣球。亦相繼以起。雖然其所恃僅在風力。非得天時。不能使用。夫在近代科學昌明之世。而創爲廢人任天之器。其不足聳人聽聞者。亦固其所。然因此動機。其後欲造任意所之。毫無窒礙之一種。使氣球之用。於以大明者。相繼踵起。然當時學術未精。卒不能就。自一八五〇年。法人有能爲定向氣球者。惜乎其速力不強。又不足與風力競。究其實不過一有舵之游行氣球而已。於是世人益知發明此器之非易。而蒼蒼中究不輕與吾人以一席也。然一八七〇年。普法戰起。法連敗。普師進圍巴黎。內外隔絕。法軍乃自巴黎放游行氣球凡六十八具。以報守備軍情狀於各地。而各地欲與圍城通消息者。亦頗賴氣球。非氣球之爲用。實因氣球內可置白鴿多羽。而白鴿遂奏其傳信之功也。經此役後。法人深知氣球之關係甚大。復覺現用氣球。尙不足恃。好奇者流。興會復起。而討究之法日精。雖然。或限於資力。中道捐棄。或家產蕩然。功尙未就。迄無一人能終始其事者。其後政府多方獎厲。特設調査委員。與民協力。至一八八三年加士敦、周山德盧爾等先後繼興。各有發明。然其速力猶微。畏風如故。於是法國百年來氣球最盛之風。屢經頓挫。幾欲中歇。其所汲汲者。惟在氣球之發動機。務欲發明一時間內能有四十五啓羅米突速力之機器而已。

辛丟門者。巴西人也。久居法。於氣球學討論最力。一八九八年。其所造氣球第一號試演以後。七年之內。連造大小異種之氣球凡十四具。頗冒險飛昇。以冀一當。就中第九號者。爲容積二百六十立方米突之小氣球。運行之巧。較勝他種。後於一九〇三年法國在巴黎舉行大觀兵式。此球曾昇至空中。向大總統表敬意。一時觀者震動。舉世注目。然終不收效。於是人人頗有厭倦氣球之心。多改而從事飛機者。雖然。辛丟門之氣球雖敗。而辛丟門之新法可師。蓋氣球發動機所用之物。向以蒸汽、電氣、煤氣爲主。以此之故。欲得一量輕而力大之器械。勢所不許。而氣球所最忌者。又爲體量過重。致失浮游之性。不於此根本問題。大加改良。是萬變而萬不當也。辛丟門出。乃力矯前弊。盡捨蒸汽電氣煤氣而純用煤油。今各國所造。其發動機無不用煤油者。蓋皆師辛氏之法也。

法之氣球家。既如是其夥。而卒敗衂相尋。然則此器終無成功之日乎。曰是不然。以上所舉。皆餘子耳。今有一種最精之氣球。而收效爲全世界冠者。則盧博得德所造是已。蓋即前舉一九〇二年所出之氣球。而大有聲於時者也。

踵法之後塵而爲世界有名之氣球國者。則德意志也。德以一八七二年。爲造此器之嚆矢。曾於奥大利駛行。渺無成效。復以資財中竭。此事遂廢。至一八九七年。威爾福祿博士乃起一協會。以借衆擎。竟能造成定向氣球一具。即所謂德意志號是也。該球發動機。亦用煤油者。曾於柏靈附近地方演試。已上至一千米突矣。不幸航機先破。球亦隨之。乘者盡死。蓋其罹炎原因。爲氣囊與坐舟相距過近云。其明年又有修武爾慈號出。亦在柏靈上昇。此球爲奥國人修武爾慈所造。功未就而殁。其妻哀之。爲竟厥志。惟昇時不能指揮如意。又發動機忽爾中止。司機者不善應變。遽然下降。墮地過猛。遂成齏粉。此球氣囊中以鐵線爲骨。故名硬骨式。其後澤百靈伯爵之氣球。蓋亦胚胎於此也。然法國式則最反對有骨者。此爲研究氣球學絕有興味之事也。

德國氣球名家。不如法之盛。以其後起也。然提倡甚力。近者澤百靈伯爵之氣球。名轟宇宙。幾欲壓倒先進之法蘭西。則德人腦力之强。有足多者。

要之氣球以法德爲最盛。自餘諸國。程度不逮。故二十世紀之空中事業。其必推此二國爲首者。有斷然矣。故紀法德氣球之沿革。即以爲世界氣球之沿革焉。無不可也。

（未完）

# 中國最近五年間實業調查記

（參觀次號論說門論中國實業之前途）

茶圃

調查凡例

一本文所調查事項、全以農工商部注冊者爲據、其未注冊者雖甚多、然一一調查之、非綿力所能及也、

一農工商部注冊局之設立、在光緒二十七年、然注冊者實自二十九年後而始盛、故名爲最近五年間、

一農工商部所發行之商務官報、雖每期皆有注冊表、然未嘗整齊類別之、以示其比較統計、故讀之毫不能見諸業發達之跡、此文所調查者、雖取材不出官報以外、然所編諸表、實費無數時日無數心血、讀者幸無忽焉、

一篇末附論、略述所懷而未能盡也、當別著論說、以貢諸讀者、

我國比年鑑於世界大勢。漸知實業爲富強之本。朝野上下。汲汲以此爲務。於是政府

立農工商專部。編纂商律。立獎厲實業寵以爵銜之制。而人民亦羣起而應之。自立部後。至光緒三十四年末凡五年間報部注册之公司凡二百六十五。**其資本總額一萬三千八百三十三萬七千六百六十元**不可謂非一時之盛也。今據官報以類別比較而調查之如下。

## 第一款　工業

自光緒二十九年設立商部以後。其注册之公司。以工業爲最多。其數一百二十六。約居全册之半。其資本合計約四千一百八萬元。占資本總額三之一。就中紡績及織布公司最多。製粉煉瓦製磁製烟諸業次之。豆粕搾油電燈胰皂蠟燭諸業次之。土木建築生絲精米諸業又次之。而製鐵公司僅有二。雖然此二公司之資本合計二千五十萬元。實居全工業所有資本之半。此工業種類之大凡也。又自其公司之性質言之。則股分有限公司最多。爲數九十八。占公司總數百分之七十八。合資有限公司次。爲數十有六。箇人獨力經營者次之。爲數十有一。而合資無限責任公司僅有一焉。又自地方之區別言之。則江蘇一省內所設立者四十有九。占全體百分之三十八。而以生絲業紡績織布業製粉業豆粕搾油業爲最盛。次則沿江諸省。其工業公司。爲數三十有九。而煉瓦製磁紡績織布精米豆粕諸業爲多。而江漢間則製鐵業特盛焉。又次則北部沿海諸省。其業以紙烟胰皂洋蠟爲盛。此其大較也。今列表如下。

表一　新工業公司種類及資本表

| 種類 | 股分有限公司 | 合資有限 | 合資無限 | 個人 | 合計 | 資本額 元 | 資本額 兩 | 所占成數 |
|---|---|---|---|---|---|---|---|---|
| 生絲 | 二 | 二 | | 一 | 五 | 一、〇四〇、〇〇〇 | 三〇、〇〇〇 | ・一 |
| 紡績及織布 | 二〇 | 三 | | 一 | 二四 | 四、〇六六、〇〇〇 | 三、四八五、〇〇〇 | 一八・六 |
| 製粉 | 一一 | 一 | | | 一二 | 七二〇、〇〇〇 | 一、〇六五、〇〇〇 | 四・六 |
| 煉瓦製磁 | 九 | 二 | | | 一一 | 一、八三〇、〇〇〇 | 九六錢三萬串 | 三・八 |
| 紙煙 | 一〇 | | | 一 | 一一 | 四七〇、〇〇〇 | 二六〇、〇〇〇 | 一・七 |
| 精米 | 四 | | | 一 | 五 | 五〇〇、〇〇〇 | 二三〇、〇〇〇 | 一・七 |
| 電燈 | 七 | | | | 七 | 三、二〇〇、〇〇〇 | 六二〇、〇〇〇 | 八・四 |

調查 四

| 豆粕搾油 | 胰皂洋蠟 | 火柴 | 玻璃 | 建築土木 | 機器製鐵 | 雜業 | 合計 |
|---|---|---|---|---|---|---|---|
| 八 | 六 | 二 | 二 | 五 | 二 | 一〇 | 九八 |
| | | 一 | | 一 | | 七 | 一七 |
| | | | | | | 一 | 一 |
| 二 | | | | | | 六 | 一一 |
| 九 | 六 | 三 | 二 | 六 | 二 | 三四 | 三六 |
| 一〇、〇〇〇 | 六八、〇〇〇 | 九、五〇〇 | | 一五、〇〇〇 | 二〇、〇〇〇、〇〇〇 | 一、二七一、〇〇〇 | 三五、一九九、八〇〇 |
| 一、〇九〇、〇〇〇 | 二〇、〇〇〇 | 四一〇、〇〇〇 | 七五〇、〇〇〇 | 一、一〇〇、〇〇〇 | 三五〇、〇〇〇 | 一、二一七、〇〇〇 | 一〇、七一七、〇〇〇兩 九六錢三萬串 |
| 三·二 | ·一 | 一·三 | ·二 | 三·二 | 四二·三 | 六·一 | |

## 表二 新工業公司設立年份及地方表

| 種類 | 生絲 | 紡績織布 |
|---|---|---|
| 光緒廿八年以前 | 一 | 四 |
| 二十九年 | 一 | 一 |
| 三十年 | 一 | 一 |
| 三十一年 | | 四 |
| 三十二年 | 二 | 六 |
| 三十三年 | 一 | 七 |
| 三十四年 | 一 | 二 |
| 北部 | 一 | 四 |
| 中部除江蘇 | 一 | 九 |
| 南部 | 一 | 二 |
| 江蘇 | 四 | 九 |

| 製粉 | 煉瓦、製磁 | 紙煙 | 精米 | 電燈 | 豆粕、搾油 | 胰皂、洋蠟 | 火柴 | 建築、土木 | 玻璃 | 製鉄、機器 | 雜業 | 合計 |
|---|---|---|---|---|---|---|---|---|---|---|---|---|
| 四 | 丨 | 二 | 二 | 丨 | 一 | 一 | 一 | 一 | 丨 | 一 | 五 | 二二 |
| 一 | 丨 | 丨 | 丨 | 丨 | 丨 | 丨 | 丨 | 丨 | 丨 | 丨 | 丨 | 三 |
| 丨 | 二 | 丨 | 丨 | 三 | 丨 | 丨 | 丨 | 一 | 一 | 丨 | 丨 | 九 |
| 三 | 一 | 三 | 丨 | 二 | 二 | 一 | 丨 | 丨 | 一 | 丨 | 二 | 一九 |
| 一 | 四 | 五 | 一 | 二 | 三 | 一 | 丨 | 一 | 丨 | 丨 | 八 | 三三 |
| 二 | 三 | 丨 | 一 | 丨 | 三 | 二 | 一 | 一 | 丨 | 一 | 六 | 二七 |
| 一 | 一 | 一 | 二 | 丨 | 丨 | 一 | 一 | 二 | 丨 | 丨 | 二 | 一二 |
| 二 | 一 | 七 | 丨 | 二 | 一 | 三 | 丨 | 三 | 一 | 丨 | 五 | 二九 |
| 二 | 九 | 丨 | 三 | 二 | 四 | 一 | 二 | 丨 | 三 | 二 | 四 | 四〇 |
| 丨 | 一 | 一 | 丨 | 一 | 丨 | 丨 | 丨 | 丨 | 丨 | 丨 | 四 | 九 |
| 八 | 丨 | 三 | 二 | 二 | 四 | 二 | 一 | 三 | 丨 | 丨 | 二 | 四九 |

## 第二款 農業

我國農業組織。甚爲幼稚。故通商出口貨。雖以農產物爲大宗。而農業公司。甚爲寥寥。注冊者僅十七。資本額三百五十萬元。占實業全體百分之三耳。其數亦江蘇最多。中部及南部次之。北部則一而已。

表三　農業公司種類及資本表

| 種別 | 股份有限 | 合資有限 | 合資無限 | 個人 | 合計 | 資本額 元 | 資本額 兩 |
|---|---|---|---|---|---|---|---|
| 開墾 樹藝 園藝 牧畜 耕作 | 一一 | 二 | 一 | — | 一四 | 一、二九五、〇〇〇 | 一、六二〇、〇〇〇 |
| 養蠶 | 一 | | | | 一 | | 二〇、〇〇〇 |
| 製鹽 | 一 | | | | 一 | | 一〇〇、〇〇〇 |
| 漁業 | 一 | | | | 一 | 二〇〇、〇〇〇 | |
| 合計 | 一四 | 二 | 一 | — | 一七 | 一、四九五、〇〇〇 | 一、七四〇、〇〇〇 |

表四　農業公司設立年份及地方表

| 種類 | 開墾 | 樹藝 | 園藝 | 牧畜 | 耕作 | 養蠶 | 製鹽 | 漁業 | 合計 |
|---|---|---|---|---|---|---|---|---|---|
| 光緒二十八年以前 | | | 三 | | | | 一 | | 四 |
| 二十九年 | | | | | | 一 | | | 一 |
| 三十年 | | | 三 | | | | | | 三 |
| 三十一年 | | | 二 | | | | | | 二 |
| 三十二年 | | | 四 | | | | | | 五 |
| 三十三年 | | | 一 | | | | | 一 | 一 |
| 三十四年 | | | 一 | | | | | | 一 |
| 北部 | | | 一 | | | | | 一 | 二 |
| 中部除江蘇 | | | 三 | | | | | | 三 |
| 南部 | | | 三 | | | | | | 三 |
| 江蘇 | | | 七 | | | 一 | 一 | | 九 |

## 第三款　礦業

礦業公司注冊者甚少。其數僅十一。（但除萍鄉煤礦大冶鐵礦）核其所在省份。則河南三。資本三十六萬八千五百兩。湖南三。資本十四萬四千兩。直隸二。資本五十四萬兩。山西一。資本一萬兩。山東一。資本二十萬元。其公司種類。則股份有限者八。合資有限者三而箇人自營者無之。又礦業公司。惟北部與中部獨盛。而南部及中部之江蘇無一焉。此亦一特別之現象也。

表五　礦業公司種類及資本表

| 種類 | 股份 | 合資有限 | 合資無限 | 個人 | 合計 | 資本額 元 | 資本額 兩 |
|---|---|---|---|---|---|---|---|
| 金 | 一 | \| | \| | \| | 一 | \| | 四〇、〇〇〇 |
| 安的母尼 | 二 | 一 | \| | \| | 三 | \| | 四二〇、〇〇〇 |
| 煤炭 | 四 | 二 | \| | \| | 六 | 二、〇〇〇、〇〇〇 | 八七八、五〇〇 |
| 青礬、黑花、硃砂 | 一 | \| | \| | \| | 一 | 二〇、〇〇〇 | |
| 合計 | 八 | 三 | \| | \| | 一一 | 二、〇二〇、〇〇〇 | 一、三四八、五〇〇 |

表六　礦業公司設立年份及地方表

| 種類 | 二十八年 | 二十九年 | 三十年 | 三十一年 | 三十二年 | 三十三年 | 三十四年 | 北部 | 中部 | 南部 | 江蘇 |
|---|---|---|---|---|---|---|---|---|---|---|---|

| | | | | | | | | | | | |
|---|---|---|---|---|---|---|---|---|---|---|---|
| 金 | ｜ | ｜ | 一 | ｜ | ｜ | ｜ | ｜ | 一 | ｜ | ｜ | ｜ |
| 安的母尼 | 一 | ｜ | ｜ | ｜ | ｜ | ｜ | 一 | ｜ | 三 | ｜ | ｜ |
| 煤炭 | 二 | ｜ | 一 | ｜ | 一 | 二 | 一 | 三 | 三 | ｜ | ｜ |
| 青礬、黑花、硃砂 | ｜ | ｜ | 一 | ｜ | 一 | ｜ | ｜ | ｜ | 二 | ｜ | ｜ |
| 合計 | 三 | ｜ | 三 | ｜ | 二 | 二 | 二 | 四 | 七 | ｜ | ｜ |

## 第四款　交通業

交通業以光緒三十三三十一三十二之三年間創辦者爲多。其數十。殆占此業之六成。然皆航行內河之小輪船。內惟上海大達輪船有限公司。資本一百萬兩。山東清河輪船公司。資本十萬兩。此外則皆五萬兩以下之小公司而已。次則鐵路公司凡四。資本共六千二百五十八萬七千八百十元。平均一公司千五百萬元。實新事業中之最盛大者也。而商辦鐵路公司。惟南部獨多。中部則僅江蘇一公司。而北部乃無一焉。此亦當注意研究者也。

表七　交通業公司種類及資本表

| 種類 | 股份 | 合資有限 | 合資無限 | 個人 | 合計 | 資本額 元 | 資本額 兩 |
|---|---|---|---|---|---|---|---|
| 輪船 | 四 | 四 | 一 | 一 | 一〇 | 二九九、〇〇〇 | 一、二〇五、〇〇〇 |
| 民船 | ｜ | 一 | ｜ | 一 | 二 | 一四、〇〇〇 | ｜ |
| 水利 | ｜ | 一 | ｜ | ｜ | 一 | ｜ | 一〇〇、〇〇〇 |
| 鐵道 | 四 | ｜ | ｜ | ｜ | 四 | 六二、五八七、八一〇 | ｜ |
| 馬車 | 一 | ｜ | ｜ | ｜ | 一 | 一九〇、〇〇〇 | ｜ |
| 合計 | 九 | 六 | 一 | 二 | 一八 | 六三、〇九〇、八一〇 | 一、三〇五、〇〇〇 |

## 表八　交通業公司設立年份及地方表

| 種類 | 二十八年以前 | 二十九年 | 三十年 | 三十一年 | 三十二年 | 三十三年 | 三十四年 | 北部 | 中部 | 南部 | 江蘇 |
|---|---|---|---|---|---|---|---|---|---|---|---|
| 輪船 | 一 | ｜ | 二 | 三 | 二 | 一 | 一 | 一 | 二 | 一 | 六 |
| 民船 | ｜ | ｜ | 一 | ｜ | 一 | ｜ | ｜ | ｜ | ｜ | 一 | 一 |
| 水利 | ｜ | ｜ | 一 | ｜ | ｜ | ｜ | ｜ | ｜ | ｜ | ｜ | 一 |
| 鐵道 | ｜ | ｜ | 一 | ｜ | 二 | ｜ | ｜ | ｜ | ｜ | 三 | 一 |
| 馬車 | ｜ | ｜ | ｜ | ｜ | ｜ | 一 | ｜ | ｜ | ｜ | ｜ | ｜ |
| 合計 | 一 | ｜ | 五 | 四 | 五 | 二 | 一 | 二 | 二 | 五 | 九 |

## 第五欵　金融業

我國舊有之金融業。不足以爲今日商務之機關。國中識者。漸已知之。故自光緒三十二年以後。設立新式銀行之議漸昌。然至今純然商辦者。其數僅有六。內除廣益銀行（資本三十萬元）四海通銀行保險積聚有限公司（已收資本一百萬元）二者。其本店皆在新嘉坡。國內所有者。實則四家而已。其資本則七百五十萬元也。其本店所在則福建浙江江蘇三省也。以一國之大。而所稱金融機關者僅此數。吁可傷矣。其錢莊及當舖。實爲現在全國最有力之金融機關。然有大資本者不多。且注冊者甚少。今據已注冊者編列於本欵。

表九　金融業種類及資本表

| 種類 | 股份有限 | 合資有限 | 合資無限 | 個人 | 合計 | 資本額（元） | 資本額（兩） |
|---|---|---|---|---|---|---|---|
| 錢莊 | 一 | 九 | — | 三 | 一四 | 八八四、〇〇〇元 | 三〇六、〇〇〇兩 |
| 新式銀號 | 五 | — | — | 一 | 六 | 八、五三〇、〇〇〇 | 一、五〇〇、〇〇〇 |
| 當舖 | — | （合資）三 | 一五 | 二 | 二〇 | 八七九、五〇〇 | 六〇、〇〇〇 |

| | | | | | |
|---|---|---|---|---|---|
| 合計 | 七一二 | 一五 | 六四〇 | 一〇、二九三、五〇〇 | 一、八六六、〇〇〇 |

表十 金融業設立年份及地方表

| 種類 | 二十八年以前 | 二十九年 | 三十年 | 三十一年 | 三十二年 | 三十三年 | 三十四年 | 北部 | 南部 | 中部 | 江蘇 |
|---|---|---|---|---|---|---|---|---|---|---|---|
| 錢莊 | 九 | — | — | 二 | — | 三 | — | 一 | 九 | 四 | — |
| 新式銀號 | — | 一 | — | — | 三 | 一 | — | 一 | 新嘉坡(三) | 二 | 一 |
| 當舖 | 一四 | 一 | 二 | 二 | — | — | 一 | — | — | — | 一九 |
| 合計 | 一三 | 二 | 二 | 四 | 三 | 四 | 一 | 二 | 一二 | 六 | 二〇 |

## 第六款 商業

我國商業。比較他業。可稱發達。然以股分公司合資有限等形式經營之者甚希。其已經注冊者。爲數四十八。而股份公司僅十九。而資本一百萬元以上者。僅有一家。其餘則皆五萬元以下之小公司。蓋商業組織之改革。我國人猶未嘗注意也。今舉已注冊者列之。

表十一 商業公司種類及資本表

| 種類 | 股份有限 | 合資有限 | 合資無限 | 個人 | 合計 | 資本額 |
|---|---|---|---|---|---|---|
| 鑛物商 | 一 | \| | 一 | 三 | 不明一 五 | 三四五、〇〇〇元 六〇、〇〇〇兩 |
| 食品商 | 二 | 有限一 一 | \| | 五 | 不明二 九 | 一七五、〇〇〇 六〇、〇〇〇 四二〇、〇〇〇文 |
| 貿易業 | \| | 有限一 三 | \| | 一 | 不明一 五 | 八〇、〇〇〇 \| |
| 發行業 | 三 | 二 | \| | 三 | 八 | 三五〇、〇〇〇 一〇、〇〇〇 |
| 書籍新聞業 | 四 | \| | \| | 一 | 五 | 一、一四三、〇〇〇 \| |
| 賣藥業 | 三 | 二 | \| | 三 | 八 | 一八四、四〇〇 \| |
| 雜業 | 二 | 一 | 一 | 四 | 八 | 一三三、〇〇〇 四六、〇〇〇 |
| 合計 | 一五 | 一一 | 二 | 二〇 | 四八 | 二、四一〇、四〇〇元 一七六、〇〇〇兩 四二〇、〇〇〇文 |

其設立年份如下

| 光緒二十八年以前 | 二十九年 | 三十年 | 三十一年 | 三十二年 | 三十三年 | 三十四年 |
|---|---|---|---|---|---|---|
| 二四 | 一 | 四 | 二 | 九 | 四 | 四 |

## 第七欵　保險業

我國固有之保險業。其發達甚爲幼稚。殆與歐洲十七世紀所行者相似。近年各租界紛紛有外國保險公司。我國亦漸漸模倣之。然其業猶甚微。僅拾外國之餘瀝耳。今舉已注冊保險公司之名如下。此外尚有倉庫業已經注冊者二家。今略焉。

表十二

| 公司名 | 種類 | 資本額 | 設立人 | 所在地 | 創立年月等 |
|---|---|---|---|---|---|
| 華安人壽保險公司 | 股份有限 | 規銀五〇〇、〇〇〇兩 | 沈敦和外六人 | 上海 | 光緒三十三年生命保險 |
| 華通水火保險股份有限公司 | 同 | 一、〇〇〇、〇〇〇 | 林爾嘉外八人 | 同 | 同三十三年海上火災保險 |
| 上海華興水火保險有限公司 | 同 | 一、〇〇〇、〇〇〇 | 嚴信厚外六人 | 同 | 同三十一年海上火災保險 |
| 四海通銀行保險積聚有限公司 | 同 | 已收一、〇〇〇、〇〇〇元<br>未收一、〇〇〇、〇〇〇 | 黃壽山 | 新嘉坡 | 光緒三十二年海上保險兼營銀行 |

## 結論

綜以上所述。自光緒二十九年注冊局設立以來。至光緒三十四年末。凡五年間。其報部注冊之公司數。二百六十五。資本額合計一萬三千八百三十三萬七千六百六十元。今更就以上諸欵舉其統計如下。

表十三　各種實業公司統計表

| 種類 | 股份有限 | 合資有限 | 合資無限 | 個人 | 合計 | 資本額 | 資本額 |
| --- | --- | --- | --- | --- | --- | --- | --- |
| 工業 | 九八 | 一七 | 一 | 一一 | 一二七 | 三五、一九九、八〇〇 | 一〇、七一七、〇〇〇兩<br>九六足錢三〇、〇〇〇文 |
| 農業 | 一四 | 二 | 一 | — | 一七 | 一、四九五、〇〇〇 | 一、七四〇、〇〇〇 |
| 鑛業 | 八 | 三 | — | — | 一一 | 二、〇二〇、〇〇〇 | 一、三四八、五〇〇 |
| 交通業 | 八 | 六 | 一 | 二 | 一七 | 六三、〇九〇、八一〇 | 一、三〇五、〇〇〇 |
| 金融業 | 七 | 一二 | 一五 | 六 | 四〇 | 一〇、二九三、五〇〇 | 一、八六六、〇〇〇<br>一七六、〇〇〇 |
| 商業 | 一五 | 一一 | 二 | 二〇 | 四八 | 二、四一〇、四〇〇 | 四二〇、〇〇〇 |
| 保險業 | 三 | — | — | — | 二 | — | 二五〇、〇〇〇 |
| 倉庫業 | 一 | 一 | — | — | 二 | — | 二三〇、〇〇〇 |
| 合計 | 一五四 | 五二 | 二〇 | 三九 | 二六五 | 一一四、五〇九、五一〇 | 一七、六三二、五〇〇兩<br>四、四八八串 |

右表所列內有舊式之實業五十九家。除去之。其以新式組織之實業資本約在一萬萬元內外。更調查各公司資本之多少。其一百萬元以上之大公司。則工業四。交通業三。金融保險業各二。礦業一。農業商業無之。而五萬元以下之小公司。約居百分之四十九而弱。試列其資本比較如下。

表十四　各種公司資本比較表

| 種類 | 一百萬元以上 | 一百萬元以下 | 五十萬元以下 | 二十萬元以下 | 十萬元以下 | 五萬元以下 | 一萬元以下 | 合計 |
|---|---|---|---|---|---|---|---|---|
| 金融業 | 二 | 二 | 一 | 三 | 一三 | 一七 | 二 | 四〇 |
| 交通業 | 三 | 二 | — | 二 | 三 | 三 | 四 | 一七 |
| 農業 | — | 二 | 三 | 二 | 四 | 五 | — | 一六 |
| 工業 | 四 | 一二 | 一九 | 二六 | 一三 | 三四 | 一九 | 一二七 |
| 保險 | 二 | 一 | — | — | — | — | — | 三 |
| 商業 | — | 一 | 二 | 二 | 六 | 一三 | 二四 | 四八 |
| 倉庫 | — | — | — | 一 | — | 一 | — | 二 |
| 礦業 | 一 | 一 | 二 | — | 一 | 六 | 一 | 一二 |
| 合計 | 一二 | 二一 | 二七 | 三六 | 四〇 | 七九 | 五〇 | 二六五 |

更就每年設立之公司比較之。則廿八年以前設立者最多。其數七十七。然此乃舊有之業。非一年內所設者。可勿論。此五年中。則光緒三十二年最多。其數五十七。三十三年次之。其數四十。而去年則稍減至二十。僅及前年之半。視三十二年則僅得三之一。此亦一奇異之現象。最宜研究者也。今爲表如下。（內保險倉庫二業未列）

表十五　歷年創立公司比較表

| 種類 | 光緒二十八年以前 | 二十九年 | 三十年 | 三十一年 | 三十二年 | 三十三年 | 三十四年 |
| --- | --- | --- | --- | --- | --- | --- | --- |
| 工業 | 二二 | 三 | 九 | 一九 | 三三 | 二七 | 一二 |
| 農業 | 四 | 一 | 三 | 二 | 五 | 一 | 一 |
| 礦業 | 三 |  | 三 |  | 二 | 二 | 一 |
| 交通業 | 一 |  | 五 | 四 | 五 | 二 | 一 |
| 金融業 | 二三 | 二 | 二 | 五 | 三 | 四 | 一 |
| 商業 | 二四 | 一 | 四 | 二 | 九 | 四 | 四 |
| 合計 | 七七 | 七 | 二六 | 二三 | 五七 | 四〇 | 二〇 |

以上所調查專據報部注冊者列之原未足以窺我國實業之全豹雖然凡遵依商律而用新式組織以從事實業者殆無不報部然則據此以測我國之新事業雖不中不遠矣夫以數年之間而集資本以從事於新事業者已一萬三千餘萬之多我國民向上之心不可謂不勇**而將來我國實業終能振興與否則將於此諸公司之有成效與否焉卜之矣**使諸公司之當局者能實心任事經營得宜則此一萬萬餘金之資本其生產力遞嬗遞進可以至數十萬萬而人民明睹其利益相率而繼續組織十年以後我國富與英美爭衡可也而不然者或營私而吞蝕或冥行而失敗**則豈惟使將來一般人民視爲畏途莫敢從事已耳而先已舉此一萬萬餘金之資本投諸於不可復之地**夫國民之有此一萬萬餘金也蓋非易易焉唐人詩曰鋤禾日當午汗滴禾下土誰知盤中飱粒粒皆辛苦此實全國中大多數人終歲勤動節衣縮食之所積而以委託於公司當局諸君者也嗟乎國中能有幾箇一萬萬今者全國資本

枯渴已極此殆成孤注之一擲若今茲無善果則實業前途其將長已矣顧以吾所聞則此三百餘公司中其能踐此責任而應國民之希望者十無一焉其失敗者什而七八識者已微窺之嗚呼吾眞不知如何而可也夫光緒三十二三兩年間民之投資於實業者若鶩而去年則已銳減焉今年部中報告雖未備而據所已報者又減於去年矣此實我國民厭倦新事業之表徵也又我國資本彌益竭蹶之表徵也嗚呼月暈知風礎潤知雨有牧民責者尙其念諸

特別紀事

# 英國政界劇爭記（一）

滄江

（議會之解散與憲法之搖動）

英國議會。以陽歷十二月五日解散。將以明年陽歷正月初十日至二十日行總選舉。

**此實英國近七十年來未有之大事亦現在全世界之第一大事也**

夫立憲國之解散議會。實數見不鮮之事。即英國亦常常有之。曷爲獨於此次之舉而震驚之若是。**曰、以此次所爭者爲英國憲法上根本改革之問題故以此次所爭者爲全世界生計政策上根本改**

革之問題故

欲明此事之眞相則有數事焉必當先知者

第一　當知英國有兩大政黨一曰自由黨二曰統一黨此兩黨實中分全國政界之勢力迭相代以掌政權兩黨之成立皆在二百餘年前各有根深蒂固之歷史兩黨所持主義皆以國利民福爲前提而統一黨尤以國家本身之利益爲重自由黨尤以國民箇人之利益爲重統一黨之性質微近於貴族的自由黨之性質微近於平民的統一黨常含有保守的精神自由黨常含有急進的精神保守黨之政策常勇於外競自由黨之政策常劬於內治此兩黨同異之大概也而現今政府則自由黨主之統一黨則在野而爲反對黨者也

第二　當知英國政治上之實權全在議會議會惟有上下兩院其實權又全在下院凡在下院占多數之黨派即起而組織內閣上院議決法律之權雖與下院平等獨至豫算案則先由下院議決乃移咨上院上院惟有可決否決之權而無修正之權然下院既經可決之豫算案而上院否決者則近二百六十年

**來未嘗經見**蓋其否決權雖有如無久矣夫豫算案之修正贊否實立憲國政爭唯一之武器今英國上院不能行此權則其爲伴食甚明故近年英國常有倡裁撤上院之論者但未實行耳

第三 當知財政政策上有自由貿易保護貿易之兩大主義其行之也皆以海關稅保護貿易者重課外國入口稅以保護本國產業也行之則國中之生產者受其益較多自由貿易者除少數奢侈品外一切不課入口稅免使國民多所負擔也行之則國中之消費者受其益較多兩者皆有極强之理由論爭至今未息英國則行自由貿易政策已八十餘年其始實由自由黨倡之統一黨初時雖反對然久不以此爲政爭之問題近今則美國德國工商業勃興而又皆行保護政策以窘英貨之入彼國者英國商務之霸權大爲所挫故近數年來統一黨復撥八十年前久死之灰欲聯合本國及殖民地以行保護政策所謂**關稅改革問題是也**此問題實爲今次政爭動力之一

第四　當知現今世界上有所謂**社會主義**者實爲各國公共之大問題歐美政治家所最苦於解決者也社會主義者何蓋緣各國自機器盛行大資本之公司及托辣斯等踵起小民之恃十指以餬口者咸失其業不得不投入大工廠以爲之傭傭於人者所獲至微而傭人者所獲至鉅故富者日以富貧者日以貧一國中傭人者至少而傭於人者至多而此多數者常呻吟憔悴於彼少數者之下則將易貴族專制而爲富族專制其害惡莫甚焉仁人君子不忍於貧萌之無告則競倡學說以謀匡救之其所倡之學說則命之曰社會主義社會主義之種類不一其最穩和者則曰國家社會主義國家社會主義所主張之條理亦不一而其最重要者則爲**租稅系統之改革**輕減一切之消費稅而重課大地主及大資本家之直接稅此實救時之一良策也近十年來歐美各國之議會其社會主義黨所選出議員數皆日增識者皆謂將來全世界一大革命從此起焉英國於兩大政黨外近亦有所謂社會黨者其勢力漸駸駸不可侮而自由黨

之性質本爲平民的其精神本爲急進的其勢自易於與社會黨相接近近者殆有吞納之而合併爲一之象故其財政方針採諸社會主義者頗多此問題又爲今次政爭動力之一

第五　當知英國財政之近狀其歲入久苦不足據明年度之歲出豫算爲一萬萬六千四百五十萬二千磅而據現行稅法所得之歲入豫算僅得一萬萬四千八百三十九萬磅其不足額爲一千六百十萬二千磅（約合一萬萬七千餘萬元過於中國歲出入之總數矣）英國政府氣魄雖大然歲入不足殆十分之一其勢固非易支况照現行之海軍計畫及其所欲擴充之保護貧民政策則三四年後非增至二萬萬磅以上不可現行稅法既不足以得此財源則勢不可不圖改革而統一黨則欲改革關稅自由黨則欲改革國內稅之系統此則今次政爭之主眼也

第六　當知英國下院現在之形勢英國兩大政黨常以其在下院勢力之消長爲政權之嬗代此向來之慣例也然兩黨所占議員之多寡其數向不甚懸絕大率

在朝黨之數不過多於在野黨數十人最多則百餘人耳統一黨之握政界霸權垂二十年自由黨久蟄伏於下乃自一九零六年（光緒三十二年）解散議會行總選舉自由黨內閣成立後自由黨與社會黨國民黨聯合共得五百一十三員保守黨僅得一百五十七員在朝黨之優於在野黨者三百五十六員除一八三二年（道光十二年）選舉法改正時之議會外朝野勢力之懸隔未有若斯之甚者也以現在下院之形勢論之統一黨實無從與自由黨競爭統一黨而欲與自由黨競爭非利用上院之勢力不可故上院忽焉行其二百餘年所未嘗行之豫算否決權以致生出憲法上之問題此今次政爭最近之事實也

明乎此六者則知英國今次之政爭實爲英國近數十年來未有之大事且爲全世界之第一大事至此事發生以來經過之大概吾將於次號續記之

（附言）吾國人於域外之事視之若與我渺不相涉雖有掀天動地之大事爲全球人所奔走駭汗而欲觀其究竟者我國人漠然無所聞知也非惟流俗人爲然卽最高等之士大夫亦莫不皆然非惟不通外國語言文字者爲然卽號稱在外國大學

校卒業自詡洋務專家者。殆亦莫不有然。然此無足怪也。一般士大夫。僅從本國報紙上所譯路透電。得知世界近事大概。而所報皆簡單且無系統。通外國語者。雖能閱西報。然凡一事件之發生。皆有其前因後果之關係。苟無政治上之專門智識。則不能知其所由。故其事雖日接於吾前。而視之無一毫興味。其無所感動於中。亦固其所。然苟長此終古。則吾國民亦終自絕於世界。而爲人役耳。何也。今日交通大開之時代。一國之政治。其影響未有不波及於他國者也。本報同人有惆於此。故凡遇重大事件。必追敍其原因及其與世界大勢相關之消息。使讀者得有興味而助其研究。此或亦增長常識之一道乎。雖詞費。固非得已也。　著者識

（未完）

特別紀事

# 宣統元年大事記（內史）

## ▲一 宮廷恭紀

**改元** 今上嗣位。改元宣統。

**恭上廟號** 正月二十二日恭上 大行太皇太后尊謚曰 孝欽顯皇后。二十八日。恭上 大行皇帝尊謚曰 景皇帝。廟號曰 德宗。

**除喪** 三月初一日釋喪服。

**德宗景皇帝大葬** 孝欽顯皇后菩陀峪陵地。已於光緒三十四年十二月竣工。德宗景皇帝之 崇陵。以去年正月始 欽定擇於 東陵之金龍峪。竣工尚須時日。

故暫奉安於　西陵之梁格莊。以三月十二日舉行奉移　梓宮之大典。各國皆派大使會葬。惟日俄兩國更特派專使。禮成遣貝子銜鎭國將軍載振往日本尚書戴鴻慈往俄國答禮。

**孝欽顯皇后大葬**　九月二十七日。舉行大葬禮。奉安於菩陀峪陵地。二十九日。奉祀神主於　太廟。　瑜皇貴太妃等眷戀　慈德。堅欲廬　墓。經遣親貴數次奉勸。乃還　宮。

**德宗升祔位次**　將奉祀　德宗景皇帝於　太廟。禮部具奏請其　昭穆位次。謂穆宗　德宗。兄　弟相及。宜同在昭位。居　穆宗之次。其對面之穆位則虛之。下內閣各部院會議。卒以十月廿八日得　旨謂昭穆原以分左右。非以別尊卑。命於　文宗顯皇帝之次。設東向穆位。以奉祀　德宗。

**皇太后徽號**　十一月十三日。恭上　皇太后徽號曰　隆裕皇太后。

▲二　用人行政

**監國新猷**　前年袁世凱之罷斥也。舉國上下。無不驚嘆　監國之賢明。爲足繼　先帝之遺志而起國運於久衰也。洎乎昨年。一切用人行政。其所以饜海內人士之望者。楮不勝書。略舉其犖犖大端。則戒飭地方官之　上諭。不得徒以催科聽斷爲盡職。尤當勤恤民隱。以盡牧民之道也。復降　諭旨裁冗官。汰冗費。而諄諄於勤儉之意。又以近來督撫習氣。每有升遷。則紛紛奏調僚屬。各用其私。專務便己。至是乃嚴禁此弊。以肅官方。若夫督飭籌備立憲之　旨。前後凡五。蓋以各省官吏互相推諉。即有覆奏。不過一紙空文。含混塞責也。又每有章奏。　監國必細加瀏覽。其甚善甚惡者。且加批語。以第優劣。精力過人。有足驚者。我國近十年來。苞苴日盛。廉恥日亡。腰金者徒步卿相。奸險者勢燄熏天。如袁世凱。如陳璧。尤爲巨魁。袁既罷逐。陳亦不數月而斥免。此皆監國英斷懲一儆百之意也。又復大開言路。以達下情。虛心納諫。禮賢下士。凡召見者。皆得竭忠盡知。獻可替否。嗟乎。有　王如是。吾民何憂。今所記者。不過數端耳。又不過去歲一年之事耳。來日方長。當敬拭目以觀新政之告成矣。

●中●央●集●權●之●進●步●　吾國號稱專制。然中央政府之權力。往往不能及於地方官吏。而地方官吏。有時反得掣肘中央政府。此所謂尾大不掉。而一國之政。於以滯塞而不通也。自袁張入軍機後。中央之權乃稍重。近一二年。而中央集權之議。喧囂於政界。於是各省提學使。直轄於學部。昨歲更進而謀統一財政。乃由度支部派員往各省監理財政。又巡警道歸民政部管轄。而海陸軍則由軍諮處海軍處統掌。此皆最近之變局也。

●政界● 昨歲大官調動。頗復頻繁。如徐世昌則由東督入郵傳部。錫良由雲貴調東三省。端方則由兩江升直隸。張人駿則由兩廣升兩江。袁樹勛則由山東升兩廣。孫寶琦則以京曹放山東。而五月間奉　旨設軍諮處。以濤郡王朗貝勒爲管理事務大臣。又設籌辦海軍處。以洵郡王薩鎮冰爲籌辦海軍大臣。其後六月初。慶邸自請開去管理陸軍部差使。七月間。駐日本考察憲政大臣李家駒差竣復命。授資政院副總裁。端方之入京也。　監國頗欲倚任之。未久而以不敬敗。那桐則署理直隸時。清查袁世凱任內之財政。又嚴辦津浦鐵路案。頗快人心。八月而張之洞卒。戴鴻慈入相。端方敗後。陳夔龍升直隸。瑞澂升湖廣。而甘肅布政使毛慶蕃以貽誤憲政革職。至十月而資政院總裁大學士孫家鼐亦逝。老成凋謝。亦去年政界之一感也。

●籌備憲政之成蹟● 自奉立憲　諭旨後。昨歲實爲籌備之第二年。果有何成效之可覲乎請記其重要者。則各省諮議局之開議也。八月三十日奉諭誡諮議局之　旨。九月初一各省一律開會。（惟新疆延至第二期）會期共四十日。自始議以至閉會。各省官民。咸能和衷共濟。惟吉林江蘇兩省小有衝突而已。又資政院章程。以七月八日頒布。其選舉章程。則以九月十三頒布。而資政院議員。亦由各省諮議局互選。完結。其他如調查戶口。府縣警察。各省高等警察學堂以及審判廳。改良監獄。教育財政。皆着着進行。而法律大臣所編訂之新刑法。目下在憲政編查館查定。尚未頒行也。至國會之立。原在宣統九年。然民間多主速開者。因由江蘇諮議局提倡。聯合各省諮議局。各省應之。派代表五十餘人。大會於上海。復聯袂入都。務求達速開之目的爲主。雖未得　俞旨。然代表諸人。仍留京師。更再上書籲請也。

▲三　外交

**萬國鴉片煙會**　正月上海有萬國鴉片煙會之設。蓋由美國所倡也。開會之日。中國、日本、英、美、德、俄、法、荷、波斯、暹羅十國委員咸集。以議助我禁煙之策。其議決者共有九項云。

**中日宿案議決**　昨歲最重之外交。其爲中日宿案乎。此案蓋四年於此。而兩國之間。屢啓紛紜者也。其案維何。則(一)問島問題。(二)撫順煙臺煤礦問題。(三)大石橋營口鐵路問題。(四)新民屯法庫門鐵路問題。(五)京奉鐵路延長至奉天城下問題。(六)撫順煙臺以外之南滿洲鐵路附近之礦山問題也。此案何自起。則日俄戰後日本外務大臣小村壽太郎奉全權之命。躬至北京。而與我外務部之慶瞿袁所訂者也。其後案亘四年。屢起交涉。迄無成議。至去年二月。吾國乃欲提出於萬國平和會。請萬國公斷。然遲疑未辦。而日本奉天總領事與東三省總督因安奉鐵路事。商議不協。六月廿一日。日本駐中國公使奉其國命照會我國。謂改築安奉鐵路事。不問中國許諾與否。日本當自由行動云云。詞嚴氣厲。我政府驟接此照會。正如晴天霹靂。無從措手。而中日交涉之顛末。至是始爲監國所知。則外交諸臣朦蔽溺職。馴至辱國之罪也。監國雖知此事原委。然內顧國勢。外重邦交。無可如何。即飭外部諸人。誠愼將事。所有各案。從速了結。又召署理直督那桐歸京。與梁敦彥協力辦理。於是安奉鐵路問題。大綱遂決。同時又提議以前諸宿案。日本亦稍允讓步。旬日之間。一瀉千里。而交涉竟終至七月二十而定間島滿洲兩協約。綜其終始。不過一月。蓋歷來所辦交涉。未有如此役之迅速也。雖所失甚多乎。然蝮蛇螫手。壯士斷腕。與其遷延時日。徒啓邊釁。無窮一刀兩段之爲愈矣。古人所謂。既不能令。又不從命。是絕物也。吾記此事。既服　監國之果斷。而又未嘗不太息唏噓於國勢也。間島滿洲兩協約成後。俄美兩國。頗生猜疑。遂有照會中日兩國。辨明有無妨礙俄美兩國權利之事。而憤憤不平者。惟美尤甚。美國駐中公使格廉之忽膺榮寵。忽被報罷者。蓋卽此時也。吾國內地。亦多不直日本。慷慨時事。所在抵制日貨之風甚熾。然未審其結局若何也。又吉長及新奉鐵路借款事。亦約成用印。至西澤島問題。日本認爲中國領土。所有日人在該島事業。皆由我國買收。中日之交。遂如故也。

●澳門劃界問題●　澳門境界問題。亦中葡兩國交涉之宿案也。昨年乃開公式談判。我國劃界大臣高而謙。與葡國劃界委員陸軍提督馬查特。自四月以來。在香港會商已十餘次。而兩國堅持己案。各不相讓。十月談判中絕。馬查特赴北京。與外部直接交涉云。

（未完）

世界紀事

# 千九百九年世界大事記（外史）

本記所用月日皆從陽歷以其事悉出於用陽歷之國無爲強而從我徒滋混雜亦春秋名從主人之義也讀者諒之　著者識

▲正月

**韓皇巡狩**　朝鮮皇帝舉行巡狩之典。統監伊藤公爵扈從之以正月七月先幸南韓。費兩旬而廻轅北首。二月三日歸京。此爲朝鮮歷史破天荒之舉動也。

**美國排日案不成**　美國近數年來。排斥日人之風甚盛。中雖稍戢。而根株未絕。至本年正月九日。忽有加鋍寬尼省省會之一議員。提出排日案。其大意爲禁止日人不得入公立學校。日人不得有土地所有權。剝奪日人被選舉權。日人所居之地宜畫定區域。不得往來自由等。然美總統羅斯福、及加省總督奇列特、皆不謂然。乃盡其斡旋之功。此案遂不能通過下議院。羅斯福之初見此案也。卽揚言曰。余匪惟不贊成此舉。且視爲愚惡之行。吾美人不應有此云。

香港日領事之報告　粵省前因二辰丸事。民心憤激。相約不用日貨。至是日本駐香港領事瀨川氏。報告抵制日貨之風。漸次消滅。此報告以正月十三日到東京。

美加條約　美國與英屬加拿大。地形相錯。屢啓紛紜。乃共結條約以熄爭端。以正月十一日。在美京華盛頓用印。

俄將長逝　俄國水師提督羅哲士溫斯奇。以正月十四日病歿。案、羅氏卽先年日俄戰爭時。統領波羅的海艦隊。與日軍戰於對馬海峽。負傷被虜。尋愈。和議成乃放還者。

俄廢自由港　浦鹽斯港。向爲東方自由港。下議院曾經提議廢止。至是上院亦贊成之。時正月廿七日也。

日俄鐵路代表人會議　俄羅斯之東清鐵路。與日本之南滿鐵路。各派代表人在哈爾賓會議。暫定兩路聯絡條約。以正月廿二日約成署名。至二月上旬。兩國政府皆許諾之遂以二月廿三日在長春車站實行聯絡事務。

▲二月

英皇游德　二月八日。英皇英后與殖民大臣屈祿伯爵外務次官哈顛齊、俱進赴柏靈訪問德皇。是日也。日晴風和。柏靈市民出迎鹵薄者。環道如堵。英皇及皇后出布郎顛不爾門。市長在焉因恭述歡迎詞。英皇用德語答之。旋入德宮。是夜肆筵設席英德兩皇互道兩國親交之意。且言此行關係至大。可使兩國人較前益爲親愛云。宴畢。英皇皇后起辭。遂共赴柏靈車站。與德皇殷勤握手而別。

摩洛哥問題　二月九日。德法兩國協商摩洛哥案成。在柏靈用印。其內容爲確定兩國在摩洛哥地位。法國則保全摩洛哥之土地。德國則尊重摩洛哥生計上之利益。而德國且承認法國在摩洛哥所以宜獲有政治特別權利。爲與摩洛哥安寧秩序有密切之關係云。

案、德法因摩洛哥事。幾致決裂。德之所以侮法者。情實難堪。使法而稍不忍隱者。殆矣。此案之成。英人與有力焉（參觀本號著譯門英德交惡論）歐洲風雲。庶得暫息。

**土耳其內閣瓦解**　二月十三日。土耳其陸軍大臣亞利力沙免職。緣是延及全內閣皆有動搖之勢。後下議院決議不信任現宰相。於是以希爾密代之。組織新內閣。

**俄國皇叔薨逝**　俄皇叔烏拉祿米二月十八日薨逝。享年六十三。

**美艦歸國**　美國大西洋戰鬭艦隊。奉命巡游全球。今已蕆事。二月廿一日。平安歸國。大受歡迎。

案美國大西洋艦隊。即去年曾游吾廈門。而派毓梁兩大臣歡迎之者是也。

**萬國海戰法會議**　在倫敦所開之萬國海戰法會議。以二月廿六日。將所議七十一條之宣言書用印。又解決「何爲禁制品」何爲「附條件之禁制品」何爲「非禁制品」等問題。

## ▲三　月

**美國大總統更迭**　三月四日。前總統羅斯福任滿。新總統塔虎脫就任。即日在上議院舉行大禮。塔氏朗讀教令。有改正關稅、充實海陸軍備、發達商權、皆恪守前總統羅氏之政策云。又羅斯福罷任後。翩然歸里。至廿三日。攜其子首途。往阿非利加遠獵焉。

英暹新約成　三月十日。在暹京盤谷。英暹新訂條約告成。依此約。暹羅以馬來半島之一部。讓與英國。而英國卽漸次撤退在暹羅之治外法權。

英造巨艦　三月十一日。英國海軍豫算案發表。據其計算。則前年爲三千二百餘萬鎊者。今爲三千五百餘萬鎊。內八百八十餘萬鎊。爲起造新式戰艦四隻之用。但斟酌情事。將來或更造四隻大裝甲巡洋艦。亦未可定云。此豫算案發表後。在野黨或引德國一時起造十七隻新式戰艦。或謂至千九百十二年時。德國新式戰艦有二十五隻。而英僅得二十隻。以攻擊政府暗於時勢。而其主張者。爲裝甲艦與新式戰艦同時起工。不必再待辨難。良久。卒爲在野黨所勝。蓋與德同盟之奧意兩國亦各新造巨艦也。後澳洲紐西侖等植民地。以助母國故。各贈巨艦一隻云。

巴黎通信斷絕　三月中旬。巴黎郵政局員忽有同盟罷工之事。電報電話皆杜絕不通。而郵政信件之停滯者以五百萬通計。蓋因局中賞罰不平。致起風潮也。

南極探險隊之偉功　千九百八年正月初一日。英國夏克敦大尉所率南極探險隊。自紐西侖首途。其明年正月九日。至南緯八十八度二十三分東經百六十二度之地。

蓋距南極不過百十一哩。爲今日南下探險最南之地點。未經他人足跡者。以三月下旬來歸。

●奧塞問題着落●　千九百八年十月。奧大利國突然布告將波士利亞、與希祿威拿兩州合併。爲前年歐洲一大問題。其最反對激昂者。則塞爾維亞也。此何以故。蓋塞國蓄意欲得此二州也。已非一日。今忽焉爲奧人所攙奪。其不忍袖手旁觀者。亦固其所。加以塞與俄爲同種。休戚所繫。俄亦竊爲後援。塞得一强大之與國。遂日日籌備戰事。聲言當與奧失和。危機一髮。忽也德國出而干涉之。致書俄政府。詞氣嚴厲。俄乃退沮。塞亦屈服。此卽三月間事也。塞因宣布聽奧國合併二州。塞斷不以領土上之報償要求奧國云。於是英意德法俄諸國。皆公然畫諾焉。

▲四月

●土耳其革命●　土耳其內閣總理大臣希爾密者。土耳其青年黨中人也。自其組織內閣後。其所以發揮黨勢者。甚至。於是有起而抗之之頑固黨。陰結第一軍兵士、與回回教徒。以四月十三日突起。一舉而殺司法大臣。再舉而斃將校之屬於青年黨者。進迫國會議事堂昌言顛撲憲法。於是青年黨內閣敗。繼之者爲德飛克。而土皇又陰助頑固黨。冀其破立憲而復專制。爲便私圖。孰意不數日而青年黨負西烏特元帥。率該黨根據地沙羅利加軍。直蹴土都。一戰勝敵。遂入君士但丁。蓋四月廿六日也。明日廹土皇廢之。以皇弟繼大統。五月五日。希爾密復相。最終之勝利。仍歸青年黨。而土耳其憲法亡而後存。且幽閉前皇於沙羅利加府。自始亂以至平復。僅兩旬耳。豈所謂飄風疾雨之不崇朝者邪。

**布加利牙自立**　前年十月。奧大利之布告合併波士利亞希萩威拿也。布加利牙亦乘機宣言自立。得俄爲之居中斡旋。遂得與土結約。由布加利牙償金千六百四十萬圜於土耳其。其爲獨立之代價。以四月十九日。在君士但丁用印。於是巴幹半島新出一王國。

**英國豫算案**　英國度支部大臣雷得佐治。於四月廿九日。提出今年度豫算案於下議院。凡演說四小時之久。以說明此案內容。其言曰。本年度豫算。因海軍費增加。與改良社會之種種施設。故約缺少一千七百萬鎊。政府籌商補塡之法。擬加抽所得稅、印花稅、相續稅、烟酒稅等。又同時加徵地稅云云。要之此豫算案大旨在增富者之負擔。而輕貧民之輸將。頗欲行社會主義者。故在野黨之反對大起。辨難攻擊。數閱月而議未定。

## ▲五　月

**何士泰因長逝**　前德國外務部政務局長何士泰因。五月十一日病歿。何氏在表面上似覺無足輕重。其實德國外交政策。出於彼所籌畫者最多。即如摩洛哥問題。當時咸目爲排法政策之主動者。則其人於德國外交界之關係可知也。

**協議借欵**　五月十五日。英德法三國資本家會於柏靈。協議中國鐵路借欵問題。

## ▲六　月

**伊藤辭職**　高麗統監伊藤公爵。久有辭職之意。本月十四得報。以曾禰副統監繼其後。而伊藤在高麗最後之事。爲韓國銀行敕書。以七月廿六日用印。司法及監獄委託之敕書。以七月十二日用印。而軍部廢止之詔旨。亦以七月三十日發布。

**三皇會見**　六月十七日。俄皇率同首相士託賓、外務大臣伊士窩奴、德皇率同外務大臣西巖、相見於波羅的海上。開襟共話。情意懇摯。後俄皇順道至法。與法總統會晤。又以八月三日訪謁英皇。八月七日再與德皇晤對。雖曰尋常酬酢。而折衝撙俎之意。大有在也。

**名士之訃**　俄國國際法大家馬爾丁士博士。以六月廿一日病卒。其國際法學。爲世界首屈一指。又前年日俄議和時。曾爲議和大臣域特隨員。同至美國者。

**德相辭職**　六月廿三日。德國聯邦議會。否決政府增稅案。蓋此案專以增收遺產稅爲主也。首相比羅遂辭職。待政府與議會協商成立後。乃設別筵以明退隱之意。七月十四日。德皇報可。於是希特曼何路威。起而組織新內閣。

**波斯政變**　當土耳其政界紛擾之際。波斯亦忽起變亂。竟至停止憲法。專事殺戮。俄國之國境駐屯軍。乘勢進行。以防大變。後英俄兩國公使。覲見波王。力言憲法既布。不可中止。徒滋擾攘。波王亦知專制政體之終不可以行於今之世也。面許其請。復以六月十九召集國會。

（未完）

文牘

# 憲政編查館會奏遵擬憲法大綱並逐年應行籌備事宜摺 附淸單二件 補錄

光緒三十四年六月二十四日奉　上諭朕欽奉　慈禧端佑康頤昭豫莊誠壽恭欽獻崇熙皇太后懿旨憲政編查館資政院王大臣奕劻溥倫等會奏擬呈各省諮議局及議員選舉各章程一摺諮議局爲採取輿論之所並爲資政院豫儲議員之階議院基礎即肇於此事體重大亟宜詳愼釐定茲據該王大臣擬呈各項章程詳加披閱尚屬周妥均照所議辦理即著各督撫迅速舉辦實力奉行自奉到章程之日起限一年內一律辦齊朝廷軫念民依將來使國民與聞政事以示大公因先於各省設諮議局

以資歷練凡我士庶均當共體時艱同攄忠愛於本省地方應興應革之利弊切實指陳於國民應盡之義務應循之秩序竭誠踐守勿挾私心以妨公益勿逞意氣以紊成規勿見事太易而議論稍涉囂張勿權限不明而定法致滋侵越總期民情不虞壅蔽國憲咸知遵循各該督撫等亦當本集思廣益之懷行好惡同民之政虛公審察惟善是從庶幾上下一心漸臻上理至於選舉議員尤宜督率各該地方有司認眞監督精擇愼取斷不准使心術不正行止有虧之人託足其內致妨治安該王大臣所陳要義三端甚爲中肯如宣布開設議院年限一節自是立憲國必有之義但各國憲政本難强同要不外乎行政之權在官吏建言之權在議員而大經大法上以之執行罔越下以之遵奉弗違中國立憲政體前已降旨宣示必須切實預備愼始圖終方不至託空言而鮮實效著憲政編查館資政院王大臣督同館院諳習法政人員甄采列邦之良規折衷本國之成憲迅將君主憲法大綱暨議院選舉各法擇要編輯並將議院未開以前逐年應行籌備各事分期擬議臚列具奏呈覽朝廷親裁後當即將開設議院年限欽定宣布以立臣民進行之準則而副吾民望治之殷懷並使天下臣民曉然於朝

廷因時制宜變法圖强之至意欽此仰見我　皇太后　皇上以天地之量爲量。以百
姓之心爲心。大公無我。時措咸宜。薄海臣民。同深欽感。臣等遵即督飭館院諳習法政
各員。博采精取。折中擬議。茲經該員等擬具各節。臣等復再三考核。悉心釐定。竊維東
西各國立憲政體。有成於下者。有成於上者。而莫不有憲法。莫不有議院。成於下者始
於君民之相爭。而終於君民之相讓。成於上者必先制定國家統治之大權。而後錫予
人民聞政之利益。各國制度。憲法則有欽定民定之別。議會則有一院兩院之殊。今
朝廷採取其長。以爲施行之則。要當內審國體。下察民情。熟權利害而後出之。大凡立
憲自上之國。統治根本。在於朝廷。宜使議院由憲法而生。不宜使憲法由議院而出。中
國國體。自必用　欽定憲法。此一定不易之理。故欲開設議院。必以編纂憲法爲豫備
之要圖。必憲法告成。先行頒布。然後乃可召集議院。而憲法爲國家不刊之大典。一經
制定。不得輕事變更。非如他項法律。可以隨時增删修改。故編纂之初。尤非假以時日。
詳細研求。不足以昭愼重。惟條文之詳備。雖非旦夕所能觀成。而閎綱所在。自應豫爲
籌定。以爲將來編纂之準則。夫憲法者國家之根本法也。爲君民所共守。自天子以至

於庶人。皆當率循。不容踰越。東西君主立憲各國。國體不同。憲法互易。論其最精之大義。不外數端。一曰君主神聖不可侵犯。二曰君主總攬統治權。按照憲法行之。三曰臣民按照法律有應得應盡之權利義務而已。自餘節目。皆以此爲根本。其必以政府受議院責難者。即由君主神聖不可侵犯之義而生。其必以議院協贊立法監察財政者。即由保障臣民權利義務之義而生。其必特設各級審判官以行司法權者。卽由保障法律之義而生。而立法行政司法。則皆總攬於君上統治之大權。故一言以蔽之。憲法者所以鞏固君權。兼以保護臣民者也。臣等謹本斯義。輯成憲法大綱一章。首列大權事項。以明君爲臣綱之義。次列臣民權利義務事項。以示民爲邦本之義。雖君民上下。同處於法律範圍之內。而大權仍統於　朝廷。雖兼採列邦之良規。而仍不悖本國之成憲。至議院選舉各法。均與憲法相輔而行。凡議事權限。選舉被選舉資格。非有一定之準繩。必啟臨時之紛擾。亦應隱括大意。豫爲籌定。以便將來纂輯條文。有所依據。謹分輯議院要領及選舉要領各一章。附焉。此皆略舉大要。以發其凡。其中細目。尚未議及。一俟奉　旨裁定。臣等即當督飭在事各員。按照大綱要領所列各端。分別編定詳細條欵。但必寬以歲時。從容討論。以期精密無遺。迨他日編纂告成。再行進呈 御覽。恭候 欽定頒行。以資遵守。至開設議院以前。應行籌備各事。頭緒至爲紛繁。辦理宜有次第。如築室然。必鳩工聚材。經營無遺。而又朝夕程督。始終不懈。乃能聿觀厥成。如行路然。必衣糧舟車各物具備。而又逐日進行。不稍止息。乃能達其所嚮。綜其大綱。預備自上者。則以清釐財政。編查戶籍。爲最要。而融化滿漢畛域。釐定官制。編纂法典。籌設各級審判廳次之。預備自下者。則以普及教育。增進智能。爲最要。而練習自治事宜次之。凡此諸大端。若預備未齊。遽開議院。則預算決算。尚無實據。議院憑何監察。戶口財產。尚無確數。議員從何選舉。一切法度。尚未完全。與聞政事者。何所考核。人民程度。尚有未及。何以副選舉被選舉之資格。地方自治。尚無規模。何以享受權利。擔任義務。是徒慕開設議院之虛名。而並無裨益政事之實濟。非實事求是之道也。竊謂年限之遠近。至速固非三五年所能有成。然極遲亦斷不至延至十年之久。臣等公同商酌。擬自本年光緒三十四年起。至光緒四十二年止。限定九年。將預備各事。一律辦齊。謹分別年限。臚列上陳。其應行召集議院之期。自應恭候 欽定。抑臣等更有請者。邇歲以來。國勢阽危。人心浮動。內憂外患。岌岌堪虞。即無議院監察於旁。亦當急起直追。一洗敷衍因循之習。至安上全下。尤莫要於紀綱整飭。忱悃交孚。臣等所擬各項綱要權限所定。不可侵越絲毫。其逐年應辦事宜。須責成內外臣工。實力奉行。不得稍有推宕。應請 特旨由儆天下臣民。務各恪守規繩。而又交相鞭策。庶乎進之以漸。持之以恆。各矢勵精圖治之心。自有日進無疆之效。謹將擬憲法大綱及議院法選舉法要領暨逐年籌備事宜。分繕清單。恭呈 睿鑒。伏候 聖明裁定。召集議院年限。 特沛綸音。布告天下。以立萬年有道之基。而慰億兆昇平之望。臣等不勝激切屏營之至。再此摺係憲政編查館主稿。會同資政院辦理。合併聲明。謹奏。

謹將遵擬憲法大綱暨議院法選舉法要領繕具清單。恭呈 御覽

憲法大綱 其細目當於憲法起草時酌定

謹按君主立憲政體。 君上有統治國家之大權。凡立法行政司法。皆歸總攬。而以議院協贊立法。以政府輔弼行政。以法院遵律司法。上自 朝廷。下至臣庶。均守欽定憲法。以期永遠率循。罔有踰越。謹本斯義。恭擬如左。

君上大權

一　大清皇帝統治　大清帝國。萬世一系。永永尊戴。

一　君上神聖尊嚴。不可侵犯。

一　欽定頒行法律。及發交議案之權。凡法律雖經議院議決。而未奉詔令批准頒布者不能見諸施行。

一　召集開閉停展。及解散議院之權。解散之時。即令國民重行選舉新議員。其被解散之舊議員。即與齊民無異。倘有抗違。量其情節。以相當之法律處治。

一　設官制祿。及黜陟百司之權。用人之權。操之　君上。而大臣輔弼之。議院不得干預。

一　統率陸海軍及編定軍制之權。君上調遣全國軍隊。制定常備兵額。得以全權執行。凡一切軍事。皆非議院所得干預。

一　宣戰講和。訂立條約。及派遣使臣與認受使臣之權。國交之事。由　君上親裁。不付議院議決。

一　宣告戒嚴之權。當緊急時。得以　詔令限制臣民之自由。

一　爵賞及　恩赦之權。恩出自　上。非臣下所得擅專。

一　總攬司法權。委任審判衙門。遵　欽定法律行之。不以　詔令隨時更改。司法之權。操諸　君上。審

判官本由　君上委任。代行司法。不以　詔令隨時更改者。案件關繫至重。故必以已經　欽定法律爲準。免涉紛歧。

一發命令及使發命令之權。惟已定之法律。非交議院協贊奏經欽　定時。不以命令更改廢止。法律爲　君上實行司法權之用。命令爲　君上實行行政權之用。兩權分立。故不以命令改廢法律。

一在議院閉會時。遇有緊急之事。得發代法律之　詔令。並得以　詔令籌措必需之財用。惟至次年會期。須交議院協議。

一　皇室經費。應由　君上制定常額。自國庫提支。議院不得置議。

一　皇室大典。應由　君上督率皇族及特派大臣議定。議院不得干涉。

附臣民權利義務其細目當於憲法起草時酌定

一臣民中有合於法律命令所定資格者。得爲文武官吏及議員。

一臣民於法律範圍以內。所有言論著作出版及集會結社等事。均准其自由。

一臣民非按照法律所定。不加以逮捕監禁處罰。

一臣民可以請法官審判其呈訴之案件。

一臣民應專受法律所定審判衙門之審判。

一臣民之財產及居住。無故不加侵擾。

一臣民按照法律所定。有納稅當兵之義務。

一臣民現完之賦稅。非經新定法律更改。悉仍照舊輸納。

一臣民有遵守國家法律之義務。

附議院法要領（其細目當於釐訂議院法時酌定）

一議院祇有建議之權。並無行政之責。所有決議事件。應恭候 欽定後。政府方得奉行。

一議院提議事件。須關乎全國公同利害者。不得以一省尋常地方之事提議。

一 君上大權所定。及法律上必需之一切歲出。非與政府協議。議院不得廢除減削。（其細目另於會計法內定之。）

一國家之歲出歲入。每年豫算。應由議院之協贊。

一行政大臣。如有違法情事。議院祇可指實彈劾。其用舍之權。仍操之 君上。不得干

預 朝廷黜陟之權。

一議院所議事件。必須上下議院。彼此決議後。方可奏請 欽定施行。

一議院有上奏事件。由議長出名具奏。

一議員言論不得對 朝廷有不敬之語及誣衊毀辱他人情事。違者分別懲罰。

一議院開會之際。議長有指揮警察。整飭議場之權。如有違議院法律規則者。議長得禁止其發言。或令退出議場。

一議員如有不合選舉資格者。由議長審查得實。隨時立予除名。

一各省士紳所設研究議會之會社。須遵照政治結社集會律辦理。不准藉此斂派銀錢。擾累地方。違者由地方官封禁懲治。

附選舉法要領（其細目當於釐訂選舉法時酌定）

一議院舉行選舉事宜。俱由府廳州縣各官實行監督。

一不合於選舉資格者。不得有選舉權及被選舉權。（如品行悖謬營私武斷者。曾處監禁以上之刑者。營業不正者。失財產上之信用。）

被人控實。尚未清結者。吸食鴉片者。有心疾者。身家不清白者。不識文義者等項。違者立即撤銷。

一舉行選舉之期。應設管理員監察員。於投票開票時。嚴加省視。以防舞弊。

一違背選舉章程者。如以詐術獲登選舉人名冊。或變更選舉人名冊者等項。另定罰則分別科以監禁罰金。

一選舉用投票之法。以得票多數而合例者。方准當選。向來地方公舉紳董之事。名爲公舉。或由官長授意。或由三數有力之紳推薦。不免有瞻徇情面。不孚衆望之處。今用投票法。層層節制。期於力矯前項情弊。

一凡人民於選舉之前。非在原籍地方住居滿一年以上者。暫停其選舉及被選舉權。

謹將遵擬議院未開以前逐年籌備事宜繕具清單恭呈　御覽

光緒三十四年　第一年

一籌辦諮議局。各省督撫辦

一頒布城鎮鄉地方自治章程。民政部憲政編查館同辦

一頒布調查戶口章程。民政部辦

一頒布清理財政章程。度支部辦

## 文牘

一請　旨設立變通旗制處。籌辦八旗生計。融化滿漢事宜。軍機處辦

一編輯簡易識字課本。學部辦

一編輯國民必讀課本。學部辦

一修改新刑律。修訂法律大臣法律同辦

一編訂民律商律刑事民事訴訟等法典。修訂法律大臣辦

光緒三十五年第二年

一舉行諮議局選舉。各省一律開辦。各省督撫辦

一頒布資政院章程。舉行該縣選舉。資政院各省督撫同辦

一籌辦城鎮鄉地方自治。設立自治研究所。民政部各省督撫同辦

一頒布廳州縣地方自治章程。民政部憲政編查館同辦

一調查各省人戶總數。民政部各省督撫同辦

一調查各省歲出入總數。度支部各省督撫同辦

一釐訂京師官制。憲政編查館會議政務處同辦

一編訂文官考試章程。任用章程。官俸章程。憲政編查館會議政務處同辦

一頒布法院編制法。憲政編查館修訂法律大臣同辦

一籌辦各省省城。及商埠等處各級審判廳。法部各省督撫同辦

一核訂新刑律。憲政編查館辦

一頒布簡易識字課本。創設廳州縣簡易識字學塾。學部各省督撫同辦

一頒布國民必讀課本。學部辦

一廳州縣巡警限年內粗具規模。民政部各省督撫同辦

光緒三十六年第三年

一召集資政院議員舉行開院。資政院辦

文牘

一續辦城鎮鄉地方自治。民政部各省督撫同辦

一籌辦廳州縣地方自治。民政部各省督撫同辦

一彙報各省人戶總數。民政部各省督撫同辦

一編訂戶籍法。憲政編查館民政部同辦

一覆查各省歲出入總數。度支部各省督撫同辦

一釐訂地方稅章程。度支部各省督撫憲政編查館同辦

一試辦各省預算決算。度支部各省督撫憲政編查館同辦

一釐訂各省官制。憲政編查館會議政務處同辦

一頒布文官考試章程。任用章程。官俸章程。憲政編查館會議政務處同辦

一各省城及商埠等處各級審判廳限年內一律成立。法部各省督撫同辦

一頒布新刑律。憲政編查館修訂法律大臣同辦

一推廣廳州縣簡易識字學塾。學部各省督撫同辦

一廳州縣巡警限年內一律完備。民政部各省督撫同辦

光緒三十七年第四年

一續辦城鎮鄉地方自治。民政部各省督撫同辦

一續辦廳州縣地方自治。民政部各省督撫同辦

一調查各省人口總數。民政部各省督撫同辦

一編訂會計法。憲政編查館度支部同辦

一彙查全國歲出入確數。度支部辦

一頒布地方稅章程。憲政編查館度支部各省督撫同辦

一釐訂國家稅章程。度支部稅務處各省督撫憲政編查館同辦

一實行文官考試章程。任用章程。官俸章程。

文牘

一籌辦直省府廳州縣城治各級審判廳。法部各省督撫同辦
一創設鄉鎭簡易識字學塾。學部各省督撫同辦
一籌辦鄉鎭巡警。民政部各省督撫同辦
一核訂民律商律刑事民事訴訟律等法典。憲政編查館辦

光緒三十八年第五年

一城鎭鄉地方自治限年內粗具規模。民政部各省督撫同辦
一續辦廳州縣地方自治。民政部各省督撫同辦
一彙報各省人口總數。民政部各省督撫同辦
一頒布戶籍法。憲政編查館民政部同辦
一頒布國家稅則章程。憲政編查館度支部稅務處同辦
一頒布新定內外官制。憲政編查館會議政務處同辦

一直省府廳州縣城治各級審判廳。限年內粗具規模。法部各省督撫同辦

一推廣鄉鎮簡易識字學塾。學部各省督撫同辦

一推廣鄉鎮巡警。民政部各省督撫同辦

光緒三十九年第六年

一實行戶籍法。

一試辦全國預算。度支部辦

一設立行政審判院。會議政務處憲政編查館同辦

一直省府廳州縣城治各級審判廳一律成立。法部各省督撫同辦

一籌辦鄉鎮初級審判廳。法部各省督撫同辦

一實行新刑律。

一頒布新定民律商律。刑事民事。訴訟律等法典。憲政編查館修訂法律大臣同辦

文牘

一城鎭鄉地方自治。一律成立。民政部各省督撫同辦

一廳州縣地方自治限年內粗具規模。民政部各省督撫同辦

一鄉鎭巡警。限年內粗具規模。民政部各省督撫同辦

光緒四十年第七年

一試辦全國決算。度支部辦

一頒布會計法。憲政編查館度支部同辦

一試辦新定內外官制。

一廳州縣地方自治。一律成立。民政部各省督撫同辦

一鄉鎭初級審判廳限年內粗具規模。法部各省督撫同辦

一人民識字義者。須得一百分之一。

光緒四十一年第八年

一確定　皇室經費。內務府憲政編查館同辦

一變通旗制。一律辦定。化除畛域。變通旗制處辦

一設定審計院。會議政務處憲政編查館同辦

一實行會計法。

一鄉鎮初級審辦。應一律成立。法部各省督撫同辦

一實行民律商律。民事刑事。訴訟律等法典。

一鄉鎮巡警。一律完備。民政部各省督撫同辦

一人民識字義者。須得五十分之一。

光緒四十二年第九年

一宣布憲法。憲政編查館辦

一宣布　皇室大典。宗人府憲政編查館同辦

一頒布議院法。憲政編查館辦

一頒布上下議院議員選舉法。憲政編查館辦

一舉行上下議院議員選舉。民政部各省督撫同辦

一確定預算決算。度支部辦

一制定明年確當預算案。預備向議院提議。度支部辦

一新定內外官制。一律實行。

一設弼德院顧問大臣。會議政務處憲政編查館同辦

一人民識字義者須得二十分之一。

## 國會代表請願書

呈爲時局阽危。非速開國會不足救急。合詞懇請代奏事。竊查上年夏秋之際。各直省人民。始有伏闕請開國會之舉。雖未獲明奉諭旨訓示施行。然天高聽卑。六月二十四

日八月初一日。 孝欽顯皇后之懿旨。 德宗景皇帝之上諭。固已明定國是頒布憲法大綱開設資政院及各省諮議局以造議院基礎標準旣定天下知朝廷早以國會爲圖治之本所兢兢致慎者不過遲早數年之別耳夫使冰霜未兆時尙寬閑憲政按照期限與年俱進詎非循序圖功之道無如内覘國本外察邦交無一不足增 皇上之殷憂卽無一非加監國攝政王之擔負大臣咨嗟於上人民歎息於下一年現象卽已如此推之九年能無懍栗夫憲政之當行國會之當立朝野上下本無異詞洪伊等之所欲言者在于速開國會而已蓋拯溺救焚刻不容緩其激切有非上年請願所能比者謹爲我 皇上披瀝陳之一在内政内政之改革視乎機關之善不善機關一日未善則政令一日不得實行九年籌備之政一切將等諸具文國會者憲政機關之要部有國會然後政府有催促之機庶政始有更張之本不然者無提挈綱領之所畛域各分十一部不相統一也上下相諉地方官無可執行也仍向來所有之舊制責以向來未有之設施此必無可行之事計自籌備以來按照清單所列京内外衙門業已奉行矣類有文書之移幾無可覩之效蓋機關之不完善方針之不確定雖有忠藎之臣勤敏之士無以盡其職而期其功也以程度論則長此籌備九年後之國步未必進於今日以時機言則從容坐失九年後之危局不知又當如何豈徒虛擲此九年之歲月而已資政院之設其制亦略似國會然國會之爲用在於政府對之負責任今資政院章程絕不見有責任之政府政府無責任則資政院何能爲欲藉此以督促政治之統一振起國民之精神必無國會之效如其有效則此制長行可也又何必期以九年更立國會乎此內政中關於機關之改革不可不速開國會者也內政之舉又視乎財政古今中外斷無府藏空虛庶政棘手而其國能久存者我國自甲午庚子以後至輦天下之財以應賠欵而歲入祗此抵質已窮過此三十一年不知何以爲計籌備之事合十一部之新政責各省以施行舉凡國家行政之經費其用又將何出自各省諮議局成立參稽互證竭蹶皆同相顧憂惶無從措手剜肉醫瘡既有必窮之勢量出爲入復無可恃之源術此以往將內之無以爲興革之資而憲政之前途可危外之無以償積年之負而列强之干涉尤可懼欲亟紓內外之交困必先求上下之大通通億兆人之好惡於各省諮議局而範圍祗限於一方何如通各省諮議局之計慮於國會而精神

貫及於全國國會者人民與聞政治之所也必人民得有公舉代表與聞政治之權國家乃能加以增重負担以紓國難之責與其待之於九年之後渙散而難與圖功何如行之於九年之前鼓舞而期其自効此內政中關於財政之籌畫不可不速開國會者也機關能立財政能裕然後乃有籌備之可言否則不利之器無米之炊豈能舉其事而收其功者此國會之關於內政一日不可緩者也一在外交外交之難處即在強盛之國有時迫於事勢稍稍退讓國人尚起反抗之聲政府且爲叢怨之地況我國自有交涉以來始以暗於外情操縱失策繼以勢成積弱因應彌艱政府受困於上國民不滿於下每締一約事前則秘密萬端事後則虧損百出忽而蹙地忽而負債政府之作用人民不知也政府之苦衷人民不喩也條約出之一二人之手負擔加之億兆人之身設使易地而觀安得不爲怨府既致怨矣何從求諒凡人對不諒之人其助力必寡政府處寡助之地則因應愈難苟有國會則國際交涉無論如何困難政府即有不得已之衷不能盡喩於國民者國會猶可以代申國民即有不可忍之痛不能直達於政府者國會亦可與代陳且各國之於我立憲其注視甚勤和平者期我有同等之政治

雄猜者忌我無可攘之利權是以著論贊嚮者有之宣言輕量者有之乘我國會之尙未成立而公然自由行動於我域內者有之慮我國會之終不成而必至財政紊亂不可收拾者亦有之有國會則對於全國爲政府交通之郵對於列邦爲政府文明之幟上下相通猜疑自泯邦交既正民氣自和非獨証世界公理之同且可保東亞和平之局若更徘徊待之九年九年之中患機叵測設使雄猜者時遂其進步竊恐和平者亦易其方針外交必更顛危民怨必更劇烈萬一有强鄰之羣蠢得無懼覆轍之蹈前此國會之關於外交一日而不可緩者也抑洪伊等今日更有迫切不能已於言者東西各國凡君主立憲國其皇位之繼承以及親王之攝政皆有國家根本之法定之於前人民愛戴之誠衛之於後而其君主又處最高不負責任之地臨以神聖不可侵犯之尊故宮府安而國家盛也我國憲法大綱本已取法於是而

孝欽顯皇后　德宗景皇帝不及親見憲政之實施國會之成立此薄海臣民之所共痛欲攀龍馭而無從者

皇上冲齡入承大統監國攝政王以周公之謙光受阿衡之重畀而適當此內外交困上下未通之時以言憲政則甫有大綱而責任內閣未立也皇室典範未定也內無

可以表彰尊親之宜。外無可以代負人民之責。設使內政外交之際。百密偶有一疏。則怨歸於朝廷。望輕於監國攝政王。監國攝政王受先帝之付託而孤立於廟堂之上。坐撫四百兆渙散之人民而莫得其助。而四百兆之人民雖共有忠君愛國之忱。欲爲皇上爲監國攝政王之輿衞。亦以渙散而莫能効助於分毫。甚非所以鞏固皇祚而措國家於磐石之安也。有國會則與之對待之責任內閣始能成立。國會有議政之權。然後內閣得盡其職務。內閣負全國之責。然後 皇上益處於尊崇。顯可以末慮助聖主之聰明。隱可以公論消奸人之反側。人情一日不安食則必易其所食。一夕不安寢則必易其所寢。甯有圖國本之安於息息可危之日。而必遲遲至於九年之後。此爲根本中之根本計。宜速開國會者也。論者或謂九年籌備之旨降自先朝。不宜輕有更易。洪伊等誠愚。又以爲不然。夫先朝既以國會爲必當開。則我攝政王正宜體 皇上繼志述事之心。速開國會。以慰先朝在天之靈。如曰縮短其期。卽爲背旨。是謂先朝有意濡滯。不欲國運之早進步。皇室之早奠安也。是厚誣先聖。非我 皇上及我監國攝政王之所忍出也。抑朝廷周詳慎審。惟恐人民程度不及。不可謂非聖主之至仁。然及與不及。必試之而後見。不試之而强抑之。毋乃寃吾民乎。且所謂不及者。必有一標準。今日不及之標準安在。謂恐其葸茶耶。則有法律爲之根據。而餒者壯矣。謂恐其叫囂耶。則有法律爲之範圍。而激者隨矣。謂恐其智識不足耶。則磨勵之而聰明出矣。今年各省諮議局既小試之矣。曷嘗累聖明重宵旰之憂乎。洪伊等伏願　皇上速降諭旨。頒布議院法及選擧法。期以一年之內召集國會。含創忍痛。共圖補救。俾盡協贊之忠。而收輿論之效。此誠國家之至計。安危之所繫。惟我　皇上以孝欽皇后　德宗景皇帝之心爲心。俛鑒人民憂國之愚悃。宸衷獨斷。毅然行之。天下幸甚。謹冒死以聞。伏乞代奏。

直隸孫洪伊谷芝瑞張銘勳王法勤奉天永貞劉興甲吉林李芳江蘇方還于定一吳榮萃安徽陶鎔潘祖光江西閔荷生汪龍光浙江鄭際平應貽誥吳賡廷福建劉崇佑連賢基湖北陳登山湖南羅傑劉善渥山東周樹標朱承恩河南陳熙朝楊治清宮玉柱山西渠本翹劉篤敏李素劉懋賞廣東沈秉仁廣西吳賜齡

案此呈十二月十八日由都察院代遞。二十日奉　上諭據都察院奏代遞直隸各省諮議局議員孫洪伊等呈請速開國會一摺披覽均悉具見愛國悃忱朝廷深爲嘉悅朕仰承先朝付託之重於預備立憲之要政當御極之先即布告內外仍以宣統八年爲限業經明定國是上體求治未竟之聖懷下慰薄海維新之企望欽惟我孝欽獻皇后德宗景皇帝前降諭旨實係斷自宸衷定以九年預爲大清帝國君權立憲政體並諭曰大權統於朝廷庶政公諸輿論此天下臣民所共見共聞也今朝廷宵旰憂勞勤求上理已疊次申諭責成京外各該衙門切實依限次第辦理深冀議院早爲成立以固邦基惟我國幅員遼闊籌備既未完全國民智識程度又未畫一如一時遽開議院恐反致紛擾不安適足爲憲政前程之累非特朕無以慰先朝在天之靈試問爾請願代表諸人其何以對我四萬萬國民之衆乎朕開誠布公無所隱飾總之憲政必立議院必開所慎籌者緩急先後之序耳夫行遠者必求穩步圖大者不爭近功現在各省諮議局均已舉行明年資政院亦即開辦所以爲議院基礎者具在於此但願我臣民各勤職務計日程功毋鶩虛名而隳實效茲特明白宣示俟將來九年預備業已完全國民教育普及屆時朕必毅然降旨定期召集議院庶於勵精圖治之中更寓慎重籌維之意將此通諭知之欽此代表諸公。以未得俞旨。目的未達。仍留北京。議俟開印後再行上書請願。案各國要求國會。無不幾經波折。備歷艱苦。甚者乃至流血。而後國會乃得成立。我國國民國會請願。此其第二次耳。戊申夏秋之間曾有國會請之舉然上書未達天聽則此次實爲第一次國會請願也 雖縮短年限之請。未得 俞允。而 朝廷之意。固不過鄭重審慎。初未嘗嚴詞峻拒也。心誠求之。安知不迴 天聽耶。且較之各國。其難易已判若霄壤。願我國民無以稍一失敗而遽自餒也。

# 歲晚讀書錄

滄江

## 蘇彝士運河故道

同治八年法人李涉之開蘇彝士運河。全世界共詫為不朽之盛業。不知此乃古人之陳跡也。埃及第十九朝第二代之王曰西德者謀開一運河以溝通於尼羅河與紅海之間。未成而殂。其子拉密士繼之。遂卒其業。洎第二十六朝第二代之王匿克時。故道已湮。匿克踵而修之。廣深皆過於昔。凡役工徒十二萬人。欲使當時之三檣戰艦可以通航。偶因戰亂。遂爾中止。後七十餘年。波斯王大流士修之。工遂竣。時希臘史家海羅多德目擊之。據其所記。則彼運河所在。距今之蘇彝士一英里有半。西北行以溝接於尼羅東部之支流。全徑九十二英里。其成於人力者六十四英里云。厥後為土砂所淤。

至西歷紀元後二百年。羅馬皇帝沙里查再興之。亦不久而淤。紀元後六百餘年。亞剌伯人征服埃及。其酋阿鑾再興之。百餘年而淤。遂不復開。以迄於李涉。由此言之。今世歐人所詫爲掀天震地之偉烈者。數千年前之先民。已行之。且不止一再焉。古今人何遽不相及耶。但其地承非洲沙漠之尾閭。淤塞最易。此前代之偉蹟。所以不能永其傳於後也。即今之蘇彝士。亦常以此爲患。則李涉之名。能與此河共不朽與否。正未可知耳。今世機器之用大進。人力可以勝天然。則李涉其或遂不朽也。

## 民兵與傭兵之得失

兵制之於人國。亦重矣哉。其兵爲義務而戰者。兵愈多則愈强。其兵爲報酬而戰者。兵愈多則愈弱。此可於吾中國唐府兵與彍騎徵之。可於近世英德兩國陸軍之比較徵之。可於古代羅馬與加達治之勝敗徵之。而先例之最古而最顯著者。尤莫如埃及。埃及自攘斥牧王光復舊物以後。四征八討。不戢其武。而服兵役者。皆國中望族。當是時。蓋常有勝兵五十萬。遂孕出武族之一階級。其位勢優異於齊民。論者或以此爲埃及固窒之一原因。斯固然也。然埃及之所以伯九有。亦實在是。及第二十六朝以後。（當我戰國）

間希臘人之僑於埃及者日衆埃王廣募以爲兵本國武族不勝憤懣相率而去國者數萬人埃及遂自茲不復振展轉以夷於附庸謂希臘軍人之資格不逮埃及耶彼希人固以此時代電掃三洲莫之能禦矣然自爲戰則勇而爲埃及人戰則怯豈有他哉吾弟則愛之秦人之弟則不愛佗此眞古今得失之林也

# 雙濤園隨筆

雙濤

## 張勤果公佚事

張勤果公曜立功咸同間爲中興名將勳名赫然然其佚事少有知者公少貧爲人賃舂有奇力負米累數石性剛俠聞不平事怒眥欲裂一日負米出見衆圍觀一少婦哭欲求死詢之則夫死不肯嫁而姑逼之也公奮曰天下豈有此事理者時姑方在旁公即以所負米壓其上斃之衆鬨然大快公乘間遁亾命河南時河南捻寇起民多團結自保公以武勇爲衆所服推爲團長羣以其行次呼之曰張大哥張大哥之名著汴宋間適捻圍固始其令某儒者也有女美而才度城且破隨死無益乃榜于衆曰有能守

此城者吾以女妻之當是時寇張甚咸莫敢應以推張大哥且曰此豔福非張大哥無可消受者公笑而起進謁令籌守禦陰念賊衆我寡非出奇不足取勝迺以壯士三百出伏城外夜三鼓突起潛襲賊營城上鳴鼓角應之呼聲震天地賊大驚潰終夜洶洶不絕時忠親王僧格林沁方以大軍來援未至數里遙見火光中公往來搏戰甚力驚曰是何壯士及至勞問乃公也大加歎異因奏署縣事并爲公作伐令遂以女歸公即夫人也夫人博通古今嫻吏事爲公閱案牘批竅導要驚其老吏公固不知書任河南布政時御史劉毓楠劾公目不識丁遂改總兵公憤甚就夫人學執業如弟子夫人時訶罵之公怡然也後遂通知文史公自改官頗不平數偃蹇朝命左文襄公督師勦回奏請公領兵公不應時嚴旨趣公門下客多方說公皆不應夫人乃謂公曰汝以功自負數逆　上命將謂朝廷不能殺汝耶公聞言蹶起即往從左公咋曰夫人言可畏夫人言可畏文襄復奏改公文職後遂巡撫山東與屬吏輒言其夫人之能且曰汝等畏妻否或答以不畏者公正色曰汝好膽大妻乃敢不畏耶蓋公之畏夫人甚也

## 孫文正公飾終之典

宣統元年十月。大學士壽州孫公家鼐薨於位。　特旨予諡文正。飾終之典。備極哀榮。　國朝諡文正者。自睢州湯公斌、諸城劉公統勳、大興朱公珪、歙縣曹公振鏞、濱州杜公受田、湘鄉曾公國藩、高陽李公鴻藻、並壽州。而八。矣考宋代諡文正者僅得三人。曰王曾。曰范仲淹。曰司馬光。明則僅得二人。曰李東陽。曰謝遷。　國朝之盛。蓋遠過之。是八人者。睢州未登揆席。且歿後數十年始追諡。湘鄉豐功。本應諡文成。以敬避　宣宗尊諡。乃改作正。諸城未嘗爲師傅。是皆與壽州異撰者。自餘五公。大興爲　仁宗師。歙縣爲　宣宗師。濱州爲　文宗師。高陽爲　穆宗師。壽州則　德宗師也。重規疊矩。衣鉢相承。　朝廷所以追崇論恩典學之臣者。殆以文正爲備禮耶。顧嘗論之。朱杜李三相國皆當　宮府危疑之際。具有維持調護之勛。其事甚祕。人間不能詳其始末。身後易名之典。所以特從優渥者。夫固有所自來。歙縣則值昇平暇豫之日。身事長君。無奇節可言。而造膝密謨。殆有爲外廷所不及悉者。恭讀　宣廟賜卹詔書。有獻替不避嫌怨。朕深倚賴。而人不知之語。則其得君之專。固別有在矣。壽州之入侍講幄也。同列共四人。常熟翁相國同龢實爲領袖。其二人則鄞縣張侍郎家驤。錢唐孫侍郎詒經也。鄞縣早喪錢唐以他故罷直始終其事者惟翁孫兩人常熟恩遇最渥啓沃亦最深密勿之謀　上常舍壽州而咨常熟故黨人嫉妒者憾常熟切骨而於壽州稍恕焉方　德宗親政之初即罷　毓慶宮而使常熟入軍機蓋軍機雖日日入覲恒與同列偕不比毓慶宮獨對得以從容坐論重之適所以疏之也自此危疑日甚常熟卒放歸田里以至削職而壽州亦以甘盤舊臣常爲忌者所不慊遂乞骸骨而旋値　六飛西狩不忍　君父之難而自偸安乃奔詣　行在供職遂正揆席而數年來卒不獲居樞要僅以閒曹累進累退此中消息非諳於三十年來掌故者莫能道其詳也今身後而優異之其亦足以稍慰　崇陵在天之靈耶然以視常熟則有幸有不幸矣（節錄十月廿二日時報）

# 漢譯開國五十年史自序

日本伯爵大隈重信

嗚呼。世運之變。有出於人意表者。我日本開國以來。凡百制度。取法於西洋。廢置變革。細大並舉。武威文物。駸乎日進。國運之昌。振古所未曾有也。然前之草莽志士。後之佐命元勳。爲國家策長計。畫鴻謨者。豈豫知有今日哉。蓋驅人者。勢。用勢者。人。初也、順焉、不逆。乘焉、不失。終也、疏而通之。導而利之。寸進尺取。日益月倍。所獲愈多。則所期益大。如是而已矣。向者王室中興。統文武以一政令。廢封建以設府縣。黜閥閱。擢賢能。革兵制。弘教化。勸農商。勵工藝。憲法立而國體固。議院開而輿論行。凡其施設更改。無非所以治內而備外。當霸府之末。外患日滋。列國要求無飽。而我始知所懼矣。及至明治。彼尚挾威力。陵侮戮辱。殆有不忍言者。而我、益、知、所、戒、矣。於是乎。廣求知識於世界。外人有材識者。延而師之。臣民之俊秀者。資裝遊學。博採歐美各國之制。以圖富强。國是所定。民心所向。上下一致。成就大業。其事出于不得已。而其功過于所期待。是豈非大勢使然耶。抑自大局而觀之。五十年來。國運之進。固已著矣。然其間消長剝復。一彼一此。紛糾交錯。不可端倪。草茅危言。冒觸忌諱。而大獄興焉。開國鎖港。互相黨伐。而刺客行焉。勤王佐幕。分爲官賊。而有內亂焉。帝政民權。朝野反目。征韓利害。文武相軋。版圖則得於南而失於北。兵戎則勝於戰而敗於和。左支右吾。前跋後疐。垂成而輒敗者有之。幾進而復却者有之。事後論世者。乃謂中興之業。一瀉千里。殊不知旋轉回環。横流逆行。然後始能成朝宗之勢耳。余少壯以一介書生。奔走國事。又嘗謬辱聖明之知。居重位。負大任。開國以來。時運之推移。世局之變遷。非躬所實踐。則亦見聞所及。故能知中興之難也。今齡踰賜杖。幸全餘生。遭此昭代。追思往時。恍然有隔世之想焉。夫盛衰興亡。雖氣運所致。亦由人事。國家前途尚遠。而形勢之變不知所窮。爲我國民者。宜益經營進取。勿恃前功而忘後圖。安小成而忽大計也。方今五洲小康。列國和親。誠如無可慮者。然利害得失本不相同。風雲伏於樽俎。干戈藏於玉帛。禍患之來。正未有艾。況西白東黃人種之爭。孰能保其必無乎。夫彼我之見人皆不免。而彼白種者殊然。是以其所謂博愛有時乎限於同種。其所謂人道有時乎不及於殊族。我則異此。一視同仁。無適無莫。親之與疎。惟義所在。然彼已自限其種。我亦不得不同種相恤。東亞大國與我同種者。爲清脣齒輔車。休戚相關。固宜左右提挈。禦侮於千里之外。而其國不幸。內外多故。禍將不測。我以善隣之誼。雖竭力扶植。一髮千鈞。蓋亦岌岌矣。故吾爲清國計。莫如先務自立。自立之道如何。亦在倣我日本開國進取之道而已矣。蓋嘗論之。支那聖賢所出。文化先開。仁義道德之敎。禮樂刑政之具。至耕稼陶漁百工技藝。無一不備。當此時。四外方國尙屬草昧。文物典章不可他求。唯其有所敎而不有所學。有所洩而不有所受。數千年之久。源竭流塞。國勢民智終不復逮古。而昔之所謂夷狄則殷富强大。聲敎蔚然。盛衰易地矣。清朝之興也。元氣一振。廓清區宇。而未久復染前代之弊。千古痼疾深入膏肓。道光以來。外患相尋。中原板蕩。有識之士論洋務者漸多。而舉國瞶瞶。姑息彌縫。豈藥之未瞑眩乎。近歲則懲于甲午。毖于庚子。而有變法自强之說焉。彼其見幾雖後于我大勢所向亦不能不隨而變自時厥後銳意改革新政新學惟日不足以我日本有一日之長也或聘教習或派留學生而其縉紳君子亦時來問政治傳曰樂取於人以爲善我已取於人以爲善豈復不欲人之取於我以爲善是以求則應問則答無倦無隱竭底蘊而止未嘗以其道私于己也雖然以余觀之清國之宜學者神也非形也意也非跡也夫兩國人同其種書同其文地相近俗相類本非歐美之比然國勢民情未能盡一則取於此而施於彼者亦安得不異哉我嘗取西洋文化察焉精擇焉嚴稽以時勢斷以國體變而通之杼軸由己此其所以渾然無跡也蓋國各有特性元氣存焉苟失特性則元氣沮喪元氣沮喪則雖有廣土衆民無所用之我日本以忠君愛國爲特性以集義直養爲元氣政法教學工藝機器資之於歐美含英咀華輔長補短是故雖舍己從人我有者自若也昔者趙武靈王胡服騎射以强其國拓跋魏用中國之衣冠禮儀而國亡何耶趙則以外資内魏則以内殉外故已本末輕重之不可不愼也如是且國之興也非興於興之日必有所由業之成也非成於成之日亦必有所自我之文華致今日者豈朝夕之故哉清人乃觀其既成之跡爲可襲而取亦已

過。矣。苟欲取則於我。則莫如審我實勢。欲審我實勢。則莫如考其沿革。欲考其沿革。則如此書者。亦必在其所取也。蓋彼天時人事。所以相爲經緯。外患之所以變而爲福。中央集權之所以成。新舊之爭所以歸一。立憲之所以合國體。大畧備乎是。今譯以漢文者。爲友邦謀也。清人誠能以此推彼。以異濟同。則改革之事思過半矣。嗚呼。清大國也。其動必大。一旦乘勢。雲蒸龍變。豈可測哉。余雖老矣。請刮目而待之。明治四十二年九月

## 讀日本大隈伯爵開國五十年史書後

滄江

右日本開國五十年史二卷六十二編。編一。開國五十年史論。伯爵大隈重信著。編二。德川慶喜公回顧錄。伯爵大隈重信著。編三。帝國憲法制定之由來。公爵伊藤博文著。編四。開國事歷。島田三郎著。編五。明治之外交。伯爵副島種臣著。編六。帝國財政。伯爵松方正義著。編七。陸軍史。公爵山縣有朋著。編八。海軍史。伯爵山本權兵衛著。編九。政黨史。法學博士浮田和民著。而伯爵板垣退助伯爵大隈重信審定焉。編十。法制史略。

法學博士富井政章著。編十一。法制一斑。法學博士鳩山和夫阪本三郎合著。編十二。自治制度。法學博士淸水澄著。編十三。警察制度。男爵大浦兼武著。編十四。監獄志。法學博士小河滋次郎留岡幸助合著。編十五。交通及通信。男爵前島密著。編十六。遞信事業。男爵田健次郎著。編十七。鐵道誌。子爵井上勝著。編十八。海運業。近藤廉平著。編十九。本邦敎育史要。伯爵大隈重信著。編二十。明治敎育史要。侯爵西園寺公望著。編二十一。敎育瑣談。子爵田中不二麿著。編二十二。高等敎育。男爵文學法學博士加藤弘之著。編二十三。民間敎育。法學博士浮田和民著。編二十四。商業敎育。法學博士天野爲之法學博士鹽澤昌貞合著。編二十五。女子敎育。成瀨仁藏著。編二十六。歐洲學術傳來史。大槻如電著。編二十七。數物學。理學博士櫻井鈴二著。編二十八。博物學。理學博士箕作佳吉著。編二十九。醫術之發達。醫學博士青山胤通富士川游合著。編三十。醫學及衛生。醫學博士三宅秀著。編三十一。神道與君道。久米邦武著。編三十二。儒敎。文學博士井上哲次郎著。編三十三。佛敎。文學博士高楠順次郎著。編三十四。基督敎。本多庸一山路彌吉合著。編三十五。哲學思想。文學博士三宅雄二郎著。編三十六。

泰西思想之影響。法學博士新渡戶稻造著。編三十七。新日本智識上之革新。法學博士橫井時雄著。編三十八。明治文學。文學博士芳賀矢一著。編三十九。美術小史。正木直彥著。編四十。音樂小史。東儀季次著。編四十一。國劇小史。文學博士坪內雄藏著。編四十二。政論界之新聞紙。福地源一郎著。編四十三。新聞雜誌及出版事業。鳥谷部銑太郎著。編四十四。農政及林政。農學博士酒匂常明著。編四十五。水產業。村田保著。編四十六。鑛業志。古河潤吉著。編四十七。工業志。鈴木純一郎著。編四十八。織物志。川島甚兵衛著。編四十九。染織業。高橋義雄著。編四十。銀行志。男爵澁澤榮一著。編五十一。會社志。男爵澁澤榮一著。編五十二。外國貿易。益田孝著。編五十三。北海道志。農學博士佐藤昌介著。編五十四。臺灣志。男爵後藤新平著。編五十五。慈善事業。三好退藏著。編五十六。赤十字事業。男爵石黑忠德著。編五十七。都府之發達。尾崎行雄著。編五十八。風俗之變遷。文學博士藤岡作太郎著。編五十九。社會主義小史。安部磯雄著。編六十。日本人之體格。英人埃爾溫伯著。編六十一。國語略史。藤岡勝二著。編六十二。開國五十年史結論。伯爵大隈重信著。都凡六十二編。二千二百餘葉。百三十餘萬言。分任著述者五十餘人。而大隈伯實總其成。自草創以迄殺青。歷年五。爲日文漢文英文三種頒於世。眞經國之大業。不朽之盛事也。我國自甲午以後。始稍稍知日本富強之跡。思則傚之以自廣。近十年來。則學子負笈者接踵。達官觀光者連騎。歸則以其所習所受所觀聞者。謂以施諸有政。於是日本所有者我殆皆有之矣。雖然。其擬之也彌似而去之也彌遠。日本之所以致富強者。我襲而取之。則不得強而得弱。不得富而得貧。於是有持其短長者。起謂日本不足學。或則謂吾所固有者已足。不必求諸外。或則謂旣求諸外。則與其之日本。無甯之歐美。夫吾國人所以皇皇然有求於外者。實由情見勢絀。欲已而不得已。居今日而猶欲故見自封。以終古五尺之童知其無幸矣。若乃謂日本一切制度學藝。無一非稗販歐美。吾直求其本師。無取爲再傳弟子。此其說似也。顧吾以爲吾苟誠求而善學者。則日本已足以資我而有餘。若其不能。則事事模倣歐美而畫虎類狗之醜態。必更甚於今日數倍。有速其亡已耳。善夫大隈氏之自序也。其論日本所以得有今日之故。則曰其間消長剝復。一彼一此。不可端倪。垂成而輒敗者有之。幾進而復卻者有之。事後論世者乃謂中興之業。一瀉千里。殊不知旋轉回環。橫流逆行乃始能成朝宗之勢其策我國則曰以余觀之清國之宜學者神也非形也意也非跡也國各有特性元氣存焉苟失特性則元氣沮喪雖有廣土衆民無所用之故本末輕重不可不愼又曰國之興也非興於興之日必有所由清人觀我既成之跡謂可襲而取亦已過矣大隈既歷舉其國之所由興者及我所宜自擇者以相詔示而歸本於驅人者勢用勢者人嗚呼可謂博深切明也已矣竊嘗考之日本當四十年前以區區三島而爲侯封者數十國各君其土各子其民者垂三四百年其勢則破碎支離而其所憑藉則根深蒂固一旦欲撤此藩籬以歸於一天下至難之業殆未有過是者此舉幸而就矣而以此小國寡民事事已落人後而攝於東西六七大國之間丁數千年未經見之局凡他國所恃以爲重者不得不一一而步趨之罔敢或缺譬猶尫瘠之夫勢迫之與烏獲角力其舉鼎而幾於絶臏者蓋再四矣準此以談則日本之自振其艱難之情蓋十倍於我而未有已我國以統一之局席莫强之勢而猶流失敗壞以至今日使與日本易地而處則國之爲灰燼而民之爲沙蟲也豈待今日哉而今之日本蹈乃若彼者此其故豈可不深長思也茲編所記載皆出彼都元勳碩儒自舉其所閱歷

者。以資其後昆及與國之法戒。欲知日本之所以有今日。舍此殆無其途焉。詩曰。他山之石。可以攻玉。然則吾國人讀此。又豈僅為周知四國之助云爾哉。

# 秋風斷藤曲

滄江

秋笳吹落關山月驛路青燐照紅雪大國痛歸先軫元遺民泣濺威公血遺民哀哀箕子孫篳路襤褸開三韓避世已忘秦甲子右文還見漢衣冠鯤鰭激波海若走四方美人東馬首漢陽諸姬無二三胸中雲夢吞八九其時海上三神山劍仙崎客時往還陳摶初醒千年夢陶侃難偷一日閑中有一仙擅猾變術如赤松學曼倩移得瑤池靈草來種將東海桑田徧樓台彈指已莊嚴年少如卿固不廉脫穎錐甯安舊橐發硎刀擬試新銛嗚呼箕子帝左右聽庳不恤充如夏天外愁雲黯楚歌帳中樂事猶醇酒偎陽自幸僻在戎虞公更恃晉吾宗謂將犧玉待二境豈有雀角穿重墉頻年一鄭門晉楚兩姑之間難為婦甯聞鷸蚌利漁人空餘魚肉薦刀俎大雞鍛冠小雞雄追啄虫蟻如轉蓬事去已東陳九縣名高還擁翼諸宗北門沈沈扃嚴鑰臥榻甯容鼾聲作趙質方

留太子丹許疆旋戍公孫獲皤皤國老定遠侯東方千騎來上頭腰懸相印作都統手搏彫虎接飛猱狙公賦茅恩高厚督我如父煦如母誰言兖樹靡西柯坐見齊封作東畝我澤如春彼黍離新亭風景使人疑人民城郭猶今日文武衣冠異昔時笑噱不敢奈何帝問客何能寡人祭秦庭未返申子車漢宮先擁上皇輦十萬城中旭日旂最憐沈醉太平時蔡人呼舞迎裴度宛馬駸馳狎貳師不識時務誰家子乃學范文祈速死萬里窮追豫讓橋千金深襲夫人匕黃沙捲地風怒號黑龍江外雪如刀流血五步大事畢狂笑一聲山月高前路馬聲聲特特天邊望氣皆成墨閣門已失武元衡博浪始驚倉海客萬人攢首看荆卿從容對簿如平生男兒死耳安足道國恥未雪名何成獨漉漉水深濁似水年年恨相續咄哉勿謂秦無人行矣應知蜂有毒蓋世功名老國殤冥冥風雨送歸檣九重撤樂賓襄老士女空閭哭武鄉千秋恩怨誰能訟兩賢各有泰山重塵路思承晏子鞭芳鄰擬穴要離冢一曲悲歌動鬼神殷殷霜葉照黃昏側身西望淚如雨空見危樓袖手人

# 憲政淺說

滄江

## 叙

今舉國競言憲政。政府曰、自今以往。吾將爲立憲國之政府也。國民曰、自今以往。吾將爲立憲國之國民也。然還觀上下之所舉措及其言論。則無一焉與當世諸立憲國相類。匪惟不相類。而且適得其反。夫天下事物。必先具其體。乃能致其用。玉輅誠美。苟輻轂不備。則致遠之效。不如椎輪。袞冕誠華。苟幅領不完。則章身之施。不如袒裼。夫專制政體。雖可厭惡乎。然猶且積數千年之斟酌損益。有種種機關種種精神以互相維繫。確然成爲具體之一事物。而吾民之習而安之也亦已久。此如車之有椎輪。衣之有袒裼也。今以其不適於時勢。故革焉而易之以立憲。夫革焉而易之宜矣。然立憲政體又別有其種種機關種種精神以相維繫。然後體始具。而其機關其精神又無一可與專制政體相襲者也。今不務所以整飭此機關。發育此精神。而惟思竊其名。名者實之賓。

也實之不存而名顧可以久竊乎況夫所假之名未歸而固有之實先喪新機關新精神百不建設而舊機關舊精神惟取其惡劣者保存而滋長之其善良者則破壞而無所復餘此如壽陵餘子學步於邯鄲新步未成而故步全失不至匍匐而歸焉不止也吾思之吾重思之今吾國人言憲政者雖甚囂塵上而其能識憲政爲何物者度千百中不過一二其餘則皆耳食雷同不求甚解者也夫未能知而責以行此必不可得之數矣吾思之吾重思之吾國人講治國平天下之術已數千年其政治能力决非弱於他國而今也迫於內憂外患上下矍然而起乃始舍其舊而新是謀其中誠有大不得已者存然則凡今之言憲政者其汲汲然亟欲知憲政之爲何物度必有若飢渴之於飲食者矣而國中先覺之士於茲事寡所論述藉曰有之則或專明一義偏而不全或馳騖學理博而寡要夫天下事理恒相待而始成立不舉大體而欲專明一義則並此一義而不能明有固然矣若夫侈陳奧衍之學理則人將視爲專門之業望洋而歎其能精讀而徹解者復幾人哉吾國人所以不能得憲政常識而立憲國民之資格久而不具者皆此之由吾爲此懼不揣固陋輒述所知演爲淺說非敢效斂帚之享千金亦

庶幾鉛刀之資一割云爾。

## 例言

一本書所論者。兼政治學憲法學行政學三科之範圍。

一本書陳義但舉綱要。行文力求流暢。務使讀者引興彌長。樂而忘倦。故聚訟之學說。乾燥之法文。概不徵引。

一本書所用名詞。務使盡人易解。但學術上用語。以正確爲第一義。故其中恒有爲吾國人所不習見者。讀者稍留意。自能得之。

一本書雖不欲侈談學理。然所論述者。往往非原本學理則不能明其故。著者惟務以至淺之文。達至深之理而已。既竭吾才。無以加焉。讀者諒諸。

一本書雖簡短。苟能精讀而會通之。則政治常識。實已粗具。自今以往。一切官吏及有選舉權之公民。苟並此常識而無之。實不足以生存於立憲政體之下。凡讀本報者。無論若何繁忙。望必全書寓目。則著者之榮幸。何以加諸。

# 目錄


第一章　國家
第二章　政治
第三章　憲法
第四章　君主
第五章　國民
第六章　國會
第七章　政府
第八章　政黨
第九章　職官
第十章　立法
第十一章　司法

第十二章　行政
第十三章　豫算
第十四章　自治

# 第一章　國家

## 第一節　國家之意義

立憲政體者。政治之一種也。而政治者。國家之所出也。故欲知憲政之爲何物。必當先知國家之爲何物。國家二字之義。驟視之。一若愚夫愚婦可以與知。細按之。則積學鴻儒。猶或苦於索解。若欲窮原竟委。則國家若何而發生。若何而成立。若何而消滅。其實質上之性質若何。其法律上之性質若何。其所向之目的若何。凡此者。累數十萬言而不能盡。別成爲國家學之一專科。此非本書之所逮及也。本書之旨。則在略明國家之體。乃得藉以推論其用耳。

試執途人而問之曰。何者爲中國之國家。則其答語之能當者蓋寡矣。必將有人曰。地球圖上畫出中國之土地。卽中國國家也。雖然吾有以明其不然也。自洪荒甫闢之時。卽有此土地。而未始有此國家。且土地屢有遷移。而國家不緣而易位。康熙乾隆朝。增數萬里之地。而國家如故也。近二十年來。棄數千里之地。而國家如故也。更舉一至顯之例以明之。昔者太王居邠。因避敵而遷於岐。所領土地。前後不相襲。而周之國家。如故也。然則指土地以爲國家。無有是處。或將有人曰戶口冊上有中國國籍之人民。卽中國國家也。此積民成國之說。百年前歐洲學者所樂道也。雖然吾有以明其不然也。謂國家之性分寄於各人耶。則我國四萬萬人。應爲四萬萬國。謂累集四萬萬人便成爲國耶。則集磚千萬塊。不得命之爲屋。集木千萬片。不得命之爲舟。蓋物各有其本性。集多數同性之物於一處。只能增其分量。而不能變之使成他物。此一定之理也。然則指人民以爲國家。無有是處。或又有人曰。吾儕所尊敬親愛之　中國皇帝。卽中國國家也。此君國同體之說。古代相傳最久者也。雖然吾又有以明其不然也。若謂君卽國。國卽君。則共和國之無君者。應不得稱之爲國。而今之法國美國。誰則謂其非國者。且使君與國果同爲一物。則一君之崩殂。一舊國當隨之而滅。一君之嗣統。一新國當緣

# 廣智書局新書目

|  |  |
| --- | --- |
| 英文尺牘資料 | 四角 |
| 新法英語教科書 | 五角 |
| 二十世紀讀本第一編 | 六角 |
| 華英合璧訓蒙編第一冊 | 一角五分 |
| 華英合璧訓蒙編第二冊 | 二角 |
| 華英商業會話 | 三角五分 |
| 增補改良華英學生會話 | 二角 |
| 初級英文範 即納氏英文典第一冊 | 三角 |
| 華英文件新編 | 五角 |
| 華英商賈會話 | 二角五分 |
| 初級英語作文教科書 | 四角 |
| 東文新法會通 | 五角 |
| 笏山記 上中下每冊 | 三角 |

|  |  |
| --- | --- |
| 斯芬克斯之美人 上中下每冊 | 二角五分 |
| 偵探小說 虛無黨眞相 | 八角 |
| 偵探小說 離魂病 | 二角五分 |
| 偵探小說 殲讐記 | 四角五分 |
| 言情小說 紅淚影 全四冊每冊 | 四角 |
| 言情小說 花月香城記 | 三角 |
| 偵探小說 怪獒案 | 三角 |
| 哀情小說 刼花小乘 | 二角 |
| 偵探小說 妖塔奇譚 全弍冊每冊 | 三角 |
| 偵探小說 美人手 全三冊 | 六角五分 |
| 偵探小說 劇場大疑獄 | 四角 |
| 偵探小說 情魔 | 三角 |

◀ 上海福州路 ▶

# 廣智書局新書目錄

|  |  |
|---|---|
| 偵探小說 中國偵探案 | 二角 |
| 偵探小說 地中秘 | 四角五分 |
| 司底芬偵探案 | 一角五分 |
| 偵探案彙刻 | 二角 |
| 冒險小說 十五小豪傑 | 二角 |
| 荒島孤童記 上下全 | 五角 |
| 理想小說 未來戰國志 | 一角 |
| 社會小說 二十年目睹之怪現狀 甲乙丙己丁戊 | 每册四角 三角 |
| 歷史小說 鐵假面 上中下册每 | 五角 四角五分 |
| 黃繡球 | 五角 |
| 奇情小說 電術奇談 | 四角 |
| 偉人小說 女媧石 甲乙 | 二角五分 一角五分 |
| 寫情小說 恨海 | 二角 |
| 說部腋 | 一角 |
| 九命奇寃 全三册 | 七角五分 |
| 警黃鐘傳奇 | 二角 |
| 西青散記 全二册 | 六角 |
| 經國美談 全二册 | 五角 |
| 虞初新續志 | 九角 五角 |
| 桃花扇 精製 | 八角 |
| 中國廿一省全圖 | 一元七角 |
| 藝蘅館詞選 | 二元五角 |
| 暗射中國輪廓地圖 | 三元五角 |

◀ 上海福州路 ▶

# 廣智書局新書目錄

|  |  |  |
|---|---|---|
| 政治原論 | | 四角 |
| 大清帝國新編法典 | | 三角五分 |
| 英國憲法論 | | 三角 |
| 近世中國秘史第一編 | | 五角 |
| 近世中國秘史第二編 | | 四角 |
| 世界近世史 | 洋裝全一册 | 七角 |
| 世界進化史 | | 二角 |
| 日本維新三十年史 | | 八角 |
| 今世歐洲外交史 | | 三元 |
| 血史 | | 一元 |
| 康南海 | | 二角 |
| 中國名相傳 | 精製<br>並製 | 一元二角<br>一元 |
| 中國六大政治家 | 第五編 精製<br>並製 | 一元二角<br>一元 |
| 中國六大政治家 | 第一二編合册 精製<br>並製 | 一元<br>七角 |
| 中西偉人傳 | | 三角 |
| 李鴻章 | | 三角 |
| 中國鐵路指南 | | 八角 |
| 工商理財要術 | | 四角五分 |
| 最近衛生學 | | 二角 |
| 物質救國論 | | 三角 |
| 三名臣奏議 | | 一元二角 |
| 張江陵書牘 | 精製<br>並製 | 一元三角<br>一元 |
| 三名臣書牘 | 四册 | 二元 |
| 東坡尺牘 | 二册 | 四角 |
| 三星使書牘 | 二册 | 五角 |
| 盧史二公書牘 | | 一角 |

◀ 上海福州路 ▶

# 廣智書局新書目錄

|  |  |
| --- | --- |
| 熊襄愍書牘 | 二角五分 |
| 惜抱軒尺牘 | 三角 |
| 惜抱軒尺牘補編 | 一角 |
| 黃石齋書牘 | 四角 |
| 國文語原解 | 二角 |
| 新民說 | 六角 |
| 仁學 | 三角 |
| 曾胡批牘 | 六角 |
| 松陰文鈔 | 二角五分 |
| 心史 | 四角 |
| 中國魂 | 三角 |
| 第一種家政學 | 二角五分 |
| 第二種家政學 | 三角 |
| 女學生 | 二角 |
| 康南海歐洲十一國游記 第一編 第二編 | 八角 六角 |
| 新大陸遊記 精製有圖 並製無圖 | 八角 六角 |
| 分類精校飲冰室文集 自丙申至乙巳 | 四元 |
| 增補改良飲冰室自由書 | 四角 |
| 中國國債史 | 二角 |
| 滿洲處分案 | 二角 |
| 越南亡國史 | 二角五分 |
| 曾文正公十八家詩鈔 | 三元 |
| 董香光畫禪室隨筆 | 三角 |
| 王照圓列女傳補注 | 四角 |
| 康南海廣藝舟雙楫 | 三角 |
| 包氏藝舟雙楫 | 三角五分 |

◀上海福州路▶

# 廣智書局新書目錄

| | |
|---|---|
| 廣智國文讀本一二 | 每冊一角 |
| 修身教科書一二 | 每冊一角 |
| 修身教科教授法一二 | 每冊二角 |
| 修身掛圖 | 二元 |
| 改良尋常小學新讀本 | 七角 |
| 改良高等小學新讀本 | 九角 |
| 小學體操圖 | 一角 |
| 兵式體操圖 | 一角 |
| 高等國文讀本第一册 | 二角 |
| 高等國文讀本第二册 | 二角五分 |
| 高等國文讀本第三册 | 三角五分 |
| 高等國文讀本第四册 | 四角 |
| 高等國文讀本第五册 | 四角 |
| 中學西洋歷史教科書 | 一元三角 |
| 中等地理教本 全弍册 | 一元四角 |
| 中等教育國文法 | 四角五分 |
| 中學修身教科書 弟子箴言 | 四角 |
| 中學世界地理教科書 第一編 | 五角 |
| 中學世界地理教科參考書 | 一元 |
| 師範及中學用女子算術教科書 | 九角 |
| 中等教育倫理學 | 三角 |
| 中國文明小史 | 四角 |
| 支那史要 | 五角 |
| 國史讀本全十二册 每册 | 二角五分 |
| 立體幾何學講義 | 九角 |
| 中等教育化學 | 一元 |

◀上海福州路▶

# 廣智書局新書目錄

|  |  |
|---|---|
| 幾何原本 | 一元 |
| 平面三角法講義 | 九角 |
| 物理學公式及問題 | 一元 |
| 中等教育物理學 | 一元六角 |
| 中國之武士道 | 三角五分 |
| 樂典教科書 | 五角 |
| 商業教本 | 五角五分 |
| 中國商業地理 | 六角 |
| 工業化學 | 六角五分 |
| 節本明儒學案 | 一元二角 |
| 德育鑑 | 三角五分 |
| 中國學術思想變遷論 | 二角 |
| 教育學教科書 | 六角五分 |
| 實驗小學管理術 | 二角五分 |
| 學校衞生學 | 二角 |
| 教育學解剖圖說 | 一角 |
| 康南海官制議 布面一冊 | 一元 |
| 十九世紀四大家政治學說 | 三角 |
| 那特硜政治學全編 布皮金字洋裝一冊 | 一元 |
| 地方自治制論 | 三角五分 |
| 政治汎論 | 一元 |
| 法學通論 | 三角 |
| 清國行政法 | 一元 |
| 憲法精理 | 四角 |
| 英國憲法史 | 六角 |
| 萬國憲法志 | 五角 |

◀ 海福州 ▶

# 國風報第一年第二號目錄


●諭旨

●圖畫　廣東諮議局開幕紀念　籌辦海軍大臣洵貝勒　籌辦海軍大臣薩鎮冰軍門

●論說　說常識　滄江

地方財政先決問題　滄江

●時評　讀農工商部籌借勸業富籤公債摺書後　滄江

諮議局權限職務十論　滄江

●著譯　富籤公債說略　明水

氣球與飛機沿革畧(續)　秋水

●調查　我國海軍現狀　海容

●特別紀事　英國政界劇爭記(續)　滄江

## 目錄



● 紀事　本國紀事　世界紀事
● 文牘　農工商部奏擬借公債參用富籤票辦法以興實業摺 補錄
考察憲政大臣于式枚奏各省諮議局章程權限與普國地方議會制度情形不符摺 補錄
憲政編查館奏議覆考察憲政大臣于式枚奏陳諮議局章程權限摺 補錄
● 談叢　春冰室野乘　春冰
● 文苑　送十六省議員詣闕上書序　張謇
步川偶占　觚齋
信豐至贛縣溪流曲折舟行萬山中晚泊立瀨墟遇雨　前人
臨江仙引　雪梅香　彊邨
● 小說　伶隱記　英國魏司根達原著 番禺馮滿澤譯述
● 附錄　憲政淺說　滄江

大清郵政局特准掛號認爲新聞紙類
日本明治四十三年二月十三日第三種郵便物認

（每月三期逢一日發行）

# 國風報

宣統二年正月念一日

第一年第二期

| 定價表 | 項目 | 報資 |
| --- | --- | --- |
| 費須先惠逢閏照加 | 全年三十五冊 | 六元五角 |
| | 上半年十七冊 | 三元五角 |
| | 下半年十八冊 | 三元五角 |

零售每冊 二角五分
本國郵費 每冊四分
歐美郵費 每冊七分
日本郵費 每冊一分

| 廣告價目表 | |
| --- | --- |
| 一面 | 十元 |
| 半面 | 六元 |

惠登廣告至少以半面起算如登多期面議從減

宣統二年正月念一日出版
四月念一日三版

編輯兼發行者 何國楨

發行所 上海福州路 國風報館

印刷所 上海福州路 廣智書局

分售處

北京桐梓胡同 廣智分局
廣州十八甫國事報館
廣州雙門底聖賢里 廣智分局
廣州十八甫廣生印務局
日本東京中國書林

# 國風報

## 各省代理處

▲直隸 保定府西大街 萃英山房

▲直隸 保定府 官書局

▲天津 府署東 原創第一家派報處

▲天津 浦東小關大行 公順京報局

▲天津 鄉祠南售報處 李茂林

▲天津 東馬路 羣益書局

▲奉天 省城交涉司對過 振泰報局

▲奉天 圖書館

▲盛京 昌圖府北大街 振泰報局

▲吉林 省城板子胡同 文盛報房

▲山東 濟南府芙蓉街 維新書局

▲河南 開封府城北書店街 茹古山房

▲河南 開封府西大街 文會山房

▲河南 開封府西大街 大河書局

▲河南 開封府西大街 教育品社

▲河南 開封北書店街 總派報處

▲河南 武陟三官廟街 永亨利

▲河南 彰德府 茹古山房

▲陝西 省城內竹笆市 公益書局

▲陝西 省城 萃新報社

▲山西 省城騶子巷 文元書局

▲山西 省城 書業昌記

▲貴州 崇學書局

▲雲南 城東院街沙臘巷口 天元京貨店

▲安徽 廬州府神州日報分館 陳福堂

▲漢口 黃陂街 昌明公司

▲安慶 府龍門口 萬卷書樓

# 國風報第一年第二號目錄


●諭旨

●圖畫　廣東諮議局開幕紀念

籌辦海軍大臣洵貝勒　籌辦海軍大臣薩鎮冰軍門

●論說　說常識　滄江

地方財政先決問題　滄江

●時評　讀農工商部籌借勸業富籤公債摺書後　滄江

諮議局權限職務十論　滄江

●著譯　富籤公債說略　明水

氣球與飛機沿革畧（續）　秋水

●調查　我國海軍現狀　海客

●特別紀事　英國政界劇爭記（續）　滄江

目錄

●紀事　本國紀事　世界紀事
●文牘　農工商部奏擬借公債參用富籤票辦法以興實業摺 補錄
考察憲政大臣于式枚奏各省諮議局章程權限與普國地方議會制度情形不符摺 補錄
憲政編查館奏議覆考察憲政大臣于式枚奏陳諮議局章程權限摺 補錄
●談叢　春冰室野乘　春冰
●文苑　送十六省議員詣闕上書序　張謇
步月偶占　觚齋
信豐至贛縣溪流曲折舟行萬山中晚泊立瀨墟遇雨　前人
臨江仙引　雪梅香　彊邨
●小說　伶隱記　英國魏司根遜原著　番禺馮滿澤譯述
●附錄　憲政淺說　滄江

廣東諮議局

籌辦海軍大臣

洵貝勒

籌辦海軍大臣

薩鎮冰軍門

# 諭旨

正月初七日　上諭鐵良奏假期屆滿病仍未痊懇請開缺一摺鐵良著再賞假一個月毋庸開缺陸軍部尚書著壽勳署理欽此　上諭岑春蓂奏查明澧州南洲等州廳縣被水田畝請分別蠲緩遞緩錢漕蘆課等項一摺湖南上年五月間永順等府霪雨兼旬山水暴發建瓴直下沅西資澧諸水亦一同泛漲澧州等屬田廬被淹秋收均形歉薄若將應徵錢漕蘆課等項照常徵收民力實有未逮加恩著照所請所有澧州南洲安鄉等州廳縣均著按照被災輕重情形將應徵錢漕蘆課等項分別蠲緩遞緩以紓民力該撫即將所開詳細數目刋刻謄黃徧行曉諭務使實惠均霑毋任吏胥舞弊用副朝廷軫念民艱之至意餘照所議辦理該部知道欽此監國攝政王鈐章軍機大臣署名

初八日　上諭陸軍部左侍郎著那晉署理欽此監國攝政王鈐章軍機大臣署名

初九日　上諭張人駿等奏江甯等屬秋糧禾被災請將新舊錢糧分別蠲緩一摺江蘇江甯等屬上年入夏以後連遭霪雨湖河泛漲田禾多被淹浸收成歉薄若將新舊

錢糧照常徵收民力實有未逮加恩著照所請所有海州贛榆二州縣及上元等二十六州縣廳同淮安等四衛屯田歸併各該州縣被災田地應徵上年地丁等項錢糧均著分別蠲緩其上元等州縣廳衛節年未完原緩遞緩各欵均著分別展緩帶徵以紓民力該督撫卽照所奏詳細開明區圖村莊頃畝數目刋刻謄黃徧行曉諭務使實惠均霑毋任吏胥舞弊用副朝廷軫念民艱至意餘著照所請辦理該部知道欽此　上諭張人駿等奏蘇州等屬秋收歉薄請將應徵錢漕分別蠲減緩徵一摺江蘇蘇州等屬上年入夏以來霪雨連綿山水下注田禾半被淹沒秋後又復亢晴收成均形歉薄若將應徵錢漕照常徵收民力實有未逮加恩著照所請所有長洲等二十八州廳縣拋荒坍廢等田銀米吳江等六縣被淹無收田銀米震澤等二縣被淹無收及未種各田銀米同新陽縣蘆價田條銀溧陽等縣被淹被旱無收漕屯各田銀米崑山等二縣拋荒蘆價田條銀丹陽等二縣被淹無收蘆田課銀靖江縣被歉無收漕田銀米同蘆田課銀陽湖等縣被淹災田下忙條銀及漕米暨溧陽縣上忙條銀一律全行蠲免丹徒等縣歉收田條銀漕米各等項均着分別減免以紓民力餘著照所議辦理該督等

即照所奏詳細開明區圖村莊頃畝及應行蠲免細數刊刻謄黃徧行曉諭務使實惠均霑毋任吏胥舞弊用副朝廷軫念民艱至意該部知道欽此監國攝政王鈐章軍機大臣署名

十一日　上諭張人駿奏考察屬員秉公舉劾一摺江蘇江甯府知府楊鍾羲揚州府知府幷徐州府知府田賡署泰州知州趙興霙署桃源縣知縣陳杭署碭山縣知縣左杖周既據該督臚陳政蹟均著傳旨嘉獎江蘇候補道桂蓮熙狎妓聚賭舉止輕佻候補知府葛德潤久辦釐捐誤公肥己候補直隸州知州龔寶琛行爲卑鄙罔顧廉隅正任丹陽縣知縣羅良鑒失察櫃書浮收不恤民情幾釀巨案候補知縣陳亮恭經理電燈官廠採辦朦混操守難信署泰興縣印莊司巡檢試用州吏目馬家豐行爲狡詐不堪造就候補布理問陶嘉纛行無賴改名誣告同寅抗傳匿審候補巡檢呂康齡佻達荒唐冠裳不齒候補巡檢徐輔臣性嗜樗蒲罔知檢束候選巡檢孟平前帶巡防隊冶游賭博紀律不嚴准補江南內洋水師通州營遊擊龔先第顛倒是非居心險詐均着即行革職陶揚嘉呂康齡並着驅逐回籍交地方官嚴加管束沛縣知縣李渚田才欠

開展人地不宜着開缺另補候補知府姚繩武前辦統捐因循舞弊告誡不除著以通州降補前署句容縣知縣姚祖義辦事操切釀成命案候補知縣朱永錫勘丈屯田不實虧欠公款均著以府經歷縣丞降補該部知道欽此　上諭前福州將軍景星由部屬簡放道員歷任按察使布政使薦擢湖北巡撫福州將軍均能克勤厥職前因患病准予開缺回旗調理嗣經派充資政院協理大臣辦理一切悉臻妥協茲聞溘逝軫惜殊深加恩著照將軍例賜卹任內一切處分悉予開復應得卹典該衙門察例具奏伊子蔭琦著以郎中補用欽此監國攝政王鈐章軍機大臣署名奕劻世續鹿傳霖那桐戴鴻慈假

論說一

# 說常識

滄江

本報以輸進常識爲一最要之宗旨。而常識二字。聞者或不知其所指。吾故略釋其意義。而言其所以不可缺之故焉。

常識者。譯英語 Common Sense 之義。謂通常之智識也。孔子稱庸德之行庸言之謹。庸即常也。故常識宜稱曰庸識。或曰庸智。但以其義近奧。故襲東人所譯之名名之。孔子稱庸德庸言。而申之曰。有所不足不敢不勉。有餘不敢盡。庸與常之義。具於是矣。庸德云者。非必具有齊聖之資絕特之行也。而倫常日用子臣弟友之職。凡人道所必當由者。不可缺焉。常識云者。非必其探賾索隱炫博搜奇也。而一身之則當世之務庶物之情。其犖犖大端。爲中人以上所能知者。不可缺焉。常識者。一方面對於無識而言之一方面對於專門學識而言之者也。請舉其例。

例如經學。其窮極微言大義。博考名物訓詁。以羽翼孟荀而是正許鄭者。此專門學識也。粗解其章句。摘記其格言。以爲治身淑世之本者。此常識也。例如歷史。網羅放失舊聞。推求前因後果。通古今之變。成一家之言。此專門學識也。知中外各國歷代興廢之跡。撮舉其大事之始末。略諳其名人之傳記。此常識也。例如文學。摘艷屈宋。薰香班馬。此專門學識也。其所覩聞所感觸者。能筆之於書。舉吾心所言者。能悉達之於人而無漏無蔓。不晦不俗。此常識也。例如數學。補奈端之理。糾梅戴之式。此專門學識也。知加減乘除比例開方。熟之而能應用。此常識也。例如地理。諳悉五大部洲民俗物產之異同。舉其道里阨塞之所在。若示諸掌。語其沿革興廢之所由。若數家珍。此專門學識也。畧知各國之位置沿革。明著名都會之大勢。識彼此交通之現狀。此常識也。例如政治。論列古今之得失。評隲各國之異同。此專門學識也。畧知國家之性質功用。明各種政體之概要。而察其與國利民福關係之淺深。此常識也。例如法律。舉各國法典之條文。剖古今法理之聚訟。此專門學識也。窺法意之崖畧。明本國法制之綱要。此常識也。此不過隨舉數端。其他一切學問。可以類推。又不徒學問而已。凡接人處世治事之常識。皆可以類推。

是故六經之字有所不識。其文句有所不解。不足以爲病也。若夫恒言之見於羣經羣傳或先秦故書雅記者。而無所知焉。則君子病之矣。四史通鑑。未嘗卒業。吉朋馬哥里之書。未嘗寓目。不足爲病也。若夫封建郡縣蛻變之勢。專制立憲嬗代之跡。頗牧衛霍褒鄂之武功。建武貞觀熙甯之內治。周公管子商君諸葛彼得腓力特列華盛頓拿破侖梅特涅俾士麥之政署。鉅鹿昆陽赤壁肥水采石鄱陽金陵波希坡威尼十字軍百年七年滑鐵盧英美普法俄土中日日俄諸大戰爭。若諸類此者。瞠無所知。則君子病之矣。不審星躔之度數。不知物類之名目。不足爲病也。若夫歌白尼所言地動。奈端所言重力。達爾文所言淘汰進化。瞠然無所知焉。則君子病之矣。並會典律例之卷數而不知。並各國法典之名而不記。不足爲病也。若夫立憲之所以異於專制者。其條件安在。人民之所以有參政權者。其理由安在。國家之所以設官分職者。其目的安在。若瞠然無所知焉。則君子病之矣。其他類此者。不可枚舉。所謂常識。即指此也。

既名之曰人則其自有生以來耳濡目染之所得蓋莫不有若干之常識集於其腦際所異者其分量有多寡其程度有淺深而已然則吾儕所必需之常識其分量程度當以何爲標準乎此未可以一言盡也蓋緣其所生之時所居之國所操之業各有差別故各人所需常識其分量其程度乃至其種類皆有差別試舉數例以明之如地動說進化說等當其初發明時實爲天文學家生物學家專門之學識常人固不能盡知亦不必盡知及今日而變爲常識不知則爲病矣反之而教會之儀式騎士之義務等在歐洲中世爲常識而今日變爲宗教家歷史家之專門學識則亦有然如中國歷史中國地理之稍涉詳密者其在外國人實爲專治支那學者之專門學識在吾國人則實爲常識不知則爲病矣反之而吾國人之治外國歷史地理所認爲常識之程度其比例則亦有然如政治家則有政治學上法學上種種之常識爲其所必需教育家則有教育學上哲學上種種之常識爲其所必需商業家則有商業學上生計學上種種之常識爲其所必需而政治家所認爲常識者則往往教育家商業家所認爲專門學識者也其他各種職業之互相視亦莫不有然然則常識竟無標準乎曰有之凡今日歐

美日本諸國中流以上之社會所盡人同具之智識此卽現今世界公共之常識也以世界公共之常識爲基礎而各國人又各以其本國之特別常識傳益之各種職業人又各以其本職業之常識傳益之於是乎一常識具備之人出焉矣

人之欲自立也則具備常識其最要矣爲國民一分子而於國中必需之常識不能具備則無以自存於其國爲世界人類一分子而於世界上必需之常識不能具備則無以自存於世界若此者有劣敗以歸於淘汰已耳蓋今日所謂常識者大率皆由中外古今無量數偉人哲士幾經研究幾經閱歷幾經失敗乃始發明此至簡易至確實之原理原則以貽我後人率而循之雖不中不遠也而吾旣於各種現象皆略識其最要之原理原則則思慮通達目光四射後此隨時隨地遇有新發生之現象或相同者或相反者或相近似者皆得有所憑藉以下判斷而所判斷者不至大誤此常識之用也如其無之則僨事什恒八九幸而不僨而其勞抑已倍蓰矣故吾國人所有舉措無論大小動輒爲他國人所竊笑而以吾之政府與人之政府遇未嘗不敗以吾之兵與人之兵遇未嘗不敗以吾之學者與人之學者遇未嘗不敗以吾之工之商與人之工之

商遇未嘗不敗豈有他哉常識缺乏之爲之也雖累敗矣而曾不思悛改不識其所以致敗之由也亦常識缺乏之爲之也或雖改矣而頭痛灸頭脚痛灸脚一弊未除他害已覩此由不知社會各種現象互相依而不可離而僅以管蠡之見欲藉單義片條以爲匡救亦常識缺乏之爲之也夫箇人而常識缺乏則其人不能自存於世界一國之人而皆常識缺乏則其國不能自存於世界此自然之數必至之符無可逃避者前事既歷歷矣而後此之覆轍且相尋而未有已時言念及此則豈可不爲寒心者哉則豈可不爲寒心者哉

然則吾國人以何因緣而常識之缺乏一至此甚乎是又不可不察也大抵人之有常識也其得諸學校教育者半其得諸社會教育者亦半學校教育所以樹常識之基也社會教育所以廣常識之用也今世諸文明國其自小學中學責國民以從學之義務者則已舉盡人所當知之事理口瘏而耳熟之矣而報館之記事論著團體之集會演說其所相告語者皆此具也而社會一切制度又皆經有常識者制作而演進之所接於耳所觸於目無一不爲增廣常識之助故其人之得此至易易也吾國則不然國中

悅學之風日替其可稱爲士君子者已若鳳毛麟角矣脫有一二大率安其所習毀所不見甚則專己守殘黨同妒眞夫有人於此或深通經學或深通史學或深通法律學或深通格致學而於其所學之外一切普通事理毫不厝意此其人謂之碩學則可謂之有常識之人則不可也此其人雖國之寶而國不能專恃以立也而況乎此其人者在國中吾所見蓋已罕耶以吾所見全國中大多數之愚民其常識之分量程度去標準太遠者不必論其所稱學士大夫者可分爲二種其一則略有本國之常識而於世界之常識一無所知者普通一般官吏及老師宿儒是也其一則畧有世界之常識而於本國之常識一無所知者普通一般之外國留學生是也夫吾儕既爲國民一分子以與國人交同時又爲世界人類一分子以與各國人交而此兩種常識者不能調和而常缺其一則猶之無常識也夫就令此兩種者各成體段而徒以不調和之故且不足以致用而況乎所謂官吏宿儒者其所知大半不出於章句帖括及社會陋俗而絕不足以語於本國之常識也所謂留學生者大半舍其所學專科之外他無所知甚則卽其所學者亦僅一知半解又甚則假此爲終南捷徑而實於一切學術始終未嘗有

所知而絕不足以語於世界之常識也由此言之則謂全國四萬萬人乃無一人有常識焉可也讀者愼毋謂吾爲山膏善詈也。蓋以常識之定義律之。實乃如是。夫吾固一絕無常識之人。今雖欲勉而苦不逮者也。願國人各一自審而共勉之而已。今既若是矣而來玆則又何如自科舉既廢而教育普及之實不舉人民嚮學者既已歲減前此多數人所藉以得本國常識之一二者今則亡矣即以學校教育論而學科之編制不完教科書之系統不立欲由此以求世界之常識又不可得而政治上社會上一切制度更無足以爲濬發之助者循此不變則此四萬萬人之子孫雖永遠無一人有常識焉可也夫在人國則中流社會以上之人殆無一不有具足之常識其下焉者雖非具足而亦不得謂之絕無而其所以詒厥子孫者且相引於彌長而吾乃事事適得其反以此相遇則安所往而不敗也

本報同人有怵於此故以輸進常識爲宗旨之一端雖然吾固言之矣人之常識得之學校教育者半得諸社會教育者半今國中之學校既不足以語於此而社會各方面

之教育。又適足以窒塞常識。報館雖爲社會一種之機關。而力所能逮者幾何。況惟有常識者乃能導人以常識。而同人則言及此而汗顔無地者也。捧土以塞孟津。多見其不知量矣。雖然。國人有知此之爲急而謀所以振之者乎。則同人願執鞭以從其後也。

論說

一年之計。莫如樹穀。十年之計。莫如樹木。終身之計。莫如樹人。一樹一穫者。穀也。一樹十穫者。木也。一樹百穫者。人也。（管子）

十

論說二

# 地方財政先決問題

（地方財政論之一）

滄江

先決問題者。謂有甲乙兩問題於此。非甲問題已經解決後。則乙問題無從解決。若是者。則命甲問題爲乙問題之先決問題。先決問題者。後決問題之所依據也。凡欲辦一事或論一事。苟其事尚有先決問題橫於前而未能決定。則所欲辦者無從下手。所欲論者無從立案。此如基礎未建而欲架空以構樓閣。必不可得也。我國凡百舉措。所以絕少成效者。皆由不明此義。故吾每有所論。必先謹於是而更附釋其義於本篇。俾覽者毋惑焉。

地方財政者。地方自治行政之先決問題也。財政之基礎不立。則行政無從設施。我國所以日言自治而自治之實不克舉者。皆此之由。今則舉國人漸知言地方財政矣。然地方財政。又自有其先決之問題。苟漫不加察。而貿貿然騰其口說。終無當也。以吾所見。則地方財政之先決問題有三焉。

一曰自治團體之級數問題也。凡一國之自治團體。必有多級以遞相轄。如日本府縣之下有郡。有市。郡之下有町村。是也。級數之多寡。與行政之利病。極有關係。今勿具論。專就財政上言之。則自治體多一級。即其地方之人民增一重負擔。此易覩之理也。我國將來之地方自治團體。果為若干級乎。核諸現在已頒之法制。未有明文。惟據政府所擬九年預備案。則自第二年至第六年辦城鎮鄉自治。自第三年至第七年辦廳州縣自治。則自治體之有城鎮與廳州縣之兩級。其已決定者也。又按照諮議局章程第二十一條第一至第七項。則省亦為一自治體。無可疑者。又據城鎮鄉自治章程第四十一條第六十九條。有府廳州縣議事會字樣。第一百零三條有府廳州縣董事會字樣。夫議事會董事會。皆自治體之機關也。據此文測之。則府似亦為一自治體。考各國之制。其最低級自治體。大率經一級而達中央。亦有經兩級者。英美皆經一級。普法日則有一小部分經一級。其餘大部分皆經兩級。如日本之市。其上為府縣。(府縣同等)府縣之上則為中央。是經一級也。日本之町村。其上為郡。郡之上為府縣。府縣之上為中央。是經兩級也。然日本頻年議廢郡制。不久當全國皆僅經一級矣。

今我國城鎭鄉之上有廳州縣。廳州縣之上有省。省之上乃爲中央政府。則全國皆經兩級。若再加以府之一級。則全國皆經三級。夫級數多寡。孰爲適宜。此屬於政治全體之問題。暫勿具論。而要之。非決定此級數。則地方財政。不可得而議也。蓋城鎭鄉之居民。同時爲廳州縣之居民。又爲府（或直隸州）之居民。又爲省之居民。而亦即爲國家之國民。而無論何級之自治體。皆不可無自治經費。而自治經費。未有不取諸其所屬之居民者也。故自治體而有三級。則人民並國費而爲四重之負擔。自治體而有四級則人民並國費而爲五重之負擔。其負擔之重數少者。則每重所負擔之分量。不妨畧多。其負擔之重數多者。則每重所負擔之分量。勢不得不少。而於其間斟酌比例以求分配之適當。則非先定級數。無從下手也。今據已頒之法令。則城鎭鄉、廳州縣、與省之三級者。其爲自治體已決定矣。所未決者。則府之一級而已。夫以利病論。則自治級數。誠不宜太多。以習慣論。則府亦有應爲自治體之理由。而法制中亦有公認之之迹兆。故此問題不可以不早決也。

二曰各級自治團體職務範圍之問題也。財政所以異於私人生計者。有一大原則焉。

日量出以爲入此國家財政與地方財政之所同也職務範圍不定則歲出必需之範圍不能定歲出之範圍不定則歲入不可缺之範圍不能定以是而言財政未有能當者也今我國中央政務範圍與地方政務範圍絕無一正確明顯之界線故中央與地方財政之關係則既已糾紛而不可理矣然所謂地方財政者又非徒與中央示別而已也地方團體有多級而各級復遞相轄屬若各級之職務範圍不明則或相推諉或相掣肘而卒歸於叢脞其爲政治上之流弊固無論矣而冗費繁多負擔增重馴至涸國家之稅源陷人民於塗炭斯尤不可不懼也今按城鎮鄉自治章程第五條第一項至第六項其範圍似頗明顯然實際固已有爲城鎮鄉之力所不能舉者第勿深論聽州縣自治章程未頒不知其範圍何如若府亦爲自治體又不知其範圍何如至省之自治則諮議局章程第二十一條第一項議決本省應興應革事件其範圍廣至無垠殆於無復標準矣夫自治體既有相轄屬之各級則所屬居民勢必同時兼負擔數級之經費故必須將各級之職務範圍畫清界限其範圍狹之級則撙節其經費而以附益範圍廣之級廣狹既有差別則其財政組織自不能從同或限制某級使不得直接

課租稅或限制某級附加稅之項目或使某級除附徵國稅之外更有附徵其上級團體地方稅之權利或以國帑而補助某級之不足凡此皆裒多益寡有妙用存乎其間而要之非先規定各級職務範圍則無所據以神其用也

三曰國稅問題也地方財政之歲入以租稅爲大宗地方稅有附加稅與獨立稅之兩種（即城鎮鄉自治章程第九十一條所謂附捐特捐）而附加稅實爲其中堅附加稅者附於國稅而加徵若干成也國稅未定則附加稅決無所麗以發生此事理之最易見者矣其獨立稅雖若與國稅不相屬然亦必須與國稅相避相補而組織成一租稅全體之系統然後政克舉而民不病故國稅不定則地方稅決無從置議地方稅不定則地方財政更無可言矣（參觀次號論說門論地方稅與國稅之關係）況地方團體既有多級各級所入無不仰給於附加稅苟國稅之稅目太簡單或選擇不良則緣此重重附加人民之負擔益不公平而禍中於國家者不可紀極耶故若就現行之租稅制度而使地方課附加稅或獨立稅其究也則府怨而階亂已耳

若夫關於一般財政之先決問題如貨幣問題不決定則租稅徵收法不能完善豫算

表。不。能。正。確。豫。算。編。製。形。式。之。問。題。不。決。定。則。財。政。上。之。監。督。皆。成。無。效。會。計。年。度。問。題。不。決。定。則豫。算。之。編。制。執。行。審。查。皆。多。窒。礙。收。稅。官。主。計。官。之。權。限。責。任。問。題。不。決。定。則。中。飽。無。從。防。究。金。庫。制。度。問。題。不。決。定。則。全。國。金。融。或。致。爲。財。政。所。擾。亂。公。債。用。途。問。題。不。決。定。則。公。債。無。從。募。集。諸。如此類。更僕難數。凡此皆屬於一般財政之先決問題。而。皆。非。俟。此。等。決。定。之。後。則。地。方。財。政。無。從。著。手。者。也。此其說甚長。當更以次賡續論之。

## 時評

# 讀農工商部籌借勸業富籤公債摺書後

滄江

（參觀本號文牘門所載原摺及著譯門所載富籤公債說略）

吾國人近年稍習外事。見夫今世東西各國。莫不有公債。於是政府當道。歆焉而亟思效之。乃一試諸昭信股票而不成。再試諸京漢鐵路贖路公債而不成。則以爲普通公債通不易募集也。乃一轉而更求諸特別公債。於是乎農工商部有籌借勸業富籤公債專摺奏聞奉　旨裁可之事。

部摺大意。謂一切實業。非厚集資本不能興舉。故部中當籌一的欵。或官辦以爲倡導。或商辦助其資費。其籌欵之法。則辦所謂富籤債票者。爲鼓舞公債之計。製票一千萬張。每張售洋一元。共集一千萬元。略仿籤捐票辦法。以三百萬元爲獎金。以一百萬元

時評　二

爲得獎之票。以一百萬元爲部中製票辦公經費及各處經售債票扣除五釐之欵。除得獎之一百萬張不計外。其餘不得獎之九百萬張。均作爲公債票。年給官息二釐至六十年爲止。而不還本。試辦一年。如有成效。卽接續展辦。以一年售票一次給獎一次。此項債欵。均存官辦銀行爲興辦補助實業之用。其債息則由大清銀行作保。此其大概也。

據此則部中所以辦此債票者。其目的有二。曰資辦實業。曰鼓舞公債。夫借公債以興實業。實最通最良善之方法。而公債應募之風氣不開。則財政之運用。終不能圓活。部臣能留意及此。此吾之所深佩也。輿論之批評此舉。動則疑其藉端罔利。而所謂資辦實業者。不過託名以欺人。吾輩未觀其究竟。豈敢遽爲此逆詐億不信之談。顧竊有欲研究者數事焉。一曰資辦實業果宜用富籤公債否耶。二曰富籤公債之辦法果如部摺所云云否耶。三曰依部摺之辦法果能使人民樂於應募而收鼓舞公債之效否耶。四曰使應募者衆果能有益於國家而無害於人民否耶。請一一述其所疑求部臣一反省焉。

摺中有最不可解者一語。曰給以輕息而不還本是也。夫既謂之債。則貸焉者具有債權。借焉者自負此債務。此至淺之理。絲毫無所容其疑竇者也。故公債種類雖有期限公債與永遠公債之別。而未聞有以不還本爲一條件者。永遠公債。財政學者亟稱其利。謂其償還之期可以隨意。政府得斟酌於財政最適宜之時以行之耳。非謂託永遠之名。而債權債務之關係。得消滅於曖昧無形中也。若借民財而不還其本則派捐耳封奪耳欺騙耳。而何公債之可言。今部摺一則曰查歐洲各國方法再則曰德奥等國未嘗因此損其威名。三則曰載籍具存可以覆按。似其事爲數見不鮮者然。顧以吾之謭陋。竊嘗博徵羣書以考之。則不給息之富籤公債蓋聞之矣。不還本之富籤公債乃未之前聞。豈惟必還而已。且還之必有期限。而其期又極短。德國於一八七一年六月八日所頒之富籤公債法律。定償還之期不得過十年。法國於一八九五年所發之巴黎博覽會富籤公債。以五年償完。此其已事也。部臣既主不還而曰載籍可按。吾甚望其按之以釋天下之疑。而不然者。則人將不僅責長官之誣我民。而據此無稽之言以入告者其欺 君之咎必有所歸矣。吾願部臣一思所以自處也。

其次復有不可解者則每張售洋一元是也公債每枚之價值宜大宜小各有其利害得失學者辨之綦詳茲不具徵要之其所謂大小者固有範圍未有小至不倫若此者考日本之公債大率以五十元爲單位日俄戰爭時嘗發二十五元者各國普通之公債亦大率値如日本之五十元惟美國嘗發額面十打拉者法國當償金於普時曾發百佛郎一枚之公債而使應募者分二十次交納論者亦頗稱之謂爲奬勵細民貯蓄之一法門然合二十次仍百佛郎不得云小也若以一元爲公債一枚之單位此眞曠古所未聞天下所寡雙矣據部摺所定每年給官息二釐則一枚之票其所得息爲兩銅元人亦誰肯千里跋涉出入官府以取此兩銅元之息者故購票者惟一之希望在得彩而已（即部摺之所謂奬）苟不得彩則必將其票拉雜摧燒之豈復有什襲此故紙以遺諸六十年以後之子孫者哉今部摺稱給息六十年其意蓋曰吾固給之其有不取非吾咎也然按諸事理不惜勞費而來領此區區之息者千萬人中實不得一焉故雖有給息六十年之名實則並一年而可以不給夫本旣不還矣而息復無領者每歲除以三百萬作奬外自餘七百萬即可全攫以入部庫民也何知將謂部臣實利用

吾儕之所易忽者與其所繁難而難致者因餌我而奪吾財則部臣其何以自解矣且部臣之必以一元爲單位也。蓋明知國中之資本家。必不肯出其所蓄以應此等兒戲之募債也。故惟利用貧苦小民及婦女兒童之僥倖射利心。使之擲小而博大。其意豈不曰。即彼博而不中者。而損衄抑有限也。故其摺復申言曰。有益於國。無損於民。雖然。抑嘗思貧民婦孺之挾金一元者。其效用之重大。或遠過於富人之千百元乎。富人失千百元不過損其娛樂濫費之一部分。貧民婦孺失一元。則坐是危及生命者有焉矣。故各國之立法也。於此等細民銖積寸累之資本。其保護之獨周。必無或措諸不可復之途。貯蓄銀行規則之所以特嚴。皆爲此也。今部摺所謂富籤公債者。民莫之應。斯亦已耳。苟競起而應之。果能副部臣之望。而每歲得一千萬元。則其結果將如何。其中惟有一百萬人得意外之厚獲。自餘九百萬人。既坐喪其本矣。而所許六十年間二釐之息。領之既不足以償其勞費。勢祇得出於不領。是其所擲之一元。全陷於不可復之地位也。而擲之者非他。則皆細民銖積寸累之血汗。而東西諸國保護若不及者也。括之以入部庫。以供毫無責任之揮霍。而猶曰於民無損。則天下豈復有損民之事哉。願部臣熟思之。

復次。部摺所擬辦法。更有與各國富籤公債之成例大相反者數端。曰、當籤獎金之比例太大也。曰、利息太輕而期限太長也。曰、抽籤之度數太少也。曰、募集之度數太濫也。所謂當籤獎金之比例太大者何也。富籤公債之原則。凡當籤者所得之彩。萬不可以太重。而不當籤者亦不可使之過於向隅。其與賭博彩票不同之點。實在於此。據部摺則千萬元之公債而所割出之獎金三百萬元。則什居其三矣。考一八九五年法國所發富籤公債六千五百萬佛郎。而其得彩獎金六百萬佛郎。不及債額十之一。日本勸業銀行債劵亦富籤公債之一實例也。彼自開辦迄今。發行已三十餘次。每次給彩之額雖各有不同。然對於本次債額之總數。最少者不下百分之九。最多者不及百分之十一。然則此項公債給獎之比例。略可察矣。蓋富籤公債之本意。雖以得彩寓獎勵而要期不使失彩者向隅（參觀本號富籤公債說略）故其給息視普通公債較輕。而彩金即取之於其較輕之率之中。要不可以彩金而侵及債本及正當債息之範圍。致失彩者本息無著。此富籤公債所當嚴守之公例也。今以千萬之債而彩金去三百萬。辦公費又去百萬。部中所收實六百萬持六百萬元之母財以孳殖之雖有白圭之智亦豈易於一定期限內而得千萬元之本息其必歸於無著豈待辨哉無怪部臣計無復之而發出不還本之奇想然不還本者決不能稱爲公債雖蘇張之舌恐終無以自解也

所謂利息太輕者何也富籤公債之彩金即取之於其所減輕息率之中既如前述今部摺既擬以債本十之三給彩則正當之息爲彩所蝕者太多而息不得以不微此事勢之相因者也然其微乃至於歲率二釐則有不得不令人失驚者大抵公債之息率當以其國中當時普通息率爲標準而略爲減殺富籤公債之息率則當視普通公債息率又略爲減殺法國當一八九五年時市場息率約四釐强故其普通公債之息率三釐乃至三釐半而是年所發富籤公債之息率則二釐半蓋割出一釐內外以給彩合之則適與普通公債之息率相等也日本市場息率遞年漸減近十年來率往來於五六釐之間其普通公債息率大抵五釐亦有四釐者（然皆呼價發行之債實際皆在五釐以外）其勸業銀行富籤債券歷次所發者息率皆五釐與普通公債同或且更優焉夫此項債券既有獎金復給以爾許優息者緣償還期限甚長故藉此以爲勸也我國現在市場息率雖各地

不同要皆在一分以外且有一分五釐以至二分者卽存銀於外國銀行其長年存放者亦可得七八釐今乃欲以二釐之息率募公債試問彼應募者舍覬覦獎金外亦誰肯以彼照例可得息一二分之資本而買此區區息率二釐之債票耶而猶謂非導民以賭其誰欺哉在部臣之意豈不曰吾給以六十年二釐之息綜六十年所給者共爲一元二角除收還資本外尚有贏餘也姑無論實際斷無領息之人如吾前此所云云也藉曰所給息皆不虛獨不思人民之以此一元投諸生產事業而得息一二分者遞年復以息作本閱六十年可贏至數十百元而未有已乎卽不然而以之存貯於特種之銀行或保險公司訂明六十年乃取回而重累其息以作本最少亦可得二三十元以上乎而信用薄弱勞費無藝之部庫乃欲以分六十次領受之一元二角易之苟非嗜賭成性之民其孰有應者

所謂抽籤之度數太少者何也富籤公債之性質謂當償還公債之時附以富籤而給之彩也大率每年償還一次或兩次每次各附富籤若干張直至全數還清之時爲止若定以十年攤還而每年還一次者則其抽籤之度數共凡十次若定以四十年攤還

而每年還兩次者則其抽籤之度數共凡八十次蓋使人民之應募者其早當籤而速受償耶得彩固妙即不得彩而原資早已完全歸趙得別投諸他處以圖生利其遲當籤而久未受償耶既可以常得確實之利息而原資匪特不憂無著而已且將來尚有下次得彩之餘望蓋無論受償之遲早而債主皆有利故應之者若鶩也今部辦此項公債名爲六十年而抽籤祇得一次且其抽籤並非爲還本起見而專爲給彩起見是純然賭博彩票之性質而斷不容以之冒富籤公債之名者也夫富籤公債之爲物凡當籤者無論得彩不得彩而皆能收回其原資凡持有債券者其當籤無論或早或遲而總有當籤之一日今也不然抽籤祇此一次一次不得他日更無再得之期而此一次得之者不過十之一而失之者乃十之九爲舉天下古今之富籤公債斷未有如此辦法者吾願部臣稍一審處焉毋曰一手可以盡掩天下目也

所謂期限太長者何也富籤公債與普通公債異普通公債政府可以借換之以輕其利息可以買回之以解其義務故期雖長而不爲病此項公債因有富籤與之相麗舍抽籤償還外更無他術而在經濟發達之國市場息率恒日趨於廉若數十年前所借

之公債至數十年後而不能借換不能買回常負擔此重息決非財政上之良策也故富籤公債期限之不宜長者一也既有息而復給以彩則政府之運用此公債以生利也必其所生者除以給息彩兩項外尙有贏餘然後其事乃可繼富籤公債之期限若太長則其後半期所應償還之部分遞年給息已多塡補之既非易易而已還之債本愈多而政府所資以運用者愈少而其所能生之利愈微逮於末期而政府或受其虧累矣故富籤公債期限之不宜長者又一也故各國之募此項公債也其本息淸還之期限大率少則五年多則十年蓋有由也今部摺之定爲六十年者得毋見各國之土地抵當銀行殖民銀行勸業銀行等其債劵期限皆亘數十年乃爲此效顰之舉耶而不知事固有非可漫焉以相師者也彼等皆農業金融機關也其所借之債皆還以轉借於農民使之攤年帶還本利於銀行而以不動產爲抵當故銀行對於買受債劵者亦分年償還本利兩者相劑雖長期不爲病而持劵之人既知銀行有相當之債權而其債權復有確實之抵當物故信其債務之決無或逋負雖經久而共安之也今部中所借之債既非專爲改良農業之用本可以無待於長期而其用途又絕不明瞭其果

運用此債以生出利息爲六十年間了此債務之用與否已不爲債主所信而欲仿人國勸業銀行之例安可得哉雖然部摺固明言不還本矣而其每年每票所派兩銅元之息又明知必無人領取矣然則自第一次抽籤以後部中對於債主已可謂無復義務則雖千百年可也又豈止六十年哉但不識往古來今之借債者有此情理否耳

所謂其募集之度數太濫者何也此項公債惟農業金融機關常行之然亦視一般農業社會所需要之資金多寡如何非於其不必要之時而必樂負此債務以爲重也若夫以國家之名義募集者其事益可暫而不可常蓋此項公債無論規則若何完善終不免略帶賭質導國民以僥倖射利之心而因有富籤與之相麗故其價值往往漲落無常及償還過半之時其價舉皆漸落一國中若多有此項債券流通於市面則金融之常軌或緣此而生混亂故各國非萬不得已之時不肯行之即偶行而亦決不肯多試今如部摺所云一年之後若有成效即接續展辦每年售票一次是直以烏附爲可以引年而躋諸菽粟之林也雖其辦法悉遵各國富籤公債之原則毫無出入然且不可又況其自我作古者哉

綜括以上所舉諸端。其不還本及每票一元之制。則與一般之公債原則相犯者也。其當籤獎金比例之太大。利息之太輕。抽籤度數之太少。期限之太長。募集度數之太濫。皆與富籤公債之原則相犯者也。竊意部臣之爲此創舉也。實欲合各國之富籤公債與勸業銀行債券與賭博彩票三者。於一爐而冶之。其派息也。取諸富籤公債。其期限六十年也。取諸勸業銀行券。而其不還本也。以一元爲一票也。獎金之重也。抽籤之僅有一次也。年年舉行也。則皆取諸賭博彩票。然派息等於不派。則並其稍似富籤公債之點而亡之矣。息等於不派。則六十年之期限自成虛設。又並其稍似勸業銀行券之點而亡之矣。然則所餘者維何。即純然與賭博彩票脗合之諸點而已。夫賭博彩票之風行於國中。抑已久矣。豈復勞部臣之憂其不發達而汲汲焉獎之。而部摺乃一則曰「無非爲開風氣」再則曰「作國民之氣樹勸業之型」吾實不解開此風樹此型於國家果何補。而於國民又果何補也。僅爲無補。猶不當行。況乃大害爲衆所共見者哉。

抑部臣之意。豈不以前此屢募公債。皆無應者。因欲藉此以爲獎勵也哉。夫富籤公債。

誠不失爲獎勵應募之一法門然其所以能收獎勵之效者亦以其種種條件之有益於債主而已蓋其原資之必不失也與普通公債同其利息之率亦與普通公債不相遠而復加之以彩金以爲之激刺故民樂趨也今舉前列最重要之兩條件而悉去之而僅恃得彩之一條件雖部臣本意未必欲以賭誘民而民之應之者必以之與江南湖北等彩票同視而勤儉貯蓄之民挾資本以求正當之利益者決不肯貪此六十年間二釐之息而踴躍趨之有斷然矣然則此項債票就令辦有成效至竟不過使一國中加增若干嗜賭之民而於將來募集公債豈有絲毫之影響焉不甯惟是使此舉雖不能獎勵公債而就事論事可期其有成則雖有害於國有害於民而尚有益於部庫以部臣爲部庫謀冒不韙而爲之猶可言也顧吾又敢斷其並此而不能也何以言之夫此項債票勤儉貯蓄之良民必不肯買而惟嗜賭之民買之既無所容其疑難矣然以賭博論則此項債票之條件又不能如各省彩票之有利於賭徒各省彩票得彩之票數約對於總票數爲十之二此不過十之一各省彩票以其售票所獲半數以上充彩金而此僅以其十之三充彩金賭徒稍一熟計必舍此而就彼明矣夫進焉既不能

時評

與德法奧日等國之富鐵公債媲美而造福於國家退焉且不能與湖北江南等省之賭博彩票競勝而歸餘於部庫而徒尸此罔 上朘民之名以騰笑譏詬於天下萬國吾意部臣蓋未之思耳苟一深思必將有釐然而去之若浼者矣

抑摺中尚有一言不可不致辨者其言曰「公債之舉西國習爲故常其民之視同義務」夫謂西國習公債爲故常可也謂西民視公債爲義務不可也公債之爲物純屬於私權的關係而純不含有公權的關係民之應之也非爲義務也爲利益而已若出於義務之强迫公債則與增賦無異非復公債性質矣夫惟國家財政基礎既示民以可信而經濟上種種機關又整備而靈捷故能使公債爲市場上一種不可缺之品物而復訂圓滿美妙之條件予應募者以便益故民之欲厝其貲財於至安之地者舍公債無託焉斯不待勸而競趨也夫不待勸而趨乃眞善勸者耳若專恃義務觀念而公債始發達則其發達之途不亦僅耶且西國之公債互流通於國際者而無所於閡往往有甲國朝發一公債券比夕而乙國人購其半者乙國夕發一債券翌晨而丙國人購其半者若云義務其毋乃對於他國亦有當盡之義務乎先哲有言君子一言以爲

十四

智。一言以爲不智。言不可不慎也。部臣爲一國所具瞻。奏議爲士民所傳誦。方今百度更新。一切設施。大率爲前代所未經。國中忠愿之士。欲周覽域外。故實。而每苦於無從。見夫堂堂大部。訏謨入告之文。復有濟濟多才。學成而歸者。爲之屬稿。則以爲其所引之事實。所持之理論。必皆信而有徵。精當而不可易者也。則相與墨守之。而尸祝之矣。設其事實皆烏有子虛。其理論皆以矛陷盾。豈不誤盡天下。而貽國家以大戚耶。吾非敢謂此摺之必如此。顧吾願後此之屬稿者一加謹而已。至於國家所以激勸公債之道。固別有在焉。吾當更端論之。

（附言）此稿於兩月前撰成。其後以黃侍御瑞麒有摺參劾。得　旨交部覆議。十二月十七日已奉　諭旨着即緩辦。但冀從此廢止。則國家之福也。

庚戌正月初十日　著者識

時評

# 諮議局權限職務十論（一）

十六　滄江

## （一）于大臣與憲政編查館之辨爭

本年四月。考察憲政大臣于侍郎式枚專摺奏各省諮議局章程權限。與普國地方議會制度情形不符。其言甚辯。得　旨命憲政編查館妥議具奏。覆奏之摺。其所以反駁于摺者亦至有力。（兩摺補載於本號文牘門）此實我國立法論上第一次之論爭。而國人政治思想法律思想日漸發達之表徵也。吾於兩造愛國之公心。皆景仰不能去懷。豈敢妄有所訾議。獨至其持論是非所在。則有欲貢其愚以供舉國士夫之研究者。謹略述之。

竊以為我國憲政之最大問題。則將來中央集權與地方分權之程度是已。無論何國之政治。斷未有能為絕對的集權者。亦斷未有能為絕對的分權者。然程度之或畸於此或畸於彼。則緣國情而各有所宜。我中國將來究當以何者為正鵠。此非一言可決。吾將別論之。雖然。有一原則焉。無論何國無論何時皆可以適用者。曰、中央議會與地方議會權限之大小。當視中央行政機關與地方行政機關權限之大小為比例是也。

立憲之所以異於專制者全在議會之有無議會之爲物或稱之爲意思機關或稱之爲監督機關要其精神凡以施限制於執行機關而已一切法人團體必須於執行機關以外更有一有力之機關與之對峙然後其體乃具此在私法人且有然而公法人更無論矣各國國會及地方議會其設立之理由皆根據於此非有差別也而各國成例其國會對於中央政府之權力雖甚强而地方議會對於地方長官之權力則似甚弱者何也彼其地方長官原非占全國官吏中最高之位置尙有國務大臣以立乎其上國務大臣之監督地方上級官猶地方上級官之監督其下級官也夫既有立乎其上者以監督之則更無待於立乎其旁者之監督明矣此各國之地方議會所以不以之爲地方官之監督機關而反恒受地方官之監督權限之所以不廣其故一也復次各國之地方長官不能於中央政府所命令之外而別立政治上之計畫其職在奉行中央所指定之行政條件而已立憲國之貴有國會者其大目的在取決輿論以定政治之方針方針既定矣而行政之果遵此方針與否亦以輿論糾之故監督政治其體也而監督行政則其用也地方官既不能左右一國之政治則其有待於輿論監督之

範圍亦僅矣。地方議會權限之所以不廣，其故二也。復次即以行政論，其軍事行政、財務行政、外交行政、司法行政，皆畫然不隸於地方官，即內務行政中之教育、經濟、交通諸項，其大部分又皆受成於中央，所餘者則最狹義之內務行政一部分而已。而其法規條制，又率皆粲然具備，各地方但舉而措之，無所待於草創，則其有賴於地方議會之監督者復幾何。權限之所以不廣，其故三也。然則各國之地方議會，其議決權僅限於本團體之狹範圍內，其所得議決之事項極少，而議決所生之効力頗弱，亦固其所。中國現在制度則不然。憲政編查館覆奏摺曰：『各國地方行政之範圍既小，故輔助行政之機關，僅有上級自治制之地方議會，而不必別立制度。中國督撫之權限，既視各國地方行政長官爲較廣，則輔助機關之權限，自應與之相稱，而不能僅據各國之上級自治制以爲準。』其言可謂博深切明，立法之精意，已揭示於天下矣。然吾以爲諮議局權限所以必須廣闊之理由，尚不止此。夫使督撫之行政權限雖廣，然一切之行政法令，久已大定大備，督撫不過率其屬以奉行之而已，則其所藉於諮議局之輔助者，尚非急。今也百事草創，法令百不具一，中央政府固有應接不暇之勢，即欲並日程功而以地大物博之中國欲使法制推行無礙勢不得不以立法權之一部分委諸各省然則各省督撫非特為全省行政權所自出且總攬一省之立法權而兼行中央立法權之一部分者也今若謂立法權不當公諸人民斯亦已耳既公之矣則諮議局宜與中央國會共得參與事理甚明諮議局之性質大異於各國上級自治團體議會者一也又使督撫之權限僅在行政上而已則其利害影響所及猶不至甚大今也不然督撫政治上之權力實與中央各部大臣立於同一之位置不甯惟是一切政策多有由督撫發之而政府贊之者甚且有督撫先自行之而政府事後乃承諾之者夫一政策之失當則其禍可以中於全省而且波及於全國督撫既以行政長官而有政治權其地位恰與各國之各部行政長官兼國務大臣者相等其所當負者不僅在行政上之責任而兼有政治上之責任夫僅負行政上之責任者但使忠於厥職而無或越分違法之行斯可以告無罪矣各國之地方長官是也負政治上之責任者非徒以清慎勤自矢而遂足也就其積極的方面言之凡所計畫之政策一有失當或收效不能如其所期皆當引咎焉就其消極的方面言之若守雌守黑始終不立一計畫而使一

時評

省有應興不興之利應革不革之弊又當引咎焉我國之督撫是也夫督撫固明明兼有各國之地方長官與國務大臣之兩種資格者也諮議局對於爲地方長官之督撫固當爲被監督者而不宜爲監督者對於爲國務大臣之督撫則又當爲監督者而不宜爲被監督者矣諮議局之性質大異於各國上級自治團體議會者又一也又使督撫之權限雖廣然尙非一國之最高官廳而別有受成於其上者則亦無取特置一强有力之機關以與之對峙例如日本之臺灣總督其權限之廣遠在彼府縣知事之上而幾等於我督撫雖然其受內務大臣及各省大臣之監督明著諸法律故臺灣總督政治上之責任內閣實負之其行政處分內務大臣一一得而干涉之與府縣知事無異也然其立法權且已別設機關以行之而非總督所得專矣今我國之督撫其官則尙書侍郎也其權則直接上奏也與中央各部堂官無絲毫長屬之關係其有所舉措一經 奏准絕不必通知各部而可以執行各部咨辦之事件苟非奉 旨者則督撫雖置之不問甚或反其所爲而皆不得謂之違法各部若欲中止取消督撫之行政處分督撫可以抗辯於 上而勝之督撫爲一國之最高官廳而非中央政府所得節制

既已若是於此而欲以中央政府代負其政治上行政上種種責任在理在勢皆所不能然則竟聽其無責任耶立憲主義之謂何且何其嚴於責中央而寬於責彼等也況責任無論如何必有所歸中央政府既不任受不幾使我 皇上爲彼等受過耶是故現制之督撫其勢位既與各部大臣同等則其負責任之方法亦應與各部大臣同等甚明而監視此責任者與其在中央國會不如在本省諮議局又事理之至易見者也諮議局之性質大異於各國上級自治團體議會者又一也

由此言之則現行諮議局章程雖小節或有可議而大體固甚得當不失爲與時勢相應之一良法而于侍郎乃引普國地方議會制度以繩之則無怪其枘鑿而不相入矣

然則此制度果遂爲最良最適之制度而于侍郎議其權限過大之處遂悉成囈語耶是非吾所敢言也雖然吾以爲侍郎宜且勿問諮議局權限應否與各國地方議會權限同一大小之問題而當先問督撫權限應否與各國上級地方同一大小之問題蓋諮議局權限全比例於督撫權限以發生若蛩蚷之相依彼題既解則此題自迎刃而解也此卽吾所謂集權與分權之程度問題眞我國政治家所當殫精竭慮沈思博搉

以求其是者也若夫於現在督撫權限既承認之而於現行諮議局章程復掊擊之是無異謂執行機關不應有他機關以爲之限制其反於立憲政治之本意明矣吾意侍郎當不其然

# 富籤公債說略

著譯　明水

富籤公債者。特別公債中之一種也。法當抽籤之際。別設花籤。得者謂之中彩。實約爲僥倖之利以誘人者也。國家當平居無事之日。苟恃此法以行公債。實可懸爲厲禁。然天下之變。匪可豫測。若因公益或意外之事。偶一行之。且有良法以維其弊。亦未始非濟窮之一術。考歐洲諸國行此種公債甚多。特發行機關。除國家及地方自治團體與夫銀行公司會經國家允准者。此外不許擅發。蓋此種公債之性質。最足啓人民僥倖射利之心。非嚴加制限。趨之者必多。競爭遂起。競爭日烈。即難保無濫發之虞。弊遂不可勝窮也。故言財政者。咸引爲大戒。良非無由。如萬不得已。必欲一試。則舉辦時。有不可不留意者二事。爲各國財政大家所大聲疾呼者。今述之以供觀鑑焉。

一本利必宜清還也。夫無本無息。何得爲債。此固不待言矣。且苟不還本。勢不能不以募得之額。盡給之中彩者。如是不中者悉喪其資。而中者一旦獲意外之巨財。集多數人之金錢。納諸數人之手。與賭博何擇也。原國家初意所以行此種公債者。利其足以濟急耳。緣是而誘民以日事賭博。則所利不敵所弊矣。故必令不中者不失其資。且得微息。中者亦不能暴富。乃爲法之至善。是以淸還本息。爲行富籤公債之金科玉律也。至利息之率。則不妨較低。如普通五釐。此則三釐。是在臨時酌行。無關宏恉者也。

二籤數務以多爲限。中彩之數。亦不宜過少也。蓋籤數多。則每籤之金額可小。中彩多。則觖望者不衆。金額小。則不中者無大損。彩數多。則中者亦不能暴富。於以殺人民僥倖之心。而國家收緩急之效。故能愼此二者。行之亦無大害。且貧弱之國。信用未立。公債價格時有變動。或藉此法。以爲先驅。亦一絕妙法門。彼法意等國。爲發行此種公債。故閭閻細民。乃更撙節。此其善用法之明效也。語曰。有治人。無治法。又曰。不誠無物。苟誠心以謀國利民福。法雖弊。猶可相維。如爲取巧苟得之計。法雖美。亦無補於治。是在行之者之得其人否耳。

富籤公債。論者極多。而大恉皆同。今所取者爲日本田尻稻次郎博士所著財政與金融第四章特別公債中所論。喜其簡明。故述其大意於此。尚有巴黎萬國博覽會富籤公債之實例一節。則以大繁且非作富籤公債考。故從省畧。 譯者識

# 氣球與飛機沿革畧（續）

秋水

吾前述氣球。而明其所以能凌空之故。蓋凡物體之輕於空氣者。本無不浮游自若。野馬塵埃之類是也明乎此理。則氣球之妙。實本乎物理之常。不必以爲甚奇也。若夫飛機則不然。其體不外於鋼鐵。其用乃離乎輕氣。以極沈重之器而御風泠然。人智之不可限度。有如此夫。雖然。詩不云乎。有物有則。凡一物之起。無論其爲天成爲人造。皆必有一天則以綱維之。罔或能逃者也。飛機雖奇。亦豈能外此天則而獨存。不過人文之度。古今懸隔。故至近年而此器乃萌芽耳。

飛機重量。較空氣爲大。然所以能飛行者。爲其兩側。有器如翼。其翼雖重。而一動一止。與空氣相抗。速力生焉。故能飛行不墜也。不觀諸鳥乎。鳥身之重。固遠過空氣。然而履霄漢如坦途。橫江海如平地者。亦其羽翮之用。有以致之然也。故質而言之。飛機者。實

著譯 四

## 一種人造之鳥而已。

人之欲飛。其思想絕不始於今日也。道家之言飛昇。詩家之詠奮飛。如此之類。不一而足。西土之人。其見於篇籍者。亦與我同。特古人科學之理未精。故徒抱空想。而不能見諸實事。即在十餘年前。歐美學子。偶有議及此器者。猶疑信參半。以爲人世間永無此種奇異之物出現也。然十年以來。至夫昨歲。新製迭興。智巧百出。而將來造詣所至。更難豫料。則昔之徒有詠歎者。今已視若固然。惜乎古人往矣。不得與今之人驂鸞上天也。若其淵源所自。亦有不可不記者。請述其沿革。

最初考究飛機者。厥爲奇列。當一八〇九年。已創此說。然未能從事製造。至一八四三年。軒孫氏起。始造成一具。特其規模太隘。且不堅牢。於實用上尚欠工夫。此未足爲古人深咎也。越三十年。即一八七二年。法國有俾那者。創造一種有橡皮彈弓之飛行機。復著書立說。以明其理。爲法國學士院所激賞。即今日法國之各種飛機與夫美國最有名之來特氏所造。其本源所自。皆出於此。則俾氏之功。爲不可沒也。其次爲亞迭兒。自一八八二年以來。苦志研鑽。頗有所得。法政府嘉其好學深思。因由陸軍部助費五十萬佛郎至一八九〇年竣工。取而試之。畧無成效。信用頓失。而研討之功。亦中輟矣。一八九八年。達丹氏與復據俾那學理。致諸實用。雖工事告終。而顛躓相繼。於以見一器之成。不知經幾許日月。費幾許心力。乃克有濟也。後人習而安之。遂忘古人之辛勤耳。

至二十世紀。而華臣兄弟、圖拉克蘭、花爾門、費別祿、布列里、阿尼斯卑爾等、名工輩起。然最膾炙人口者。實為美國來特兄弟。

其在德國。則李嫣達祿。費二十年精力。至一八九一年。創造所謂靜翼飛行機者。其效甚偉。且能指摘前此種種不完之點。而以已深思所得者補之。於是各國欲講求此器者。咸奉為師。如英之比爾查。美之楂紐特。（本為法人）法之費別祿。其尤著也。

其在美國。則有蘭克列。造一飛機。以一八九六年。乘而試之。能飛行千二百米突。美之陸軍部。以五萬打拉補助之。令更討索。期以大成。然蘭氏究之愈深。愈覺其難。非得長久之歲月。充足之資金。不能完備。至一九〇三年。又以所新造者試之。終於失敗。而政府之補助亦罷。然一九〇〇年。來特兄弟。因見楂紐特飛機。始發奮研究。爾來成效大著。其所造者。幾欲凌駕全球矣。

若夫英國則一八九五年。有哈蘭馬新氏。欲搆築一大飛機。其全量爲四千啓羅格林。表面五百平方米突。發動機三百馬力。一點鐘內速力四十啓羅米突。規模似甚閎大。然表面僅有一單翼。故必難堅牢。後稍加改造。至演試時。機器全毀。哈氏費金四萬磅。遭此大跌。雖欲再起而力終不逮矣。

右所述者。蓋自飛機始創。至於近日之大畧情形也。雖飛機之起。晚於氣球。除法美兩國外。人皆漠然視之。然自昨歲以來。發達驟盛。聲價已在氣球之上矣。然其種類若何。搆造若何。請進而畧記之。

飛機種類。分爲三種。一曰打翼式飛機。二曰旋翼式飛機。三曰靜翼式飛機。三式之興。絕非同時。蓋幾經討究。而以次變遷進化者也。請先述打翼式。此式機妙在於擊動翼面。因得飛行。蓋純然模擬鳥飛之狀耳。法國盧氏、亞迭兒氏所造者。即屬此類。雖然其最大缺點。爲堅牢之軸。不易構造。蓋以擊動之時。其力甚猛。其數甚頻。機軸稍弱。何克當之。此其一。又擊動之時。僅及上下兩面。而與全體空氣抵抗。翼面之力甚微也。此其二。有此二故。而此式之飛機。其成效必難盡善。有斷然矣。抑鳥之所以克支持於空中者。爲其羽翮對於前後左右。有盤旋之勢。故其力甚强。此科學大家所證明也。於是乎有旋翼式起。而此派學說。亦漸有勢力。然利用盤旋之力以圖上昇。此種器械。歐美皆無。惟於兒童玩具。偶一見之。故討論旋翼飛機者。難問百出。就中最難者。爲不能製造最輕最有力之發動機。此所以學理雖精。而實用尙未美備也。最近所出。惟列周、圖科二氏所造。爲最有名。蓋以旋翼式飛機。而能飛揚於空中者。實以列周爲嚆矢。然未能附載發動機。僅於外部用電流通之。可供演試而已。圖科所造。略勝一籌。可以小動機附之。而大者依然未能。故此式實可謂之理想飛機也。近年成績最著。使飛機之用。深入人心者。其爲靜翼式飛機乎。今各國所造。無不採用此法者。其式如何。蓋亦取法乎鳥而已。彼前二式。徒知鳥之拍翼盤旋乎空中。而不知鳥之飛。有時不必拍翼盤旋。但靜張兩翼。而能其疾如矢也。故此式實由此點着想。而其功反不可同日而語也。其運用之際。但發强力之推進機。以速力加諸翼面。卽能飛行自在。且以靜。故其兩翼權衡能極均平。雖以微力。而可運使疾走之飛機。使之上下左右。悉如人意。嗟乎。人工至此。

不亦奇哉。

（完）

## 著譯　八

景公問求賢。晏子對曰。通則視其所舉。窮則視其所不爲。富則視其所不取。夫上士難進而易退也。其次易進易退也。其下易進難退也。以此數物者取人。其可乎。

（晏子春秋）

## 調查

# 我國海軍現狀

海客

甲午以來。我國海軍。掃地蕩盡。中間屢議興復。輙以經費過鉅。事遂中輟。今上嗣極之初。特設海軍處。　命洵郡王總其事。洵邸親巡江海各省。察閱要隘。審擇軍港。旋復遠涉重洋。周歷列國。將欲取先進之規模。爲我圖强之根本。蓋深知處武裝和平之世。非有强盛之海軍。則不足以固吾圉而揚國威也。孫子不云乎。知彼知己。百戰百勝。夫不知彼猶不足以操勝算。况并己之所有而不知。則可危孰甚矣。爰調查吾國現有之海軍。列爲左表。以備我國民省覽焉。

我國海軍現在之戰鬪力

| 部屬 | 艦種 | 艦名 | 排水量 | 速力 | 艦齡 | 備考 |
| --- | --- | --- | --- | --- | --- | --- |

○印現役將卒所坐乘者　×印在海上而戰鬪力殆無者

調查

| | | | | | | | |
|---|---|---|---|---|---|---|---|
| 北洋水師 | ○ | 巡洋艦 | 海圻 | 四三〇〇 | 二四、 | 一二 | |
| | ○ | 巡洋艦 | 海容 | 二九五〇 | 一九、五 | 一三 | |
| | ○ | 巡洋艦 | 海籌 | 二九五〇 | 一九、五 | 一三 | |
| | ○ | 巡洋艦 | 海琛 | 二九五〇 | 一九、五 | 一二 | |
| | ○ | 巡洋艦 | 通濟 | 一九〇〇 | 一五、 | 一五 | 生徒練習船 |
| | × | 砲艦 | 泰安 | 一二五〇 | 一〇、 | 二四 | 洵邸調查謂修繕後堪戰鬥之用 |
| | × | 砲艦 | 鎮海 | 九五〇 | 九、 | 三八 | 同前專任輸送 |
| | ○ | 水雷砲艦 | 飛鷹 | 八五〇 | 二二、一 | 一三 | |
| | × | 水雷砲艦 | 飛雲 | 未詳 | 未詳 | 未詳 | 專任輸送不備軍器洵邸調查謂堪海防之用 |
| 南 | ○ | 巡洋艦 | 鏡清 | 二一〇〇 | 一四、 | 二三 | 在廣東 |
| | ○ | 巡洋艦 | 南琛 | 一九〇五 | 一四、 | 二七 | |
| | ○ | 巡洋艦 | 保民 | 一五〇〇 | 一四、 | 二六 | |
| | ○ | 砲艦 | 登瀛洲 | 一二八五 | 一〇、 | 三五 | 專任輸送洵邸調查謂修繕後能堪戰鬥之用 |

二

洋　水

| | | | | | | |
|---|---|---|---|---|---|---|
| ○ | 水雷砲艦 | 建威 | 八七一 | 二三、 | 一○ | |
| ○ | 水雷砲艦 | 建安 | 八七一 | 二三、 | 一○ | |
| × | 砲艦 | 靖遠 | 五八七 | 一○、 | 三八 | 洵邸調查謂堪海防之用 |
| ○ | 砲艦 | 策電 | 四○○ | 九、 | 三三 | |
| × | 砲艦 | 鈞和 | 三五四 | 不詳 | 二八 | 同前 |
| × | 砲艦 | 飛虎 | 三五○ | 不詳 | 不詳 | 同前稅關所屬 |
| × | 砲艦 | 金甌 | 一九五 | 不詳 | 二八 | 同前 |
| × | 砲艦 | 並徵 | 五三二 | 不詳 | 三○ | 同前稅關所屬 |
| × | 水雷艇 | 安放 | 未詳 | 未詳 | 未詳 | |
| ○ | 一等水雷艇 | 辰 | 一二○ | 二四、 | 一五 | 南京水師學堂所屬 |
| ○ | 一等水雷艇 | 宿 | 一二○ | 二四、 | 一五 | 同前 |
| ○ | 一等水雷艇 | 列 | 一二○ | 二三、 | 一五 | 同前 |
| ○ ● | 一等水雷艇 | 張 | 一二○ | 二三、 | 一五 | 同前 |

| | | | | | | | |
|---|---|---|---|---|---|---|---|
| 師 | ○ | 二等水雷艇 | 湖鵬 | 九八 | 二三、三 | 三 | |
| | ○ | 二等水雷艇 | 湖鶚 | 九八 | 二三、三 | 三 | |
| | ○ | 二等水雷艇 | 湖隼 | 九八 | 二三、三 | 三 | |
| | ○ | 二等水雷艇 | 湖燕 | 九八 | 二三、三 | 三 | |
| | ○ | 砲艦 | 江元 | 五二五 | 一四、七 | 五 | 洵邸調查謂不堪戰鬥之用 |
| | ○ | 砲艦 | 江亨 | 五二五 | 一四、七 | 三 | |
| | ○ | 砲艦 | 江利 | 五二五 | 一四、七 | 三 | |
| | ○ | 砲艦 | 江貞 | 五二五 | 一四、七 | 三 | |
| 南洋水師 | 不明 | 砲艦 | 測海 | 七三〇 | 一二、五 | 未詳 | 舊式艦洵邸調查謂堪海防之用 |
| | 不明 | 砲艦 | 楚材 | 九五〇 | 一四、 | 未詳 | 舊式艦洵邸調查謂修繕後能堪戰鬥之用 |
| | 不明 | 砲艦 | 楚泰 | 七五〇 | 一三、 | 三 | 洵邸調查謂不堪戰鬥之用 |
| | 不明 | 砲艦 | 楚同 | 七五〇 | 一三、 | 三 | 同前 |
| | 不明 | 砲艦 | 楚有 | 七五〇 | 一四、 | 三 | 同前 |

我國海軍現狀

| | | | | | | | |
|---|---|---|---|---|---|---|---|
| 湖北分隊 | 不明 | 砲艦 | 楚謙 | 七五〇 | 一三、 | 三 | 同前 |
| | 不明 | 砲艦 | 楚豫 | 七五〇 | 一三、 | 三 | |
| | 不明 | 砲艦 | 楚觀 | 七五〇 | 一三、 | 三 | 洵邸調查謂不堪戰鬥之用 |
| 福建水師 | × | 運送船兼報知艦 | 琛航 | 一四五〇 | 九、 | 三七 | 在廣東洵邸調查謂堪戰鬥之用 |
| | × | 運送船兼報知艦 | 元凱 | 一二五八 | 一〇、 | 三五 | 在寧波洵邸調查謂堪海防之用 |
| | × | 運送船兼報知艦 | 超武 | 一二〇九 | 一一、 | 三二 | 洵邸調查謂堪海防之用 |
| | × | 砲艦 | 靖海 | 五七八 | 未詳 | 三八 | 同前在福州馬尾 |
| 廣 | × | 運送船兼報知艦 | 伏波 | 一二六〇 | 一〇 | 四〇 | 洵邸調查謂堪戰鬥之用 |
| | × | 砲艦 | 蓬洲海 | 八〇〇 | 未詳 | 四三 | 洵邸調查謂堪海防之用 |
| | × | 砲艦 | 廣玉 | 六〇〇 | 一二、五 | 一九 | 同前 |
| | × | 砲艦 | 廣金 | 六〇〇 | 一二、五 | 二〇 | 同前 |
| | × | 河用砲艦 | 龍驤 | 一〇〇 | 一〇、 | 三 | 為提督坐乘者雖為新艦然吃水甚淺僅足航行江河耳 |
| | × | 砲艦 | 海鏡清 | 四五〇 | 未詳 | 二九 | |

五

調查

東

| | | | | | | |
|---|---|---|---|---|---|---|
| × | 砲艦 | 鎮濤 | 四五〇 | 七、 | 四三 | |
| × | 砲艦 | 廣庚 | 五六〇 | 一一、 | 二三 | 洵邸調查謂堪海防之用 |
| × | 砲艦 | 廣戊 | 五六〇 | 一〇、三 | 二三 | 同前 |
| × | 砲艦 | 廣巳 | 五六〇 | 一〇、三 | 二三 | |
| × | 砲艦 | 安瀾 | 三五〇 | 七. | 九三 | 老朽船 |
| × | 砲艦 | 海東雄 | 三五〇 | 八、 | 二九 | |
| × | 砲艦 | 海長清 | 五〇〇 | 一〇、四 | 三九 | |
| × | 砲艦 | 綏靖 | 三五〇 | 六、五 | 三九 | |
| × | 砲艦 | 廣元 | 三〇〇 | 七、 | 二四 | |
| × | 砲艦 | 廣亨 | 三〇〇 | 七、 | 二四 | |
| × | 砲艦 | 廣利 | 三〇〇 | 七、 | 二四 | |
| × | 砲艦 | 廣貞 | 三〇〇 | 七、 | 二四 | |
| × | 砲艦 | 廣鏡 | 三〇〇 | 未詳 | 未詳 | |

六

| 水師 | | | | | | |
|---|---|---|---|---|---|---|
| × | 砲艦 | 廣璧 | 未詳 | 未詳 | 未詳 | 洵邸調查謂不堪用 |
| × | 水雷艇 | 雷龍 | 五〇 | 一八、 | 二八 | |
| × | 水雷艇 | 雷虎 | 五〇 | 一八、 | 未詳 | |
| × | 魯式小水雷艇 | 雷乾 | 二六 | 未詳 | 未詳 | |
| × | 同 | 雷坎 | 二六 | 未詳 | 未詳 | |
| × | 同 | 雷兌 | 二六 | 未詳 | 未詳 | |
| × | 同 | 雷離 | 二六 | 未詳 | 未詳 | |
| × | 同 | 雷中 | 二六 | 未詳 | 未詳 | |
| × | 同 | 雷艮 | 二六 | 未詳 | 未詳 | |
| × | 同 | 雷坤 | 二六 | 未詳 | 未詳 | |
| × | 同 | 雷巽 | 二六 | 未詳 | 未詳 | |
| × | 同 | 雷震 | 二六 | 未詳 | 未詳 | |

以上所舉各屬艦隊之外尚有事務處、水師營、造械廠、學校、船渠、砲臺等茲更舉其畧列表於左

調查

| 事務 | | 海兵營 | 造械所造 |
|---|---|---|---|
| 海軍處(北京) | 海軍事務處(上海) | | |
| 籌辦海軍大臣郡王載洵 | 海軍提督薩鎮氷 參謀官一名 副官一名(大尉) 守備一名 | 廣東魚雷營(黃浦) | 江南機器局(上海) 聘用德國技師掌理造船造械造機器等 |
| 籌辦海軍大臣薩鎮氷 | 機關監一名 主計長一名 主計官一名 秘書官一名 | 南京魚雷營(南京) | 馬尾船廠(福州) |
| 海軍處正使譚學衡 | 秘書官補三名 軍醫一名 | 烟台海軍練習營(芝罘) | 廣東兵械廠(廣東) 掌理製造小銃 |

八

| | |
|---|---|
| 船所 | 廣東火藥製造所（廣東）<br>漢陽槍砲局（漢陽） 掌理製造鎗砲 |
| 學校 | 江南水師學堂（南京）參將遊擊都司把總各一名、機關監三名、候補生一名、<br>烟台海軍學堂（芝罘）遊擊都司各一名、一等機關士二名、千總四名、把總三名<br>廣東海軍學堂（黃浦） |
| 船渠 | 廣東船塢（黃浦）<br>江南船塢（上海）<br>馬尾船塢（福州） |
| 砲臺 | 揚子江江陰珠山福建閩江廣東珠江河口諸砲臺防備稍爲完善其他諸砲臺則不過以爲防備海賊而已 |

調查

用兵之法。全國爲上。破國次之。全軍爲上。破軍次之。是故百戰百勝。非善之善者也。不戰而屈人之兵。善之善者也。（孫子）

特別紀事

# 英國政界劇爭記（續）

滄江

▲自由黨內閣

英國此次之政爭。其關係太重。其範圍太廣。非追述前事。則無由見其眞相。吾故於現內閣之成立。託始焉。

英國之政治。政黨政治也。其內閣大臣。雖曰由英皇所任命。實則惟在下議院占多數之政黨尸之。英國政界之勢力。自百餘年來。爲統一自由兩黨所中分。恒更迭代興以組織內閣。其他小黨。雖有二三。附庸而已。曾不足以抗顏行。自由黨自老雄格蘭斯頓退隱以來。（一八九四年光緒二十年）黨勢久不振。加以其所主張之愛爾蘭自治案。大拂輿情。故自一八九五年（光緒二十一年）至一九〇五年（光緒三十一年）凡十年間。全英政權爲統一黨所握。直至一九〇六年之總選舉。自由黨乃得占空前之大多數於議院。遂躍起而組織內閣。亘四年、以至於今即現內閣是也。

自由黨內閣以何因緣而得成立乎。初統一黨之在下議院。常占多數。而上議院又該黨之本營也（下文有稱上院下院）故十年來。其勢如日中天。莫之敢侮。及一九〇三年（光緒二十九年）殖民大臣張伯倫倡關稅改革之議。而形勢一變。關稅改革者何。變自由貿易政策而行保護貿易政策也。（此實現今各國生計政策之最大問題其解釋別詳下文）英人自斯密亞丹以來。生計學家代興。莫不言自由貿易之利。所謂門治斯達派之學說（門治斯達者英國之一工業市也前此其市民主自由貿易論最堅故成為一學派之專名）深入人心。張氏忽倡異論。故聞者咸色然而驚。相與集矢於張氏之一身。又非徒敵黨而已。即本黨中亦誹議蠭起。有名之驍將溫士敦查治至緣此而脫黨以投於敵。其最著也。當時首相巴科（統一黨首領繼沙士勃雷為相者也）固亦不慊於張氏之說。雖然。張氏者不世出之傑。而統一黨之重鎮也。義固不得與之絕。故只得依違其說。張氏遂翩然掛冠下野。以私人資格傳播其所信。而每遇補缺選舉。（議員中有出缺者則重行選舉謂之補缺選舉）在野黨輒勝。馴至一九〇五年七月二十日。下院舉行不信任政府之投票。反對者百九十八票。贊成者二百二票。時巴科以所差僅數票。猶持重不欲動。而張伯倫見大勢已去。毅然勸巴氏解散議院以行總選舉。張氏固明知總選舉之結果。已黨決無幸也。顧以爲戀棧愈久。則失民望必愈甚。毋甯蹙屈數年。爲他日捲土重來之計也。

果也一九〇六年之總選舉。而統一黨一敗塗地。今舉其勢力消長列表如左。

| | 一九〇〇年總選舉後 | 一九〇六年解散前 | 一九〇六年總選舉後 |
|---|---|---|---|
| 自由黨 | 共一八六 | 共二一九 | 三七九 |
| 勞傭黨 | | | 五一 |
| 國民黨 | 八二 | 八二 | 八三 |
| 統一黨 | 四〇二 | 三六九 | 一五七 |

十年來英國之勞傭黨國民黨。皆與自由黨聯合以抗統一黨。當一九〇〇年。統一黨以獨力對彼三黨。猶占多數一百三十四名。英國下院議員共六百七十名及一九〇六年解散前。僅制多數六十八名。此補缺選舉之結果及總選後。而彼三黨之多數忽加至三百五十六名。多寡懸隔。至於如此。實一八三二年以後所未嘗見也。一八三二年英國改正選舉法改正後所行總選舉自由黨得大多數略與此次相類而自由

黨內閣遂攤此優勢以迄今日。

▲英國財政現狀

今次之政爭實以財政案爲鵠欲知財政案所由來不可不先語其財政現狀自由黨內閣初成立之始英之財政本甚豐裕上前年度（自一九〇七年四月一日至一九〇八年三月末日）之決算其實收入之超過於預算者四百七十餘萬磅政府舉此以償還國債蓋兩年間所償者已三千餘萬磅云及至昨年而有兩大事件起國費驟增以致歲入不敷歲出者一千七百餘萬磅

其一則養老年金法之施行也養老年金者何貧民之老而無告者國家則每年廩以常餼也此本至仁之政爲我國先哲所最樂道而近今各國之行此則更有爲理與勢所不得不然者蓋自產業組織之變遷資本家專橫無藝富者日富貧者日貧大多數之工人所得僅足以淩饑渴無自蓄積及老而不能執業勢遂將轉於溝壑此有國者所萬不容坐視也故德國首頒行養老年金法而歐洲各國亦漸漸思效之英之自由黨本以增進人民箇人之幸福爲宗旨而又與勞傭黨聯合不得不市其歡心是此法

之所由頒也。其法則七十歲以上之工人。每禮拜入息不滿八喜林者給以五喜林。不滿九喜林者給以四喜林。不滿十喜林者給以三喜林。不滿十一喜林者給以二喜林。不滿十二喜林者給以一喜林。約計受廩者五十萬人。年增六百萬磅。此歲出加增歲入不足之一原因也。（前年已撥國贏餘金二百餘萬磅爲養老年金此其增加之數也）

其二則海軍擴張案也。海軍擴張全起於與德對抗。英國久以海軍雄於世界。諸國遙立其下。風莫之敢攖。乃一九〇〇年（光緒二十六年）德國忽發表十五年計畫之海軍案。一九〇六年〇八年（光緒三十二三十四年）更爲兩次擴張。依其所計畫。則至一九二〇年（宣統十二年）當增加戰艦三十八隻。裝甲巡洋艦二十隻。小巡洋艦三十八隻。各雷艇百四十四隻。德人雖宣言專以保商。非有他志。然其野心所在。路人皆見矣。是以英人震恐。疾呼擴張之聲。遍於全國。故內閣決於一九〇九年（昨年）建造「德律特那」式之戰艦八隻。其他稱是。坐是而海軍費比於前度又增二百八十二萬磅。此又歲出增加歲入不足之一原因也。

今試舉其歲出入之大概。蓋一九〇九年之歲出如下。

| | |
|---|---|
| 國債利息 | 一八、〇〇〇千磅 |
| 減債基金 | 一〇、〇〇〇 |
| 基金部經費 | 一、六七〇 |
| 陸軍經費 | 二七、四三五 |
| 海軍經費 | 三五、一四三 |
| 各官署經費 | 三一、八二〇 |
| 稅務及郵務經費 | 二二、三五一 |
| 地方費補助 | 九、四八三 |
| 養老年金 | 八、七五〇 |
| 合　計 | 一六四、六五二 |

而按諸前年度之歲入豫算則如下。

| | |
|---|---|
| 海關稅 | 二八、〇〇〇千磅 |
| 內地消費稅 | 三二、〇五〇 |

| | |
|---|---|
| 遺產稅 | 一八、六〇〇 |
| 印花稅 | 七、六〇〇 |
| 地稅及房宅稅 | 二、六五〇 |
| 所得稅 | 三三、九〇〇 |
| 郵電收入 | 二一、四〇〇 |
| 官地收入 | 三三〇 |
| 蘇彝士河股份 | 一、一六六 |
| 雜收入 | 一、三九四 |

兩者比對。其入不敷出者實一千六百五十六萬二千磅。當我國全歲入之總數矣。（我國全收入約一萬三千萬兩恰如此數）英國雖富。然欲驟得千六百餘萬磅。固非易易。勢不得不從事於租稅制度之改革。而改革租稅制度。則其於國民生計。立生至大之影響。而在野黨（統一黨）則持改革關稅之議。在朝黨（自由黨及勞傭黨國民黨總稱）則持改革內地稅之議。莫不持之有故。言之成理。此今次大政爭之所由起也。

▲自由黨內閣之租稅改革案

英國財政缺乏之狀。既如前述。自由黨內閣所以應之者則何如。今據度支大臣埒特佐治氏所提出之預算案。其所增諸稅如下。

| | |
|---|---|
| 自動車稅 | 二六〇千磅 |
| 自動車動力稅 | 三四〇 |
| 酒稅 | 一、六〇〇 |
| 煙稅 | 一、九〇〇 |
| 酒館營業許可稅 | 二、六〇〇 |
| 遺產稅 | 二、八五〇 |
| 印花稅 | 六五〇 |
| 所得稅 | 三、五〇〇 |
| 新設地價差增稅 | 五〇〇 |
| 合計 | 一四、二〇〇 |

更從減債基金內（減債基金者每年預備一專款以為還償國債之用也）要求許調用三百萬磅合為一千七百二十萬磅此一九〇九年英國預算案之大畧也就吾國人觀之不過尋常一租稅案毫不以為怪殊不知此案一出非特全英震動即全世界各國殆無不動色相視者此非稍治財政學則不能明其所由也蓋租稅原則之最要者莫如求負擔之公平所謂公平者非全國人而均派之之謂也國中之富者其負擔力強雖多取焉不為虐則增重之其貧者負擔力微則勿取盈焉此財政學之通義也（如鹽稅實租稅中之最不公平者也蓋陶朱與黔婁每年所食之鹽皆畧相等其所納於國家之稅亦相等看似極平實乃所以為極不平也故英國無鹽稅所得稅則其最公平者也故各國皆行之）然則欲求負擔之公平其道奚由是又當明租稅轉嫁之理蓋國家每徵一項租稅其納租稅之人非必即為負擔租稅之人而往往將其負擔轉卸於他人（如房捐雖由房東交納而恒加房租以轉嫁此負擔於賃居之人釐金雖由行商交納而恒加物價以轉嫁此負擔於購買之人房東行商無與也諸租稅皆例是）故欲觀租稅制度之得失必當審其負擔之轉嫁於何人太病貧者固不可也太病富者亦不可也英國前此所有稅目具如前表所列（第二表）內中海關稅及內地消費兩種其所稅者皆奢侈品為目不過十數蓋其轉嫁於貧民者本不甚多而此次所增徵者若自動車若煙若酒凡皆奢侈品而遺產稅所得稅又加重其累進率（累進稅率者如

人民每年有入息千元則稅其百分之一有入息二千元則稅其百分之二三有一萬元則稅其百分之五六有五六萬元則稅其百分之十餘愈富者則稅之愈重也各國遺產稅所得稅皆用此法所得稅中又惟於財產所得增徵之勤勞所得不增也財產所得者如有房地有股分票者之入息是也勤勞所得者如薪俸工金之入息是也故其負擔之者皆在富人而貧民不及焉國中素封家固已囂然矣而其鬨爭之燒點尤在新設之地價差增稅一事

地價差增稅者最近新發明之一種稅目德國始行之於膠州灣而德國各聯邦內之地方稅亦漸有仿行若其用之於國稅則自英始也地價差增稅烏乎起蓋取人民意外之所得而以其一部分歸諸國家也蓋自近世產業組織大變社會日以發達而面積有限之土地其資用之効力日增加以交通盛開凡都市及鐵路所經之處其地價飛漲至於不可思議故往往有擁數畝薄田前此墾治而播殖之曾不足以資事畜而一二年後緣此忽成素封者德都伯林附近舍彌僁地方有一農夫曾於一八二〇年以六十馬克購得一地其後此地圈入伯林市內忽值至六百萬馬克又布利資地方有一農夫有八摩爾京之地前此僅值百餘馬克後有人以十五萬馬克買之未幾其地爲鐵路驛站復轉賣得百三十萬馬克諸如此類不可勝舉即徵中國租界如上海等處亦可見此其利益皆得自意外者也不直此也彼工於趨利之輩常乘此以從事投機其操術巧者獲利至於無算而全社會生計之秩序遂爲所蹂躪投機者俗語所謂炒地皮也香港上海等處業此者最多或緣以致巨富或因而破家現在我國第一富豪之湖北

（劉某即乘京漢鐵路之利而以此起家者也）夫以勞力易得資產天下之通義也而此種地價之漲絕非地主之力能自致之而皆出社會發達之所賜以社會產出之利益而壟斷於少數之人不平莫甚焉故近世學者發明地價差增稅將此種利益以租稅之形式而收其一部分於國庫以爲全社會公共辦事之需其倡爲學說也已有年而德國在膠州灣首試辦之而有成效今玆英國乃行之於全國也據其政府所提出之案則凡土地之轉賣者或賃貸經七年以上者或有主死亡而所有權移轉於他人者皆重新鑑定其價格若視前此登錄之價格而加漲則將所漲者稅其五分之一每漲一磅則稅四喜林**此實稅法中之最新而最文明者**其爲一般貧民之所喜固無待言而坐是乃得罪於巨室故此次政界之劇爭全起於財政案而財政案之劇爭又全在此地價差增稅也

（附言）此種地價差增稅其試辦雖在中國舊屬之地而我國人罕有聞其名者微論其性質也然此實爲最合於學理之稅目苟辦理得宜則社會愈發達而所收入者愈多於國家財政及小民生計皆有大裨益故近數年來各國財政家競

思超之德國亦聞將以今年提出此案於議會矣。我國不欲改革財政則已。苟其欲之則此必當在研究之列。以之試辦於地方稅尤爲適宜。吾故略舉其性質以諭我國人。若其詳則俟諸異日也。（數年前曾有某報倡土地國有論而欲以此種地價差增稅爲獨一無二之稅者此則大反於租稅之原則吾所主張不與彼同）

（未完）

## 本國紀事

**直臣嚮用** 中江王京兆乃徵。固始秦廉訪樹聲。皆光緒朝直臣也。王由翰林轉御史。封事所言。皆關天下大計。彈違糾慝。不避權貴。輦下爲之側目。秦爲工部郎記名御史。恒自誓他日必爲朱雲范滂。權貴人尤疾之。王在台未久。卽出守撫州。秦尙未傳補。以郎中截取召見。面劾樞府。樞府惡之。亦一麾出守雲南。其謝恩疏語皆絕痛。蓋自恨不得久留京秩。一效攀檻埋輪之志也。兩君久任二千石。政績爲一時冠。而久滯不得遷轉。天下惜之。 攝政王旣監國。先後擢用王升岳常澧道。甫數月。遷直隸臬司。未卸道篆。復擢順天尹。秦奏補迤南道。未半歲。亦遷滇臬。駸駸獲大用矣。世之藉金錢攀附勢力。以謀轉一官者。其亦幡然知所悟哉。

**停止農工商部富籤彩票** 富籤彩票之流毒無旣。本報已於時評中盡言之。 攝政王毅然停止。 諭令緩辦。其爲國利民福。胡可勝言。新年前後。行政之差強人意者。當以此舉爲最足紀矣。惟該部辦理玆事之本意。雖美其名曰提倡實業。而實則爲部中各局所委員俸薪計耳。賢王獨斷。不爲所惑。是眞天下臣民之幸也矣。

**廣東兵變紀事**　其一　粵東新軍與巡警積不相能。故督練公所特設憲兵以約束之。然積衅既深。有觸斯發。去歲除夜。有新軍數人。與惠愛七約某刻字店因議價爭論。警兵往諭禁。新軍不服。遂互毆。巡尉朱某傷焉。警兵大憤。卽縶新軍兩人歸幽之局中。是夕。新軍入城者多聞之。爭詣局詰問。俄頃遂至數百人。憲兵禁之不聽。巡士皆嚴陣以待變。夜分。環警局而譟者。乃至千餘人矣。三標營官戴某往請保釋。警官不可。戴方出諭衆。且歸俟後命。衆益譁。謂營官且被辱。况我輩。欲排門而入者屢矣。有頃。警道及廣州協。皆到局勸諭。且立釋被拘者。衆始漸散。

被拘者歸至營。卽以巡警欺辱之說。激其儕輩。胥大憤。翌日元旦。各執木槍短棒相率入城。遇警局卽拆毀之。一局在東門內。爲新軍出入孔道。故遇禍尤烈。各警兵祇有短槍。且衆寡不敵。故凡與新軍遇。無一幸免者。雖有多數憲兵。持督院令箭。大呼阻止。聞者褎然若罔覺也。是日大東小北兩門。過午卽嚴扃。事息之後。各警兵猶不敢出巡。次日兵變起矣。

其二　粵東新軍三標。第一標駐燕塘。第二三兩標駐北校場。元旦與巡警交鬨者。第二三標。初二日潰變者第一標也。第一標計步兵三營。砲兵二營。輜重及工程各一營。營三百餘人。教練已經三年。規制極爲完備。初袁督於去歲之杪。已接陸路提督秦炳直電稱。探得革黨由外洋運新槍萬餘枝抵省。欲于年終舉事。袁督卽密飭各標統令將槍上扳機一律拆去。幷子彈解交軍械局存儲。以備不虞。蓋其時亂徵已徵兆矣。先是當路鑒於軍警互鬨之已事。乃命新歲初二兩三日假期。皆改爲運動會。恐其出營閒遊。致與巡丁衝突也。洎初二晨。各兵仍向標統要求放假。不得命。漸往來喧鬨。日下春。遂有步兵三百餘。洶擁出壁。各將校阻之不可。俄頃。復奔回大呼曰。警兵已來攻吾輩當協力出禦。於是全軍皆譟。而大變成矣。

諸軍既變。卽羣趨軍械房取槍彈。以其無扳機也。復出詣砲工營搜取。而各營護送扳機之車。適經壘外。遽被奪去。幸砲彈已空。各叛軍唯恃快槍而已。既出壘。卽分軍二隊。一趨北校場。一趨東校場。進行均有法。且有斥候兵往來伺察。若瞬卽開戰者。省中大吏聞變。水師提督李凖。卽率軍出城。與叛兵遇。好言撫諭之。不從。槍彈已向官軍狙擊。

李軍亦還槍擊之。叛兵驟退。李旋入城。而廣州將軍。遂下令盡閉諸門矣。叛兵恐麕聚錢局後諸山。圖攻城。都統某守東城。鎗彈自其頂飛過。都統大驚。命城上諸軍還擊之。叛兵知城中已戒嚴。復退趣燕塘。初三日。李準帥全軍約二千人。分路出城。遇敵于東門外。官軍先登山。居高臨下。頗據勝地。叛軍既無砲。又仰攻失勢。戰一時許。叛黨遂大敗。趣石牌東圃白雲山諸地。圖藏匿。官軍亦分路追剿。是夕始開城。官民相慶更生。

事定之後。粵中輿論。咸謂新軍苦練多年。畧著成效。此次之變。一誤于巡士操之過蹙。一誤于標統之督責過嚴。而一二奸人。遂得簧鼓其間。激變俄頃。誠恐當事者大行誅戮。則粵中精銳之氣。將盡消磨。因聯名上書袁督李提。請其嚴治首惡。而將脅從之衆。分別資遣。若一概胥與駢誅。恐寃濫者多。不特非辟以止辟之義。且恐寒他軍之膽。再起風潮。則爲患愈滋大耳。想粵中大吏。對於茲案。必能寬嚴並濟。永息他日之反側也。

## 蘇州徵兵滋事

粵軍之變甫起。而蘇亂又繼之。軍界之風潮。誠可謂劇烈矣。蘇省徵兵。什九來自淮徐。椎埋跖蹻之儔。半皆溷入其中。良莠本自不齊。而將領之對士卒也。又大抵尙刑威而無恩誼。協統陳得龍。素闒茸。不洽輿望。其二營管帶曾樾超者。年少佻達淫刑以逞。全軍皆側目。上年各兵士籲請無扣贍家銀兩。竟未獲允。及年終。每人止借給餉銀一圓。而新歲放假亦止元旦一日。軍士之積怨毒于將校而謀一逞也。固已久矣。至是遂一發而不可制。閶門外馬路有幻仙戲園。日人某所開也。方以元日開幕搬演。座客雜遝。已無隙地。日晡時。有兵士數人欲入閣者。辭以票已售罄。不能更入。爭執良久。始憤憤去。次日來觀者益衆。忽新軍三百餘人。蜂擁至排闥直入。當之者皆披靡。日伶三人悉被傷。其一尤重。已瀕死。游客亦傷其五。既復出沿馬路而馳。連毀三劇園。及中東商店若干家。某茶食店以招牌鐫西文。亦被毀。英商四人方乘馬徐行。驟與之遇。不及避。竟被毆。陸護撫聞變。亟飭材官持令箭往鎮亂兵。竟奪其箭。折爲兩。陳得龍奉陸撫命查辦首禍者姓名。衆皆譟曰。欲辦則全辦耳。僅坐一二人。抵死不能從也。是日日領事已馳詣撫署。聲各官保護不力約束不嚴之罪。且索賠償。民間遂有謂日商已請其國兵來保護者。人情洶洶。幾釀巨變。此初二日始亂之情形也。

初二日肇事之後。各劇園皆停止兩日。至初五日期滿始照常開演。而亂軍之尋衅者又至。蓋亂兵本謀再至幻仙戲園。爲報復之舉。而陳得龍適宴客某酒樓。其地去幻仙最近。乃糾合百餘人。改而之他。園主知其意。急好言撫慰之。而虛其中坐以待。亂兵始氣折。相率就坐。得龍聞變。亟馳至。立令各歸本營。乃怏怏散去。途遇巡士數人。復大鬨。警笛木棒悉被奪。得龍又馳至諭解。衆逡巡退。有七人者。抗不受命。得龍督巡士圍捕。悉禽之。旋逸其六。僅縶一人。歸此初五日續鬨之情形也。

事定後。陸撫以陳得龍及標統曹進。約束不嚴。咎無可辭。僅予撤差。不足示儆。查被毀之中東店鋪。計十三家之多。其損失約在五萬元以上。責令得龍以私財爲之賠償。聞茲事已奉 廷寄。諭令新撫竇棻速行嚴辦。早日議結。徵兵爲歐西最善之法。而行之吾國。乃適以增長亂源者。何哉。民無教育。自好者不屑爲此。招聚羣不逞之徒而授之利器。以資其犯上作亂。一也。以舊將馭新兵。往時營伍之敝政。豪髮未之能改。二也。不揣其本而齊其末。固無一事之克當者矣。

**●熊成基被獲●** 往歲安慶兵變。其首領熊成基。在逃未獲。至去年臘月二十日。始就捕于哈爾濱。先是考察海軍大臣洵貝勒薩提督由俄歸。抵哈爾濱。未下車。即匆匆南下。事後乃知有人告密。謂熊成基將乘貝勒下車時近前行刺也。二十日。遂聞熊已拿獲矣熊到案時。訊供不諱。唯云并無行刺之舉。卽其起兵時。亦非有排滿成見。蓋惟欲實行社會主義。均貧富彰人道而已。今旣被獲。惟求速死。至其所以敗露之故。則以熊往來哈埠。俱主奉天人臧冠三家。熊之踪跡。惟臧知之。適挾有小嫌。遂起意告密也。聞奉省大吏以臧與熊往來最密。迨敲詐不遂。始行報告。情罪實無可原。將治以知情同謀之律云。

**國會期成會之熱誠** 各省諮議局代表。上書請速開國會。旣奉 明諭。未得 俞允。各代表多留京不返。擬繼續請願。京師黎君宗嶽等。恐其孤立力薄。聯合在京同志數百人。組織國會期成會。以爲代表之後援。去臘致電各省諮議局及學會商會。請其舉第二次代表入京。頃復致書諮議局教育會。言國會一日不開。國是一日不定。國是一日不定。國困一日不甦。請卽聯合各地方自治憲政等會。組織國會期成分會。公舉代表二人。偕教育會商會各代表。準三月初十以前到京。會同聯名上書。以達卽開國會之目的。會中人至有割臂繕寫血書者。我國民對於國會之熱忱。眞摯如是。想 朝廷必能俯順輿情。減縮九年之期限。以慰薄海喁喁之望乎。

過江諸人。每至美日。輒相邀新亭。藉卉飲宴。周侯中坐而歎曰。風景不殊。正自有山河之異。皆相視流淚。王丞相愀然變色曰。當共戮力王室。克復神州。何至作楚囚相對。

# 世界紀事

**巴黎大水**　法國淫雨累旬。諸大川皆泛溢。加以大雪銷融。勢益浩瀚。巴黎之謝奴河。濫溢尤甚。大統領之官邸。及美國使署等。咸被淹浸。下院亦被水。至絕交通。市中住民。糧食乏絕。暴徒四起。巴黎大擾。乃增守備兵。戒嚴以備不虞。英美諸國。皆募捐賑之。損害各物之價值。實逾四千萬磅云。

**法國海軍之計畫**　法國海軍部。議增造戰鬥艦二十八艘。偵察艦十艘。驅逐艦二十二艘。潛航艦九十四艘。已提出議案於下議院。

**美國政府之財政**　去歲年杪。美國大藏大臣。發表年報。一九一一年度之歲出豫算。總額六億八千四十三萬二千一百九十七元。比於一九一〇年度。減少五千七百二十四萬四千四百九十四元。以六月三十日止。一九一〇年之歲入。豫算總額。六億四千八百萬元。歲出六億八千二百七萬五千六百二十元。出入比較。不足額三千四百七萬五千六百二十元。合以巴拿馬運河及公債之費用。不足額七千三百七萬五千六百二十元。一九一一年之經常歲入六億七千二百萬元。經常歲出六億三千六百六萬八千六百七十二元。出入比較。餘額三千五百九十三萬一千三百二十七元。加入巴拿馬運河費。則不足額一千二百十三萬二千一百九十七元。大統領塔虎脫。擬改正關稅。增銀行稅。淘汰冗官。節減軍費。以補此不足云。

●歡迎羅士佛●　前任大統領羅士佛。自非洲返國。紐約將開大會歡迎之。美中各報云。前此大統領辭職之後。即盡失政治界之實力。今羅氏雖退職。而其政界之勢力。仍極偉大。羅氏自言返國之後。不欲就一切公職。將專任雜誌記者。以表發意見。然近日羅氏再選大統領之運動。則日益加劇也。

●加省排日案●　加鎷寬尼省。選出下院議員耶士所提出之禁拒日本移民案。以滿塲一致通過委員會。此案之通過下院。殆無疑義。惟能通過上院與否。則未可知耳。

●探險家之升任●　美人表彰北極探險家辟亞里之功。議升任海軍少將議案。已通過上院。其在下院。亦可以大多數通過云。

創置亞細亞艦隊　美國以在極東之權利日益增加。僅恃太平洋艦隊。仍恐鞭長莫及。議分太平洋艦隊。而增置亞細亞艦隊。

德國海軍費之增加　德意志帝國之本年歲豫算。於去年十一月發表。海軍經常費。一千六百四十九萬六千九百五十八磅。臨時費五百六十六萬六千七十三磅。陸軍經常費三千九百二十四萬七千九百五十九磅。臨時費一百十二萬四千九百五十磅。殖民省經常臨時費共一百二十七萬五千三百四十四磅。就中海軍費之增加。最爲列强所注目。其將校兵卒。合計五萬七千一百七十人。（內士官以上二千七百八十二人）比之去年。增將校一百五十一人。兵卒三千二百八十人。

俄國豫算之驟增　俄國今年度之豫算。經常歲出二十五億十三萬六千一百三十五羅布。臨時歲出。一億六百九十四萬七千七百九十八羅布。較之三年前之豫算。約增二倍。

英國海陸軍統一之計畫　英國欲合幷海軍部陸軍部。同隸於一大臣之下。稱國防大臣。已在內閣集議。陸軍大臣哈爾典。卽將爲國防大臣者也。

世界紀事

四

**奧外部大臣赴柏林** 奧大利外部大臣耶靈塔爾伯爵。親赴柏林。謁見德相。協議與俄關係及巴爾幹問題。

**希土交涉** 希臘之陸軍協會。要挾希王。罷免國務大臣。復拘某王黨之將校。希廷之禁衛軍。戒嚴備之。陸軍協會。復脅迫希王。請召集國民大會於雅典。倘拒其請則將以軍隊占領王城及諸官署。希王不得已。遂允其請。將以秋季召集國民大會。國民大會之目的。將以修改憲法。且欲合并格列特島者也。土爾其聞之。以希人此種舉動實侵害其國權。乃召集陸軍豫備隊。幷宣言格列特島之代議員。倘參與雅典之國民大會。則直以兵力占領忒撒里州。移文於保護格島之英法俄意四國。希臘召還紮駐歐洲各國公使於雅典。土爾其亦集豫備兵二萬五千人於撒羅尼加。勢將決裂。英俄法意諸國。乃移文於希臘政府。請止格島之代議員。勿令加入國民大會。希政府許諾。於是希土二國之交涉。乃漸卽於和平。

**希臘之亂機** 希臘海軍。反對陸軍協會。而左袒王黨。於是海陸軍之間。大生軋轢。海軍將校。聲言將攻雅典。雅典戒嚴。希臘內亂。方興未艾也。

**德加之關稅協約**　德國與加拿大關稅戰爭歷時已久。頃乃訂立關稅協約。加拿大對於德國貨物廢止附加稅。德國亦以最低稅率課加拿大輸入之貨物。美國政府亦與加拿大爲關稅協議云。

**日本之海軍豫算**　日本政府以今年度之海軍豫算案提出議會。軍艦製造及建築費共九千九百八十六萬二百九十七元。其豫算總額則五億三千三百九十九萬五千五百十二元。

**安重根宣布死刑**　行刺伊藤之韓人安重根。於關東都督所轄之地方法廷審判。安謂欲保韓國獨立東亞和平。故決意刺殺伊藤。審判四次。裁判長判決安重根殺人罪。處死刑。禹連俊曹道先柳東夏三人帮凶。禹懲處役三年。曹柳懲處役二年半。若不服此判決。則五百日內可以控訴。安重根受死刑之宣告。顏色不動。揚揚如平時。并謂不欲上控。國恥一雪。就死如飴。嗚呼。可謂烈士也已。

登高而招。
臂非加長也。
而見者遠。
順風而呼。
聲非加疾也。
而聞者彰。
（荀子）

文牘

# 農工商部奏擬借公債參用富籤票辦法以興實業摺 補錄

奏爲籌辦實業。擬借公債。參用外國利息富籤票辦法。並商明度支部核准保息。以示大信而資鼓舞。恭摺具陳仰祈 聖鑒事。竊惟臣部之責。原在提倡實業。開濬利源。設立以來。各省稟辦之局廠公司。已逾數百而成績終覺甚鮮。大利尙難驟興者。蓋有二故。一則無事不需款。多財善賈。自昔已然。今則新法新器日多。非鉅款不能集事。欲營一業。必藉衆擎。大之如西國之託辣斯。小之如東洋之株式會社。皆合衆人之財以爲財。合數世之利以爲利。故無不可成之功。即以中國已事言之。凡能集厚資。如開平萍鄉煤礦、輪船招商局、之類者。雖屢經折耗。而卒爲工商界之魁。其他本小力微。非操豚蹄以祝篝車。卽朝播種而夕期耘穫。稍不如願。卽已資本不繼。而停罷隨之。此實業不興由於無款者一也。一則無事不需時。上地三易。樹木十年。本無速效。而中國之操農商業者。大都僥倖旦夕之謀。故墾荒林礦。皆爲大利。而程效在數年數十年之後。卽多憚而不爲。近年來惟烟台張裕釀酒公司。能爲二十年之儲藏。不規規目前之利。然非有該公司之財力。亦何以堪之。此實業不興之故。又其一。而所以不能持久。則仍由無歀以致之也。其屬於商民者。情形既如此矣。如果臣部財政充盈。則遇有可興之利。或官辦以爲倡導。或商辦助其資費。亦近日各國通行之良法。何嘗不可圖功。無如臣部向來大宗入歀。祗有江海關賠歀生息一項。自去年來。息歀所入。不及往年十分之一。而臣部所辦之各項學堂局廠。未有者方在增益。已有者亦待擴充。因應已窮。何能旁及。大凡生利之事。必以成本爲先。現在國計極艱。民生重困。集貲籌歀。皆屬爲難。何從得有巨本。計不獲已。惟有籌借債歀之一法。然借外債則流失滋多。臣部實未敢輕於嘗試。借公債則自昭信股票之後。信用未復。前者直隸籌辦公債。分爲四期。本利均還。而爲數並不能多。去年郵傳部舉辦京漢贖路公債。給以長年七釐之息。許以京漢一成餘利。定期還本。可云優厚。而至今應者寥寥。公債之難成如此。自非設法變通。難期踴躍。查歐洲各國。有所謂利息富籤票者。籤票於債劵之中。給以輕息而不還本。爲募集公債之一種方法。在德義奥匈諸國。皆有官辦此種債票。臣部擬仿其制。試辦勸業富籤公債票。以爲鼓舞公債之計。其法製公債票一千萬張。每張售洋一元。共集一千萬元。略仿籤捐票辦法。以三百萬元爲獎金。以一百萬張爲得獎之票。以一百萬元爲臣部製票辦公經費。及各處經售債票扣除五釐之欵。除得獎之一百萬張不計外。其餘不得獎之九百萬張。均作爲公債票。年給二釐之官息。至六十年爲止。此在臣部祗實收六百萬元。而仍給九百萬元之息。且付息至六十年。期於本利均有著者。無非爲開風氣而彰國信。此項債欵。均存官辦銀行。專備興辦農工商礦各項實業及補助商辦各項實業之需。凡有興辦及補助之舉。必擇人所共知。較有把握者。以期欵不虛糜。事皆有濟。庶可作國民之氣。樹勸業之型。惟年付官息一層。爲信用所在。必須籌有的欵。經臣等商之度支部。請由大清銀行保息。以示大信。業經度支部復函允准。理合奏明請　旨。如蒙　俞允。擬先試辦一年。如有成效。再當接續展辦。總以一年售票一次。給獎一次爲率。所有細章以及指辦之事。恭候　命下。再行詳擬奏陳。抑臣等尙有不能已於言者。公債之舉。西國習爲故常。其民亦視同義務。然尙有利息富籤之法以爲激勸之資。況中國此事。幾同創舉。非給獎不能樂從。非示信不能經久。是以迫而爲此。猶恐局外不諒臣部不得已之衷。或且以爲不經見之舉。甚有疑爲近賭者。不知西國富籤。本分三種。其中惟計數富籤一種。西國學者以爲近於賭博。此種利息富籤。爲誘掖公債起見。不聞譏議。載籍具存。可以覆按。況中國現在事勢。非興實業無以致富强。非有資本無以興實業。但使有一欵之可籌。亦何必權宜而出此。無如各項皆成竭澤。無米實不能炊。惟有此項公債之法。尙爲有益於國。無損於民。以言政體。則德奧等國。未嘗因此損其大國之威名。以資本計。則商礦各端。或可因此而有圖成之實力。各省彩票。且行之無弊。何況此爲公債性質。有利無害。當在　聖明洞鑒之中。仰懇　宸斷施行。不勝幸甚。所有臣部擬辦勸業富籤公債票以興實業緣由。除咨明度支部外。理合恭摺上陳。伏乞　皇上聖鑒訓示。謹　奏。宣統元年八月二十二日具奏。奉　旨依議。欽此

# 考察憲政大臣于式枚奏各省諮議局章程權限與普國地方議會制度情形不符摺 補錄

奏為各省諮議局章程權限。與普國地方議會制度情形不符。據實具陳。恭摺仰祈聖鑒事。光緒三十三年九月十三日。欽奉　上諭前經降旨於京師設立資政院。以樹議院基礎但各省亦應有采取輿論之所俾其指陳利弊並為資政院儲財之階將來資政院選舉議員由該局公推遞升等因欽此三十四年二十四日欽奉　上諭諮議局為采取輿論之所並為資政院儲備議員之階議院基礎即肇於此凡我士庶均當共體時艱同攄忠愛勿見事太易而稍涉囂張勿權限不明而致滋侵越等因欽此恭繹諭旨。職權範圍。昭揭無疑。憲政編查館原奏。所稱各國皆設上下議院於國都。即指資政院也。又稱其下直接地方議會。即指諮議局也。諮議局章程。自應查照各國地方議會之制。不能假借中央國會之權。普國地方各議會制度情形。臣已專摺分別詳晰具奏。國會為參與立法之地。而地方議會。僅參與行政之一部。無立法之權。於國家行政。得述意見。而不得決可否。於自治行政。得決可否。而不得與執行。其決議之不適於法者。長官例得禁止。蓋國會得審查法令之適法不適法。而地方議會所決議。其審查即委之行政長官。此地方議會之權限。最不同於國會者也。若行政訴訟。及其他爭議。地方不能決者。則詣王國高等行政裁判所。亦可取決於國務大臣。而不得控訴於上下兩議院。以國會並無裁判官吏之權。蓋國會即間接監督行政。若又有裁判權。則地方議會聯絡呼應。封持中外大臣。政權盡弛。不復能統一矣。今細核諮議局章程條文及案語。直以資政院為一國行政最高裁判之司。而諮議局立於一省行政唯一監督之地。又內外聯絡呼應。不問為國政為民事。一切納入範圍之中。既顯失諭旨本意。且現在預備時代。改革未定。中央政權惟恐少統一堅強之力。而國民識政體知法意富經驗者極少。驟以此龐大政權之地方議會。橫立於政府與國民之間。縱使被選者皆非營私武斷之人。而一國政權。已落於最少數人之手。其為後患。何可勝言。原奏謂仰體聖訓。博考列國立法之意。今以章程仰證諭旨。既已名實相違。而徵之各君主立憲國制度情形。無類此者。原奏謂立憲各國。無不設立議院。代表輿論。又謂議院乃民權所在各等語。夫民權者以哲理言之。則民彝民直之謂也。以法律言之。則有條件可指者也。輿論則國民意思之發爲是非者也。爲全國人之意思不可一一盡問而徵之。而後有代表之意。諸國憲法。諸家學說。所謂代表國民全體。一則非一部分人之私意。一則見議員不可徇一部分人之私意。雖無委任受任之分。自有客體主體之別。論國權者有君主主體國民主體國家主體。未聞有議院主體也。卽英國號稱議院政治。法美實行民權主義。而所謂民權。自在國民全體。今以民權解輿論。而以議院爲所在之地。旣在矣。舉而措之而已。何用代也。對國家則得以民權抗政府。對國民則又曰旣在議院矣。代表且非訓示所能束縛。況居所在之地。直行所在之權。又豈輿論所得而左右之哉。原奏謂民權者言之權。非行之權。而第三十條按語。乃曰資政院應實行其解決之權。諮議局與督撫不得另有異議。夫言安得有權。一言出而不許異議。此其權猶於執行者遠甚。專制之主。不過言莫予違。凡言之有權者皆於主動者也。原奏又謂議院攻擊政府。但有言詞。普魯士日本憲法明載任免之權在於其君等語。查日本憲法。不認議院有彈劾之權。普國憲法。彈劾一條。以無特別法律之故。僅存具文。始終未嘗

文牘 八

實行。今資政院卽爲中央議院。是得攻擊也。而又得裁判地方行政。則原告與法官同爲一人矣。受裁判者尙有倖乎。此在民權主義之國。亦未嘗以最高行政裁判權與彈劾權同歸一處。今以君主國未成議院之資政院。乃有此權。而佐以諮議局之攻擊督撫。則中外大臣。皆重足而立矣。原奏又謂諮議局之設。爲地方自治與中央集權之樞紐。夫地方自治者。對國家行政言之也。中央集權者。對地方分治言之也。分地行政。而仍受統督於中央。其行政仍國家行政也。在地方初級。純以自治爲主。而於國家行政。則爲受委任。在地方上級。則純以國家行政爲主。而於地方自治。則爲司監督。此監督權卽國家行政與地方行政之樞紐也。而中央政府。總監督全國行政。無論上級下級。國政自治。莫不奉行。此總監督權。卽地方分治與中央集權之樞紐也。今以諮議局當之耶。將合地方之權歸之資政院。則資政院既爲中央國會。又爲中央政府矣。將移督撫之權。以歸之中央政府耶。則諮議局既爲中央政府之分體。而又自合於中央國會。不受政府干涉。以賣中央監督權。直民主聯合國中一國家之資格矣。章程第三章常駐議員。若云比普國日本之參事會。則參事會以行政長官爲議長。以高等行政官爲議員。皆國家所命官吏也。此外乃參以民選名譽職。然不過數人而已。並無薪俸津貼。其職權以裁判行政事件爲最重。故普國於府則由國王以明法者一人。習政者一人。終身任之。其民選名譽職只五人。日本府縣與普國省制同。其民選名譽職至多如東京西京大阪三府只八人。蓋由議員不必盡有法律政治資格。故選有資格之人爲常駐之員。若云比普國各種委員會。則委員會不與國家行政。調查自治事務而已。若與國家行政相涉。未有不以國家官吏爲主。而參用議員者。且省府委員會甚少以有專官也。今諮議局自設立局長。專行其職。而非會期中委任協議之權。又在議長。是明以閉會之議長。代常駐議員。暗則以議長代督撫任權矣。第六章職任權限第二十一條十二項中。有議決權者八。而第一項尤無限制。據第二十五條除預算決算兩項外。諸議局皆得起草案。而四十六條督撫裁奪之權。僅及於二十二及二十三兩條。所謂議定可行不可行兩事。猶當說明原委。再令覆議。是議決之案。督撫不得駁。一駁則應爭議。而上之資政院。變爲行政訴訟。而資政院議員則諮議局所舉者也。是裁判官乃原告所舉之人也。諮議局又得公斷自治會爭議。第三十條又得與督撫相持。又得與他省諮議局相持。一經其所自舉之裁判官解決之後。又不得異議。而二十一條按語。且明言六七兩項。爲參與立法。此卽以聯合國中之國會比之。尙無此龐大權限。若地方議會。更無論矣。總其權限之大者。分爲數端。一於財政不特有監察權。且有承諾租稅權。如二十一條第五項。所謂擔任義務包國稅及一切攤派之欵言之。蓋各省向無自治權。而外國自治稅由初級自治定之。各縣擔負省稅。由省會議之。若全省所擔負者。則議定由國會。然政府於必需之用。有强制國會編入豫算之權。故豫算並非承諾之義。而財政在上級地方者極少。不在中央政府。則在初級也。一於督撫不特有彈劾權。且可操其任免權。如二十七章呈請資政院核辦。此比彈章直達御前。其力尤强。蓋直達則予奪出自聖裁。而呈請於諮議局所自設之裁判官。則主動全在諮議局矣。若謂資政院僅能定是非。而不能操任免。設令判定之後。認爲督撫違法而不免。則任用非人之責。歸之於君主矣。免則判決之權。行於任免大臣矣。各國高等行政裁判。所以不侵任免權者。以其裁判官爲君主特命終身官。及臨時加派司法官。行政官非原告所自舉之人。且非盡常設之職。從無以司法行政之官。自稱挾全國輿論之勢。劫持大權有如此者。一於立法不特有參與權且有審查權。故諮議局以爲不可者。得請更正。且有強制執行權。故諮議局議定而督撫無異議者。有公布施行之責。且有責問權。故執議覆議。必索理由。督撫必須覆答。且有審查執行者適法違法之權。故得呈控督撫於資政院。又得指明官紳違法等事。呈督撫查辦。而公私法訴訟。皆得充原告於自治又得充裁判官。其於網羅權力之方。亦可云周密詳明。完全無缺矣。以其權力與督撫監督權力相比較。輕重懸絕。督撫所監督。不違選舉及議事規則。此在外國。皆不必屬之行政長官者。而停會解散其情形如輕蔑朝廷及議場狂暴舉動。此在普國地方議會。皆應據法懲處者。而援憲法保護國會議員之例。以爲地方議員護符。乃至情節最重。不過除名。則人皆可肆無忌憚矣。此章程若但懸爲擬議。不必實行。與從前所定之報律結社律諸條相似。或屆時別有操縱辭就之法。則非臣所敢知。如果認眞奉行。則諮議局權限之大。不可思議。若督撫不爲之屈。日事鬨爭。則責歸疆吏。屢請解散。則怨歸朝廷。若爲之屈。俯首拱手。全聽地方之指揮。則一省之政綱弛。內外把持。或更官紳聯合。以抗國家之法令。則一國之政權移矣。未有能善其後者也。然而頒行已越半年而中外曾無異議者何也。近日西風益競。而西學猶疏。見此章程。認爲西國所通行。豈有中國所不能仿傚。若以中國之人。詆言西國之法。近於阻撓新政。卽爲政論所不容。原奏博考列國立法之意。一言已足關口而奪氣矣。臣本迂生。於西學本無所曉。若在中國。自必與衆論從同。茲旣奉使駐德經年。於普國地方議會。詳細考查。並參稽各君主主立憲國制度情形。立法用意。實與原奏章程不合。此間諸博士。見此章程。莫不駭躍超驤。書空濃笑。謂秦無人之意。溢於眉頰之間。臣愧憤實深。仍不能不靜氣虛心。以期辨別是非。證明眞妄。往復剖析。口譯筆述。遂得多條。臣職司所存。義無可避。不敢安於緘默。自應據實詳悉上聞。所有指陳各端。非臣中國人之言。皆西國法學專家教習博士之說。辯西法非詆訾西法也。所有考察普國地方議會制度情形。與各省諮議局章程權限不符緣由。理合繕摺具陳。伏乞

皇上聖鑒訓示。謹奏

# 憲政編查館奏議覆考察憲政大臣于式枚奏陳諮議局章程權限摺 補錄

奏爲遵旨議奏恭摺仰祈聖鑒事。五月初四日。准軍機處片交日本出使考察憲政大臣于式枚奏陳諮議局章程權限一摺奉旨憲政編查館妥議具奏欽此。欽遵。鈔交前來。查閱原奏。於諮議局之性質範圍大小及其職任權限各節。證以普國議會之制。條分縷析。鄭重詳明。自爲防微杜漸起見。惟臣等反覆推求該大臣所陳。有涉於過慮者。有不免誤會者。請爲我 皇上縷晣陳之。查臣館所擬諮議局章程。原係欽遵先朝諭旨。敬謹釐訂。伏讀光緒三十三年九月十三日上諭。朕欽奉 慈禧端佑康頤昭豫莊誠壽恭欽獻崇熙皇太后懿旨前經降旨於京師設立資政院以樹議院基礎但各省亦應有採取輿論之所俾其指陳通省利病籌計地方治安並爲資政院儲才之階著各省督撫均在省會速設諮議局愼選公正明達官紳創辦其事即由各屬合格紳民公舉賢能作爲該局議員斷不可使品行悖謬營私武斷之人濫厠其間凡地方應與應革事宜議員公同集議候本省大吏裁奪施行遇有重大事件由該省督撫奏明辦理將來資政院選舉議員可由該局公推遞升如資政院應需考查詢問等事一面行文該省督撫轉飭一面逕行該局具覆該局有條議事件准其一面禀知該省督撫一面逕禀資政院查核等因欽此是諮議局之範圍權限。已明定於煌煌聖訓之中。本非各國地方議會所得而比擬。考各國地方行政。除聯邦各有議院外。凡本國地方。皆直隸中央政府。至分配地方官吏。及其執行政務。亦均受成於內務大臣。合全國為一行政區域。而集權中央。與中國之部臣疆臣。顯分內外。地方行政。可由督撫主持命令者。截然不同。其地方行政之範圍既小。故輔助行政之機關。僅有上級自治制之地方議會。而不必別立制度。中國地大政繁。久已分省而治。而督撫實立於一省行政最高之地位。求之各國。本鮮此制。督撫之權限。既視各國地方行政長官為較廣。則輔助行政機關之權限。自應與之相稱。而不能僅據各國之上級自治以為準。則諮議局之設。用意蓋卽在此臣館原奏所以有諮議局為地方自治與中央集權之樞紐一語也。故謂諮議局為聯邦議會固屬不符卽比之各國上級自治制亦有區別。惟其為中國特別制度自不能與普國地方議會相等。故其權限悉遵諭旨中採取輿論指陳利病。籌計治安諸大端所規定。而又恐其逾越權限也。因明定監督一章。授督撫以停會解散之權。且對於諮議局議案。有裁奪施行之權。夫曰議案。是諮議局祇能任決議。而不能强迫其實行。曰裁奪施行。則先裁奪而後施行。是督撫直處主動之地。而不得視爲被動。二者之間。界限固甚分明。即慮一二議員間或近於桀驁而苟違悖法律。小則除名。大則解散停會。所以維持於事前事後者。固已無微不至。臣等以爲監督全省之行政。以及一切之政權。實在督撫而不在諮議局。何至如原奏所稱諮議局立於一省行政惟一監督之地。及一國政權落於最少數人之手。臣等所謂該大臣所陳各節有涉於過慮者此也。至原奏諮議局章程十二章六十二條。詞簡意該。不能不藉引伸以明其義。而前此所以祇將條文略具按語。不加箋釋者。則以督撫對於茲事。苟有懷疑。不妨隨時電詢。卽如辦理初複選舉。間有疑義。督撫之於臣館。旋詢旋覆。便可迎刃而解。無所疑阻也。今核該大臣原奏各節。曰於財政不特有監督權。且有承諾租稅權。於督撫不特有彈劾權。且可操其任免權。於立法不特有參與權。且有審查權。併謂有强制執行及責問各權。其於章程條文。殊多誤解。遂有網羅權力完全無缺之疑。臣等細核其誤解之處。要不外章程中之職任權限。及監督數條。在臣館原定範圍。固已嚴加制限。惟以該大臣既多疑慮。自應逐條發明。原章意旨。以清權限而釋羣疑。查諮議局章程第二十一條。一議決本省應興應革事件。指定本省者以本省人議本省事。痛癢相關。利害較明。即本前年九月間諭旨指陳通省利病。集議興革事宜之意所發生也。至事關君上大權。凡屬國家行政者。自非諮議局所得參預。且諮議局僅代表一省之輿論。尙非國家議院之比。何至蹈原奏以議院爲主體。得以民權抵抗政府之疑。二議決本省歲出入預算事件。誠以新政待興。非財莫舉。令人民負納稅之義務。自應令其周知每歲進出欵。以激其急公好義之忱。臣館於上年九月間。咨行度支部文內。已聲明諮議局豫算事項。應以各省之地方辦事用費爲限。國家行政費。不在其內等語。則決議歲出入。祇限於本省行政費無可疑也。三議決本省歲出入決算事件。各省報部支欵。往往暗有融銷。今與議員以公同決算三權。原以期稽察者多。稍可杜浮冒侵蝕之弊。揆諸清理財政之義。正爲必不可少之舉。四議決本省稅法及公債事件。似於財政有特權矣。然稅法公債均冠以本省。乃係專指地方稅與地方公債而言。與國稅國債截然兩端。若國家租稅。則皆定於國家之法律。本非諮議局所得議決。其得議決者。僅屬本省單行章程規則之徵收方法而已。況憲法大綱載明。臣民現完之賦稅。非經新定法律更改。悉仍照舊輸納。且臣館核議度支部清理財政章程第十五條。聲明各省歲入。當國家稅地方稅未分以前。諮議局不得議減現行稅律。則所議決祇有改良增加之事。並無議減之權。至地方公債以本省之人任本省之債。似更無流弊之可言。關於財政者限制如此。則原奏所陳諮議局干預財政各節。不無過當矣。五議決本省擔任義務之增加事件。其指定本省者。譬如濬河築路衞生敎育本省應擔之義務。爲前此所無者。諮議局得視地方款項之盈虛。以爲推行之準則。其前此已擔任者。憲法大綱載明有法律上必需之一切歲出。非與政府協議。議院不得廢除減削之條。是議院之議決權。其範圍尙祇如此。推而至於鄰省之協濟。海陸軍之攤派。公債之募借。凡爲國家特頒之命令。卽皆不在議決之列。夫何至如原奏所謂有地方議會聯絡呼應割持中外大臣之患。六議決本省單行章程規則之增删修改事件。查全國通行法律。須由欽定頒行憲法大綱。早經揭明宗旨。惟各直省之風俗習慣不同。不能無特別之單行法。如違警律中。各省得定違警章程之類。而施行法律之細則。各省情形不一。亦不能不令各省自定。如地方自治等章程。施行細則之類。凡根本於國家法律之單行章程規則。屬於督撫權限內者。自應由諮議局參與。以收集思廣益之效。究其範圍有限。非所謂參與國家立法之全權也。原奏所稱諮議局居然有參與立法權者。未免視爲範圍太廣矣。七議決本省權利之存廢事件。譬如全省自有之公共產業。欲爲變置移易。卽爲關於本省之權利存廢。此種事項。全省利害所係。自不得不鄭重視之。至業經法律規定及奉旨允准者。自不在諮議局應議之列。此可無庸疑者。八選舉資政院議員事件。此卽遵奉諭旨諮議局爲資政員預儲議員之階也。臣等已會同資政院奏定院章第十一條內載明。各省諮議局議員互選後。由該省督撫覆加選定。咨送資政院等語。是選舉之權。雖肇端於諮議局。而仍受成於督撫。與原奏所稱資政院議員。卽爲諮議局所選舉者。究屬有別。況資政院議員欽選互選。各居其半。凡王公世爵及京朝官。均可由欽選爲議員。各省諮議局所互選者。第居得半之數。而並非其全體。是原奏專謂爲諮議局所選舉。者由未詳查資政院前奏章程。遂有此議。九申覆資政院諮詢事件。立法事件。立法之始。不能不詳查各省之習俗。以資參考。曰申覆者。則必資政院有所諮詢。該局方可建議。查資政院議員。既不盡由各省諮議局推選而來。至諮議局議員。更不能與資政院相爲左右。組織既有不同。權限亦復反異。謂資政院卽爲各省諮議局之全體。已不盡然。今謂諮議局卽屬資政院之分體。更似誤會矣。十申覆督撫諮詢事件。督撫對於庶政。本有主持之權。而有時或欲周諮博訪者。則行政官有芻蕘之詢。諮議局卽不能無一得之獻。究之採納與否。憑諸督撫。夫亦何至有原奏所稱聽地方指揮。致令終至下移之慮。十一公斷和解本省自治會之爭議事件。地方下級各圖自治。事勢所至。或不免有權限之衝突。各國於下級自治會之爭議。大都由上級自治會公斷和解。現定地方自治章程。府廳州縣之上。別無統一全省之最高自治會。諮議局既爲全省輿論之代表。自應歸其處理。然祇處理自治會之互相衝突。若自治會與地方官之衝突。則仍屬督撫主持。諮議局即有所見。亦但能建白以備督撫之參考。夫何至如原奏所稱有裁判地方行政之權。十二收受自治會或人民陳請建議事件。

督撫爲國家行政之代。表有應行專決。者如軍事外交裁判等事。斷非議員所能干涉。但以人民各具國家思想。苟實有所見。不妨上書陳請。定例在內由都察院代奏。在外由督撫代表。已開其例。其必以諮議局代爲陳請建議者。因表示衆意所在。以備督撫採擇。其裁奪之權。則仍統諸督撫。諮議局固不得强督撫以執行。又何至如原奏所稱有不問爲國政爲民事。一切均納入範圍之權。此外如原章第二十七條所稱。諮議局遇有督撫侵奪權限。可呈請資政院核辦者。似爲權之過重。不知侵奪云者。只限於諮議局應行議決之事。督撫於議場不許其議決。是之謂奪其決議權。非云議決之後。督撫不與施行。卽謂之侵奪權限也。又如原章第二十二二十三二十四等條。係就諮議局所議與督撫或合或不合事件。定其辦法。其各執一見。不能解決者。由督撫將全案咨送資政院。以待決定。而資政院議決事件。均須請旨裁奪。則是可否予奪之柄仍在君上。固不出大權統於朝廷庶政公諸輿論之本旨也。且臣等會同資政院奏定院章第二十三條。內載明各省諮議局與督撫異議。或此省與彼省諮議局異議事件。均由資政院核議。而關涉某省者。該省諮議局所選出之議員。不得與議等語。是於此等流弊。早已防範綦嚴。原奏所稱諮議局與督撫相持。上之資政院裁判官乃原告所舉之人。似不然矣。且以資政院核議請旨之件。遽謂之爲裁判權。是混議院議決與法定裁判爲一事。裁判之眞義。殆不如此。又況用人之權。操之君上。議院不得干預。欽定憲法大綱中早經明定。又何至如原奏所稱有任免督撫之權。即原章第二十八條所載。本省官紳納賄違法等事。准諮議局呈控者。實因中國幅員遼闊。交通機關。又未便利。各省官紳中固不乏束身自好之人。而或操守難信。糧稅逾額之徵收。公欵非理之濫入。以及舞弊營私壞法徇情者。皆在所難免。非得人民指摘。則害馬不去。羣何由安。且本條所載有以上情節。諮議局尙須指明確據。方可呈候核辦。則發動之機。雖在諮議局。主持之權。實在督撫。何至如原奏所稱與督撫監督權力相較。輕重懸絕乎。原奏又稱議員在議場。如有輕蔑朝廷情形。及有狂暴舉動者。不過停會解散除名。因疑爲處分過輕。不知會議時議員言論如有失檢。議長卽應止其發議。違者得令退出。故僅因發言不當。未必卽成法律上之犯罪。此各國議院通例。諮議局章程第三十九條卽援以規定也。議員如有以所發議論。在外間自行刊布者。自應照各本律治罪。至狂暴舉動。

議長不能處理者。督撫有令其停會之權。其應治罪與否。自可以當時在場狂暴之現狀爲斷。設以言論衝突。至於毆傷。亦應照毆人律例治罪。所謂輕縱者。亦未必盡然也。如現行犯罪。亦得逮捕。曾於原章第四十條內聲明。是議員果有犯罪確據。及爲議員以後。有品行悖謬營私實跡者。督撫卽當凜遵前年九月間諭旨。斷不可使品行悖謬營私武斷之人。濫厠其間。隨時斥退懲辦。斷不至如原奏所稱假諮議局爲護符。使之肆無忌憚也。原奏又致慮於議院攻擊政府。查憲法大綱所附議院法要領內載。行政大臣。如有違法情事。議院祇可指實彈劾。其用舍之權。仍操之君上。不得干預朝廷黜陟之權。此又俟之議院成立以後。與今諮議局無與者也。臣等所謂該大臣原奏各節有不免誤會者此也。總之諮議局爲採取輿論之機關。予以決議權者。所以冀達情通隱。圖省治之改良。督撫爲督率行政之機關。予以監督權者。所以冀救弊補偏。期政務之統一。而二者之分際。均以法令爲依歸。在諮議局固不能出法令之外。爲非理之要求。卽督撫尤須持法令之平。爲適宜之處理。官紳有相資爲治之功。而無互相猜忌之患。此臣等上年擬訂諮議局章程。所以恪遵歷次大權統於朝廷庶政公諸輿論之旨。

斟酌至再。以期無弊。而該大臣審愼遲迴。猶復過爲疑慮。故不能不重申法意。以期與天下共曉也。惟是謀事最難於圖始。徒法不能以自行。現居預備之第二年。尙在辦理選舉。今歲九月方爲各省諮議局第一次開會之期。此後按照淸單。遞年籌辦。行得其道。則循序漸進。上理自可日臻。行失其道。則動輒齟齬。大局或虞紛擾。得失之機。間不容髮。惟望凡百臣工。以及士庶。均能和衷共濟。開誠布公。臣館更當隨時隨事。遇有紛歧侵越之處。力爲指正。請旨辦理。庶幾朝野交勵。上下相維。此八年中。實行預備。一屆頒布召集國會之期。自有實效。而無流弊。以上慰聖主孜孜求治之懷。下慰薄海喁喁望治之願。不至良法美意。徒以推行未善。而爲四方萬國所非議。此尤臣等殫誠竭思而願與內外臣庶朝夕共勉者也。所有遵旨議奏緣由。謹恭摺具陳。伏乞　皇上聖鑒訓示謹奏。

求必欲得。禁必欲止。令必欲行。求多者其得寡。禁多者其止寡。令多者其行寡。求而不得則威日損。禁而不止則刑罰侮。令而不行則下陵上。故未有多求而多得者也。未有多禁而多止者也。未有多令而多行者也。

（管子）

談叢

# 春冰室野乘

春冰

## 國朝列女傳三人

曾見達縣吳季淸先生所箸筆記。有紀　國朝列女三事。云聞之湘潭王壬秋。後讀壬秋湘綺樓全集。有此三傳。而所紀詳畧各不同。第一傳香妃事。以　孝聖憲皇后爲主。與季淸所紀宗旨更互異。因憶而錄之。以備異聞。季淸殉節三衢。盡室國殤。遺箸悉葬之烈火中矣。錄此三事。竟猶想見宣南冷寺中。掀髯劇談時也。黃壚腹痛之感。不禁涕泗之交集矣。

回部王妃某氏者。國色也。生而體有異香。不假熏沐。國人號之曰香妃。或有稱其美於中土者。　高宗純皇帝微聞之。　西師之役。將軍兆惠陛辭。　上從容語及香妃。命兆惠一窮其異。回疆既平。兆惠果生得香妃。致之京師。先密疏奏聞。　上大喜。命沿途地方官吏。護視起居維謹。慮風霜跋涉。致損顏色。兼以防其自殊也。既至處之西內。妃在宮中意色泰然。若不知有亡國之恨者。唯 上至則凜如霜雪。與之語百問不一答。無已。令宮人善言詞者諭以指。妃慨然出白刃袖中示之曰。國破家亡。死志久決。然決不肯效兒女子汶汶徒死。必得一當以報故主。 上如強逼我。則吾志遂矣。聞者大驚。諱其侶。欲共刦而奪之。妃笑曰。無以爲也。吾袒衣中尚有如此刃者數十。計安能悉取而奪之乎。且汝輩如強犯我者。吾先飲刃。汝輩其奈何。宮人不得要領。具以語白 上。 上亦無如何。但時時幸其宮中。坐少選卽復出。猶冀其久而復仇之意漸怠也。則命諸侍者日夜邏守之。妃既不得遂所志。乃思自戕。而監者昕夕不離側。卒無隙可乘而止。妃至中土久。每歲時令節。思故鄉風物。輒潸然泣下。 上聞之。則於西苑中妃所居樓外建市肆室廬禮拜堂。具如西域式。以悅其意。今其地尚無恙也。時 孝聖憲皇后春秋高。微聞其事。數戒 上毋往西內。且曰。彼既終不肯自屈。曷弗殺之以成其志。無已則權歸其鄉里乎。 上雖知其不可屈。而卒不忍舍也。如是者數年。會長至圜丘大祀。 上先期赴齋宮。 太后瞯 上已出。急令人召妃詣慈甯宮。妃既至。則命鐍宮門。

雖 上至不得納乃召妃至前問之曰汝不肯屈志終當何爲耶對曰死耳曰然則今日賜汝死可乎妃乃大喜再拜頓首曰 太后天地恩竟肯遂臣妾志耶妾間關萬里所以忍辱而至此者唯不欲徒死計得一當以復仇雪耻耳今既不得遂所志此身眞贅旒無甯一瞑不視從故主地下之爲愈矣 太后天地恩竟肯遂臣妾志臣妾地下感且不朽語罷泣數行下 太后亦爲惻然乃令人引入旁室中縊之是時 上在齋宮已得報倉皇命駕歸至則宮門已下鍵不得入乃痛哭門外俄而門啓傳 太后命引 上入則妃已絕矣膚色如生面色猶含笑也乃厚其棺歛以妃禮葬之

舊史氏曰吾讀亡國之史至于晉羊后北齊馮淑妃南唐小周后之遺事未嘗不廢書三歎也卽孟昶宮人費氏賦詩見志慨國無男未嘗不志節佼佼然卒之失身宋祖雖巽辭自解潛祀故君然亦兒女子之愛情而已未足以爲訓也（今世所祀張仙、起於宋世、本花蘂夫人在宮中潛祀孟昶、一日藝祖見而問之、則詭以張仙對、謂婦人祀此像者、可以生男、藝祖乃釋然、宋人說部中、多載其事、）嗚乎孰謂域外遠夷巾幗中乃有荊軻豫讓其人耶錢牧齋龔芝麓之徒可以媿死矣

旗人某氏女者父爲驍騎校夫婦老而無子且家赤貧恃女針黹以養縫澣湢廚之事

悉一身兼之女略識文字。有暇。則聚鄰童。教以識字。藉博升合資。時咸豐初年也。一日禁中選秀女期屆。女名在籍中。聞報。抱父母慟哭。念己入宮。父母老無依。且展轉死溝壑。欲奉親以遁者數矣。故事無問官民家女。既當選。則以宮監守之。慮其遁也。女既不克脫。不得已。屆期。隨衆往。排班候駕於坤寧宮門外。時天甫黎明也。是時金陵甫失守。羽書絡繹至。 上憂勞旰食。每樞臣入見。議戰守事。輒至日昃。乃退。民家女初入宮禁。已戰栗不自勝。又俟駕久。罷倚不能耐。重以飢渴交迫。相向飲泣。監者叱之曰 聖駕行且至。何敢若此。不畏鞭笞耶。衆聞言。愈戰懼欲絕。女勃、然、起。厲聲、語、監者、曰。去室家。辭父母。以入宮禁。果當選。卽終身幽閉。不復見其親。生離死別。爭此晷刻。人孰、無情、安得、不、涕、泣。吾死。且不。畏。況鞭。笞。乎。且赭。寇。起。粵嶠。閒不數。載。悉長江。而有。之。今。逐。陷。金。陵。天。下。已。失。其。半。 天。子。不。能。求。將。帥。之。臣。汲。汲。謀。戰。守。以。遏。賊。鋒。保 祖。宗。大。業。而。猶。留。情。女。色。强。攫。民。家。女。幽。之。宮。禁。中。俾。終。身。不。獲。見。天。日。以。縱。己。一。日。之。欲。而。棄。宗。社。于。不。顧。行。見。寇。氛。迫。宮。闕。 九。廟。不。血。食。也。吾。死。且。不。畏。況。鞭。笞。乎。監者大驚。急掩其口。而 上適退朝。御輦已至前矣。因共縛其手。牽詣 上前。抑之跪。女猶、倔、强。不肯、屈膝。初女所言。　上已微聞之。至是復笑。問其故。女仍侃侃然奏如前語。上欣然喜曰。此眞奇女子也。亟命釋其縛。令引入宮中朝見。　皇后時某邸方喪偶。謀續娶。因以女指昏焉。而罷所選秀女。使皆歸其家。

舊史氏曰。甚矣人主聽言之難也。往往師保疑丞。諫議拾補。竭其法語巽言。疏十上而不能一紓天聽者。匹夫匹婦兒女子之流。顧能以一言感之。且其言恆有常人所不堪者。而英君誼辟。獨能欣然容之。豈不奇哉。聞諸故老。　列祖　列宗之文學。以　文宗爲最優。御極之初。天下欣欣有小堯舜之稱。然曾文正奏進孫文定三習一弊疏。請銘諸座右。　聖意怫然。幾欲降旨詰責。賴祁文端從容申解。乃已。疏中所言。較庶女呼號之詞。其順逆當不可同日語矣。乃彼所苦心孤詣而不能得者。此獨於立談間得之。誠以危言抗論。適中肯綮。且一出中心惻怛之至誠。而絲豪無所矯飾故耳。然非　文宗之聖。又胡能紓尊從諫若此哉。嗚呼。此其所以撥亂反正。而卒基中興之烈也歟。

某氏者。河南民家女也。生而奇慧。鄉里以針神譽之。少失怙恃。鞠於兄嫂。兄嫂皆鍾愛之。爲擇配甚苛。故及笄猶無人委禽也。女一日以麥草織雨笠。窮工極巧。鉤心鬥角竭數十日力僅成一具。持付兄。俾詣市售之。曰、第索價百金。無增減。有購者。卽詢其里居姓字而謹識之。兄訝曰。一笠耳。惡能直百金。持以過市。人不將疑我狂耶。女曰。第如我言行之。必有購者。如其竟無人。不怨兄也。嫂在側。默喻其意。知女意在擇偶也。因促其夫如妹言。兄不得已。持以出。閱三日。無人問價者。意女特聳言耳。日暮倦欲歸。忽一少年翩然來。迎與語。衣履脩潔。神宇閒雅。兄故所相識。隣村某高材生也。見所持笠。異之。把玩不釋手。問持此何爲。以求售對。詢其價。以百金對。生沉思久之。恍然悟。卽邀兄詣其家。出百金授之。而留其笠。兄微以言叩之。則生猶未娶也。歸告妻。使以語妹。女果首肯。亟以媒氏往。婚遂成。卜日親迎以歸。伉儷果綦篤。壻家故無舅姑。惟夫婦二人。倡隨之樂。誠萬戶侯不與易也。生寶愛艸笠甚。令女爲製錦韜藏其中。出必冠之。無間晴、雨。歸必手、自拂、拭。韜而懸之。帷中以爲常。數年後。女舉一子。已呀呀學語矣。生有所善某富室子者。嘗求昏于女。女以其無行却之。至是益妒生之得美婦也。謀所以間之者。乃陽納交焉。恆招生爲詩酒會。因道之爲狹邪遊。生惑焉。出輒數日不歸。女憂之。乃婉語曰。昨某君來吾家。吾於屏後。窺其人目動而言肆。是殆有異圖。不可近也。生未以爲然。

笑置之。一日醉歸。忽易笠而帽。女訝問之。則已爲某乘醉攫去矣。女默然亦無一言。生倦而酣寢。曉始醒。則獨臥於床。訝女胡蚤作。呼之不應。亟起視。已縊於窗櫺間矣。生駭極木立。大痛。茫不知其故。俯視。碎錦狼藉地上。拾審之。卽所以韜笠者。始悟女所以死。乃大痛悔。號泣數日。亦感疾死。此事與湘綺樓集大異

舊史氏曰。易有之。君子見幾而作。不俟終日。若女者。可謂能見幾者矣。生之寶愛是笠也。非笠之足寶。寶製是笠者之人耳。夫以造次不肯相離之物。忽慨然舉以與人而弗之惜。寵移愛奪之機。朕矣。女也不死。其將坐待爲班姬之扇。樓東之珠乎。嗟乎。使淮陰而知此。則必無雲夢之禽。使陸敬輿而知此。則何至有忠州之謫。古今豪俊奇偉之士。如劉誠意者。庶其近之矣。

圖難於其易。爲大於其細。天下難事。必作於易。天下大事。必作於細。（老子）

文苑

# 送十六省議員詣闕上書序

張謇

宣統元年九月朔日。皇帝承　先帝立憲之詔令二十二行省諮議局同時成立。開會之始。即聞東三省及傳自海外之警告。於是交通較便之省。凡十有六。其議員函電咨詢。交馳午錯。痛外侮之劇。部臣之失策。國勢之瀕危。而人民之不可一息即於安。不介而孚萬聲一語。於是合謀上書。請速開國會建立責任內閣。諮議局既閉會。相約以十一月上旬。各推代表集於上海。先後來者凡三十餘人。就預備立憲公會日共討論。謀所以紓國家之難。而稱　先帝明詔立憲使人民參預政權之盛恉。會湖南羅君劉君宣示善化徐君斷指請開國會之血書。殷赤淋漓。衆咸感泣。益思亟行。乃定十五日大會。十六七日分道。即發。謇既設祖帳。餞諸君子之行。而耿耿之私。不能已於言。乃於

文苑 二

會次離席再拜而致詞曰悲乎哉二千年沈闇之人民今乃得以與憂國家之憂爲大幸乎諸君子之行也有非而笑之者矣其一說曰國會至亡亡國爲兵連禍結之終局庚子一閧金甌無恙今奚所覩而無病而呻而曰國會其一說曰國會非鎗非砲非雷非艦不足救亡徒自擾擾其一說曰國會名義愛國防圉侵害或轉召亡其一說曰立憲云者塗飾黔首耳目之具耳諮議局範圍且日隘何有國會欲速且長猜必無效其一則以爲國亡有任其咎者何預人事而爲分謗凡非之說如是是之者又從而封焉謂不請則已請必要於成不成不返又激者則謂不得請當負斧鑕死闕下是非龐雜如是而徘徊其間者則以爲國亡非政府所恤議員既負十六省人民代表之責而上書之議員又代表十六省議員之責居三累之上當孤注之危成非奇功不成奇辱進易而退難是說也若甚持重而消沮之力尤大奮一議員也旬日以來從諸君後飫聞諸君之論議矣則請爲諸君正告之曰中國二千年來亡國之禍史不絕書秦始專制而享祚最促一椎大索三戶崛興亡國之民其魂魄激於兵鋒之慘愈鬱而禍愈烈下此則有玉步未更而故老遺民結其禾黍故宮之痛寓託篇章傳之子孫或百年或數

千年而不能盡泯者。故有形之亡國。國亡而民不盡亡。今世界列强之亡人國。託於文明之說。因時消息。攘人之疆域財政。而尸其權。而幷不爲一切殘殺橫暴之勞擾。使亡國之民。魂魄不驚。而讋服於其威權之下。故無形之亡國。國不必遽亡。而民亡至於民亡。而邱墟宗社之悲。且將無所於託。此其禍視我昔時一姓覆亡之史。何如。諸君則旣心知之矣。幸而　先帝之明。上師三代。旁覽列國。詔定國是。更立憲法。進我人民於參預政權之地。而使之共負國家之責任。是古之君子所謂國之興亡。匹夫有責之言。寄於士大夫心口之間。今之責。不必士大夫。而號稱列於士大夫者。顧或諉焉而可無疚於心乎。君子之立言也有經有權。必明乎經之所在。而後不謬於權之用。朝廷以義使人民。共任國家之責。人民亦以義奮。而任其責。所謂經也。視國之瀕於危。而慮其亡。而謀所以救亡。其亡其亡。繫於苞桑。聖人之言也。所謂經也。外審勢之所灼。內度言之所宜。庶幾達請願之意。而無所阻。則權也。而不戾於經也。必挾逆詐億不信之心。藝視朝廷。以爲欺我者。以欺應之。經亦有言。誠能動物。誠不至者。物容有不動。未有相市以不誠而期動物。而獨可以不動咎物者也。願我人民之立於誠。而諸君之積誠而進也。聞諸立憲國之得有國會也。人民或以身命相搏。事雖過激。而其意則誠。我中國神明之冑。而士大夫習於禮教之風。但深明乎匹夫有責之言。而鑒於亡國無形之禍。秩然秉禮輸誠而請。請則國家之福。設不得請而至於三。至於四。至於無盡。誠不已。則請亦不已。未見朝廷之必忍負我人民也。即使誠終不達。不得請而至於不忍言之一日。亦足使天下後世知此時代人民固無負於國家。而傳此意於將來。或尚有絕而復蘇之一日。是則今日之請。迫於含創茹痛。就使得請。無所為榮。得請且不足榮。則不得請之不得為辱。可以釋然矣。又何為而必死。彼搖脣鼓吻以智自命之流。直心死耳。昌黎亦云。小人好議論。人不樂成人之美。諸君行矣。不知明年何日。復餞諸君於海上。

**步月偶占**　觚齋

低簾燈影映殘荷。別夢依依奈遠何。夜久一螢深入露。月明雙眼靜生波。庭前獨樹看人老。天外愁雲任鳥過。欲逐清輝向寥廓。秋風心事更蹉跎。

信豐至贛縣溪流曲折舟行萬山中晚泊立瀨墟遇雨　前人

溪流如帶繞羊腸。結束巉巖一綫光。天地忽收心悄悄。冬春無界景蒼蒼。孤螢避影知燈近。暗霧籠沙覺草香。消得老來詩境狹。萬山深閉雨成行。

臨江仙引　彊邨

喚笛水風起冷禽磔磔髡柳鬖鬖畫橋外斜陽豔入衰荷經過舊尋夢地行雲重步屧生波歡娛去換亂螢闌席荒水飄歌　婆娑金槃翠醑今夜無那愁何便流連叢桂舊月無多由它奈秦樓阻書期誤怨發雙蛾終憔悴爲有人含睇薜荔山阿

雪梅香　前人

酒無力憑舷獨客背西風爲高樓惆悵天涯易發秋慵收艇汀洲雨連夕近橋簾幕水涵空去程急盼斷書期迆邐賓鴻　怱怱引離緒燭外行雲澹畫吳峰舊國年芳換將亂葉衰紅殘地驚波故城曲隔年愁夢臥屏中依前是倦枕沈沈魂斷疏鐘

支道林常養數匹馬
或言道人蓄馬不韻
支曰貧道重其神駿

# 伶隱記

英國 魏司根達 原著　番禺 馮滿澤 譯述

## 第一回 孤嫠避禍逢兵燹 旅邸憐亡諷聖經

法國巴黎京城外。一日將暮。忽有馬車一輛。車聲轔轔。如風馳電掣。從烏兀街馳來。剛轉過托賴庵門樓內坐一少女。形神惶遽。聲急若嘶。身被縞素。狀類新寡者。時時回顧。屢促御者曰。願爾體上天好生之心。加鞭疾馳。以保全妾命。其時車後相距約二百步許。又有一車追來。上坐兩人。大呼前車勿行。國法具在。罪人安所逃也。蓋此追者爲屈鐸偵探長部下之兩偵探。少婦此時。惶急萬狀。驚魂欲飛。切切哀告御者曰。君能出妾於險。不爲所獲。願以一百佛郎相酬。隨即探懷出五拾佛郎鈔票兩紙。以纖纖玉手。遞與御者曰。金幣在是。請速收之。追者在後復大呼曰。王法不宥之人。汝御者欲載逃何處耶。御者得金。其樂洋洋。且鞭馬且答曰。今夕巴黎城裏國人起義。擁立前王。今王之位已如纍卵之危。尚何王法之足云。言訖加鞭。馬負痛狂奔。瞬息已馳過數街。蓋是時正一千八百四十八年。在位法王路易非獵。乃澳人所强立者。卽位以來。尙專制之政。擅用威刑。民心不靖。咸欲逐之。復迎立拿破侖爲君。以澳地倫巴律爲首領。布告黨徒。聚集兵衆。約期是年春二月二十三夕。樹旗起義。準備攻城。今所述者。卽是夕之事也。于時風聲鶴唳。一夕數驚。商賈閉肆。人思逃竄。城內戒嚴。調集大隊禁衛軍。固守城垣。以防人民出投澳地倫巴律軍也。當夜色微茫。萬籟無聲之時。此被逐之女子。方從衣利斯街奔出。行行將近城垣。回顧追者。仍不稍緩。且追且呼云。莫令孀婦逃脫。屈鐸偵探長懸萬金之賞。今入我輩囊橐。勿錯過此機會也。女子聞言。又哀告御者曰。追騎近矣。乞更鞭馬疾馳。當再以一百佛耶奉酬。御者曰。夫人前面有亂人阻道。奈何。天乎。吾已聞鎗聲矣。女急曰。可馳往聖地亞街柏利亞店暫避。當更以五百佛耶相酬。御者曰。是柏利亞君之錢庄耶。女曰。然。御者曰。既若此。云姑盡人事。卽力鞭其馬向通衢。亂人叢中。飛轡疾馳。閃避不迭者。幾遭撞倒。被撞者忿怒鼓噪。謾罵一時。轟動多人。道復壅塞。將追者截斷在後。不得向前。途人見車中是偵探。咸攘臂大呼曰。此爲屈鐸鷹犬。平日假威藉勢。魚肉平民。今可痛毆之。以洩衆忿。於是羣相用武。將兩人從車中拖出。拳脚交揮兩人被毆抱頭鼠竄去。女子回顧。不禁失笑而謂御者曰。汝見追人者亦被人毆擊逃竄乎。言未已。復有多人蜂擁而前。阻其車不容行。衆人大呼曰。此御人鹵莽亦應餉以老拳。正危急間。忽聞後面鎗聲。始各鳥獸散。御人急驅車從間道而逸。女子呼曰。速驅之。速驅之。余已備五百佛耶。存貯柏利亞錢庄。豫備作酬勞之用。願勿稍停也。御者曰。毋多言。吾知之。吾知之。乃勒馬轉灣向城中去。行至一處。前面亂民恰與官軍接仗。鎗聲響處。紛紛倒地。叛兵與民受傷尤衆。陸續退去。惟賸傷亡之人枕藉道途。呻吟輾轉。血流殷地。令人慘不忍覩。忽見帶傷者之中。一婦人蹣跚行來。至車傍慘號一聲。倒於路側。女見而憐之。遽呼曰。停車。停車。有婦人傷重倒臥路傍。予欲下車審視也。車門啓處。女即躍下。至傷者之傍。就路燈光綫中審視之。見其前襟洞一孔。血涔涔出。女緊握其手呼曰。可憐哉。彼輩斷送汝命矣。傷者呻吟而言曰。彈傷余胸。恐無生望。既又長歎一聲曰。使吾能終於家中。則死無遺憾矣。女曰。汝家在何所耶。婦曰。祖拔街四十五號便是。御者在傍曰。由此轉右越出彼衆兵之前。則不遠矣。女顧曰。可速扶之登車。御人即扶傷者入車中。女亦登車坐於其傍。以素巾代扇。扇傷者之面。車遂發。從初士街出丹田街。再閱五分時。卽至祖拔街直抵四十五號旅館門前。覘之門雖洞闢。內已無人。蓋管門者方往視適間之鬨猶未回也。傷婦乃向女曰。吾臥房在四層樓上第二十六號。門鑰在管門者房裏。請爲代取開門。女下車取鑰後。卽命御人相助。將傷者從車中扶出。兩人舁之。越三重樓梯。直達其臥房門外放下。旣啓扉。舁入置於榻上。女急探懷。出一枚二十佛郎之金錢。付御者曰。汝可速去請一醫士來。順道便買白蘭地酒一瓶料附近藥房皆有。傷者作斷續之聲曰。願延一牧師來。醫士恐無濟矣。女曰。汝速往一并請來。此處無須汝服侍。我一人能爲之更換衣裳也。御者接過金錢趨出。喃喃自語曰。彼警察所追者。吾初以爲賊。不意乃是一位慈悲菩薩也。御者旣去。此看護婦乃自往取水。爲傷婦拭抹眉目。復以扇扇其面。頃之乃緩緩代卸其上衣。卽見彈子傷口露出。適在胸前。女恐誤觸傷處。血液復流。手遂停止。傷者作氣絲不續之聲曰。貧姑娘一片婆心。恐終無所濟。吾覺衣底濡濕。血流猶未止也。女曰否否。請安心將息片時。以俟醫療。婦曰。吾自知甚審。命不久延也。言時其手頗顫動。少頃又長歎一聲曰。天乎。吾夫若聞吾噩耗。其慘痛不知如何。彼猶望此星期內。得與吾晤語。今成幻夢矣。女曰、尊夫今不在巴黎乎。婦曰。然吾夫爲汽車管機師。來往於毡路亞與杜連兩港之間。此路爲近來新築者。頃得彼手書。囑吾往意大利相會。吾擬明日起程。今日午後。剛取得護照。夾於日記簿中。卽吾衣袋中所儲者是也。因往友人處話別。歸時不幸遭遇亂事。倉皇奔避。苦不得脫。於人叢裏爲飛彈誤傷。遂致暈絕。噫吾今已死乎。抑尙在人世乎。言時張目四顧曰。是矣。此吾室也。誰能爲我傳一信與我之可憐人耶。女曰。遞信於尊夫乎。汝且以其姓名住址告我。娘子卽有萬一。當代寄書。但請寬懷。將息不久。當自愈也。婦曰。吾夫姓名住址。已詳注日記簿內。請取閱之。便悉。姑娘善人。願上帝祐汝。頃所延之牧師。已來否耶。勿使吾死而無懺悔之人也。正互語間。女取日記簿。方欲閱視。御者遽返。曰。姑娘。今夕醫者皆出門去。徧覓不能得。女曰。然則買得白蘭地酒乎。曰。已買得一瓶在此。女曰。既有酒。速取來。御者卽開瓶。遞過。女接酒。卽灌少許入傷者喉裏。傷者氣如續絲。強問曰。牧師曾延到否。御者見問。方錯愕。謝過曰。吾一時匆遽。已忘却矣。傷婦曰。天乎。汝既不能拯吾之生命。亦當憐吾之亡魂而超度之也。女急促御者曰。速再往延。遲恐無及。旋見傷者兩唇泛白。面無血色。不復能語。女曰。不及矣。奈何復見其兩手握拳合於胸際。如祈禱然。女急於己頸際。摘下念珠一串。將小十字架置於將死者唇邊。喃喃誦聖經不輟。蓋女幼時曾受教堂教育。頗諳此道也。旣而死者面轉歡容。微歎一聲。雙目漸漸遂瞑。女不禁大慟。跪倒榻前。御者更不忍還視。遂告女曰。夫人。吾今往門外守候。若用吾時可相呼也。言訖疾趨下樓。女代祈禱畢。乃起立熟視死者曰。娘子早登安樂境。亦屬幸事。似妾未亡人。留軀殼於塵寰。轉多苦惱。猶不若娘子此際。萬慮俱寂。轉得逍遙也。於時心神畧定。始憶是日自朝迄暮。未嘗少進飲食。乃取酒瓶。畧飲少許。覺味烈幾不能下咽。飲罷精神畧壯。猛思己身孑然。逃亡於外。被逐若罪囚。使亡母有知。見孤女伶仃泉下。慘痛不知何若矣。言念及此。觸景傷懷。不禁清淚如鉛水也。

## 第二回　老富翁殷勤詢護照　俠御者指導出迷津

女獨留旅邸。默自悲傷。久之始悟此爲他人室。乃將碧眼上淚痕急急拭乾。匆匆下樓。至管門處。欲告以寓客傷亡情事。時管門人方大醉而回。軒臥室中。不省人事。女急取時表一閱。急將二十六號房門鑰匙懸於壁上。步出門外廣衢。低聲呼御者而慰之曰。

深感汝助力。得使死者克償其願。今事畢矣。可疾驅車往聖地亞街。女旣上車。御者立時縱轡。蓋其心目中有五百佛郎在。無不刻意承命也。御者自經累次險艱。不敢復走大道。乃從僻道而馳。不一時己至聖地亞街。一舊錢庄門首。車卽停下。此店房屋形式甚古。僅築樓一層。樓上爲店主人寓眷之所。樓下則營業之區。幸爲時猶未過晚。店中燈火未熄。女前扣扉。大門頓啓。一司閽出。女向之低聲曰。可傳語而東柏利亞君云。有砵仙利士男爵夫人造訪。有要事相商。司閽認得夫人。遂鞠躬迎入。引至客堂坐下。自往告知主人。時夫人欲使人不疑其爲寡婦。以便於逃亡。急將罩面之黑紗及黑冠撤去。一股黃髮。柔若蠶絲。垂於肩背之上。爲燈光掩映。閃爍作金色。衣爲時裝。栁腰緊束。闊領而外。籠以薄紗。半露酥胸。潔白如雪。時仰螓首。領如蝤蠐。微啓櫻唇。齒如瓠犀。下則長裙曳踵。鳳履翹然。舉止大方。輕盈綽約。儼然一學堂之及笄少女也。女于時獨坐椅間。心神稍定。亟從衣袋中取出死者之日記簿。細細翻閱。見內夾有一信。又銀行滙票一紙。此欵業己支領。簿中猶夾有鈔票。約值數百佛郎。更有零碎銀幣數枚。信下署名爲拔雅加士柏。卽死者之夫手筆也。更有護照一紙。上書婦名曰迄打利。年二十五。

髮黑眼黑。身高五尺六寸。執縫衣業。法國人。夫名拔羅加士柏。爲毡路亞鐵道局管機器師。亦法籍也。現家於毡路亞地方。憑照準由法國取道馬些兒往意大利。如經該處駐劄領事簽押後。仍可憑照復入法境。女閱罷默有所思。潛自喜曰。是天導吾離法之徑也。旋又自忖曰。吾受彼婦臨歿之託。宜繼其未竟之緒。彼夫在意大利。未知其婦之死。吾宜函告之。則假用死者之名。庶幾無愧。想畢。隨將日記簿藏起。方欲就書案取箋作書。正移步時。一老翁掩入。此老翁狀貌魁梧。語言和藹。匆匆入客室。脫帽爲禮。問曰。夫人今夕沿途荆棘。何以冒險而來。竟於昏夜見顧。女曰。妾來正因今夕之危險是也。翁曰。夫人方新寡。何以汝母竟任汝深夜冒險踽踽獨行乎。女曰。翁所指乃吾母耶。吾母已死年餘。翁豈未知耶。翁曰。吾乃謂汝夫之母。汝姑亦猶之汝母也。女聞之不懌。心中若茹隱痛。口中漫應曰。誠然。妾幾忘之矣。但今夕變亂莫測。所終恐一旦玉石俱焚。急欲離去法境。爲此之故。特不避險艱。來商籌旅費。老翁曰。夫人幽憂如是。未識尊府餘人如何。夫人曰。我家中之人。惟家姑砵他利士老夫人。素稱膽壯。今亦惶急無策。蓋亡夫砵他利士男爵。曩受職於今王。深懼亂黨連類并及。將攻吾家也。老翁曰。唯唯。尊

之而生然而　德宗皇帝上賓我國家非攀髯以俱去　今上皇帝龍飛我國家非附翼而始來不甯惟是有明廢而　聖清興我國家猶是三百年前之國家也三代秦漢以來易姓數十我國家猶是二千年前之國家也然則指君主以爲國家無有是處是故土地人民也者國家之要素也而非卽國家君主也者國家之最高機關也而非卽國家譬諸學校然謂校舍卽學校不可也謂生徒卽學校不可也謂校長監督卽學校亦不可也學校固不可無校舍無生徒無校長或監督而此三者皆非學校學校之爲物別自有其體焉以寓乎三者之中而超乎三者之上惟國家亦然

然則國家果何物乎曰

國家者在一定土地之上以權力組織而成之人民團體也

此義尚恐不易索解請更縷析言之

第一國家須有一定之土地無土地則國家無所與立此蠢人所能知者然有土地而不一定猶不足稱爲國家如彼游牧之族逐水草遷徙是部落也非國家也國家領有一定之土地謂之領土

第二國家須有人民此亦理之至易明者但其人民不必有親族血統之關係徒以同棲息於一地域故利害相共而自然結合謂之國民

第三國家須有權力蓋以多數人民同處於一地域之內其利害相同者固多而相異者亦不少使人人各利其利而莫能相下此之所欲彼或撓之彼之所惡此或主之任情以行無所統屬則野蠻之群聚耳豈復成國國也者必統一有秩序而始成立者也如何而後能使之統一而有秩序必也有命令焉者有服從焉者以我之命令而强制人使不得不服從謂之權力國家具有此權力謂之統治權無統治權者則非國家亦惟國家始能有統治權無論何人皆不能强制他人人之得强制他人者必其爲國家機關而代國家行此權者也如君主及一切文武官吏是也否則由國家法律賦與以此權者也如地方自治團體及民法上之一切私權是也國家之特質實在於是

以上三端學者稱之曰國家成立三要素領土國民要素之有形者也統治權要素之無形者也三者結合爲一字曰國家

第四、既知國家以三要素結合而成。則其形狀大畧可識矣。然欲明其法律上之性質。則尤當知國家爲組織而成之一團體。團體二字。本於管子。其含義蓄甚精且富。比者國人襲東語而濫用之。往往失當。蓋團體之義。如其字謂相團結而成爲一體也。苟不能成爲一體者。則不得稱以團體。所謂一體者。如人體然。有意識。有行爲。對於內而能統一。對於外而能獨立者也。夫人也者。以三十餘種原質爲其有形要素。以靈魂爲其無形要素。諸要素合而爲一。不能分離。而心君宅中。官骸從令。其與他人對待。則獨立而成一我。相凡團體。皆須具此性質。故此團體。皆有人格。人格云者。謂法律上視之爲一箇人也。而國家者。則最高最大之團體。而具有人格者也。明乎此義。則知指土地爲國家。固不可。卽指人民指君主者爲國家。亦皆不可矣。國家實超然立於君主與人民之上。而自爲一體者也。

昔人惟誤解國家之義。故良政體久不得立。而今世立憲國種種制度。大率由此義闡發出來。不明此義。則不能知其立法之所以然。讀者幸毋忽諸。

我國文之「國」字。古文但作「或」。許氏說文之釋或字曰『從口。從戈以守一。一、地也。』其用意之精。含義之富。眞不可思議。從口。所以表國民也。從一。所以表領土也。從戈。所以表統治權也。文字中以口字表衆人者最多。如合字同字之類皆是也。惟武然後有權力。故以戈表焉。人在地上。戈以守之。國家三要素。具矣。後聖猶恐其義不明。乃加口以環周其外。示三者團結而成爲一體也。苟能好學深思。深知其意。則豈必丐餘瀝於遠洋也哉。

## 第二節　國家機關

國家旣爲一團體。然團體之意思行爲。必賴有機關而始得見者也。故次當論國家機關。機關者何。如輪船火車之有機器也。團體曷爲而必賴有機關。蓋團體者。法律上之人格而視之與人同類者也。旣曰與人同類。則必有意思焉有行爲焉而能爲權利義務之主體。雖然人也者有形之人格也。故無所待於外而能自決其意思自運其行爲。團體不然。集多數之分子而成。而又自爲獨立之一體。與其分子不同物。漠然而無實形之可指也。故其意思其行爲。必假諸有形之人。以寄而達之。其所假之人。即其機關。也。此徵諸股分公司而最易見也。凡公司皆自有其債權債務。而與股東之債權債務不相蒙是其獨立而爲權利義務之主體也凡公司皆有其所向之目的所定之計畫是公司自有其意思也恆從其目的依其計畫汲汲以經營之是公司自有其行爲也是其性質與有形人絲毫無異者也獨所異者公司不能自表其意思而必賴股東總會以表之公司不能自運其行爲而必賴司理監查及一切執事人以運之股東總會諸股東以及司理監查一切執事人皆以有形人而司公司之機關者也凡團體機關其性質皆準是惟國家亦然君主也大統領也國務大臣也一切行政司法大小官吏也國會也行選舉權之公民也皆國家之機關也

國家機關可分兩種一曰直接機關二曰間接機關直接機關者司機關之人非受他機關所委任乃直接從憲法所規定緣法律事實之發生或經法律行爲之順序而自然得其地位者也（此語頗晦然其義必如此乃備觀下文自明） 例如公司之股東總會從商法所規定公司一成即隨之而存立者也其在國家則君主大統領及國會議員皆屬於此種蓋君主之嗣統其權利本於憲法及皇室大典遇有先君崩殂之一種法律事實則從而得之議員之就職其權利本於憲法及議院法經過投票選舉之一種法律行爲則從而得之是

皆非由他機關所委任者也間接機關則不然司機關之人由他機關所委任而受委任之人更得舉其職權內之事務轉委任於他機關例如公司之司理人受委任於股東總會而一切執事又受委任於司理人也其在國家則自國務大臣以下一切文武內外大小官吏皆屬於此種

凡國家機關無論爲直接者爲間接者其在法律上皆無人格而不得爲權利義務之主體蓋機關不過供國家使用之一器具以國家之目的爲目的而非別自有其目的者也故機關與司機關之人其界限必須分明司機關之人其本身則有人格而能爲權利義務之主體者也非惟對於箇人有之即對於國家亦有之如官吏有受廉俸之權議員有受歲費及特別保護之權此皆對於國家而官吏議員本身之權利也雖然、官吏代國家以命令人民徵租稅焉課徭役焉此非官吏本身之權利而國家之權利也議員議決法律協贊豫算亦非議員本身之權利而行國家之權利也即君主亦然君主有受皇室經費之權有神聖不可侵犯之種種特權此其本身之權利也至其爲國家機關而行統治權則所行者亦非其本身之權利而國家之權利也吾國人疇昔於此義辨之不具。故往往公私混淆。而種種秕政。緣之而起。言憲政者不可以不留意也。

各機關。有以一人獨裁而司之者。有以多人合議而司之者。一人獨裁者。如君主、大統領、及各官署之惟有一長官者是也。多人合議者。如國會、審計院、合議裁判所、及我國一部中而有尚書侍郎數人者是也。何種機關當用何式。此俟下方各章分論之。但無論爲獨裁爲合議。而機關之性質。不緣此而生差別。

間接機關。一國中恆有多數。可勿具論。直接機關。則一國中不可無一個。而又不可多於二個。其僅有一個者。則君主是也。其兼有兩箇者。則君主與國會或大統領與國會是也。緣直接機關之或僅一個或兼兩個。而政體之差別生焉。其有兩個直接機關者。則兩者權力之大小。決不容平等。平等則無從統一矣。故其中必有一焉爲最高機關。緣最高機關之所在有異同。而國體之差別生焉。今別分節以釋之。

### 第三節　國體

國體之區別。以最高機關所在爲標準。前人大率分爲君主國體、貴族國體、民主國體之三種。但今者貴族國體。殆已絕跡於世界。所存者惟君主民主兩種而已。君主國者。戴一世襲之君主以爲元首。苟其無國會。則此爲唯一之直接機關。自即爲最高機關。可勿深論。卽有國會者。亦大抵以最高之權。歸諸君主。故曰君主國體也。民主國者。人民選舉一大統領以爲元首。復選舉多數議員以組織國會。而要之其最高機關。則爲有選舉權之國民。故曰民主國體也。

尋常言君主民主之別者。大率以其元首之稱爲王稱爲皇帝而由世襲者。則命之曰君主國。其元首稱爲大統領而由選舉者。則命之曰民主國。雖然、此未可以一概論也。等是世襲君主也。而其權力之大小。往往懸絕。如英皇之視日皇。日皇之視俄皇。名稱雖同。而實權迥異矣。故有君主世襲之國。而法理上只能稱爲民主國體。不能稱爲君主國體者。如歐洲之比利時是也。比利時自一八三〇年與荷蘭分離而自立。戴一世襲之君主。然據其憲法所規定。則以國會爲一國最高機關。而君主不過受國民之委任。爲行政之首長而已。故其職權與法國之大統領毫無所異。使一旦廢世襲而爲選舉。易君主之名而稱之曰大統領。然比利時國內之秩序。未嘗因此而稍破也。史家亦

# 國風報第一年第三號目錄


●諭旨

●圖畫　金山　焦山

●論說　立憲政體與政治道德　滄江
論幣制頒定之遲速繫國家之存亡　滄江

●時評　國會期限問題　滄江
錦愛鐵路問題　滄江
滿洲鐵路中立問題　滄江

●著譯　格里森貨幣原則說略　雙濤
歐洲七大國財政現狀　竹塢
宣統元年生計界　竹塢

●特別紀事　美國最近東方政畧記　明水

●紀事　本國紀事一　本國紀事二　世界紀事一　世界紀事二

●文牘　都察院代遞總檢察廳廳丞王世琪等請開復已故湘撫陳寶箴原官呈
御史趙熙奏參部臣貪贓亂法錯亂紀綱請　飭查辦摺

●談叢

春水笙野乘　春冰

●文苑

將赴奉天海藏樓雜詩第二十四　蘇庵

讀范肯堂遺集愴然賦此　觚齋

還西山墓廬宿下關大觀樓與胡子靖話別　伯嚴

雪夜過瞻園誦樊山午詒倒疊前韻諸作感而和此　前人

大雪過集桃園水榭疊前韻　前人

去西山還城同惺初皓如　前人

園夜寫意　前人

懷文太初　彊邨

約價口　前人

夏夜山寺納涼即景偶成　觚齋

不信一首柬樹園先生　弱父

晨起書懷　前人

次韻崔大九日登高見懷之作　前人

鶺鴒枝　乙樓

●小說

伶隱記　英國魏司根達原著　番禺馮瀚澤譯述

# 國風報

大清郵政局特准掛號認爲新聞紙類
日本明治四十三年二月十三日第三種郵便物認

（每月三期逢一日發行）

年二月初一日

年第三期

| 定價表 | 項目 | 報資 |
|---|---|---|
| 費須先惠逢閏照加 | 全年三十五冊 | 六元五角 |
| | 上半年十七冊 | 三元五角 |
| | 下半年十八冊 | 三元五角 |

| | |
|---|---|
| 零售每冊 | 二角五分 |
| 本國郵費 | 每冊四分 |
| 歐美郵費 | 每冊七分 |
| 日本郵費 | 每冊一分 |

| 廣告價目表 | |
|---|---|
| 一面 | 十元 |
| 半面 | 六元 |

惠登廣告至少以半面起算如登多期面議從減

宣統二年二月初一日出版
六月十一日四版

編輯兼發行者 何國楨

發行所 上海福州路 國風報館

印刷所 上海福州路 廣智書局

## 分售處

北京桐梓胡同 廣智分局
廣州十八甫國事報館
廣州雙門底聖賢里 廣智分局
廣州十八甫廣生印務局
日本東京中國書林

# 國風報

## 各省代理處

▲直隸 保定府西大街 萃英山房

▲直隸 保定府 官書局

▲天津 府署東 原創第一家派報處

▲天津 浦東小關大行 公順京報局

▲天津 鄉祠南售報處 李茂林

▲天津 東馬路 羣益書局

▲奉天 省城交涉司對過 振泰報局

▲奉天 圖書館

▲盛京 昌圖府北大街 振泰報局

▲吉林 省城板子胡同 文盛報房

▲山東 濟南府芙蓉街 維新書局

▲河南 開封府城北書店街 茹古山房

▲河南 開封府西大街 文會山房

▲河南 開封府西大街 大河書局

▲河南 開封府西大街 教育品社

▲河南 開封北書店街 總派報處

▲河南 武陟三官廟街 永亨利

▲河南 彰德府 茹古山房

▲陝西 省城內竹笆市 公益書局

▲陝西 省城 萃新報社

▲山西 省城翦子巷 文元書局

▲山西 省城 書業昌記

▲貴州 崇學書局

▲雲南 城東院街沙臘巷口 天元京貨店

▲安徽 廬州府神州日報分館 陳福堂

▲漢口 黃陂街 昌明公司

▲安慶 府龍門口 萬卷書樓

# 國風報第一年第三號目錄


●諭旨

●圖畫　金山

焦山

●論說　立憲政體與政治道德　滄江

論幣制頒定之遲速繫國家之存亡　滄江

●時評　國會期限問題　滄江

錦愛鐵路問題　滄江

滿洲鐵路中立問題　滄江

●著譯　格里森貨幣原則說略　雙濤

歐洲七大國財政現狀　竹塢

宣統元年生計界　竹塢

●特別紀事　美國最近東方政略記　明水

●紀事　本國紀事一　本國紀事二　世界紀事一　世界紀事二

●文牘　都察院代遞總檢察廳廳丞王世琪等請開復已故湘撫陳寶箴原官呈

御史趙熙奏參部臣貪贓骫法錯亂紀綱請　飭查辦摺

●談叢
春冰室野乘　春冰

●文苑
將赴奉天海藏樓雜詩第二十四　蘇庵
讀范肯堂遺集愴然賦此　觚齋
還西山墓廬宿下關大觀樓與胡子靖話別　伯嚴
雪夜過瞻園誦樊山午詒倒疊前韻諸作感而和此　前人
大雪酒集桃園水榭疊前韻　前人
去西山還城同惺初皓如　前人
園夜寫意　前人
懷文太初　彊邨
約價口　前人
夏夜山寺納涼即景偶成　觚齋
不信一首柬樹園先生　弱父
晨起書懷　前人
次韻崔大九日登高見懷之作　前人
鵠蹋枝　乙樓

●小說
伶隱記　英國魏司根達原著　番禺馮滿澤譯述

金山

焦　山

# 諭旨

正月十二日　上諭二月初四日祭社稷壇遣載功恭代行禮欽此監國攝政王鈐章

軍機大臣署名

十六日　上諭西藏達賴喇嘛阿旺羅布藏吐布丹甲錯濟寨汪曲却勒朗結夙荷先
朝恩遇至優極渥該達賴具有天良應如何虔修經典恪守前規以期傳衍黃教乃自
賓掌商上事務以來驕奢淫佚暴戾恣睢爲前此所未有甚且跋扈妄爲擅違朝命虐
用藏衆輕起釁端光緒三十年六月間乘亂潛逃經駐藏大臣以該達賴聲名狼藉據
實糾參奉旨暫行革去名號迨達賴行抵庫倫折回西甯朝廷念其遠道馳驅冀其自
新悛改飭由地方官隨時存問照料前年來京展覲賜加封號錫賚駢蕃並於起程回
藏時派員護送該達賴雖沿途逗遛需索騷擾無不量予優容曲示體恤寬旣往而策
將來用意至爲深厚此次川兵入藏專爲彈壓地方保護開埠藏人本無庸疑慮詎該
達賴回藏後布散流言藉端抗阻詆誣大臣停止供給疊經剴切開導置若罔聞前據
聯豫等電奏川兵甫抵拉薩該達賴未經報明即於正月初三夜內潛出不知何往當

經諭令該大臣設法追回妥爲安置迄今尙無下落掌理教務何可迭次擅離且查該達賴反覆狡詐自外生成實屬上負國恩下辜衆望不足爲各呼圖克圖之領袖阿旺羅布藏吐布丹甲錯濟寨汪曲却朗結著即革去達賴喇嘛名號以示懲處嗣後無論逃往何處及是否回藏均視與齊民無異並著駐藏大臣迅即訪尋靈異幼子數人繕寫名籤照案入於金瓶掣定作爲前代達賴喇嘛之眞正呼畢勒等奏請施恩俾克傳經延世以重教務朝廷彰善癉惡一秉大公凡爾藏中僧俗皆吾赤子自此次降諭之後其各遵守法度共保治安毋負朕綏靖邊疆維持黃教之至意欽此　上諭御史江春霖奏參慶親王奕劻一摺朝廷虛衷納諫博採羣言然必指陳確實方足以明是非該御史所奏直隸總督陳夔龍爲奕劻之乾女婿安徽巡撫朱家寶之子朱綸爲載振之乾兒各節果何所據而言著江春霖明白回奏欽此監國攝王鈐章軍機大臣署名

十七日　上諭御史陳善同奏直省州縣調委紛紛妨害吏治請申明定章以資整頓一摺州縣爲親民之官必須久於其任方足以專責成現在各直省調委各缺其爲地擇人者固所時有其爲屬員調劑缺分規避處分亦難保必無嗣後該督撫等務當遵

照定章調委各員不得過實缺十分之二仍於每季奏彙開單詳明毋得視爲具文如實有人地相需者准其體察情形分別改補調補俾得各理各任以重地方欽此　上諭河南開封府缺緊要著該撫於通省知府內揀員調補所遺員缺著徐承焜補授欽此監國攝政王鈐章軍機大臣署名

十八日　上諭克勤郡王崧杺承襲王爵入直當差前久患病開去差使賞假調理茲聞溘逝軫惜殊深著賞給陀羅經被派貝勒溥朗帶領侍衛十員卽日前往奠醊所有飾終典禮該衙門察例具奏欽此　上諭協辦大學士尚書戴鴻慈忠清亮達學識閎通由翰林疊掌文衡洊陟清要擢任正卿均能恪盡厥職考察政治尤能抉擇精微有裨憲法朕御極後優加倚畀俾參機務首協綸扉夙夜靖共深資擘畫前因偶患微疴賞假調理方冀醫治就痊長承恩眷遽聞溘逝軫惜殊深著賞給陀經被派貝子溥倫帶領侍衛十員卽日前往奠醊加恩賞加太子少保銜照大學士例賜恤入祀賢良祠賞銀二千兩治喪由廣儲司給發任內一切處分悉予開復應得恤典該衙門查例具奏靈柩回籍時沿途地方官妥爲照料伊子一品廕生戴曾鄘著以郎中補用用示篤

念藎臣至意欽此　上諭徐世昌著以郵傳部尙書協辦大學士欽此　上諭內閣學士吳郁生著在軍機大臣上學習行走欽此　上諭前據御史江春霖奏參慶親王奕劻一摺牽涉瑣事羅織多人朝廷早鑒其誣妄其中謂陳夔龍爲奕劻之乾女婿朱家寶之子朱綸爲載振之乾兒尤屬荒誕不經當卽諭令明白回奏茲據覆奏牽以數十年前捕風捉影之事及攻訐陰私之言皆屬毫無確據恣意牽扯謬妄已極國家設立言官原冀其指陳得失有裨政治若如該御史兩次所奏實屬莠言亂政有妨大局親貴重臣固不應任意詆誣卽內外大臣名譽所關亦不當輕於汚衊似此信口雌黃意在沽名實不稱言官之職江春霖着回原衙門行走以示薄懲欽此　上諭湯壽潛奏父老且衰勢難就養懇請開缺一摺江西提學使湯壽潛著准其開缺欽此　上諭湖南永州鎭總兵員缺著馬文翰補授欽此監國攝政王鈐章軍機大臣署名

十九日　上諭前經諭令建言諸臣毋得懷挾私見及毛舉細故倘敢任意嘗試必予懲處該言官等應如何敬謹懍遵乃昨據御史江春霖奏參慶親王奕劻並明白回奏各摺牽涉瑣事羅織多人以毫無確據之言肆意誣衊殊屬有妨大局本應予以重懲

姑念該御史平日戇直尚無劣迹是以從寬祇令其回原衙門行走朝廷於用舍大權斟酌至當毫無成心茲據陳田趙炳麟胡思敬等奏請收回成命暫予優容留任効用之處著毋庸議欽此　上諭江西提學使着王同愈補授欽此監國攝政王鈐章軍機大臣署名

二十日　上諭朱家寶奏甄別屬員分別獎懲一摺安徽徽州府知府劉汝驥廬江縣知縣馬文錦太和縣知縣田毓玫婺源縣知縣魏止鴻既據該撫臚陳政績均著傳旨嘉獎潁州府知府鳳林年力就衰神思恍惚著以原品休致祁門縣知縣杜英才遇事因循差役滋擾前署霍邱縣補用知縣董玉書緝捕無能幾肇事變前署含山縣補用知縣李光綸才識懦庸事多廢弛蒙城縣知縣齡安馭下無方差役越境爲盜未能覺察前辦丈州局委員試用知縣曹謕誥氣質粗暴濫刑以逞試用縣丞王廷勳充正陽關巡官濫責苛罰不恤怨讟桐城縣馬踏巡檢林承法懦怯無能操守難信前署宿松縣典史試用巡檢周景菡性情浮躁擅離職守前代理宿松縣典史試用巡檢賈寅熙聲名平常罔知檢束前署潛山縣天堂寨巡檢劉章浩藉案需索物議頗滋試用巡檢

高國綬借差逞兇被控有據均著卽行革職署黟縣太平縣知縣閻希仁署合肥縣黟縣知縣胡汝霖盜案迭出未能一律破獲均著摘去頂戴勒限緝捕餘著照所議辦理該部知道欽此　上諭湖北提督著張彪補授欽此　上諭安徽潁州府知府員缺著長紹補授欽此監國攝政王鈐章軍機大臣署名

二十一日　上諭四川松潘鎮總兵員缺著開泰補授欽此　上諭安徽巡警道員缺著卞緒昌補授安徽勸業道員缺著童祥熊補授欽此監國攝政王鈐章軍機大臣署名

論說一

# 立憲政體與政治道德

滄江

孔子曰。爲政在人。其人存則其政舉。其人亡則其政息。此天下古今之通義。言治道者所莫能易也。自近世法治人治之辨興。於是始有持爲政在法之說者。夫法之不善。則不足以維持國家於不敝。斯固然矣。顧苟有其人。則自能審度時勢。以損益諸法而善用之。苟非其人。則雖盡取天下古今至善之法以著諸官府。其究也悉成具文而弊之與法相緣者且日出而不知所窮。故法與人雖不可偏廢。然有人而法自隨之。其道爲兩得。徒法無人。並法亦不能以自存。其道爲兩喪也。

爲政在人云者。非謂一二人云爾。凡與政事有繫屬之人人皆統焉。其在專制政體之國。則君主及其疏附先後者。皆爲政者也。其在貴族政體之國。則國之巨室皆爲政者也。其在立憲政體之國。則自執政大臣以逮小吏。自國會議員以逮司選之公民。皆爲

論說 二

政者也。苟得其人。則無論何種政體。皆足以致治。苟非其人。則無論何種政體。適足以生弊。謂立憲政體之優於他種政體者。非謂其本質確有優劣之可言。亦曰立憲政體之爲政者。其於得人之道。則較易焉耳。

爲政者所不可缺之具二。曰德。曰智。然德優而智絀者。其於增益之也至易。誠以求焉。虛以受焉。緝熙光明。一反掌間事耳。昔日本伊藤大隈輩。號稱名相。而其初借外債以築鐵路也。擬結倒授太阿之約。其議拒治外法權也。乃至欲參用外人爲司法官。諸類此者。不可殫述。此皆今日稍有識者所能知其非。彼貿然行之。其愚殆不可及。而功卒在社稷者。靡他之忠可矢。故不遠之復匪艱也。若夫智具而德荒者。其獺祭耳食之所識。知良足以距人於千里之外。顧言說甚美。而所行皆適得其反。不甯惟是。假名於新法之當舉。因以爲奔競權要位置私昵之路。藉口於舊習之通變。益以佐弁髦禮義捐棄廉恥之資。故政治智識日進。而政治道德日退。使人反憶念疇昔之故見自封而硜節自守者。歎爲鳳毛麟角。不可復覩。則天下之憂方大矣。

我國政體之趨於立憲也。時勢所不得不然也。今五大部洲中。無復能有一國焉率專制之舊而自立於天地者故處士號呼之於下而　先帝英斷之於上今者立憲之一語亦既人口誦而家耳熟而朝野上下亦且謂八年以往吾國之方英美駕德日可操券而待矣雖然吾嘗聞諸法儒孟德斯鳩曰凡一國之立必有所恃專制政體之國恃威力少數政體之國恃名譽而立憲政體所恃以立國者則道德也夫道德之爲物無論何國固不可以斯須去而孟氏獨於立憲國三致意者豈不以他種政體尙有他術焉可以濟道德之窮而立憲政體則舍此而悉無所麗也請言其理立憲政體之最可貴者在其權限之嚴明然正以權限嚴明故行政部有莫大之威權非他種政體所可同年而語立乎其上者雖有一君主而君主以神聖不侵之資格不負政治上之責任勢固不容察察爲明一一綜核政府之設施而代之受過故得以限制政府之威權而使軌於正者惟恃一國會然國會之對於政府僅能爲立法上之監督與政治上之監督而已若行政上之監督在法固非國會之所得施而國家諸種行爲中其與國利民福關係最繁而影響最捷者實莫如行政就令政治之方針不誤法制之大體適宜而奉行之勤怠虛實與夫寬猛緩急之間其結果之良惡可以懸殊夫奉公於行

論說 四

政部之人則亦多矣上自國務大臣下逮庶人在官者靡所不統有一失職民害乃滋故立憲國之行政官吏各對於其職務而負嚴重之責任以受上級官廳之監督其上級者又受其更上級者之監督夫必事事毛舉而監督之亦何術可以克周者必也一切官吏先皆有忠於職務之誠意斷不至爲大德之踰閑然後於其所不逮者及其所失誤者而指揮之是正之云爾若一國官吏悉自忘其身之爲國民公僕而惟思假公職以牟私利恬然不以爲恥一邱之貉而監督又安得施此普通官吏之道德繫國家安危者一也下僚之不德長官得而糾之長官不德而糾之之道殆窮夫一國之行政部必有其最高機關在東西各國則中央內閣諸大臣也在我國現制則中央各部尚書侍郎復益以各省督撫也此皆舍君主及國會以外無一人能糾其責任者而立憲國之君主既已以垂拱爲治則國會實爲唯一之督責機關靡論此最高官吏者常得藉口於行政職權之獨立以逃國會之干涉也就令政治上之德義問題爲國會所得干涉然國會之召集期限有定閉會中瀆職之舉倏下次開會而始圖匡正勢已等於亡羊而貽國家以不可復之損失者抑既多矣況乎執政以彈劾獲罪在泰西憲法史

中目爲不祥其事固不可以屢見然使袞袞當道舉皆以德義爲弁髦則雖劾一人而去之繼其後者猶吾大夫崔子則多此一次之擾擾果何爲也又況國會之力能進退執政與否又視乎其國之憲法條文及其政治習慣何如而決非新進之立憲國所能望也故夫今世立憲國國會之監督執政也必其執政先有恤民憂國之誠意其所設施固無一不以國利民福爲前提特其政策之權衡於先後輕重緩急間者見智見仁利害非可一言而決則占之輿論以定其從違云耳若執政心目中本無國家無國民其所以誤國病民者不在措施之失宜而在行誼之貪慝於此而欲藉國會以爲匡救其所能匡救者幾何哉此執政方鎭之道德繫國家安危者二也然此猶爲國會議員能盡其職者言之耳使議員各能金玉自守不淫於富貴不屈於威武代表正當之輿論爲國民後援則雖有不肖之執政猶將有所憚而不敢自恣且或畏民嵒而思引退焉而不然者誘之以利祿怵之以禍害能使之幡然盡棄其所守以黨於敵則國會以及一切地方議會乃不啻爲蠹國殃民之官吏傅之翼前此失政瀆職尚或狠顧而懼清議之隨其後今乃得明目張胆而號於衆曰吾種種穢德罪業皆從國民之所欲而

行之者也是何異國民自舉代表人授之刃而使摏吾胸也是恐一虎之擇肉有所未盡而復豢羣狼以爲之扈從也是故人民所舉議員苟得其人則常能閑節政府使軌於正詒人民以莫大之利苟非其人則緣此所蒙之害亦如之此國會及地方議會議員之道德繫國家安危者三也由是言之則孟氏謂立憲政體惟恃道德以立國者豈其欺我哉。

今之設辭以撓憲政者輒鰓鰓然以程度不足爲憂唯吾固亦憂之雖然彼所憂者曰人民程度問題吾所憂者則官吏與人民共通之程度問題也彼所憂者曰智識程度問題吾所憂者則道德程度問題也夫使官吏之程度已足惟人民之程度不足則策厲陶冶以助之長至易易耳彼二十年前之日本豈不然哉若乃官吏之程度萬不能爲立憲國之官吏則吾眞不知如之何而可也使道德之程度已足惟智識之程度不足則甘受和白受采稍傅益之將日進而無疆焉若乃道德之程度與立憲國所需者相背而馳則朽木不可雕糞墻不可圬吾又安知其所終極也今之立憲而曰預備也豈非懼程度之未足故少遲緩之以期諸將來也顧將來可以增進者智識程度耳若

道德程度則豈有所待焉人人誠能以自厲雖一躍而淩駕世界諸先進國可也而不然者雖預備數十百年吾敢必其無寸效之可睹而何有於八年哉又況乎持吾之所謂道德程度者以繩我國人不惟不見其日進也而反見其日退今且若此則江河日下以迄於八年吾更安知其作何狀也嗚呼吾見夫曩昔巧宦猾吏之魁桀今悉以憲政能員聞矣吾見夫曩昔以愛國豪傑自命者一入惡濁之社會而與之俱化矣吾見夫負笈於外懷所學而歸者悉唾棄之而別求所以媚世之術矣夫豈無一二自好之士則將為世所擯而漸卽於劣敗之林受儔侶之嗤點而引以為戒耳至使人想望十年以前之人心士俗睪然有餘思焉朝頒一章則為顯宦多開一罔利之路夕開一局則為鄙夫多闢一奔競之門循此以往逮其所謂豫備之悉備而民且無噍類矣昔于令升之論晉史也曰、行身者以放濁為通而狹節信進仕者以苟得為貴而鄙居正當官者以望空為高而笑勤恪毀譽亂於善惡之實情慝奔於貨慾之塗選者為人擇官官者為身擇利悠悠風塵皆奔競之士列官千百無讓賢之舉而斷之以國之將亡本必先顛今也一國之風習以視令升所痛哭者何如若是將陸沈之不暇而安用此虎皮蒙馬之憲政爲也嗚呼千聖百王之締造此國土涵育此文明以詒我子孫也蓋非易焉其忍及吾躬而隳之也詩曰嗟我兄弟邦人諸友莫肯念亂誰無父母吾果杞人也歟哉

然則如之何曰、我大夫爲民所具瞻者其亦念民生之不易禍至之無日其庶幾精白乃心以讓此浩劫而還我太平卽不爾者亦願雖以其全爲吾子一身計而仍出其餘以爲國民計則疾雖不瘳其或不增劇焉雖然吾之言老生常談也吾知聞吾言而怵惕於其心者什不一二其有一二則將曰似此狂瀾豈吾力所能障毋甯隨之以汩流而揚波也顧吾抑嘗聞諸湘鄉曾子矣曰、風俗之厚薄奚自自乎一二人之心之所向而已又曰轉移習俗而陶鑄一世之人非特處高明之地者然也凡一命以上皆與有責焉天而不亡中國也其庶幾有聞曾子之言而興者也

論說二

# 論幣制頒定之遲速繫國家之存亡

滄江

（參觀本號著譯門格里森貨幣原則說略及次號調查門各省濫鑄銅元小史）

泰西良史馬哥里曰英國前此百年間暴君專制而其害之及於國家者尚不如惡貨幣之甚吾昔嘗疑其言太過而今乃知其信然也蓋貨幣之爲物爲格里森原則所支配惡幣恒驅逐良幣惡幣一旦出現於社會則其勢之猖獗至於不可思議非盡取良幣而悉數驅逐於國外不止苟委心以任其遷流之所屆必至舉國中無一正幣而百物騰踊外貨滔滔輸進民不堪命以底於亡然而欲補救之當其禍之未深尚易爲功及其弊之已著則難爲力所謂惡貨幣者何貨幣之名價與其實價不相應者是已何謂名價與實價不相應例如銅元之名價以一當制錢十又以十當小銀元一而制錢千枚所含銅之重量依　國初定制爲六斤有奇即咸同間所鑄者尚二斤有奇而銅

元則以銅百斤能鑄八千枚每百枚所含重量僅一斤四兩以比康雍間制錢其實價僅值名價十之二以比咸同間制錢其實價亦僅值名價十之六故其勢非盡取制錢而驅逐之不止也又小銀元一枚所含銀之重量爲六分三釐有奇而每銅百斤約值銀三十五兩內外以鑄八千枚每十枚所含銅值銀四分二釐有奇以之與小銀元一枚比較其實價僅值名價三之二故其勢又非盡取小銀元而驅逐之不止也其小銀元之對於大銀元則亦有然又如鈔幣其每張實價不過紙料與印刷費質而言之則無實價而已而政府既認之爲貨幣則其名價或爲一元或爲十元或爲百元苟行之而不止其勢非盡取一切有實價之貨幣無論爲金質者爲銀質者爲銅質者而悉驅逐之焉不止也惡貨幣之流毒於社會也如是是故善謀國者必定一種名實脗合之貨幣以爲本位其實價小於名價者（如小銀元銅元之類）不過藉爲補助而已而行之必有限制其絕無實價者（如鈔幣）不過以爲貨幣之代表而不直認爲貨幣持之以兌換實幣罔或不應也夫是以幣制鞏固而國與民交受其利不善謀國者反是見夫實價小於名價之貨幣鑄之而可以獲利也又見夫絕無實價之物以法律強命爲

貨幣其獲利更無算也於是乎視爲籌欵之一捷徑縱轡而馳之其始固栩栩然有以自樂也不及數年而格里森原則之作用起全國之富力銷溢於外國民悉爲餓殍而政府更誰與立矣及夫弊之既著乃焦頭爛額以圖補救 **其勢必舉前此所獲之利悉吐出以爲償然後能自贖前所獲者愈多則後所待償者亦愈多然所以爲償者仍不得不取諸民則民益病及至民力竭聲嘶而終無以爲償則國遂亡矣**

夫所謂吐出以爲償者何也則取實價小於名價之貨幣悉收回之所存者僅使足敷補助之用而止取絕無實價之貨幣而悉予以實價使得與眞幣兌換是已質而言之則所濫鑄之銅元等必須收回所濫發之鈔幣必須銷却也而前此緣濫鑄濫發所獲之利爲千萬者則後此收回銷却所需之費亦千萬前此所獲爲萬萬者則後此所費亦萬萬此理數所必然無可逃避者夫已入口果腹之物而終須探喉絞臟以吐出之其痛苦抑何待言然苟憚痛苦而欲避之耶則有待死而已矣故識者謂國家鑄

論說 四

惡貨幣以救財政之窮無異於飲鴆毒以止渴誠確喻也今吾國之中此毒亦已深矣。自光緒三十年至三十四年凡五年間。**各省所鑄銅元共一百二十萬萬枚有奇。**分布之於四萬萬人則每人應使用三十枚夫補助貨幣尚有各種小銀元及制錢以與銅元相輔爲用以吾計之我國每人現時所需銅元不過平均人十五枚而已足最多至二十枚極矣然則今日國中所有其溢出之額已及半最少亦已及三之一**凡所溢出者則頒定幣制時必須收回者也**若不收回則其弊何如苟不於銅元與他種貨幣之間定一法律上之比價而聽其隨市價爲漲落一如今日耶則貨幣之系統全亂其究也與無幣制等若爲之嚴定一法律上之比價耶則格里森原則之作用起而他種貨幣必至被銅元驅逐無餘凡一切大銀元小銀元制錢皆朝出爐而暮匿影矣故濫鑄銅元爲幣制之累也若此又鈔幣一項據去年六月上海之西人商業會議所調查報告謂**此三年內各省所發者已三千萬兩。**其確否蓋未可知以吾所揣度應不止此數即據此數爲比例。

則合以此一年半所增發者今日亦應在五千萬兩以上此種鈔幣雖號稱隨時兌換現錢然今日各省官錢局豈嘗有正金以爲兌換之準備故語其實則不換鈔幣耳**而此種不換鈔幣則須幣定制時必須禁止續發而政府對於已發者又必須實行兌換之義務者也**使依然續發而不負兌換之義務勢必至名價十元之鈔幣在市場不能易一元而無論何種貨幣皆盡被驅逐國中所資爲交易之媒者全恃廢紙而宋元末葉之禍將復見矣故濫發鈔幣爲幣制之累也若此嘗考我國近十餘年間海關表每年金銀入口者常多於出口者數百萬或千餘萬兩**乃最近三年間每年金銀出口多於入口者約二三千萬**而銀根之緊迫無處不然商店之破產日有所聞至去年末而大恐慌遂徧全國至今而其象又將復起此雖由種種原因所致而其原因之最直接而最重大者**則實緣濫發鈔幣濫鑄銅元爲之厲階**此稍有識

者所能知也此實格里森原則之作用信而有徵者也及今速頒定幣制而以完善之銀行制度與之相輔雖曰收回現在溢額之銅元兌換現在已發之鈔幣其所費已至鉅然此數千萬金之鈔幣全國市場所流通本需此數改爲兌換實則求兌換者希改之尚易也而收回三四十萬萬枚之銅元忍痛爲之力尚可任故今日而速頒幣制雖病其已遲然猶可及也若今猶蹉跎荏苒則現在各局之鑄銅元者各省之發鈔票者皆竭其機器之力所能及惟日不足譬猶家有姒娣十數人而日夜相競以盜其姑嫜之所蓄加以行政機關之不備人民之盜鑄盜發者與外國之盜鑄盜發而運入者其數復不可紀極上下內外併力而呫囁之不過五年恐國中之銅元必至千萬萬枚以上國中之不換鈔幣必至數萬萬兩以上彼時而始議收回議兌換耶吾恐雖絞盡全國之膏血以增加租稅強逼公債終無術以彌此深痛鉅創必激民變以至於亡彼時而不議收回議兌換耶則國中所有金銀之屬足爲幣材者

皆被驅逐以流出外國僅餘碎銅廢紙爲用物價之騰什伯倍於今日民凍餒離散而國隨以亡此兩途者必出於一萬無可逃避者也由此觀之則馬哥里所謂百年暴君專制之害不如一次惡貨幣之甚者豈不信哉故吾以爲今日中國應辦之事不一端而莫急於頒定幣制何也以他事今日不辦可期以明日今年不辦可期以明年幣制則遲頒一日其困難將甚一日而數年之後則雖欲頒焉而不可得也嗚呼我政府我國民其瘖也耶其猶未瘖也耶若夫幣制之組織當若何則吾於去年度支部所議者認爲大致不差其倘有以爲不然者他日更忠告焉

## 第一號勘誤記

論說　第十二頁第二行符誤作苻

第十四頁第六行檜誤作捻

時評　第十一頁第六行瀚誤作澣

著譯　第三頁第七行版誤作叛

第十三頁第十行災誤作炎

同　第十三行齎誤作齋

特別紀事　第四頁第八行利誤作和

文牘　第十九頁第五行判廳誤作辦應

第二十七頁第三行顯誤作獻

談叢　第五頁第八行思誤作恩

文苑　第十頁第五行西誤作四

第十一頁第七行馬聲寒誤作馬聲聲

同　第九行獨漉下漏獨字

時評

# 國會期限問題

滄江

各省諮議局議員。鑒於政府之籌備立憲。有名無實。於是全國一致。共舉代表。敬謹伏闕。籲請縮短國會期限。提前召集。此誠深明治本之論。亦可見率土臣民。對於 先帝遺詔。忠誠奉戴。兢兢惟恐不及。書所謂民情大可見者非耶。而 朝廷亦俯順輿情。渙降 溫詔。堅明憲政必立國會必開之約。申之以信誓。徒以幅員遼濶。籌備未能完。全國民智識程度未能畫一。恐致紛擾以貽憲政前程之累。而復教以行遠者必求穩步。圖大者不爭近功。有 君如此。吾儕小民。眞可恃以無恐矣。雖然。各省代表所以汲汲請願之故。尚有不能不爲政府諸公一忠告者。夫以 先朝之煌煌大誥。暨宣統紀元以來。 明詔三令五申。我國政體之必歸於立憲。昭然既若揭日月。而舉國臣民顧將信將疑戚戚然若以爲甚不可恃者何也非敢疑我 皇上疑政府諸臣之終無以奉答 聖意而已。夫南轅旆而告人以將適幽燕。蘇糞壤而告人以欲求芳澤。雖五尺之童。猶能知其誕也。而不幸我政府所以奉行預備立憲之詔旨者。乃有類於是。夫以政府前此所上之九年籌備案。則既已鹵莽滅裂。不成片段。雖一一實行。而立憲國所當有事者。固已未備什一矣。而況乎凡百政務。其因果之關係甚複雜。欲治甲必當先乙。當其治乙又當先丙。以此鹵莽滅裂之籌備案。欲求其實行。決不可得也。（叅觀第一號時評門九年籌備案恭跋）此猶就形式上言之也。夫使政府及中外羣吏果有至誠惻怛憂天下之心。有皎然不敢欺 君父之志。則雖預定之方案有所未備。而隨時損益。固甚易易。即使其政策或有大誤謬。而既已至誠奉公。必能不遠復而無祇悔。又使其才力或有所不逮。則亦必能周諮博訪。舉賢自佐。信如是也。則其精白之心既已與天下共見。無論舉措若何闕失。固不必求諒於天下。而天下自能諒之。信如是也。則必樂聞天下人之勤攻吾短。得瞿然借鑒以爲補救之資。而必不肯箝塞輿論爲煬竈壅蔽之愚計以自陷於戾。而今之從政者何如。荀子有言。致亂而惡人之非己也。致不肖而欲人之賢己也。心如虎狼。行如禽獸。而又恐人之賊己也。今之從政者當之矣。

其心目中未始有國家也未始有　君父也未始有人民也所見者權位耳金錢耳其自始未嘗知憲政爲何物也且視憲政如寇讎也　天子曰非行憲政無以保我子孫黎民則相率自效曰吾固最能奉行憲政之人也奉行之且數年矣然其不知憲政爲何物如故也其視憲政如寇讎如故也夫既已不知爲何物且視如寇讎而曷爲猶奉行之曰、權位在則然爾金錢在則然爾故昔年考察政治大臣覆奏有云立憲政治上利君下利民而獨中不利於官夫立憲政治則豈眞有不利於官者而中國今日之官乃誠有所不利矣是故竊其名則樂之舉其實則惡之夫舉立憲之實則舍召集國會之外甯有他事更急者而政府之期以九年者豈其實有見於籌備之必需爾許時日毋亦默揣其時吾之人與骨皆已朽卽不爾亦可以飽而颺去而後此遺艱投鉅非吾事也此非吾深文周納之言今之從政者試撫心自問其有不若此者乎曾不知從政者之於職位雖可以視同傳舍而　皇統之於國家國家之於大地其壽命當與天無極非可隨彼輩之職位以爲傳舍者天下大器也羣生重寶也數百年之基業數千年之文明而今也將冥冥漠漠以斷送於傳舍中少數旅人之手苟有血氣其安

時評　四

忍坐視然既已奉　大誥行立憲之政政治上之責任義不可復以勞　君上則夫監察彼輩使稍動其天良而思其所職者夫烏可以無獨立之一機關吾儕小民所以求國會若飢渴者徒以此耳不然諮議局者固全國人民所選舉而成也管子不云乎民也者分而聽之則愚合而聽之則智諮議局雖曰幼稚豈其不知憲政之當先事籌備而非可以一蹴幾者正惟以事事亟須籌備而今政府籌備三年成效既已可覩循此以往微論九年也雖九十年而政治現象一如今日且每下愈況耳　若是則我國其長已矣是故速開國會云者非謂憲政以有國會而即爲告成正謂憲政必賴國會而始能預備耳使政府自光緒三十四年以來果能著著舉預備之實其心與跡皆爲天下所共信則吾民亦何必汲汲爭此虛名雖遲至宣統十八年二十八年始開焉固無懟耳今奉　溫詔明白宣示吾儕小民益以知　聖意所在誠歡誠忭顧所最願望者願政府諸公及中外羣吏稍出其天良千萬分之一以敬謹紬繹　聖意所在而已　詔書所兢兢垂念者

在籌備之完全而完全之期責諸宣統八年以前若何而始爲完全政府及羣吏其念之宣統八年以前果以何道而使臻於完全政府及羣吏其念之而不然者　詔書不云乎上無以慰　先朝在天之靈下無以對我四萬萬國民之衆此莫大之罪戾吾恐非請願代表諸人尸之而別有尸之者矣抑吾聞之至誠所感日返魯陽血性所爭泉涌疏勒我　皇上思速觀憲政之成甚於吾儕而非有國會不能舉憲政預備之實其事理既已昭然共見則我　皇上之於國會又豈其好靳此數年者第父母之愛子也恒待其誠求而始應之所以教孝也意者吾民之求猶有未誠耶如其誠也吾將更以移孝作忠之說進

# 錦愛鐵路問題

滄江

（參觀本號特別記事門美國最近東方政畧記）

現今外交上最重大之事件則莫如錦愛鐵路問題矣今全世界各國之報館無不囂

置然論此事而我國人反若熟視無覩至可痛也吾故詳述其所覩聞而加以評騭焉。

一　形勢及歷史

錦愛鐵路者由錦州至愛琿之鐵路也起軔於錦州迤西經朝陽折東北經阜新、小庫倫、彰武以至鄭家屯由鄭家屯西北行經洮南署折而東經伯都訥達齊齊哈爾復由齊齊哈爾東北行傍嫩江東岸經布哈特、墨爾根東行過石頭溝子、庫穆爾穿黑龍江省城以抵愛琿愛琿者我國與俄羅斯東北極邊之界與彼西伯利亞重要都府伯拉照支琛斯克者隔黑龍江一葦之水縱切俄國之東清鐵路而過者也（東清鐵路爲東西線此路爲南北線）線路共長七百五十餘英里約爲中里三千一百餘里與京漢鐵路之長袤適相仿實非常之大工程也。

初光緒三十三年四月奉天將軍趙次帥黑龍江巡撫程雪帥奏准辦洮法、（自洮南府至奉天府之法庫門）及齊愛、（自齊齊哈爾至愛琿）兩鐵路其時新法鐵路（新民屯至法庫門）方將開辦故欲以洮法與新法接以通南以齊愛控北而於中間將來更築洮齊一路以聯絡之則奉吉黑三省一氣如臂指之相使此實數年來賢大吏所苦心經畫也而所最困難者實爲籌欵問題於是初

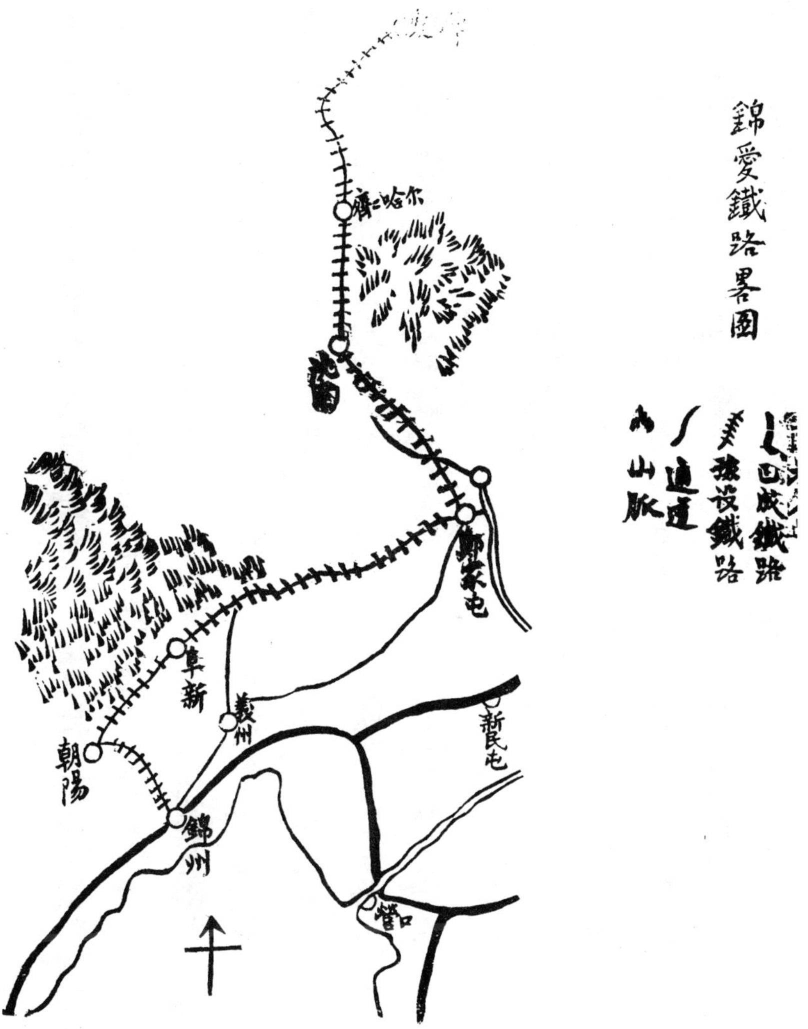
錦愛鐵路畧圖
已成鐵路
擬設鐵路
通道
山脈
齊〻哈爾
鄭家屯
阜新
義州
朝陽
錦州
新民屯
營口

時評

擬築新法鐵路。向英國仙治潔特借欵。而日人藉口於有礙南滿鐵路利益。極力抗議。至去年六月。我政府卒讓步。停止斯舉。而計畫不得不小變。乃擬改洮法路為錦洮路。由錦州府達洮南府。向美國仙治潔特借欵。其後七八月間。美英兩仙治潔特之代表人在北京協議合併為一。共承此路。更說我以再圖擴充。乃擬延長至齊齊哈爾。為錦齊鐵路。至十二月中。錫清帥更提議延長至愛琿。為錦愛鐵路。而向此英美聯合之仙治潔特借美金五千萬元。為工事之費。現今借欵合同什九就緒。將次畫押。惟日俄兩國又起抗議。是以遷延未能遽定。然大約當不至於中廢。此錦愛鐵路歷史沿革之一斑也。

二 就政治上之價值論錦愛鐵路

錦愛鐵路之興辦。其目的實專在政治問題也。蓋自中俄密約以後。滿洲主權。實全為所侵奪。及日俄議和以後。北俄南日。中分勢力。而我國疆吏。日受掣肘。與前無異。兩國所以能制我死命者。皆由路權為彼所握。加以俄人為日所扼。不能大得志於滿洲。則竭全力以經營蒙古。數年以往。恐第二之滿洲。復將出現。不可不為曲突徙薪之計。我

八

大吏能計永久之利害創此宏遠之規模實吾儕所欽佩無似者也此鐵路若能自造而自管理之則於國民生計上及財政上之結果如何且勿具論要之我之在東三省可以有所憑藉以與日俄競而此路告成之後與京奉路相接復與京漢津浦兩路相接直通中部南部諸省而北方又由愛琿直與西伯利亞路相接歐亞交通孔道莫捷於此不獨我國而已即印度支那一帶（安南暹羅緬甸等）以至印度之南部凡來往者皆必由此與東清南滿兩道能爲強劇之競爭世界大勢亦將爲之一變是此路之效也

雖然我中國現在所用之政策果能完全以收此效乎實不能無疑蓋辦此路之本意無非欲以抵抗他國之勢力然惟能以自力抵抗者斯爲眞抵抗若以他國抵抗他國恐非惟不能抵抗反增壓迫耳昔日本勢力之未侵入滿洲也苦我者惟一俄羅斯及日攘俄而奪其特權之一部分在日誠有邱山之利在我則前此所失於俄者豈嘗見秋毫之能復徒使兩姑之間益難爲婦耳夫兩姑既無以異於一姑且更難處焉則三姑四姑之無以異於兩姑而愈益難處焉從可推矣此次與英美所訂借欵條件甚爲秘密其內容如何吾儕雖未獲周知然此事實由美國主動觀近來美人之輿論其對

於中國之手段殆有攫金齊市旁若無人之概他勿具舉即以其大統領所下國會之教令證之謂美國之東方政治歷史將從此開一新紀元則其重視此舉已可概見蓋將以此仙治潔特爲英國前此之東印度公司也然則彼既得此敷設權後而附隨之之特權且將不知幾許如此則是於俄之東清日之南滿外更益以美之錦愛鼎足而三耳而於我究何補焉夫前門拒虎後門進狼愚夫猶知其無擇况夫狼則進而虎卒不能拒也夫以日本犧牲數十萬人之生命而卒不能遷俄國之跡於滿洲何也强者之勢力既植則不易拔也既不能拔則惟有與之並植而已今美國雖日言親我而其終不能爲我驅逐日俄兩雄之勢力於滿洲以外此事理之至易見者矣故其結果惟與日俄鼎峙而我所贏者則自兩姑而三姑耳然則就政治上之價値以論錦愛鐵路吾殊不敢遽爲抽象的判斷要當視借欵合同所訂之條件何如即條件不謬仍當視我所以維持之之實力何如若此兩者不能躊躇滿志則雖謂此路無一毫政治上之價値可也

三　就國民生計之效果論錦愛鐵路

現今各國之鐵路。皆以爲發達國民生計一利器。其不含有政治上意味者。什而八九。然則就此以論錦愛鐵路。則又何如。蓋各國之造鐵路。其選擇線路也。不外兩原則。其一則已繁盛之地。非有完備之交通機關。則滋不便。故鐵路自然發生也。其二則未繁盛之地。欲以人力導之。使即於繁盛。而以鐵路爲一種手段者也。而錦愛鐵路則全屬於二種者也。今略舉該路重要諸驛之形勢。自錦州以至洮南。其間朝陽府人口約二萬一千。阜新縣約二千。小庫倫約四千二百。鄭家屯約三萬。洮南府約一萬六千。朝陽府雖爲附近菽粟諸品之集散地。然舍此無他產品。且商業圈域極狹。不適於爲商場。阜新縣惟與奈曼王府小有交通而已。小庫倫每年當七八月之交。附近諸牧場地有多數之家畜上市。他種商業亦隨而盛。然除此季節以外。平時皆極冷淡。惟鄭家屯爲東蒙古咽喉。其集散貨物近年總計值二千萬元。爲沿路最有望之地。洮南府地勢雖扼要。然附近牧畜業不盛。農業更微。其發達更須極久之時日。自洮南以北。惟齊齊哈爾爲與東清鐵路交互之點。實本路最繁盛之中樞。此外則伯都訥控松花江。亦商業地稍足觀者。線路經此與否尙未確知。再度齊齊哈爾以北。則所經皆寒村僻壤。其墨爾根雖號稱一城鎮然荒涼實不可名狀舍毛革外無他貨物即終點之愛琿雖有將軍駐劄曾不能比內地之一山邑以上所舉沿路重要之驛其情狀不過如此則僻小者更不必論若語物產則除畜穀二者之外殆無可述且惟洮南以南此兩者集散頗豐耳以北則並此而無足觀而其人民既貧觳購買力自然缺乏貨物由他地輸入者亦無從盛以現狀言之則此沿路無取夫有鐵路甚明今此路之目的全在開濬利源則現時之盛衰原可勿深論雖然以開濬利源論之則東蒙古之地雖曰肥饒然以較中原不逮遠甚國家若爲開濬利源起見則與其辦此路何如移之以辦腹地之路且利源能濬與否全視人民之智識能力國家祇能因勢利導稍助之長而斷無從全然代大匠斲今沿路一帶蒙古人其智識能力之劣下不必爲諱謂有此路而利源即緣此而濬未免太易視天下事矣然則就生計上之效果以論此路除非兼辦一大殖民公司將內地充溢之人民徙以實之則將來之希望可以極大而中國現在之無此魄力蓋可見矣既已不能則國民生計上之效果蓋無可言者

## 四　就財政上之利害論錦愛鐵路

以上所論。政治上之價值。生計上之效果。雖無可言。然要不能謂其絕無補益。苟他方無損害之可顧慮。則辦此以期收將來之效。亦一種良政策也。吾於是不得不就財政上一揚搉之。夫鐵路固一種之實業也。除專備軍事用者之外。必以收支相償為期。今試揣此鐵路之工程與將來營業之情形則何如。沿路一帶山脉極多。就中由墨爾根至愛琿一段。越小興安嶺。尤為至難之工。以視京張京漢等路。其所需勞費遠過之。考京張建設費。每里二萬八千五百餘元。京漢每里二萬五千八百餘元。京奉每里二萬九千餘元。滬甯九廣每里皆四萬餘元。俄國之東清。且至五萬餘元。今此路建設費。計最少亦當在三萬元以上。以三千一百餘里計之。當為一萬萬元。故此次借款。或云美金四千萬。或云五千萬。度非五千萬不足也。而沿路所經過之驛站。其荒涼之況既如前述。則欲其每年營業入能敷出。正未知何時始得副所期。而獲利更無論矣。藉曰全路開通以後。為歐亞來往最捷之徑。旅客必多。然鐵路營業本以運貨為重。而斷不能專賴搭客。況東清南滿原相競爭。絕非我所得而壟斷耶。然則此路必不能收支相償。殆全世界所同認。然中國現在負擔十三萬萬兩之外債。既已力竭聲嘶。今無端復增

加將及萬萬兩以投諸不生利之事業將來有何把握可以贖回徙重我之仔肩以佐人之染指此則切膚之利害不可不深長思者也

## 五　錦愛鐵路外交之將來

錦愛鐵路自政治上言之自生計上言之其目的皆所以對抗東清南滿兩路此天下所共見無容爲諱者也然則日俄兩國必不肯袖手旁觀實意計中事蓋有此路與彼兩路競爭則利益之一部分必見奪而俄之海參崴日之大連灣其繁盛或將日減就中俄國所尤苦痛者則此路既縱貫東清路則附近貨物前此專恃東清路運輸者將泰半被奪又愛琿與伯拉照支琛斯克相隔僅一水臥榻之側忽有他人鼾睡其國防將自此多事日本所尤苦痛者則中國北數省及渤海灣口貨物之運輸將去南滿以就錦愛故彼兩國爲自衛起見不願錦愛路之成立盜憎主人自然之理不足怪也雖曰據條約之法理彼無詞可以藉口然昔人有言國際法惟強權者專有之武器耳彼有所挾以臨我我則安能與抗故今者聞彼兩國方振振有詞而吾政府之所以待之者未審何如也以吾料之將來之結果或兩國要求分擔此路借款及管理之權或要

求他種權利以相抵二者必居一於是由前之說則本意欲以抵制日俄者而日俄反加入其間則所期之目的消滅無存所贏者增重債務耳由後之說則非惟不能抵制而一方面既畀美國以權利一方面則日俄兩國於舊權利之外更須畀以新權利是所得無一而所喪者三也況今各國日以機會均等相標榜美俄日既有所得他國必不甘落後展轉效尤又豈止喪三而已哉此則吾所最為懍懍者耳

六　美國之成算

或曰如子所言此鐵路營業不能收支相償美國之仙治潔特顧乃出死力以爭此石田果何為者曰是不然美國資本充潤甲天下其庬集數千萬金毫不費力而又習見其本國前此常投莫大之資以築一路常人疑其勞費之難償者不數年而利源濬發國民生計及鐵路公司兩受其利若加拿大太平洋鐵路公司大北鐵路公司等其最著也夫使國民果有餘資則此奚不可者美人今已司空見慣不以為憂也然則蒙古人無濬發沿路利源之能力美人寧不見及耶曰否否美人惟見及此而謀之乃益亟亟也美國二十年前猶地廣人稀今則形勢驟變人滿之患與歐洲同今方日思求尾

閫於外而此舉則欲以將來之東蒙主自居者也且箇中消息猶不止此美國中猶太人最多亦最富紐約之倭兒弗街猶太人勢力什居七八而在歐美所至受侮久欲於東方別闢一菟裘以聚其族故滿洲鐵路中立提議時有謂猶太人欲醵資以購此權於日俄者非盡無因也而承辦錦愛借欵之仙治潔特以美國中猶太人之分子爲最多使其有成吾知亞伯拉罕之子孫行將與成吉思汗之子孫爭地矣故大統領塔福特謂將爲美國政治歷史開一新紀元豈誕語哉況築路之資本有中國代負其債務本利不憂無著此如各國特權之公司政府爲之保息者安受利益而損害則有人代償美人之自爲計不已萬全矣乎

七 結論

吾對於錦愛鐵路之意見大略如右讀者愼勿疑吾之爲日俄國左袒也城下之盟會稽之恥苟有血氣曷云能忘吾獨非赤縣之氓耶苟有術以爲國家立剔去此在背之芒則死且不避其安忍更倡異議雖然就事論事窮極將來變遷所屆而權其利害之輕重則有不容徒任一時之意氣以誤大計者故於我賢大吏錦愛鐵路之計畫雖極

須其體國之公忠與規模之宏遠而卒有所不敢苟同使我政府及國民之財力果有餘裕腹地重要之路既已盡舉尚有餘力及此而官吏復能有常識有儁材足與他人之掎我者相拮抗相鉤距則此路誠爲東三省起死回生唯一之良方吾願距躍三百以贊成者也今也不然而徒爲此獨坐窮山引虎自衞之計吾竊重憂之且吾更欲有一言近數年來吾國人對於外交事項其目光所注專集滿洲夫滿洲外交之艱危固也然艱危豈獨在此其他更有倍蓰者但常人之情寗俟焦頭爛額而倉皇救護不肯曲突徙薪以從容布置烏知乎徙薪之必有功而爛額乃終無補也以吾之見則滿洲已成難收之覆水已碎之墮甑欲策滿洲外交宜在十年以前今則晚矣今日如有良外交家惟當殫誠竭慮沈幾善應求使無復有第二滿洲出現則我國民受賜多矣不諱之言願識者哀而鑒之

時評　十八

# 滿洲鐵路中立問題

（參觀本號特別記事門美國最近東方政略記）

滄江

客冬美國大統領下敎令於其國會有「美國對於中國將開政治上之新紀元」一語。識時之士。因已觸心怵目而亟欲觀其後效果也未及一月。而有美政府提議滿洲鐵路中立案一事。其內容之大略。則（一）使俄國將東淸鐵路日本將南滿洲鐵路賣回中國。（二）中國贖回此兩鐵路之欵由英美法德日俄六國公同合資組織一「仙治潔特」（仙治潔特者。法文爲Syndikat即聯合團體之意。而其性質與托拉斯相彷彿。如前此與中國交涉之銀公司福公司合興公司等。皆非一單純之公司而實仙治潔特也。）以借給之。（三）滿洲鐵路歸六國共同合資所組織之「仙治潔特」管理只以供商業上之用。而不許以供軍事上政治上之用。（四）英美兩國將來所得之錦愛鐵路敷設權亦歸入此「仙治潔特」共同管理。

此議初出。環球聳動。各國報館。莫不以此爲世界一大問題。搦筆以論其得失。及去臘之杪。日俄兩國。相繼爲反對之覆牒。英法回答。亦在模棱兩可之間。其純然贊成者。惟德國而已。中國答文如何。雖未能確知。要之此事關係最密切者。除中國外。厥惟日俄。而中國全立於被動之地位。舉足左右。不足以爲輕重。日俄既聯合反抗。則美國之提議。自將消滅於冥冥之中。此曇花一現之外交事件。殆幾於雲過天空矣。雖然。美國何故而忽然有此提議。其命意果安在。此提議若成。則其利害之及於中國者何如。今此提議雖不成。然其餘波之影響於中國者又當何如。此我國人所亟當猛省而未可遽以明日黃花置之者也。

美國提議之意。驟就其表面上言之。似出於義俠爲我國援手。蓋日俄兩國。擁南滿東清兩鐵路。兼有沿路之警察權。我地方官之設施。在在被其掣肘。名義上雖曰我國領土。而主權已喪失殆盡。就中南滿鐵路。對於日本輸入貨物特廉其運費。又設法逃避關稅。以致東三省市場。成日本獨占之勢。使我國及他國不能爲正當之競爭。而經濟發達。將無可望。美國當俄人與我爭哈爾賓行政權問題時。振振有詞。仗義執言。當日人與我解決懸案五件之時。詰問日政府以是否不悖於開放門戶之主義。（參觀前號記事門宣統元年大事記）而今茲復爲此提議。欲助我國贖路。而使脫日俄兩國之羈軛。其用意豈非可深

時評

感。雖然。美國之為吾謀。不如其自為謀之忠也。

美國此次之提議。其動機全起於前駐劄奉天總領事士德列氏。士德列之在奉天也。徐尚書世昌唐侍郎紹怡適為督撫。方不堪日本之壓逼。而思求助於他國。士德列本當代一梟雄。野心勃勃。乃利用此機。一面極力與我交歡。一面遄返紐約。運動其資本家。使注全力以經營中國。當唐侍郎歷聘歐美時。中美同盟說。喧傳各國。實則士德列輩。左右周旋其間。非盡子虛也。及項城放歸。唐氏投閒。茲議暫輟。而士德列在美之運動不衰。卒能組織成一「仙治潔特」。而自為之代表。以來北京。當英德議借款與粵漢川漢兩路時。此仙治潔特要求加入。未幾。復要求錦齊鐵路之敷設權。錦齊鐵路者錦州至齊齊哈爾也現更擬延長至愛琿故又名錦愛鐵路現方為日俄兩國所反對成否未可知其利害次號別論之現今北京外交場中。其活動力最強者無過士德列。而此次提議。實由彼主動。則其命意所在。蓋可推耳。質言之。則欲排去日俄兩國之勢力。而以美國勢力入而代之也。夫以今日吾之在滿洲。徒擁虛名。而事事仰鼻息於日俄。誠天下至不堪之局。雖然。奪諸日俄而畀諸美。則前虎後狼。抑何所擇。夫使美人而曰。代中國贖還此路。即將此路之管理權歸諸中國。則其利害比較。猶有可言。

今而曰歸諸美人所發起之六國仙治潔特也則吾誠不知中國之權利所以異於今日者果何在也

藉曰稍有利於今日也然其害之相緣而起者又將如何（第一）新借之贖路公債我國之力果能負擔乎據日本報紙所論謂必欲使日本棄擲南滿鐵路則索償須在十萬萬兩以上今既作罷議則此說固不成問題然使列強聯合強日本以所難則日本要索重價恐亦非列強之所能拒而俄國所索亦必與相埒又無論矣再合以錦愛借欵統計所需總在二十萬萬兩以上我國現在外債十三萬萬兩我四萬萬人負擔之既已力竭聲嘶不審息肩於何時今復兩倍之是直欲索我於枯魚之肆耳據東清鐵路條約第十二條（此條約乃光緒二十二年七月二十二日在北京畫押者當時係屬密約未經公布至今我國官書不載之）則該鐵路八十年後歸還中國不索償價三十六年後中國可以隨時照價贖回日本南滿鐵路則由日俄議和條約繼受此權其條件亦與東清同一夫條約效力之有無變遷恒視實力之所以盾之者如何況事隔數十年滄桑當不知幾度吾豈謂恃一紙空文遂可以收已覆之水雖然苟其時而我國果能自振者則操券以索固尚有詞矣而此數十年中可以免

公債之負擔今如美國所提議中國將來若欲收回此路權仍須別向六國之仙治潔特議贖而欲此兩路每年收益能償二十萬萬兩公債之利息已非易事況於還本是益永遠斷送滿洲而已（第二）受壓制於六國與受壓制於兩國其利害之差別何如吾以爲就滿洲論滿洲則害等耳無所差別蓋滿洲久成破甑雖有善者末由補救此如婦女業爲強暴所污則委身狡童與倚門賣笑等耳而美國提議之所以可畏者乃不在滿洲一隅而在中國全境蓋中國今日所以能擁虛名延殘喘者非果有實力足以自存於諸大國之間也諸國以連雞不並棲之勢互相猜忌傾軋而未能協以謀我我乃僅得寄生以續頃刻之命美國此次之提議即欲列國一變前此之政策而共同一致以制我死命也若其能成則各國之感情將緣此而漸趨融和以後益謀所以分甘絕少而咕嘬我以滿洲爲試驗場而以次推及全國則會同干涉財政乃至干涉種種內治之事皆將實現此實履霜堅氷無可逃避者也觀於美國大統領教令之言所謂司馬昭之心路人皆見矣事至於此則我國雖欲求如今日之滿洲又豈可復得耶

夫美國之提議識者固自始已決其必無成也何也日俄必不肯從未由威偪一也各國猜忌未泯難以和衷二也今殆於收回成命矣雖然美之執政固非全瞢於世界之大勢以公牘爲兒戲者且盎格魯撒遜人種以堅忍不拔之性聞天下又決非一挫而卽棄其所志者其提議也或自始料其不成而故爲之以備要求他種權利杜各國之容喙耶抑將以此聳動天下之耳目喚起其合同精神以造成干涉中國內治之趨勢耶皆未可知要之物必自腐然後蟲生之苟我國政治現象長如今日吾恐謀於曹社者正不徒西方美人也

時評

絕域從軍計惘然。東南幽恨滿詞箋。一簫一劍平生意。負盡狂名十五年。

# 格里森貨幣原則說略

著譯　雙濤

格里森原則者。英國人格里森所發明。而千古不磨之貨幣法則也。其言曰。『凡有兩種或兩種以上之貨幣並行于市場。其法價同而實價異者。則良幣必爲惡幣所驅逐而澌滅以盡』如有兩種銀幣。其甲種每一枚所含之銀實值價一錢。乙種每一枚所含之銀實值價八分。而國家法律認乙種與甲種同價。則人民將專用乙種。而甲種則私銷之變爲銀塊以流出於外國。蓋不私銷則每枚所能購之物。僅與八分者同量。私銷之則能獲二分之利也。又如有兩種貨幣。一爲金。一爲銀。國家以法律制定之。令每金幣值銀幣若干換。一遇金價騰漲時。則金幣必被私銷。惟銀幣獨行。一遇銀價騰漲時。則銀幣必被私銷。惟金幣獨行。其理亦與前同。此原則者。在泰西諸國。歷驗不爽。至今言貨幣者。僅避之無敢蹈此覆轍。而我國則向來忽而不察。故圜法旋立旋壞。終無持久之效試舉其例。

例一 昔康熙通寶乾隆通寶等制錢分兩凝重肉好完整且所含銅質亦極純良。及咸豐同治等錢出一切不如彼而每枚法價彼此相等故康乾等良幣為咸同等惡幣所驅逐漸絕其跡此格里森之原則作用也唐宋以來之錢幣有所謂短陌者皆由於此。

例二 昔張文襄督兩廣時設銀元局所鑄者為一元半元二角一角半角之五種其一元之幣含銀千分之九百半元者含千分之八百六十二角以下之三種皆含千分之八百二十頒發後不久而一元半元者盡被驅逐至今欲覓一枚而不可得亦格里森原則之作用也。

例三 同時有賭棍某假包收闈姓餉之力私鑄贗幣所鑄者全為二角之一種即粵所稱雙毫是也而其所含之銀不及千分之八百此種贗幣出乃並官鑄之二角一角半角者而盡逐之至今粵中通行貨幣惟有所謂雙毫者獨跋扈於市場其單毫（即一角）雖間有存而以雙易單必須補水亦格里森原則之作用也。

例四。國初銅每百斤僅值銀十五兩內外。近以銀價下落之故。銅價年年增漲。已值至三十兩內外。而國家每以法律規定每銀一兩換制錢若干文。雖其率常有變更。而總不能與時價相應。故制錢日被銷燬。各省以錢荒爲患。亦此原則之作用也。

例五。近數年各省競鑄銅元。每銅一擔可鑄八千四百枚。而最劣之制錢每銅一擔亦不能鑄四萬枚。而國家法律所規定則銅元一枚當制錢十枚也。以故銅元一出。而前此制錢無論良者惡者。悉被驅逐。至今全國中除窮鄉僻壤間尚有極少數之沙板錢外。其稍完整之制錢。欲覓一文而不可得。亦此原則之作用也。

例六。宋末明末元末鈔幣盛行。其鈔幣皆無實錢可以兌換。而國家法律強命之與實錢有同一之價值。故實錢皆被私銷。不留影跡。惟鈔幣獨行。而鈔幣之價值亦日落。漸至等於廢紙。亦此原則之作用也。

此僅舉其顯著之數例。若吾國歷史上現象類此者。蓋不知凡幾。數千年來幣制所以糾紛而不可理者。皆不明此原則之作用使然。今若建設一完善鞏固之幣制。其第一

義必當熟察此作用所由起而嚴防之否則旋建設旋破壞卒歸於無效而已今舉此作用所由起者數端如下

一　若不專選一種金屬爲本位而有兩種以上之金屬同時爲貨幣之原料而國家以法律之力强定甲種與乙種之比價者（如金銀並用而定金幣一枚當銀幣若干枚銀銅並用而定銀幣一枚當銅幣若干枚者）則此原則之作用必起

二　補助貨幣之行用不立制限而任其與本位貨幣有同一之効力則其究也與不立本位等而此原則之作用必起

三　國家既定某種金屬若干重量爲本位貨幣一枚之定量而後此鑄幣時或官吏舞弊或國家欲借此爲籌款之一手段而續鑄之幣有減低其成色者則此原則之作用必起

四　若國內有鑄幣局數所而各所所鑄幣成色互歧者則此原則之作用必起

五　若貨幣經磨擦損壞後重量所減已多而政府不收還而改鑄之則此原則之作用必起

六 若國中有各種舊貨幣其成色重量與新幣殊別而許其與新貨幣並行有同一之効力則此原則之作用必起

七 人民若有私鑄減低成色者政府不嚴察而懲禁之苟私鑄之數暫多則此原則之作用必起

八 政府發行不兌換之鈔幣若其數太多溢出全國所需總額以外則此原則之作用必起

八者有一於此則格里森原則之作用必緣之而起無所逃避而此作用既起其結果則何如

第一 國家所定數種貨幣中僅有一二種通行其他諸種皆被驅逐而幣制基礎遂全破壞

第二 惡幣之行既有大利人民相率私鑄雖嚴刑峻法不能禁止而國家造幣權遂成虛設

第三 良幣日流出于國外金融紊亂國家遂漸成中乾

第四　物價騰漲國民購買力日以薄弱民不聊生大亂遂起

由此言之。此原則作用之結果。其可畏如此其甚也。而我國前此及現行之幣制。其犯此原則而導其作用者。不一而足。言念及此。能無寒心。今日而言改革幣制。苟不深明此理而謹之於始。則其他皆無可言者。

# 歐美七大國財政現狀

竹塢

## 一　英國財政現狀

英國自自由黨內閣成立後。其最初一兩年間。英之財政。實絕可歆羨者。觀其前年度所決算。（自一九〇七年四月初一日至一九〇八年三月晦日）超過於實收入之豫算者。實爲三千七百三萬圓。其實際之支出。以力求撙節。故又省得六百九十萬圓。合他項共計。其剩餘金爲四千七百二十六萬餘圓。政府卽以此餘欵加入淸還國債之資金中。該年新償却之額。實一萬萬六千八百二十九萬圓。爲數之巨。令人一驚。至昨年又償一萬萬三千七百七十餘萬。更遠溯一九〇六年。其償額亦近萬萬。故今日英國國債總額。幾恢復至一八八九年南阿戰爭時之狀態。夫頻年賡續歲償萬萬之國債。實英國財政史上空前之舉動。其尤可驚者。不僅有餘欵以償債而已。且頻減租稅。蓋自一九〇六年至一九〇八年。三年之內。其減去七千萬圓。復以其有餘之欵實行養老年金法。其恢恢游刃之技。誠有爲財政學家夢想不到者。今以一九〇八年政府所擴張歲計豫算案。繹其大要如左。

▲歲入總計　十五萬七千七百七十萬圓

▲歲出總計　十五萬二千八百六十九萬圓

▲剩餘　四千九百〇一萬圓

右所剩餘者。以一千二百萬圓爲養老年金。卽於是年支訖。以三千四百萬圓爲抵減輕糖稅之欵。以六十萬圓爲抵減輕海上保險印花稅之欵。尚餘二百四十一萬圓。以之編入準備金中。此豫算案經議會畧加改訂。其議定者如左。

▲歲入科目

| | | | |
|---|---|---|---|
| 關稅 | 二九二〇〇〇、〇〇〇圓 | 營業稅 | 三五五、〇〇〇〇〇圓 |

著譯　八

| | | | |
|---|---|---|---|
| 不動產諸稅 | 一九五、〇〇〇、〇〇〇 | 證印稅 | 八〇、八〇〇〇〇〇 |
| 地租 | 七、〇〇〇、〇〇〇 | 家屋稅 | 一九、〇〇〇〇〇〇 |
| 所得及財產稅 | 三三〇、〇〇〇、〇〇〇 | （以上租稅合計） | 一、二七八、八〇〇〇〇〇 |
| 郵政收入 | 一八二、五〇〇、〇〇〇 | 電報收入 | 四五、二〇〇〇〇〇 |
| 官地收入 | 五、三〇〇、〇〇〇 | 蘇彝士運河股份收入 | 一一、七〇〇〇〇〇 |
| 雜項收入 | 二〇、〇〇〇〇〇〇 | （以上租稅外收入合計） | 二六四七〇〇、〇〇〇 |

總計……一、五四三、五〇〇〇〇〇

▲歲出科目

| | | | |
|---|---|---|---|
| 國債費 | 二八〇、〇〇〇〇〇〇圓 | 帝室費年金及他 | 一六、八五〇、〇〇〇圓 |
| 地方稅支出 | 二二、九〇〇、〇〇〇 | （以上一定支出合計） | 四〇九、七五〇、〇〇〇 |
| 陸軍及造兵局 | 二七四、五九〇〇〇〇 | 海軍 | 三二三、一九〇、〇〇〇 |
| 政務費 | 三一七、一〇〇、〇〇〇 | 關稅及國內徵稅費 | 三三、二四〇、〇〇〇 |
| 郵政費 | 一八三、二二〇、〇〇〇 | （以上政務費合計） | 一、一三一、三四〇、〇〇〇 |

總計……一、五四一、〇九〇、〇〇〇

然至次年卽一九〇九年之編成豫算案也前之綽有餘裕者今乃拮据萬狀蓋其歲入不足忽至一萬萬七千萬圓之多此其故非前此之財源有所虧缺也又非前此豫算有所罣漏也實因歲出激增有爲英政府所不及料者耳其所以激增之故則因德國之壓迫海軍費驟漲（昨年定造新式戰艦四隻裝甲巡洋艦六隻水雷驅逐艇二十隻較諸前年豫算實增五千五百十三萬也）又養老年金其支出額較前年豫算者約加八千萬圓以上其他諸費亦約增三千餘萬而如此巨欵若何塡補之法則一繫於度支大臣雷德佐治之雙肩矣

於是乎昨春以來釀成英國政界之劇爭馴至解散國會演數百年未有之大變者卽彼佐治之新豫算案也佐治初議此案時卽部員中亦多不贊成者然因虧額太巨束手無策欲捨佐治案又更無有妙於此者此所以不得已而提出議會也佐治案大意爲新地稅所得稅相續稅自動車稅印花稅酒精稅烟稅等或新設或加增然其最招排擊最招反對最招議論者實爲新地稅案卽對於土地偶然之所得而課之以稅所謂地價差增法也據此新地稅豫算案初行之時歲入不過五百萬圓夫以此微細之數雖爲新法然在他國或亦諒國計之困窮不致激變惟英人向以守舊聞於天下卽

至細之故。苟無端而變成例者。必舉國攻擊。不遺餘力。今佐治案事更張。英國國民視之。謂爲社會黨革命黨。以至釀成政界之劇爭者。亦非無故也。頃者政府黨既獲全勝。佐治案將見諸實行。其財政前途。雖不可預知。而此一萬萬不足之歲入。或唾手可得乎。（本段請參觀本報第一號特別記事門英國政界劇爭記）

## 二 德國財政現狀

德意志聯邦也。其聯邦中各有政府。各有獨立之財政。與全德意志聯邦政府無與也。然此聯邦政府之財源果何恃乎。是則該國憲法所規定。惟限於關稅、鹽稅、煙稅、白蘭地酒稅、麥酒稅、糖稅、及郵政電報等收入而已。雖然。倘此等所入。不敷一年國計之需。則可以其不足之額。比例於各聯邦之人口。使之分別負擔。此雖異例。然自德意志聯邦成後。不數年卽已實行。今蓋定爲常例矣。一八七六年聯邦政府。已不能不恃公債以爲調劑。而最近十年來。其不足之額。歲有增加。平均每年約在一萬八千四百萬馬克以上。（約九千二百萬元）至昨年則不足者更甚。約五萬萬餘馬克（約二萬五千萬元）。云時宰相比羅。擬成新案。欲增加消費稅。（卽上列鹽烟酒糖等皆消費稅也）改正鐵路車價。新設相續稅等。而反對者衆。比羅因是辭職其所欲增者果不當於德國國力乎抑當於國力而所以反對之者別有故乎今且勿論要之德國歲計膨脹之勢其猛進如此固粲然可知而財政之艱難亦彰彰不可掩矣

然此歲計之艱窘在德國爲必至之勢必然之情毫不足怪異者特其能彌縫如是之久勉强支持而不致暴露者斯爲可異耳何以言之德國近年帝國主義之經綸瀰漫於全國而此帝國主義非金力則不能達其目的此所以百務齊興財政日絀而馴至於今日之困迫者此亦勢所當然也試考一八七一年時德國無所謂海軍也然今則德爲世界海軍第二之國駸駸乎欲與英抗行矣又三十九年前德無尺寸之殖民地也今則擁有百二萬七千八百二十平方英里之屬土而儼然爲之主人翁矣其陸軍之强固無敵於天下然所以致此者亦由一八八五年殖民海軍兩政策確立以後而秉力以經營之也最近二十年中德之人口約增十之四而其財政乃增二十三倍夫民不加多而國用日繁當德國理財之責者不亦難乎

今畧舉德國海軍費膨脹之勢則一八八八年爲五千三百萬馬克者至一八九〇年

一躍而爲一萬萬三千萬馬克。更閱八年爲三萬萬三千萬馬克。若昨年所豫算。則更進爲四萬萬一千百四十萬馬克。此後八年。卽至一九一七年。每歲爲擴充海軍故。所投之額。實規定四萬萬馬克以上。又以陸軍費觀之。自一八八六年。至一八九〇年。五年內平均每年約三萬萬七千六百萬馬克。然自一九〇四年。至一九〇八年。五年內由六萬萬四千七百四十萬馬克。增至八萬萬五千四百二十萬馬克。其殖民地之經費。則十一年前不過千二百萬馬克。自一九〇二年至一九〇七年。五年內平均每年五千萬馬克。至於昨年。更加至六千五百萬馬克。由是觀之。德國二十年內。其國費之驟增。強半耗於海陸軍費。與夫殖民地費。大略可覩矣。

然德政府每歲所入畧有常規而其膨脹之度渺無定軌則歷年所以支持於不敝者其術安在、曰所恃者惟公債而已。故德之公債。其激增之度。與所謂帝國主義之經綸。相去不遠。試畧舉梗概。一八七六年。聯邦政府欲修築鐵路及經營生產事業。始募公債。然爲數甚微也。至一八八五年。第一期海軍擴充案成。及殖民政策之初建也。國債總額已四萬萬一千萬馬克。越五年而至一八九一年之末。增至十三萬萬一千七百八十萬馬克。一九〇一年。忽爲二十萬萬九千五百七十萬馬克。至最近五年內。一九〇八年止實爲四十二萬萬三千三百五十萬馬克。約二十萬萬元其驟漲之勢。亦可駭矣。嘗試計算德國每年對於國債所納之息。當爲一萬萬四千七百七十萬馬克。此外各聯邦債約百四十三萬萬六千二百四十萬馬克。又市債總額五十二萬萬九千五百萬馬克。其他各方面之公債。通計最近二十年內。大約增加三十三萬萬馬克。卽昨年國計不足。其恃以彌補者。終亦乞靈公債。至今年豫算。恐依然虧短。則德國將來公債繼長增高。正未有艾耳。

（未完）

# 宣統元年生計界

竹塢

宣統元年之生計界。實衰敝達於極點之時也。蓋光緒三十四年恐慌之餘波。延及昨年而未有已。如上海、天津、漢口等埠。向稱繁盛。曾幾何時。情態大異。富商巨肆倒閉頻聞。且對於外人負債纍纍。賴地方官爲之轉圜。或向外國銀行籌移巨欵。以潤澤市面。或乞憐外商展期索債。以暫救目前。遂致金融杜塞。所在皆是。信用掃地。貽笑他人。雖疇昔髮逆之披猖。拳匪之慘亂。其影響於生計界者。與今相較。猶未可同年而語。夫以商戰之世。人方競爭日劇。我獨萎靡銷沈。豈特相形見絀。眞恐一蹶不振。嗟乎、循是以往。不數年而舉國將索諸枯魚之肆矣。吾爲此懼。爰述其現勢。究其因由。俾吾國上下。知所警惕。或能振長策於將來。挽頹瀾於今日。則失之東隅者。庶有收諸桑榆之一日乎。

夫覘一國生計之榮悴。則於其興業者之多寡而決之矣。生計優裕。興業者必多。生計窘蹙。興業者必寡。此生計學一定之原則。罔或能逃者也。然觀昨年全國新設之公司。在農工商部註冊者。總數十七。以類別之。則爲工業者八。爲商業者五。爲鑛業者一。爲航業者一。爲銀行及他業者二。其資本總額。爲銀五百〇六萬八千八百四十兩。驟視之似覺甚多。然公司之數。較光緒三十三年少者二十六。較光緒三十二年少者四十。又以資本計。自光緒三十年至光緒三十四年。五年之內。所設立之各種公司。其總數一百七十二。資本總額一萬萬三千八百三十三萬餘兩。一年平均所投資本。實爲二千七百六十六萬餘兩。中間興業最盛者。爲光緒三十二三兩年。其資本額在三四千萬以上。故以昨歲爲比不過六之一。則興業之式微。足以概見。而生計之不振。亦從可知矣。

▲宣統元年興業投資數一覽表

| 種類 | 公司數 | 資本額 銀兩數 | 資本額 銀元數 |
|---|---|---|---|
| 工業 | 八 | 四〇、〇〇〇 | 六五一、〇〇〇 |
| 商業 | 五 | 五五八〇〇〇 | 一五、〇〇〇 |
| 鑛業 | 一 | 一、〇〇〇〇〇〇 | ………… |
| 航業 | 一 | 一、〇〇〇〇〇〇 | ………… |
| 銀行業 | 一 | 一、〇〇〇〇〇〇 | ………… |
| 其他 | 一 | 一、〇〇〇〇〇〇 | ………… |
| 合計 | 一七 | 四、五九八、〇〇〇 | 六六六、〇〇〇 |

或曰。昨歲興業之數。固較前銳減。然烏知彼營業者不坐獲厚贏。暗增一國之母財乎。安在其可以多寡相較。而遂謂生計日蹙也。曰是大不然。昨歲產業界。以頻年市面冷淡。銷路萎縮。故即有大信用大資本之諸公司。蒙此影響。業多不進。咸以節省經費減

少職工。以待機會爲務。故昨歲生計。非所以謀昌盛之時。而豫防傾跌之時也。非所以投資本圖進取之時。而退嬰謹守之時也。此非吾一人之私言。徵諸各地市情而瞭然於心目者也。

不特此也其從前開設之公司。至昨年而始行註冊者。尙四十餘家。招商局卽居其一。資本總額。約爲一千八百九十一萬六千兩。夫公司之數。與資本之數。不爲小也。而營業之期。亦非一朝一夕也。何以前此不註冊。必待去歲始不謀而同。紛紛向部報明乎。記者不敏。旣未厠身實業界。無從深悉底蘊。然據理勢以度之。不過欲藉農工商部以爲保護而已。蓋生計衰沈。產業停滯。經營實業者。岌岌不可終日。咸欲輕其負擔以防萬一之變而農工商部注冊之例。凡經註冊者。一依西法。無論中外公司。皆有受部保護之權利。且公司法第九條與第二十九條。明定合資有限公司、股份有限公司及私人商肆。一經破產。而無隱匿欺詐之行者。其償還債累。祗以公司現有財產爲限。不負財產以外之責任。又不許債戶追求社員股東。若未經註冊而破產者。悉依大淸律例處辦。不僅負公司所有財產之責任。卽一己之私財。亦將查抄作抵。甚或累及父兄弋以新舊兩法論。今輕昔重。人所易知。今當舉國窮困之時。經商者咸惴惴焉惟恐有變。故亟自註冊以備不虞。其情眞可哀也。雖註冊者未必盡屬此輩。然觀生計之大勢。以窺人心之隱微。雖不中。不遠矣。

▲宣統元年舊公司註冊數一覽表

| 種類 | | 資本額 銀兩數 | 資本額 銀元數 |
| --- | --- | --- | --- |
| 農業 | 一 | 一、〇〇〇〇〇〇 | …… |
| 工業 | 一八 | 二、五二九、八〇〇 | 四、五三八、三六〇 |
| 商業 | 一五 | 一一四、三〇〇 | 四四三、〇〇〇 |
| 鑛業 | 三 | 五、三三〇、〇〇〇 | …… |
| 航業 | 四 | 五、〇〇〇、〇〇〇 | 一一五、〇〇〇 |
| 銀行業 | 三 | 四〇、〇〇〇 | 一、五〇〇、〇〇〇 |
| 其他 | 一 | 四〇、〇〇〇 | …… |
| 合計 | 四四 | 一四、〇三四、五〇〇 | 六、五九六、三六〇 |

如上所言。則昨年吾國生計之慘楚。固已昭然若揭矣。今請進而究其所以致此之由。約有三端。(一)曰民間資本空乏也。(二)曰銅元値落。物價日騰也。(三)曰銀價暴跌。

影響遍及全國也。請得分條論述之。

何以言乎民間資本空乏也。此其事即以前言證之而有餘。蓋所謂頻年窘蹙。生計蕭條。而興業之數。日見其少者。即此資金不足爲之厲也。然而民間所以一寒至此者。則何以故。是有遠因近因焉。以言夫遠因。則自互市以來。外人出全力以經營商務。値彼藝學昌明。生產太盛。方患過富。擁巨資而無所投。故皆萬矢一的。集中於我。其時舉國上下。徒知酣嬉太平。絕不一思自衞之計。坐是潛銷暗蝕。一國母財。凋竭於內。大勢磅礴。侵壓於外。至於近年。創鉅痛深。大夢斯覺。有志之士。所在雲集。咸以抵制外貨振興實業爲標幟。故數年之內。新設公司。驟至一百餘所。資本萬萬以上。皆此反動力爲之鼓盪也。然而民力既絀。外勢已成。雖有善者。亦豈能於彈指刹那。易黠婁爲陶朱。點黑鐵以成黃金乎。以言夫近因。則興業之所以風起水湧若是其驟者。强半皆出於收回利權。排斥外債。故擇業不能甚精。而贏輸尤所不計。徒欲以意氣相尙。苟快目前而已。如粵漢鐵路、蘇杭甬鐵路。當時所得之資。多由激厲而集。故小民之勞庸蓄積。婦女之釵鈿簪環。罔不兼收並舉。僅乃克敷。自餘所設。雖非盡然。而以急於拒外。草創成事。故或昧於經營者有之。或暗於製造者有之。徒以有用之資金。固定而不能周轉。加之市情黯淡。百貨停留。所擲母財。往而不復。故吾國資金空乏。非始於昨年。而其來固有自矣。與言及此。可不寒心。

何以言夫銅元値落物價日騰也。我國號稱用銀。然除三數要鬧之市。與夫交易之甚巨者。此外泰半用錢。故我國實銅主位國耳。且所謂用銅者。豈必其眞以制錢或銅元爲易中之媒乎。卽令用銀。而銀値隨銅以爲低昂者。則雖日持銀幣。而其用與銅無擇也。故內地日用之需。以及傭工之費。一是皆以錢爲主。銅貴則物賤。銅賤則物貴。物賤則小民懿而業以滋殖。物貴則小民愁而財以匱竭。此必然之勢也。假使各省銅元局能深察銅元與民力消長之理。所供之額。與市面所求之額。適相符合。顧未或以爲病。今也不然。濫發之弊。已達極點。地方官吏。徒知藉以自肥。絲毫不爲民計。坐是銅元供求之數。相去霄壤。而其値亦一落千丈。百物翔踴。民用滋屈。舉國生計。悉蒙其禍。此又數之所必不能免者矣。中間偶有停鑄。然或藉改鑄之名。或取歸併之制。不旋踵而濫鑄濫發如故矣。馴至銅元充斥市中。而値益下。至於昨年。暴跌尤甚。今以上海外人最近所調查者。爲表如左。他地可以此類推。其最高最低之度。則銅元與銀值相較也。

▲宣統元年上海銅元市價表

| 月份 | 最高 | 最低 |
| --- | --- | --- |
| 正月 | 一七四五文 | 一六七六文 |
| 二月 | 一七六六文 | 一七四〇文 |
| 三月 | 一七八五文 | 一七七〇文 |
| 四月 | 一七九〇文 | 一七八〇文 |
| 五月 | 一八三五文 | 一七九〇文 |
| 六月 | 一八二五文 | 一七二〇文 |
| 七月 | 一八〇〇文 | 一七二〇文 |
| 八月 | 一七八五文 | 一七三五文 |
| 九月 | 一七七〇文 | 一七六〇文 |
| 十月 | 一七七五文 | 一七五〇文 |
| 十一月 | 一七七五文 | 一七六五文 |
| 十二月 | 一七七〇文 | 一七六〇文 |

右表據西人所調查故無閏二月而十二月份即吾之十一月也故以中曆視之此表僅至十一月止

由此觀之則銅元之對於銀値其江河日下之勢已可概見而下落之度較光緒三十四年爲尤劇故物價愈益騰躍民生愈益艱窘吾國生計不振奚待蓍龜

何以言夫銀價暴跌影響及於全國生計界也我國對於外國滙兌其計算概以銀幣爲標準故銀塊市價之漲落足以左右我國對外貿易之盛衰由是而延及全國生計此大勢之無可如何者也方今大地萬國用金者居十之九其用銀最多之地除吾國外昔猶有南洋羣島印度等國今已悉變爲虛金本位而銀之用日稀惟我抵柱中流屹不爲動曩日尚可彌縫補苴者今益情見勢絀虧損不可測算蓋自一九〇七年生銀產額驟增値印度凶歲需要銳減故銀値暴落以至今日其先徘徊於二十四辨士之間者寖假而爲二十三辨士一九〇八年十二月下旬且下至二十二辨士弱滔滔之勢如水赴壑而吾國適承其敝顧安得不市肆蕭條閭閻憔悴也今列表如左以覘近日銀價之趨勢焉

▲一九〇九年銀塊市價表

| 月份 | 最高 | 最低 |
| --- | --- | --- |
| 正月 | 二四辨士八分三 | 二三辨士四分三 |
| 二月 | 二四辨士 | 二三辨士一六分五 |
| 三月 | 二三辨士八分三 | 二三辨士八分一 |
| 四月 | 二四辨士八分一 | 二三辨士一六分九 |
| 五月 | 二四辨士八分七 | 二四辨士一六分五 |
| 六月 | 二四辨士一六一五 | 二四辨士 |
| 七月 | 二三辨士一六分一三 | 二三辨士八分三 |
| 八月 | 二三辨士一六分一三 | 二三辨士八分一 |
| 九月 | 二四辨士 | 二三辨士四分三 |
| 十月 | 二三辨士一六分一三 | 二三辨士一六分一 |
| 十一月 | 二三辨士八分五 | 二三辨士八分三 |
| 十二月 | 二三辨士四分三 | 二二辨士八分五 |

表中最高最低之度爲銀一安士之値也

如上表所述則銀價之落其與用銀國以致命傷者固瞭如指掌矣翻觀數年前銀塊

市價在三十辨尼或三十二辨尼之時由上海匯百元往日本。匯價往來於六十八兩六十五六兩之間者。今則躊躇於八十七八兩九十兩之外。故凡染指於辦出入口貨之商人幾至以血本爲博塞而其無倖全者自無論矣。加以客歲長江一帶與湖南北江蘇等省之水災。北方之凶歉。所謂天時人事相逼而來。嗟夫何民生之多艱歟。

客歲生計大勢固已如彼而所以致之者惟此三事則此後吾國生計其盈朒之數消長之情亦惟視此三事之能改善否耳。顧政府諸公對於幣制幾經商議而未見施行。用金用銀時論尤雜此非得才識明敏者毅然行之則展轉遷延爲禍愈烈豈惟生計吾國亦長此已矣。

不論鹽鐵不籌河
獨倚東南涕淚多
國賦三升民一斗
屠牛那不勝栽禾

特別紀事

# 美國最近東方政略記

明水

兩月以來。外交事件。最聳動世界耳目者。則美國對於中國之行動也。就中如滿洲鐵路中立之提議。如錦愛鐵路借欵之要求。實其最著者。但事件之眞相。吾國人知之尙希。故特參酌羣報。爲系統的記述。俾憂時之士。得省覽焉。

## 新門羅主義

美國外交政策。向標所謂門羅主義者以號於天下。門羅主義者何。當十九世紀之初。拿破侖旣敗。俄普奧三國結神聖同盟。以維持專制政體。凡歐洲諸國民有圖革命者。輒干涉之。其時中美南美洲西班牙葡萄牙諸屬地紛紛思獨立。美人恐歐洲政爭之局。蔓延及美。於是其第五代大統領名門羅者。宣言於萬國曰。亞美利加者。亞美利加人之亞美利加也。世號曰門羅主義。門羅主義之目的。在防遏美洲以外諸國干涉美洲之政治。而美國人不干涉美洲以外諸國之政治。其意卽含在言外。此天下所公認也。美國凡六七十年間。堅守此主義。故當歐洲各國瓜分非洲。美人曾不思染指。他更無論矣。及十九世紀末。麥堅尼爲大統領時。而政策一變。

麥堅尼時。戰勝西班牙。近縣夏威夷。遠割菲律賓。是爲美國有殖民地於他洲之始。於是乎駸駸與中國相接近。問題之關於中國者。往往容喙。近十年有開放中國門戶之一名詞。麥堅尼倡之也。蓋是時中俄密約方始暴露。美人懼俄人占領滿洲而局鐍其利源以私爲己有。乃倡此議以撓之也。及盧斯福繼爲大統領。蕭規曹隨。一循麥氏政策而加銳厲焉。日俄之役。盧斯福以調人得任周旋兩國。使結議和條約於美之波士瑪。同時宣言其對中國主義。於開放門戶之下。加機會均等一語。其咄咄逼人之氣象益進矣。當盧氏在任五年中。所至演說。皆以門羅主義爲題。其言曰。門羅主義非消極的而積極的也。非保守的而進取的也。質言之。則謂美洲之政局。雖不許美洲以外之國干涉。而美洲以外之國之政治。美國得而干涉之云爾。世號曰新門羅主義。夫此積極的進取的之新門羅主義。舍中國外。更有何地可容其展布者。故新門羅主義實專

爲對中國說法天下有目者皆見之矣

## 近數年來美國資本家對中國態度之變遷

美國當數年前少數先覺之士其眼光雖已注定中國而一般民衆猶落落不甚經意未嘗有出死力以與他國競爭之意故事事不免稍落人後前此合興公司實一種仙治潔特曾得有粵漢鐵路之敷設權而工事遷延不進令我國得贖回自辦此固由我國官民上下熱心協力挽回利權之所致然使美人非放棄之則我國恐亦未易遽見此成功也美國所以放棄之者全由大資本家漠視此事蓋合興公司之倡辦人本非實業界之有力者就中如託辣斯大王摩爾根氏雖挂名爲倡辦人之一而於公司事實未嘗過問其他素封更視如陌路此合興所以失敗之由也及最近兩三年間始大悔前此之所爲而急起直追若不及矣

其主動最有力者則前任奉天總領事士德列氏也士德列本熟諳東方情形其在奉天時徐尚書世昌唐侍郎紹怡實爲督撫士氏極力市其歡心謂將助我禦侮去年唐侍郎歷聘歐美其時喧傳有中美密約之說或謂卽由士德列一派斡旋其間疑莫能

明也。而士德列既解任歸。大揭當亟爭中國利權之義。到處演說。又自辦一叢報以鼓吹之。紐約之豪富。遂爲所動。人人以此爲當務之急。又值一九〇七年恐慌之瘡痍已復。全國金融緩慢。擁資者苦於無地求贏。乃利用此時機。組織一大仙治潔特。專爲經營中國之用。及去年英德兩國得粤漢鐵路借欵權。此仙治潔特要求加入。竟獲成功。其所計畫著著進行。遂至於動華盛頓政府。近日美國與我之交涉紛紛多事。其樞機實始此也。

## 四　駐劄北京公使格廉氏之任免

去年外交界有一大怪事。則美國駐劄吾國公使格廉氏之既任命而忽報罷也。夫一國政府。任命一人。報罷一人。原屬其國內政。無有可奇之處。亦無有可庸外人議論之地也。獨美國此次之事。極爲蹺蹊。頗牽動全世界人耳目。而吾國各報。竟未詳論。以如此大事。而其事又特與吾有密切關係。乃熟視無覩。眞可怪矣。故雖事涉旬月。不免有明日黃花之誚。然猶記之者。欲使國人瞭然此事原委。因知美國所以處我者爲何如也。

格廉者、現居芝加高爲某公司總理。其人多歷練。有材略。頗悉東方情事。又頻至俄羅斯。能俄語。當美大統領塔福特就任之始。即欲在中國占一大勢力。雖其所昌言者。不過留意商工兩事。於政治無與。然既欲在他人之國展布己之商業工業。其勢豈能與政治毫不關連。既涉政治問題。則此代表己國之公使。豈能任非其人。塔氏知格廉之可與有爲也。拔之闤闠之中。任以外交之重任。命之之日。告之曰。吾望卿此次實行我國對淸之勁烈政策。其發表此任命之文書中。大書特書曰。格廉者、吾美最有材能之實業家之一人也。今大統領爲吾美故。以此最重之支那公使之任。委諸格廉。其爲快慰豈可勝道。夫格廉任事久。閱歷多。其往返於俄羅斯者十有七度。長於俄語。故欲確立吾美之商權於支那。而使我國務部之策畫行之而無遺憾。捨格廉外。其可以異人任哉。此大統領所以有今日之命也云云。觀此。則知塔氏之抱負。殊非微細。而用格廉之意。絕不同於尋常矣。格廉亦有知己之感。欣然受命。將以西歷十月五日。由舊金山首途。已嚴裝矣。忽得國務卿諾克士召還之電。是時詫以爲奇者。不特身受之格廉。即全美之人。知有此事者。罔不驚異。此耗一播。異說紛起。或以爲支那鐵路問題也。或以爲滿洲問題也。或以爲與日本之交涉也。而最盛傳者。則爲中日協約。美國欲起而抗議之一事。

西歷十月十日、國務卿諾克士與格廉會於華盛頓。十二日以其宣言書發表。此事顚末。始稍爲世人所知。今取其全文譯錄於左。

國務卿頃以關於滿洲之中日協約。不知其果與美國之利害有無妨礙否。又與列國所承認之機會均等主義有無違背否。勢不得不依例調察研究。今所察究者。尙未蕆事。亦未決定若何辦法。然當研究之時。適駐支那公使格廉來署。由一書記處得聞此事。而格廉旣未與國務卿代理、及其他有責任之官憲協議。又忘其爲與國務部有關係之一人。乃貿然對報館訪事。言美國政府。於中日協約中某條。預備抗議。而此抗議。當以公式行之。今不過尙待某吏之到。然後發表云云。同時西部諸報館。卽有登載。不數日又見於日本各報。而此事無人不知矣。此係十月一日國務部一有責任之官憲。報告於余者。其人且言並非得諸謠傳。實有可信之理云。於是余於一九〇九年十月三日。致電格廉舊金山。其電文爲合衆國對於中日協約。意欲抗議之事。今已見於日美各報。恐貴大臣不能辭其責。極欲與貴大臣一見。請迅速遄返華盛頓。使貴大臣而與此事果無與。是余所深望。雖然。自貴大臣離華盛頓後。東方各事。似有與貴大臣牽連。故余不得不與貴大臣謀一良晤。非得已也。

其後十月十日之夕。余旣與格廉會見。格廉頗自引咎。謂實不愼所致。且言若因是而累及余之信任。彼自樂於辭職云。此固非余本意。然以余職守所在。亦不能不勸格廉挂冠矣。

以上國務卿之宣言書也。時格廉閱之。大爲不平。乃與芝加高一友人再三商議。即日發一長辯正書。其大意如左。

國務部所發宣言書云國務卿受余辭表。誤矣。余未得諾克士手書之前。已有電致大統領。託秘書官加邊達代遞者。其文曰。

大總統塔福特鑒

閣下求余實現閣下之希望。故國務卿對於余所執之行動。甚爲反對。此極費余躊躇者也。以余之判斷。國務部所認爲謬誤者。余不覺其爲謬誤。雖然。余固非確保其無謬誤。且亦不能確保也。而國務部所取之方法及其處置。與余之自重心及余之地位。不能兩立。故余以個人言之。則極感閣下之厚愛。其一切之事。皆俟閣下之命而行。閣下其知之矣。余之辭表。惟在閣下之手中耳。千九百〇九年十月十二日在哥侖比亞州華盛頓格廉發國務部宣言書。又云美國欲抗議中日協約事。由余對一報館記者談及。故致洩漏云云。且言余已自引咎。是亦誤也。夫報紙所登者。豈必余之所言乎。藉曰余言。亦有何證據乎。報館獨不能得之他人。而必有恃於余乎。凡此諸義。國務部宣言書。並不能有所明指也。況此事西歷九月九日。紐約希拉爾特報已登有東京電報。是亦余之所言耶。

且余對於中日問題。有時頗發表意見者。亦非無故。蓋余應大統領之厚意。尤其承乏駐支那公使時。大統領屢爲余言。美國人不知太平洋爲政治上商業上最重要之地位。君其留意。凡遇公宴時。君當利用其機。努力以喚起一般之注意。而所言者。尤以切中事情爲主。無取乎高談空論。此切望於君也。余承統領之意。有國民之責。敢不竭其棉薄。故九月十四日、在芝加高演說。其意實本於此。夫以余之不長於演說。欲不負統領之望。誠非易事。雖然余豈敢自愛其力哉。余所以奉命以來屢有論及東方之事者。蓋以此也。

余曩者、離華盛頓時。有某著名之報館記者。詢余中日協約之意見。余應以此事尚在研究中。世人所共知者。至於如何辦法。尚未決定。余之所以不直辭以不知者。蓋余雖至小之事。猶欲副大統領之希望也。上所辨明。對於感情的無思慮的之國務卿行動。尚未十分透闢。雖然。余今日之地位。非余求而得之者也。故余非得大總統眞實信余。與政府心中欲援助余。余絕不欲留此地位耳。

以上所錄。則格廉之詞也。蓋格廉意實不甘於國務卿前掛冠以去。而必欲得大統領之後命。以取進止。時塔福特旅行加鋒寬尼省。得國務卿要求格廉辭職之電。略無議論。一切處置。惟國務卿是聽。於是格廉以有爲之材。荷重大之責。橫被口語。一朝報罷。亦可謂不幸也已。而此事果爲國務卿信一面之詞。重誣格廉乎。抑確爲格廉之洩漏機密乎。或更有他故乎。則非外人所敢臆測矣。

要之此事在表面上觀之。不過一國務卿與一公使衝突。於大局了無相關。然所以致衝突之故。則皆由中國問題而起。其所謂洩漏機密者。誠不知爲何事。而其中有不易爲外人道者。蓋可見矣。或曰其時美政府方將提出滿洲鐵路中立案。正在準備中。而格廉氏微洩之也。要之美國此舉。有同兒戲。雖不免爲世界所笑。然其項莊舞劍。意常在沛公端倪固可測耳。

## 大統領塔福特致國會之敎令

其尤咄咄逼人足使我驚心動魄者則大統領致國會之敎令也。美國議院當每年開院之際。例有大統領敎令一通。述其政見以告國人。今年大統領塔福特所發敎令中。有關於東方事項者。其言頗重。其意頗深。今直譯之俾吾國民省覽焉。其言曰。

美國政府於極東政策。當持一定不變之宗旨。守機會均等之主義。至於保全支那帝國。尤當加意周到。此等政策。本於一九〇三年之條約。曾經東西列强所共盟誓者也。若夫支那海關稅一事。其徵加之比率。應適如其度。令彼國緣此而可盡裁釐金。且貨幣亦宜令彼從速改良。此二事果能切實辦到。則不特支那本國有無窮利益。而其影響於外國商務者亦至鉅。故吾美當竭其力所能及者。使此等計畫易於施行。並望各有約國亦同此意。況目下支那因欲修築大鐵路。故需金甚多。已將釐金一項。作抵於外國銀行之手。然則有此鐵路公債之各國政府及其國民。對於支那改革之點。其爲直接有利。不辨而明。故有此鐵道公債。卽所以示其當與支那協同一致以實行其門戶開放之政策者也爲此之故美國干與支那之行政改革使不務虛名而得實際正吾國民一種義務也故我公明之政策必不可失此機會且宜以必不可缺之手段以自明其意也夫以大富源有信用於世界之美國大銀行家等恰如得政府之贊成以同一之條件卽時分擔鐵路公債而其主要之條件則美國供給鐵路材料宜與他借欵有關係之國其量惟均至建築鐵路之際便當交定幸也吾美欲均占此鐵路利益故經數月之交涉終獲得大部分之權利以如此之活動其與刺激於我貿易者爲故匪細其可以使我**政治主義政治歷史表彰一新紀元於東方者**可深信而無疑也

又支那政府以我合衆國政府前此所免義和團賠欵之一部爲基本金而派學生於我國今其目的已達所派留學生亦已至我國分別入各學校及大學矣此等青年他日畢業歸國結爲一體其必能報効國家增進幸福者又何人皆無可致疑者也

今年上海所開鴉片煙會議亦美國政府所發起者其後得有報告言支那對於吸

煙之害。防遏不遺餘力。其進步甚著。此最可賞贊者也。我政府既協力共防斯害。其所以干涉商務之利益者。恐亦義所應有矣。若夫關於鴉片問題之種種事項。其在我國內者。予必以行政上力所能及嚴行禁止耳。（本文務傳其眞意故字字從原文直譯不免有冗漫之處讀者諒焉）

右大統領敎令之一節也。其光明磊落。毫無掩飾。固自可敬。然其旁若無人之概。亦眞可驚矣。凡世之狡焉思啓處心積慮以謀人國者。未嘗不深自隱閟掩匿。若其敢於昌言而無忌。則必其所謀之國。耳無聞目無見者也。今也敎令中一則曰干涉我國行政。改革爲美國民之義務。再則曰東方政治主義政治歷史。當開一新紀元。此何如語耶。雖然。我國民罔熟視之若無覩也。

此敎令之初發表也。各國報紙。競吮筆以論其究竟。故知美國必將有非常舉動驚人耳目者矣。未幾果有提議滿洲鐵路中立之一事。

## 滿洲鐵路中立提議

客歲臘初。卽陽歷正月上旬。美國國務卿諾克士氏。忽然提出一大公案。以通牒於各國。其畧如下。

一　美國向日俄兩國提議。使將東清南滿兩鐵路賣與中國。同時使該鐵路中立

二　中國買收該鐵路之資本。由美英德法日俄六國之資本家組織一大「仙治潔特」以供給之。其他滿洲一切鐵路。皆歸此仙治潔特經營。使滿洲之鐵路。變爲六國公有物。其英美資本家所得之錦瑷鐵路敷設權。亦包在其內。

三　右諸鐵路。一切不許使用之於政治上軍事上。惟專以供商業之用。故此提議若行。則日俄兩國之軍事的設備。可以撤廢。

諾氏既發此提議。且說明其理由曰。

美國政府。爲欲斷絕滿洲政治的禍根。使於開放門戶政策之下。爲自然發達。謂宜將滿洲各鐵路置諸政治的爭奪以外。欲達此目的。不但要得清國之同意而已。彼原有多路在滿洲之日俄兩國。尤望其深表同情。而日俄兩國爲此鐵路。負擔許多責任及經費。若能讓與列國共同管理。亦可稍弛仔肩。而此政策使滿洲全然永遠爲商業的中立地帶。其貢獻於世界之平和者實至大。此美國多年極東政策之理想。至今日而始期現實者也。計此政策。美國政府已爲根本的承認。俄國當亦贊成。

中國德國殷勤歡迎。更不必論。日本亦當贊成此主義。今後惟當爲條件上之談判耳。云云。

此提議名爲將滿洲鐵路中立。實則欲將滿洲全境。作爲中立也。名爲恢復我主權。實則將我主權之見侵於日俄者。轉掠而歸諸六大國之手。且實際上歸諸美國之手也。當提議之初出也。各國言論界。若受電氣之振擊。翼然評論。言人人殊。而局外揣測者。大率以美國與英德俄法四國。先有成言。用以脅制日本。而一發。料當必中。則前此俄法德迫還遼東之事。將復見於今日。豈知美國本無成算。僅憑一己之理想。遂至爲日俄兩國所嚴拒。而此議遽消滅於無形中也。

於是陽歷正月十七日。俄國覆答拒絕其大意云。

第一　俄國以爲滿洲之現狀。於開放門戶主義。毫無妨礙。

第二　若從美國之議。則俄人在滿洲之實業。受其妨害。

第三　西伯利亞與海參崴相連絡之鐵路。俄人爲自衛起見。必不能放棄其管理權。

日本亦於同月二十一日覆答拒絕其大意云

一 開放門戶機會均等之主義日本所夙夜不忘且將來當永守不渝故美國提議之目的今已履行實現

二 南滿洲之鐵路在條約上屬於日本既得之權維持其現狀實日本自然之主張今不能拋棄之

此提議之初出也德國首表絕對贊成之意英法兩國則模棱其詞謂當視日俄之意嚮以爲從違然此事關係最密切者本爲中日俄三國中國久被列强視爲塚中枯骨舉足左右殊不足以爲輕重而我政府處笑啼俱不敢之地位亦久遷延而不贊一辭惟日俄既胥謀以謹鐍其已胠得之篋則漁人之利遂不易獲而此提議忽已消滅於無形中矣

錦瑷鐵路問題

當滿洲中立提案未出以前先已有錦瑷鐵路問題一事錦瑷鐵路者何自錦州府經洮南府齊齊哈爾伯都訥墨爾根以達於瑷琿之一大鐵路也此鐵路之發議由現任

東三省錫尙書良而暗中主持者實士德列氏也去夏英國一仙治潔特之代表人福蘭特入北京運動謀承辦新民屯至法庫門鐵路日本謂與南滿鐵路爲平行線極力抗爭事卒不成士德列乘此機要求自錦州至洮南府之鐵路敷設權卽所謂錦洮路是也然錦洮路短不足以成東西交通之大道士德列乃利用福蘭特失意之時挾以爲助乃組織一英美聯合之仙治潔特延長路線自錦州至齊齊哈爾所謂錦齊路是也其後更得美國政府强烈之後援乃更擬延長之以迄愛琿則今者交涉中之錦愛路是也蓋由新法一變爲錦洮再變爲錦齊三變爲錦愛其跡歷歷可按而士德列策畫之偉大亦眞足驚矣此鐵路若成則北與俄國之西伯利亞路緊相接南與津浦路緊相接則將來中國南部乃至安南緬甸一帶與歐洲交通皆以此爲最捷之路其影響於世界大勢者實不少而東清南滿兩路皆緣競爭而減色就中東清路爲錦愛路所橫截蒙損尤鉅故日俄兩國之抗爭實在意中今交涉方棘其結果如何尙難預料也但此路於全世界雖有大關係然所經皆人煙稀少地味磽瘠之域其收支實恐不足以相償而工程所費約須美金五千萬元內外美國人緣此而得於滿洲蒙古間大

增勢力爲計直得而中國加此莫大之負擔爲利耶爲害耶是識者所未敢遽斷也或曰美國之滿洲鐵路中立提議本明知其必不能成知其不能成而猶提出者凡以爲錦瑷鐵路地也信如是也則其處心積慮之故更可思矣

## 結論

以上歷敘美國最近數月來之東方政畧合前後而綜觀之其用意所在可見矣有美人亨利佐治者名父之子而著名之財政學大家也昨年曾游歷中國歸而著一論登於某報題曰美國之對清外交其言戇而多味今譯述之亦可以見美國眞意之所存焉其言曰

美政府者美國仙治潔特之奴隸也　吾美之對清政策要不過爲紐約倭兒弗街（倭兒街者紐約商場之中堅也）金融業家之利益計耳及今不悛則爲保護此少數人在支那所經營之事業故將來或致釀成大變且動及陸海軍者未可知也蓋吾美多數之人於極東今日情勢瞢無所知舉而委諸專謀私利之金融業者使得左右政府之政策無所於顧循是不改余敢斷言極東之禍非久必將實現也夫謂美國仙治潔特因欲

在支那興業。遂爲禍亂之根荄。其言若過。然不必徵諸遠。卽以駐清公使格廉氏免職一事。足以明之而有餘。余於國務卿報罷格廉之理由。除發表於報紙中者。此外一無所知。而格廉之言論。果爲外交官所不應發者否。今亦不暇論。惟余於格氏免職之事。深欲吾美人急自反省者。卽爲國務卿發表格廉免職之公文中「有美國政府。對於前所結之中日協約。果有害及滿洲之美國利益否。頃正在調查」云云。是也。以余所見。國務卿所謂侵害美國之利益者無他。卽以明其爲彼金融家之奴隷。而專爲仙治潔特謀耳。初彼輩得參與支那鐵路借欵。及其他種種借欵。因是又獲得種種特許權。漸次播殖勢力於滿洲。而忽有中日協約之報。則彼等疑此約之妨礙其行動者。亦意計中事也。故余以謂除却保護美國一部分人所經營之對清仙治潔特此外不知其所謂極東政策者果何在也。

美國脅迫之態度　客年九月十七、有夜宴格廉者。席次格氏起而述美國對清政策。其言曰。「我政府近以巧妙之頗奴特亞撲手段。强借資金於支那。已告成功。頗奴特亞撲者。美國强盜脅旅人於道中。奪其財物時所用之言也。惟此等手段。此後恐不免屢屢用之」云。夫以若是狂暴之言。不意出諸外交官之口。則格氏亦幸而報罷耳。雖然。是言也。使屢被歐美列強掠奪之亞細亞人聞之。則對於前此支那鐵路借欵之問題。正以表吾美國政府行動之態度。適當而不易矣。

**強制借欵之眞意** 難者或曰。吾美之仙治潔特。其所運用之金額。常以億萬計。何獨於此三四千萬打拉（美幣名一打拉値中幣兩元也）之借欵。而重視之若此。雖然。此知二五而不知一十之論也。夫對淸事業。豈特一二鐵路已哉。恐十年之內。種種事業。漸次以起。則其如今日之借欵者。更層出不窮。坐是而所借出資金之總額。甯能謂之爲小耶。僅以利息言之。則借欵一事。已爲最有利之業矣。然而美國之仙治潔特。其所以必欲參與借欵。如是之熱心者。却非專爲利息計。實欲因借欵。故而得支那之抵押物也。故若支那一旦有第二之拳匪事變。則吾美政府。爲仙治潔特。故藉口保全國民名譽。如昔年拳匪時。得與列國提携。刼掠支那。或遂瓜分之。恐亦敢徑行直遂。無所躊躇也。

**第二之拳匪事變** 所謂第二之拳匪事變者何。卽支那之革命是也。人或謂支那必不能起革命者。是暗於情事之言也。以余所見。則支那革命之禍。必不能免。蓋鑑之目今形勢。洞若觀火。而毫無容致疑於其間也。今者支那人民。排外者日多。而對於外國仙治潔。特其同仇敵愾之心尤盛。彼等皆曰。「支那者。支那人之支那也。」以此號呼於國中。故數百年大夢之支那。亦將推枕而起。恐非久而輪船、鐵路、電報、以及各種文明機關。將遍布於其國。此等事業。或許外人以特權。或募集外債自行舉辦。至時吾美之仙治潔。特果能採公明正大之措置乎。余不能無疑。余觀美國各種公司。其經營事業也。以欲獲得特權。故不惜用卑劣之手段。籠絡官吏政黨。遂使我政界日趨腐敗。此盡人所同認也。夫在本國。然且如此。則遠去支那者。其恣無忌憚。抑何待言。果如是則支那人民其能袖手旁觀。聽其所爲乎。必令彼等振奮精神。與彼等近日之新氣。再接再厲。而奮鬥之元氣。益磅礴日上耳。夫歐米人滿腔私利。以謀開拓支那內地。而逞其蠶食之謀。支那人視之。有不慷慨悲歌者乎。此致亂之由一。其次則外債也。夫國債爲近世戰爭一大原因。想吾美人猶能憶之。彼英國艦隊。無端而砲攻埃及之亞歷克多利者。實因埃及對於英倫龍巴特街之金融業家。

負債纍纍。不克償還。遂致行此蠻威也。若將來支那對於吾美之仙治潔特。或因此等關係。忽生變故。則我國務省必將應此仙治潔特之請。而派兵艦於支那。以强力索債。且宣言「保護美國民之名譽。」事勢之必然者矣。此致亂之由一。—故第二之拳匪事變。其必不能免於今之支那者。蓋以內外大勢相逼而成。有非人力所能遏抑者耳。

開放門戶實爲私利而已　自頃以來。吾美人士。多持太平洋中。宜有强大艦隊之論。雖然。是果能依於正道。爲保護通商貿易而設乎。抑不免如格廉頗奴特亞撲之言。以保護其借欵。擁衛其特許權乎。非余所敢知也。夫通商貿易者。以正直之傭工。所製成之物品。而此國與彼國。因得以爲交易。其緣此而釀成兵戈。事所必無。故美國以其所產之物。或在支那。或在世界。求銷路之擴充。與他國相對峙。以光明之手段。謀正當之利益。此吾美於歐洲及其他方面所曾經驗者也。而今之仙治潔特不然。彼輩所謂開放支那之門戶者。非本於正道。爲通商貿易計。而有此舉也。徒欲參與借欵。因借欵而獲特權。以謀數人之私利而已。故開放門戶。縱得實行。而沐其賜者。爲仙治潔特所專有。於他人無與也。故余甚望吾美人士。洞觀極東形勢。防大禍於未然。毋昨非於既往。則豈特余一人之幸也哉。

明水曰。佐治氏之言。其有所泰甚耶。其洞中癥結耶。吾不敢知。要之觀美政府數月來之舉動。明眼人自可得之耳。雖然。抑毋謂此種政略。爲美國所專有也。東西列強。其不尤而效之者。幾何。抑毋謂列強之用此政略。爲無端而喜生事也。彼蓋爲生計原則之所驅。有不期然而然者也。自科學昌明。各國產業組織。大進於舊。生產日盛。而資本過賸。爲列強之通患。（我方日日患貧。而人則患富。苟非曾治生計學者告之。將不肯信）挾資者苦於無地可以求贏。環顧全球。則用武之地。惟有一中國。蓋中國以至腴之土地。至廉之勞力。而乏於資本。此求贏者。惟一之善地也。故各國爭之。若水之就壑。若虎之擇肉。非誠好與我爲難。天地自然之法則。導之使然也。而此勢滔滔以進。不及數年。則我全國人勢必至匍伏於外國資本家之膝下。不能得一盂之飯。夫豈必屋吾社。瀦吾宮。而始爲亡國也哉。而美國則尤爲患富最甚之國。故其突進也愈不得不猛。然則我於人何懟焉。吾之記此。欲吾國人知所懼而已。國人而知所懼也。吾乃敢以補救之言進也。

（完）

## 本國紀事一

# 宣統元年大事記（續第一號）

**中瑞通商條約蓋印**　四月廿七日中瑞通商條約批准。四月末發表。

**東清鐵路附屬地行政權問題**　數年前俄國有頒布哈爾賓市制之計。吾國官民上下大起反對。中間交涉頻仍。俄終不聽。悍然行之。至昨年正月。俄復有告示。謂於本年正月初一起。凡在哈爾賓居住者。皆當課稅。不納者出境。故中、俄又起紛爭。吾國則不認俄國在哈爾賓有行政權。俄國則謂此條約上之權利。在北京屢次交涉。其後乃定豫備協約十八條。以三月廿二日署名用印。訖。據此約大意。則俄國承認中國在東清鐵路附屬地內有中國主權。凡中國人與外國人皆有同等之權利義務。故於重要都市。可以設立自治團體。云其後英美德法四國。以此行政大權。竟歸於一東清鐵路公司之手。頗極不平。乃對俄抗議。故目下哈爾賓市制問題。尚未決也。

## 本國紀事　二

**銅官山又與外人爭議**　安徽銅官山鑛務。與外人抗爭。五年於此矣。昨年三月間。該外人逕赴北京。與外部交涉。外部無以難之。乃請安徽紳商。派代表至京。協同商議。吾人所主張者。廢約也。該外人所主張者。縱不能全得銅官山開鑛之權。亦當設中英公司。合同辦理。否則須償金三百五十萬也。彼此磋商。並無結局。六月該外人亦出京矣。故此問題。將來尚不知如何解決也。

**收回灤州開平兩煤鑛之交涉**　直隸之灤州煤鑛公司者。蓋吾國因收回開平煤鑛之議不成。故開此鑛以抵制之。而保我鑛權者也。自開設以來。成效頗著。前年煤炭銷路甚暢。而開平鑛務局。遂懷不平。將兩鑛境界繪圖貼說。託英公使向我外部力爭。昨年二月。我直隸人士。乃起保鑛會。以與之抗。後更欲並開平煤鑛亦收回自辦。然外部屢與英使交涉。未得許諾。

**河南省排斥福公司**　中英交涉之案。不一而足。然大概皆爲恢復權利之爭也。福公司者。河南煤鑛公司也。去年閏二月間。因許該公司所採得煤鑛。有在各地專賣特權。河南人士。大爲不平。爲其既奪我鑛權。復損我業煤者之利也。乃欲收回自辦。外部亦曾與英使交涉。然條約所在。無從廢之。惟講求保護各地業煤者之權利而已。

**粵漢鐵路借款案**　近年列國關係。其政治問題猶小。而最大者爲生計問題也。觀於粵漢鐵路借款而益瞭然矣。粵漢鐵路者。六年前吾國與美力爭而得之者也。昨年測量路線。已告成功。而興工之費。尚無著落。其時督辦大臣張之洞。乃倡借外債之議。以收回之際。賴英人之力甚多。因首與之商議。未定而德華銀行爲先發制人之舉。立與張交涉。以二月間定借欵三百萬鎊。議垂成矣。英聞之大驚。堅持不許。此事一播。法之資本家亦不欲袖手旁觀。而持當向法借之說。張文襄之借債也。固如韓信將兵多多益善。又以之三國者。皆我良友。不可顧此失彼而生瑕釁也。乃悉許之。三月而三國之借欵成。蓋並川漢鐵路。合借五百萬鎊也。將畫押。忽得美國抗爭之報。不得已增爲六百萬鎊。由英美德法四國分任之。聞以七月定議。而遲之又久。尚未發表。蓋彼四國中。不審又有何波瀾也。湖北因起鐵路協會。反對借外債云。夫以區區借欵之事。而起國際之爭。則二十世紀其果爲生計競爭最劇之時代矣。吾國人士。不揣其本而齊其末。徒知外債之爲毒藥。而不思國計永久之嘉謨。吁。吾國其終爲生計所殺矣乎。

**天津市面窮蹙** 在天津之日德法三國商人合計售與中國人之貨物。值銀三千萬兩。而中商因市面不佳。無力清還。窮蹙之狀。不可言喻。前年由外部與北京各國公使交涉。請日德法三國商人。延長期限。至去年三月。乃立天津市面救助會。屢次商議。不得要領。蓋欠債還錢。非張空拳者。可能了事也。吾國近年各處市面。無不如此。寧獨天津。吾記此而膚栗股栗矣。

**上海擴充租界之交涉** 此事外部堅持未允。

**邊境交涉** 俄國昨年春。藉口保護商人。駐兵於內蒙古之洮南府。吾國曾與爭辯。俄不應。並強建領事館。其後東三省總督與外部。再三向俄交涉。四月俄兵撤。又中法因安南匪亂。滇越鐵路有運送軍火之事。遂起交涉。更明定雲南安南中法之疆界。七月立境界碑。此事遂結。

## ▲四 海陸軍政

**禁衛軍編成** 前年春 旨練禁衛軍。派濤郡王、朗貝勒、鐵良（後以載搜代之）爲督練大臣。至昨年九月。而第一期所計畫之步兵一標。騎兵一營。已告成功。由十月起。復以次編第

二期。蓋預定宣統三年春全軍編成也
設立軍諮處　五月二十八日奉　旨　皇帝爲全國海陸軍大元帥。以壯國威。其贊襄帷幄。與夫通籌全國海陸軍事宜。宜有專司。故復命設立軍諮處。而以濤郡王、朗貝勒爲管理事務大臣。又軍諮處掌管全國軍令。凡陸軍大學、測繪學堂、及駐外公使館武官、陸海軍參謀。皆歸統轄。蓋合日本之參謀本部與海軍軍令部而成也。八月發布軍諮處官制。任命馮國璋哈漢章等以下職員。
復興海軍之議　肅邸奏請規復海軍。以固國本。監國嘉納焉。遂以正月晦日。命肅親王、澤公、鐵良、薩鎮冰妥議海軍事宜。該大臣等奉命後。苦心經畫。復奏以養人材立軍港籌經費爲本。五月乃命洵郡王、薩提督爲籌辦海軍大臣。向附陸軍部所管之海軍事務。今一切移於籌辦海軍事務處。蓋實海軍部也。籌辦海軍大臣七月中親巡沿江海各省。以定軍港之位置。八月復出洋考察各國海軍。由英國經法、意、奧而入德。凡歷程三月而後由西伯利亞鐵路歸京復命。時已入臘矣。其經費豫算。則開辦經費千八百萬兩。常年經費二百萬兩。開辦費由度支部擔任五百萬兩。餘派各省分任云。

武職任用章程　九月軍諮處奏武員宜與文員平等。不宜輕武重文。兼編定章程附奏。報可。

## ▲五　學務

經科大學招集學生　各科大學。以組織未備。故開學之期。尚未確定。惟經科大學。預計年末開學。其學生資格。須在高等學堂畢業者。如不足額。則以前此科舉所取之舉人優拔充之。大省六名。中省四名。小省三名。考選後咨入學部試驗。

京師設立圖書館　二月學部奏請在德勝門淨業湖附近。設立京師圖書館。

試用簡易識字課本　學部所編纂之簡易識字課本。今已成書。十月分發北京、直隸、山東、河南、山西、奉天等處簡易識字學堂。即時試用。

新立之各學堂　一貴胄法政學堂。二郵電學堂。（郵傳部所管）三殖邊學堂。（理藩部所管）四財政學堂。（度支部所管）

▲青島設立特別高等專門學堂　中德兩政府合辦之青島特別高等專門學堂。於九月開學。外人經營之學堂。而得學部存案者。以此爲嚆矢。

**派遣美國留學生**　昔年拳匪之亂。各國皆索賠巨欵。獨美國以其所得者。歸還中國。於是政府以此欵爲派留學生之費。最初四年。每年約派百名。至第五年起。每年至少亦派五十名。遄赴美國留學各科學藝。此爲第一次所派也。以八月首途。

**改正試驗留學畢業生章程**　此章程以六月發布。大要爲試驗之期約在十月。最優等生定額十三名。優等生定額五十二名。中等生定額百九十名。而學陸軍者。則以九月試驗。

**世界教育公會成立**　北京江亢虎所提倡之世界教育公會。蓋聯合中、日、英、美、德、法、俄、共十一國之公使館員。及宗教家、教育家。以組織者。於五月間成立。

## ▲六　財政

**清理財政**　吾國財政。其紛如亂絲之狀。由來已久。今當預備立憲時代。整頓財政。實爲第一要義。況司農仰屋羅掘皆窮。非行一大改革。則財政無從得有起色。而行大改革之先。又非經一番大清理。則改革之實。亦無從舉辦。我政府諸公知其然也。閏二月奏請於度支部設立清理財政處。於各省設立清理財政監理官。而各省清理財政局。

亦以次設立。以確查歲出歲入之額。山東浙江諸省。則以九月中呈本年春季報告。十月度支部復布報告延遲處分章程。

●改●革●財●政●方●針● 清理財政。由度支部政務處會同覆奏。公擬辦法六條。已見官報。故不錄。

●各●省●財●政●歸●布●政●司●統●轄● 布政司本爲各省總攬財政之官。然自咸豐軍興以來。因籌軍餉。故有釐金軍需支應、報銷等。名目繁多。各立局所。別委局員。自籌辦新政後。如此等類。更難殫述。布政司坐擁理財之虛名。而無統一之實柄。其於清理財政。窒礙良多。四月六日奉 旨限一年內。所有局所。一併裁撤。一省財政。悉歸布政司掌管。蓋以一事權。收實效。爲今日不可緩之政也。惟鹽、糧、關、運等道所管。則依然如故。但每月一報度支部而已。

●幣●制●調●査●局● 吾國前此無所謂幣制也。故貨幣紛雜。莫可紀極。其於國民生計。爲害匪輕。前年奉 旨劃一幣制。定以銀幣一兩爲主位。當時度支部不贊成此說。而主張七錢二分之銀元。其各省督撫。尤多主一兩者。於是一兩與七錢二分之議。騷然於國中。而畫一幣制之事。竟因此窒礙。不能實行。後度支部益堅持銀元之說。上疏　監國。奉　旨交政務處會議。然政務處亦不敢武斷。四月度支部遂有設立幣制調查局之舉。

**鈔票發行制限**　四月度支部禁止各省亂發鈔票。其已發者。漸次收回。七月復布鈔票發行暫定章程。此亦目今最要之政也。

**試行印花稅**　鴉片烟稅爲國計歲入一大宗。自禁烟後。來源頓缺。故思彌補之法。度支部擬行印花稅。然實行之際。不無困難。且反對者多。驟難興辦。客歲度支部乃毅然行之。閏二月奉　旨報可。四月命各省舉辦。然未見有實效也。

**土地家屋印契稅**　五月度支部復思彌補烟稅之策。凡買賣田地家屋。銀一兩徵印契稅九分。其抵押者。則徵印契稅六分。報可。

**湖北擬辦國內公債**　農工商部本有發行勸業債券之議。然在議中。未能見諸實事也。時湖北有擬辦內國公債之請。八月奉　旨允行。其興辦之故。則因前此舉行新政。經費浩繁。曾在外國商人處。籌借三百餘萬兩。今期限將近。欲借內債。以濟燃眉云。其法則悉仿昔年袁世凱在直隸所辦者。

## ▲七　農工商政

**新度量衡預備施行**　前年農工商部曾經出奏請畫一度量衡及舉辦方法。奉　旨允准。據奏先由官署始。二年以內。悉依新制。民間則限十年。將舊用度量衡。全行廢止。惟由第一年。各省須查定一種度量衡。爲該地所最通行者。據爲準則。待新制定。然後改換。此農工商部籌備之第一着也。後復照會駐法公使。托英法有名之工場。用白金製造尺度法馬之原器。又屬購製造度量衡之機器。已在西直門內建立工場。專待原器到後。便陸續製造。以便頒發。也各省亦設度量權衡局。以調查其地之舊度量衡。爲他日用新器張本。

**武漢勸業獎進會**　此會原擬四月初一開會。因預備未盡妥善。故延至九月十五始開會。會期定一月。在吾國勸業之會。以此爲嚆矢。聞其成績尚佳云。

**南洋勸業會準備**　南洋勸業會。爲昔年端方任江督時所奏請者。其性質實如日本之內國勸業博覽會。蓋欲爲各省之模範。而獎勵人民改良實業之心也。昨年七月。奉旨以現任江督張人駿爲該會會長。凡到會之物。一切免稅。目下正在準備中。定於四月初一日開會。

**廣東香洲開埠**　廣東香山縣紳商。相謀開闢香洲。爲一商埠。以與澳門對峙。閏二月舉行開埠式。極一時之盛事云。

**調查全國農業特產品**　五月、農工商部命各省調查該地特產之品。每年出產若干。輸出若干。報部存案。所謂特產品者。如南方之米。北方之麥高粱黍稷東三省之豆。四川之玉蜀黍。江西福建安徽雲南湖南之紅茶。浙江四川安徽之綠茶。浙江江蘇四川之蠶絲。江蘇湖北之棉花。廣東福建之甘蔗等是也。

**擴充農業章程及振興森林辦法**　此等章程辦法。皆於昨年二月頒布。命各省施行。又奏訂農會章程。凡以保護農工而奬勵之意至盛也。

## ▲八　運輸交通

**贖回京漢鐵路**　西歷前年十二月二十八日。償還比利時仙治潔特之京漢鐵路借欵。業已告終。西歷去年正月初一。遂由比利時人之手。將全路交還我國。於是此路管理權。始純爲我有也。該路向置監督一名。今改爲總辦。而以現任監督鄭清濂續任。

開通之諸鐵路　廣東新甯鐵路。以四月十六日行開車式。滬杭甬鐵路中由上海至松江者。已於前年開通。而至浙江省界之楓涇。則客歲四月十二始通。九月十五上海至杭州者。亦全開矣。而最名譽之鐵路。由吾國人獨力建築。絲毫不假外人者。厥惟京張。亦於八月二十全路開通。若滇越鐵路。則三月間已到蒙自。聞開至雲南省城。則昨年末亦竣工云。

起工之諸鐵路　津浦鐵路南段。已在浦口舉行起工式。北段亦興工矣。清徐鐵路清江浦至徐州則由三月十一起。在清江浦楊莊之間動工。而吉林長春鐵路。亦以十月二日舉行起工式也。

天津停車場問題　津浦鐵路在天津之停車場。原定天津城南門外。昨年三四月間。因此事直隸輿論沸騰。其後北段總辦李德順等革職。督辦大臣呂海寰報罷。故直隸總督楊士驤撤回太子少保銜。一切事務。概歸郵傳部管理。而停車場遂決議改設於京奉鐵路之停車場。卽所謂河北新停車場也。

粵漢及川漢鐵路　督辦粵漢川漢鐵路大臣張文襄薨。所有督辦事務。悉歸郵傳部管理。而借欵之事。復起轇轕。已於外交項中記之。故不復贅。然湖北境內之路。竟因此未能興工。其四川一段。則聘詹天佑京卿爲總工程師。十月十日已興工矣。廣東境內。則已開至琶江云。

決議建築張綏鐵路　京張鐵路成後。張庫鐵路、張綏鐵路之籌畫。復相繼而起。然二者孰先孰後。議論不一。後經調查。昨年六月。始定先築張綏。由今年起。限八年竣工云。張綏鐵路者。由張家口至綏遠城之鐵路。而於經營蒙古。至有關係者也。

大連烟臺海底電線　此線以六月告成。

宜昌重慶輪船　重慶資本家。欲開通由宜昌至重慶之航路。先在上海訂造百三十噸之淺水輪船。客秋溯江試行。安穩無恙。於是該地紳商。決計籌欵四十萬兩。立一輪船公司。專走重慶宜昌。以通商務而保利權云。

招商局改歸郵傳部　招商局雖有商股。然向爲北洋大臣所轄。自閏二月。始改歸郵傳部。

**收回郵政之準備**　吾國郵政。向歸稅務司兼管。昨年郵傳部始提議收回自辦。與稅務極力磋商。今已諧矣。

### ▲九　外人事業

近年外人在我國所最用力經營者。厥惟教育與實業。故特記之。

**教育事業**　美國擬在杭州設一大學。議雖未就。而其計畫。固未嘗已也。若夫英國。則已在香港設大學。又得吾國許可。允其在北京立一醫科大學矣。德則在青島設特別專門高等學堂。前已記之。不復再贅。俄亦欲效其所為。擬在北滿洲設一大學。以教吾國學生。雖未經許諾。然經此提議。政府諸公。恐失其歡心。乃許以吉林黑龍江兩省學堂。如需用外國教員。則必聘俄人云。隨舉三數事。足覘外人對於我國教育。備極熱誠。何緣得此。吾國受此無妄之愛。其可不重思也耶。

**實業方面**　昨年外人在我國實業界。最可注目者。則美國也。美國自六年前放棄粵漢鐵路建築權後。靜待時機。客春塔福特被舉為大統領。始定經營吾國發展之方針。力勸富豪摩爾根等。組織一大仙治潔特。四月間粵漢鐵路之借款將成也。美國忽起而干涉。必欲置身其列。而資本家之代表克林氏。又在北京極力運動借欵。如昨秋所起之錦愛鐵路問題。即其蛛絲馬跡也。其他英德法諸國與往年無甚大異而日本則於五月間。由有名之實業家。相集而爲一東亞興業會社。蓋卽仙治潔特也。此社雖立。不聞其有何舉動。故無從詳述。

（完）

梨花淡白柳深清。
柳絮飛時花滿城。
惆悵東欄二株雪。
人生看得幾清明。

# 本國紀事二

**樞臣更替** 宣統二年正月十三日。軍機大臣協辦大學士戴鴻慈薨于位。越數日。有旨以郵傳部尚書徐世昌爲協辦大學士。以內閣學士吳郁生爲軍機大臣。按戴協揆由詞臣起家。洊歷翰詹。屢掌文衡。數十年來。於政界初無關繫。及乙巳冬。奉 命出洋。赴諸國考察憲政。歸長法部。旋入直樞廷。未半歲。於諸大臣中爲後進。不能有所短長。然斛斛謹恪。不肯殖貨鬻權。猶有乾嘉時諸老遺風焉。其薨也。人皆惜之。吳學士生平出處。略與戴同。慶邸未入軍機時。嘗館其邸中。爲主書記。政務處既開。首被辟爲提調。數年來興革諸大政。學士所主持者甚多。亦一時重要人物也。聞其入政府。爲 監國所特簡云。

**言官罷斥** 御史江春霖、以敢諫著者也。日前奏參慶親王奕劻。庸劣尸位。殖貨弄權、請早賜罷斥。以安宗社。疏中舉慶之私黨。內爲卿貳。外任督撫者甚悉。疏上。 監國摘其疏中陳夔龍為慶王乾壻。朱家寶之子朱綸為載振乾兒兩語。斥為不根之辭。令江春霖明白回奏。江覆奏語益戇。監國知其忠。卒以慶故。不得不畧予薄懲。令江春霖仍回原衙門行走。 命下。全臺大憤。陳田趙炳麟胡思敬等先後上疏。請收回成命。思敬語尤激。中有言官參劾親貴。小事則曰瑣屑。大事則曰非小臣所應言。至竟必何等事。乃許其陳奏耶。又親貴被參。不待查辦。而遽罪言官。此後親貴如有不職。究應奏參與否。應請旨明白宣示等語。聞日來慶邸頗踧踖。欲請退以釋言官之怒云。

西藏亂事 朝廷之對西藏。始終持羈縻政策。達賴愈桀驁不臣。而 上之恩禮愈篤。識與不識。皆知衛藏之必亂矣。迨萬不得已。始議用兵。宣統二年正月。蜀將鍾穎統師入藏。抵拉薩。達賴聞之。遽微服出走印度。駐藏大臣聯豫使人止之。不及。始電奏請旨。奉 旨斥達賴罪狀。革其位號。令藏中別選聰慧童子。襲達賴職。據四川督臣趙爾巽奏報。達賴自西歸後。益恣橫殘虐。民心不附。藏中僧俗本無拒抗王師之意。達賴特以威脅之故。大軍涖藏。藏軍不待交綏。即紛紛鳥獸散。師抵拉薩。曾不血刃。然則藏亂似無足慮。然聞吾國駐藏官吏。自兩大臣外。委員將校。多為達賴所用。聯豫之部將徐某。受達賴賄。約起事之日。率所部陽爲接戰。而倒戈佯敗。以取聯豫。幸未發而爲其黨某所告。聯豫乃斬徐以徇。不然。殆矣。又聞我軍在藏境者。紀律不嚴。多任令將卒淫掠民間。果爾。則藏亂之興。正自未有艾也。

**皖礦產收回** 安徽銅官山礦。前於光緒三十一年。由前任巡撫緝聶槼。批准英商凱約翰承辦。凱與皖中官紳。訂立合同。約以三年內開辦。凱之人格信用。素不爲其國人所重。公司開設數年。鳩集股本。卒無人信而投貲者。瞬已逾期。礦產尚未出。皖人執合同要令退辦。凱不可。自謂並未逾限。且令礦師麥奎强踞礦山。造房修路。山下居民。咸受其害。外部與英使爭論。英使稱決無停辦之理。若由中國購回。則須償英金四十萬鎊。既而凱約翰入都。英使益堅執。外部無如何。幾與訂約。仍歸凱承辦矣。皖人不能平。乃公舉代表入京。要求我外部堅持。外部不得已。始與英使磋商就緒。償英金五百二千鎊。其礦山及一切機器房屋。均交迴中國收執。原訂合同。概行作廢云。外部之爲吾民爭回權利。此爲開宗明義之第一事。記者聞之。不禁距躍而曲踊也。

本國紀事

世事紛紛過眼新。九衢依舊漲紅塵。桃花夢破劉郎老。燕麥搖風別是春。

世界紀事一

# 千九百九年世界大事記（續第一號）

▲七月

**法相辭職** 七月三十一日。法國議會以前外務大臣笛爾卡些所論海軍問題攻擊現內閣首相克列曼梭起而辨之。終不見信於議會。克氏辭職。蒲里安代之。

**波斯再政變** 波斯政變再起。遂爲國民黨制勝。廹波王摩哈麥亞利退位。至以七月十三日逃入俄國公使館。民衆乃擁立亞米特靡爾查繼之。年僅十二。而關於攝政之英俄兩國協約。以七月三十一日成立。

**西摩失和** 七月上旬有西班牙人數輩爲摩洛哥土人所殺。西班牙乃興問罪之師。七月初九西摩兵第一次交戰。西軍頗不振。西班牙國內非戰論蠭起。七月廿八日巴些那拿竟致暴動。政府發戒嚴令。三十日暴徒與官軍戰。越二日乃降。其後西軍在摩洛哥者亦着着得手。

日韓協約 日本與高麗新訂協約。以高麗司法權盡移於日本。蓋七月下旬事也。各國對於此案。並無反對。

希臘野心不成 奧國之二州合併案既成。布加利牙之獨立亦定。於是巴幹半島之問題漸已就緒。然希臘及克里德島。以蔑視土耳其所爲。故而克里德島問題又起。此事起因。爲列國駐紮該島之兵隊。以七月下旬撤退。該島民乘機而升希臘國旗。土國大憤。時英法俄意四國勒令卸下。該島立法部亦允諾之。以令人民。人民不從。內閣不得已而辭職。然假政府之行政委員宣誓當臣事希臘皇帝。英法四國知非可以口舌爭也。各派兵艦一艘。以八月十七日陸兵登岸。十九日希臘國旗已不復搖曳空中。此事乃罷。而希臘欲與該島聯合之議。竟不能成。

▲八月

美國關稅改革案 本案八月四日由總統塔福特批准。

安奉鐵路動工 八月六日日本駐北京公使伊集院氏奉本國政府訓令。言安奉鐵路改築問題。中國政府既無妥商之精神。日本惟有爲世界交通利便之故。據條約之權利。不待中國之協力。獨行改築云云。伊集院卽將原意通告外務部。而日本已一面動工矣。

**飛行機大會** 八月下旬在法國開萬國飛行機大會。各國人赴會者甚多。其成績亦頗可觀。蓋飛機之發達。爲去年一大現象也。

### ▲九　月

**僞探險家** 九月二日路透電有美國人科克博士探險北極。今已成功之報。至九月七日又有電云。美國人白利亞少佐探險北極成功之報。嗣後兩探險家紛紛辨難。幾令世人耳目迷惑。閱數月而所謂北極探險家之科克博士已潛踪匿影矣。蓋彼欲藉此欺人。坐收名利。而孰意忽遇眞探險家之白利亞少佐。以致聲名掃地。其後查彼所報告北極之事。無絲毫價値。且亦多出他人之手。於是白氏專享盛名。

**日本實業家赴美** 先是美國商業會議所特請日本實業家游其國。以疏通兩國民氣。發達兩國商務。日本應之。以八月十四日首途。凡數十人。皆一時有名之實業家也。

九月一日在舍路登岸所在歡迎。

**鐵路大王長逝**　美國鐵路大王哈里門九月十四日病歿。享年六十一歲。哈氏十四歲起家。為紐約窩祿街股份賣買公司之紀綱。爾來稱霸於美國。鐵路界資產合計一萬萬五千萬打拉。為世界屈指之富翁云。

## ▲十月

**西班牙革命黨處死**　十月十三日。西班牙政府宣告該國革命黨領袖腓列爾死刑。於是西班牙本國及歐洲各國之革命黨。大為不平。所在示威運動。而西班牙之在野黨。遂借此機以攻政府。二十二日摩拉內閣辭職。前首相莫列特再組織內閣。

**希臘兵隊暴動**　十月中旬。希臘陸軍忽起暴動。占據議會。幸皇族及議員悉允所請。遂得無事。至十月三十日有海軍大尉支巴爾士者。率兵三百直據沙拉末慈之造兵廠。而揚言曰。苟不以我為海軍大臣者。吾必顛覆政府。時砲臺兵船各守將。忍釀大變。即開砲攻擊。不轉瞬而亂兵四散。支巴爾士旋亦被捕。亂遂定。

**伊藤被刺**　十月廿六日日本公爵伊藤博文旅行滿洲。行至哈爾賓。將與俄國度支大臣可科阿夫會見。忽被朝解刺客用手鎗狙擊。中傷四處。二十分鐘後遂薨逝。日人震悼。各國亦痛惜之。旋定國葬之禮。生榮死哀爲該國人前此所未有也。

▲十一月

美尼之爭●●●● 十一月末。中美洲尼卡拉克國因有變亂。而捕美國人之有嫌疑者二輩。處以死刑。美怒甚。嚴詞恫愒。尼亦爭辨甚力。至十二月上旬。美尼國交。不絕如帶。美國乃陰援尼國反對政府黨埃士脫刺氏。而現任大總統節拉牙勢不能支。乃辭職。美尼之間。幸而無事。

▲十二月

英國兩院大衝突●●●●● 英政府四月間所提出之豫算案。兩黨相持。閱半載而議未定。至十一月四日。以大多數在下議院通過。惟待上議院畫諾。便當見諸實行。然此案交入上院。後十一月廿二日開第二讀會。即有在野黨領袖蘭士達文起而言曰。政府所編豫算案。非質諸國民全體意見。本院不能協贊。於是上院反對之動機。遂基於是。而英國向例上院對於豫算案。從不干涉。蓋自千八百六十年以來。有如今日之事者矣。至十一月三十日爲最後之決議。果爲反對者占大多數。首相阿克士聞此報也。復以十二月二日在下院昌言曰。上議院拒絕已決之豫算案。是橫奪下議院之權利。大背國憲者也。下院議員聞而甘心。又以大多數可決首相之說。於是次日政府宣告閉會。而以正月初八爲公式解散。十三日行總選舉。此議定後。兩黨運動選舉。各出死力以相爭。保守黨所標之旗幟。則改革關稅也。自由黨所標之旗幟。則痛詆上院之橫暴也。皆各持之有故。言之成理。正不知勝負何如耳。

**美國駐中公使更迭** 前美國駐中國公使羅克飛氏。既昇任駐俄。於是美國妙選人倫以承其後。忽此榮重之職。爲芝加高一製造家具商格廉所膺。行有日矣。而又以漏洩機密。故爲國務卿召還。旋報罷。事極蹺蹊。外人莫測也。（參觀本報特別紀事門美國東方最近政畧） 至十二月某日。乃改派芝加高名法家卡倫云。

**比王凶耗** 比利時至獵破奴二世。以十二月十七日薨。年七十有四。蓋患腸疾云。王姪亞爾拔特入繼大統。

外史氏曰。去年世界大事不起於諸强國而起於弱小國亦一異徵也其最聳動天下之耳目者曰土耳其波斯之革命曰波士維亞赫斯戈維納之合併於奥大利曰布加利亞之獨立曰希臘摩洛哥及中美南美諸國之內亂吾國人苟能紬其始卒而求其故則亦前事之師也二十世紀中宇內之專制國惟我與土耳其波斯耳而此三國者不謀而合同以前年 光緒三十四年 千九百八年 宣布立憲之政顧雖宣布矣然其無意於實行則一也彼其秉鈞當軸者外逼於列強之覬覦內怵於人民之怨讟乃姑假名立憲冀塗飾天下耳目而自始未嘗知憲政爲何物且實則惡聞憲政知蛇蝎也殊不知虛名不可以久尸專欲不可以卒成土耳其波斯之君相惟不知此是以終攖衆怒遭幽廢竄謫之禍土帝不得不遜位於厥弟波王不得不禪政於厥子而身自爲僇人以蝨於斯世吁、可傷也抑吾聞之土波二主皆當世之賢主也寬厚愛人其民懷之徒以優柔不斷偏聽不明爲二三大臣所煬竈遂至有乾侯房州之慘而此二三大臣者既陷君於難而身亦不免於刑戮則何益也嗚呼斯可鑒矣土耳其惟有青年黨以爲國民中堅故雖廢置其君如奕棋而新政府既立則能整飭紀綱以從民欲使列强相顧動色莫敢或侮波斯則貴族互相爭鬩各引外援以爲重以

世界紀事 八

致至今俄國戍兵尚在境內亂且未艾則甚矣立憲國民不可不知所自重也希臘布加利亞波士尼亞赫斯戈維納當三十年前皆土耳其之郡縣也土政不綱紛紛思亂惱及比鄰歐洲列國屢因此而幾動干戈所謂巴爾幹半島問題其苦全歐之外交家者數十年於茲矣自柏林會議以後（一八七七年）以布波赫三國爲半自主國而布則受保護於土波赫則受保護於奧而希臘獨立之主權亦自此會議後而加確定雖然亂機所伏非他人代爲拂拭之所能去巴爾幹之葛藤其胃梗歐洲政局者三十年間未嘗息也蓋土耳其自去年以前純蟄伏於專制之下政象毫無所進而布波赫諸國雖號稱半自主之立憲國然君民上下皆不思自進其政治能力內亂種子常伏全國至去年而奧大利忽有兼併波赫之舉英俄法以其背柏林條約起而抗之而德意與奧本爲攻守同盟（所謂三國同盟是也法前相俾士麥所經畫者）英俄法憚德之兵威卒坐視奧之洊食然戰機固已一髮矣今世交通大開一國之治亂其影響往往波及比鄰故內政腐敗亂機攸伏之地其四鄰列強往往起而干涉之雖曰狡焉思啓然有時爲自衛計固亦不得已也今全世界亂機所伏之地有四一曰巴爾幹半島及希臘

半島二曰亞非利加西北部三曰中美南美其四則我中國今巴爾幹諸國經此次分合局面或將稍定中美南美之革命司空見慣無年無之顧已卵翼於美國門羅主義之下故其影響不至牽動全世界若希臘內亂則六大國相約而干涉克列特島之合併矣摩洛哥之內亂則三國協力以底定之矣吾觀此而有感於今世列強之政策其大勢所趨在於強與強交相讓而協以謀兼弱之計我國內治苟循此不變數年以後將有希臘我者矣將有摩洛哥我者矣夫安可不惻然懼瞿然興也

此外去年政界特別之現象則各國帝王之互相朝也各國政府之多更迭也帝王互相朝是列強交相讓之一徵然不過禮云禮云可勿深論至各國政府之更迭則美國以大統領任滿易人而政府隨之無足怪者而德意志法蘭西西班牙葡萄牙意大利丹麥希臘匈牙利諸國其政府皆全部更迭俄國亦一部分更迭英國亦瀕於更迭此亦一奇也而其中泰半皆起於財政問題蓋自文明日進世運日變國家政務範圍日以擴張而所需經費日以浩大理財政策若何而使上之無缺於國用而下之不病於民生實今日各國官民所苦心擘畫之大問題德相彪羅在位十年

緣此辭職而英國解散議會釀成掀天動地之政爭皆爲此也我國民其可以知取法矣

若夫學藝之發達則以北極探險與飛機勃興二者爲去年最顯著之現象北極探險之業歐美嗜奇之士接跡行之已垂百年而去冬竟告成功實爲地理學上開一新紀元顧非藉科學之發明有文明器以爲之用何以及此則飛機之功最偉也飛機之製造非始於去年亦非敢謂大成於去年而去年則各國之成功而能致用者踵相接前此人人疑其誕而以爲不可幾者今則五尺之童信其不虛矣而此利器既前民用則全世界舊社會種種制度行將緣此而破壞將來人道進化屆於何所雖聖智猶有所不能測則謂此爲世界空前之大事可也

要之世界之大勢變而已矣進而已矣善變而求進者則爲世界之主不善變不求進者則爲世界之蝨主日以尊榮而蝨日以擯滅一年雖短而永刼之大原則寓乎其間鑑往以知來取人以爲善是在善觀世者矣

（完）

# 世界紀事二

**美國海軍現狀**　邇來各國。無不皇皇然擴張海軍。英德海軍之競爭。既爲世界所注目。法國亦昕夕不遑。汲汲於海軍之革新。美國自前大統領羅士佛之提倡。舉國上下。無不熱心以謀海軍之增擴。新海軍卿瑪伊就任以來。實行海軍行政組織之改革。親自巡閱軍港要塞。派將官於海外。考察歐洲海軍制度。集各港之司令長官開大會議。以改良一切。曩者戰艦主砲。專用十二吋砲者。今已改用十四吋砲。其於太平洋方面。既設定夏威眞珠灣之海軍根據地。復於非律賓之荷倫卡波灣增設海軍根據地。其海軍之實力。實足立於世界之第二位海軍國。而無所多讓。彼自千八百八十三年以來。二十七年間。其海軍費僅十五億七千餘萬元。平均計之。年僅五千八百餘萬元耳。至去年之海軍擴張費。爲三億六千餘萬元。今年之海軍豫算費(至六月止)亦一億三千六百餘萬元。頃更增造三萬二千頓之大戰艦二艘。彼美人之海軍政畧。固亦大署可觀矣。

**美德博覽會** 美國大統領塔虎脫宣言今夏在柏林開設之美德博覽會。於兩國之商業上政治上。有至大之效果云。

**法國歲入之不足** 法國今年度之豫算。歲入不足。共二億三千一百萬佛郎。其九千萬佛郎。將加課新稅以補其不足。其一億四千一百萬佛郎之缺額。則募集公債以充之云。

**土耳其擴張海軍** 土耳其議增造脫力特那式戰艦二隻。裝甲巡洋艦二隻。水雷艇十隻。汽艇十隻。以鞏國防。

**土勃兩國之交戰** 土耳其、勃牙利、兩軍。於兩國國境之腓列播尉南方之潭勒士。砲兵互相轟擊。其啓釁之故。尙未明了。頃勃王遊俄未返。兩軍砲戰。亦遂中止。是當不過兩國邊兵之偶爾衝突。然因是釀成兩國之惡感。未可知也。

**德墺與近東** 墺國外部大臣耶靈特爾之赴柏林。德墺兩政府。發表公文。咸謂將以維持近東之現狀。並援助土耳其。鞏固其憲政之基礎。且熱心信賴三國同盟云。

埃及首相之被刺　埃及首相樸羅士。於外部省。被國民黨之回教凶徒行刺。負重傷。數日而卒。

墺洲國防之計畫　詰支拿元帥之報告書。述墺洲國防之意見。謂今日澳洲軍隊。其兵數、訓練、組織、軍器、等事。皆缺而不完。不適戰時之用。今後將組織八萬常備兵。以其半爲防守都市及諸港之用。以其半備游徼。且模倣美國之威士特波印兵學校。設立陸軍學校。以教育軍人。他日之卒業生。且派遣於英國半年。爲實地練習云。

公卿有黨排宗澤
帷幄無人用岳飛
遺老不應知此恨
亦逢漢節解沾衣

## 文牘

# 都察院代遞總檢察廳廳丞王世琪等請開復已故湘撫陳寶箴原官呈

呈爲已故湖南巡撫陳寶箴公忠體國遺愛在民謹臚陳政績援例乞　恩俯准開復呈請代奏事竊開復原銜已故湖南巡撫陳寶箴原籍江西義甯少以行誼聞於鄉里當咸豐時以治鄉團却巨寇受知於曾國藩沈葆楨李鴻藻諸臣後又佐席寶田擒僞王洪福瑱東南底定與有勛勞故該故撫歷官多年屢蒙中外大臣論荐如前兵部尚書彭玉麟前大學士王文韶前大學士張之洞皆言其才堪大用是以受　先朝特達之知由河北道浙江湖北等省按察使直隸布政使遂擢湖南巡撫歷官所至皆有政聲而尤彰彰在人耳目爲職等所深知者則在湖南巡撫任內維時正值德宗景皇帝整飭紀綱銳新百度該故撫旣感　聖主拔擢之恩復體　朝

廷振奮之意。於一切新政。辦理不遺餘力。以爲百事之隳壞。由於吏治之不修。乃劾貪吏數十人。舉廉吏數人。而官方爲之一肅。以爲民生之窮蹙。在於地產之不興。乃創立礦務局。別其名曰官辦商辦官商合辦。而常甯之鉛。益陽之銻。平江之金。至今遂爲民利。以爲國力之靡弱。由於學務之不興。乃設文武學堂。選集英才。考究西國政治。遂爲今日學堂之先聲。以爲政治改良。當以保護民生爲主。乃仿外國巡捕制。設保衛局。遂爲全國警察之先導。此外又設立電報局。官錢局。銀元局。遷善所。濬河局。輪船局。凡百庶政莫不修舉。其餘救濟民荒。如衡山之荒政。醴陵之賑務。嚴治積盜。如辰沅之巨案。皆於事前防備。得以無患。吏治修明。民生感戴。非僅創行新政已也。惟當時風氣未開。事屬創始。羣情不無疑阻。以致彈劾紛紜。而該故撫百折不回。任之愈力。故 德宗景皇帝有陳寶箴自簡任湖南巡撫以來。銳意整頓。卽不免指摘紛乘之 諭。又有該撫力任勞怨。朕不以文法繩汝之 諭。一時 君明臣良。古今罕見。而湖南地居偏僻。民智未開。既昧於世界之事情。又狃於習俗之武勇。一切讐洋讐教等事。動輒釀成交涉。上煩 宸慮。十餘年來。稍稍闢其蒙昧。啓其知識。至今一隙之、明。實、皆、陳、寶、箴、牖、導、之、力。自該故撫於光緒二十四年八月二十奉　旨革職永不敘用。去任之後。全省人、民、感、其、遺、愛、而、不、忘。迨光緒三十年四月二十日經江西護理巡撫周浩奏請將戊戌獲咎案內之陳寶箴開復原銜。其子陳三立開復原官。奉
旨著照所請。該部知道。欽此。是陳寶箴之咎有可原。早爲　先聖所鑒察。職等籍隸湖湘。蒙其遺澤。竊念該故撫忠純亮直。既叨　先朝祓濯之恩。現値
恩詔覃敷。宜荷　聖明矜全之賜。爲此援案仰懇　天恩可否將已故湖南巡撫陳寶箴開復原官之處。出自　逾格鴻施。無任懇切待　命之至。伏乞代奏。謹呈。宣統元年十二月二十日軍機大臣欽奉　諭旨陳寶箴著加恩開復原官欽此

## 御史趙熙奏參部臣貪贓骫法錯亂紀綱請　飭查辦摺

奏爲部臣貪贓骫法錯亂紀綱請　旨飭王大臣澈查嚴辦恭摺仰祈　聖鑒事
竊護理兩湖總督湖北布政使臣楊文鼎。前在淮揚海道任內。於服官省分置產。奉

文牘 四

上諭交部議處。部議罰俸一年。田宅入官。而於解任一層。稱該員業已升任。照律應無庸議。議上。人人驚疑。近乃聞交議之時。楊文鼎祕託腹心。輦金四萬。運動部臣。該部侍郎公然當堂分付司員從輕比照。田宅可不入官。唐景崇力爭不可。始行照律辦理。而解任一層。竟敢飾詞開脫。臣思僉人賄賂公行。悍然成風久矣。止因曖昧之事。人難深得其詳。故雖萬口喧傳。而彼輩行之自若。其灼然在耳目者。則以升任爲解任。部臣不可逭之罪。確有二端也。夫解任者。薄示懲儆。升任者。明予優崇。判然相反。升任可抵解任。則凡可以侵民之利者。明目張膽爲之。一升任卽泰然無事。是解任乃置產酬庸之典。凡犯解任處分者。人人先營一窟。遂援引升任爲辭。而以獲咎爲樂事。亂祖宗之法。別開作弊坦途。其罪一也。律中並無以升任爲解任明文。旁注乃私家推擬之詞。本參差不一。其說況解現任職事之下。其云別處敘用者。明非永不敘用也。其云非解除官職者。明輕於革職也。而該部以升任爲解任。謬云照律。是當懲者而反勸之。定律可混。將來何事不可混。敢舞文以蔽 聖聰。其罪二也。 朝廷紀綱所在。楊文鼎一人去就之事小。 國家萬世賞罰之事大。至恃多金以紊 國紀。不畏 皇上威權。則楊文鼎之罪不小。而部臣之罪尤大。公是。公非。豈容任意顛倒。應請 旨飭王大臣從嚴查辦。伏乞 皇上聖鑒謹 奏宣統元年十二月二十八日內閣奉上諭前據御史趙熙奏參部臣貪贓玩法錯亂紀綱請飭查辦當經諭令那桐葛寶華確查茲據查明覆奏原參楊文鼎行賄部臣得贓及該部侍郎分付從輕比照致有爭執各節或無從根究或係傳聞之誤即著無庸置議惟該部議處楊文鼎在服官省分置買田宅以該司業已升任即將解任一層置而不議并不聲明請旨辦理實有未協吏部堂官及承辦此案司員著交都察院照例議處至楊文鼎在服官省分置買田宅業經得有處分著免其解任欽此嗚呼房魏不復見。秦王學士時難羨。青衿冑子困泥塗。白馬將軍若雷電。千載。少。似。朱。雲。人。至今。折。檻。空。嶙。峋。婁公。不。語。宋。公。語。尙憶。先。皇。容。直。臣。

談叢

# 春冰室野乘

春冰

## 曹杜兩相得謚文正之由

國朝漢大臣易名得正字者凡八人。一湯睢州。二劉諸城。三朱大興。四曹歙縣。五杜濱州。六曾湘鄉。七李高陽。八孫壽州。較宋明兩朝。過之倍蓰。嗚乎盛矣。綜而論之。劉曾之道德功業。洵足當正字而無媿。睢州之爲人。有謂其爲僞君子者。大興晚年。躭嗜宗教。自謂能與呂仙問答。其事甚怪。其飾終之典。所以備極寵榮者。則以和相弄權時。大興于 仁廟實有調護之功耳。此其事人人所習知。壽州則無毀無譽之愿人。于國事無大關繫。姑不具論。若歙縣濱州兩公。則於國家治亂之關。三朝授受之際。實有非常絕大之關繫。天下之士。或有未盡悉其始末者。爰追憶曩時所聞師友之緒論。泚筆紀之。亦三朝得失之林也。

宣宗成皇帝在位三十年。衣非三澣弗易。宮中用款。歲不逾二十萬。內務府堂司各官。皆貧困欲死。其儉德寔三代後第一人。漢之文帝。宋之仁宗。莫能及也。然而三十年中。吏治日媮。民生日困。勢窮事極。釀成兵禍。外擾海疆。內興赭寇。遂以開千古未有之變局。所謂上有堯舜之君。而下皆共鯀之佐者。眞道光朝之謂矣。夫以 宣廟之聖明。何至不知吏治之媮。民生之困。所以然者。由言路之壅塞。致之而言路。所由壅塞。則皆歙縣一人之力耳。 上晚年頗倦勤。而一時言官。多好毛舉細故。相率爲浮濫冗瑣之文以塞責。 上初猶勉强延納。久益厭之。欲懲戒一二。以警其餘。則又恐言路爲之沮格。歙縣以漢首相直軍機。 上一日從容語及之。歙縣因造膝密陳曰。是無難。凡言官所上章疏。無問所言何事。但摘出一二破體疑誤之字。交部察議懲戒。一二人言者必駭服 聖衷之周密。雖一二筆誤。猶不肯輕易放過。況其有關繫之大者。嗣後自不敢妄逞筆鋒。輕上封事矣。在 上無拒諫之疑。而可以杜妄言者之口。計無便于此者。 上聞奏大喜。如其所言。未幾。言官相戒。以言事爲厲禁。而科道兩署七八十人。皆寒蟬仗馬矣。歙縣之巧伺人主意旨。藉公論以逞私意者。率皆類此。 上天性仁厚。以其外觀之忠謹也。絕不之疑。雖有言其奸者。 上亦不肯信。及其歿也。猶痛惜之。賜卹恩旨。有獻可替否而人不知之語。蓋其所以固寵者深矣。嘉慶以前。 殿廷考試大臣奉 派閱卷皆先文詞而後書法。未有摘一二破體字而抑高文于劣等者。至歙縣始用此術衡文。不但文詞之工拙在所不計。即書法之優劣亦不關重要。但通體圓整。無一點畫訛錯。即可登上第。蓋當時承乾嘉考證學派之餘波。士子爲文。皆以博奧典實相尚。歙縣素不學。試卷稍古雅者。輒不得其解。故深惡而痛絕之。後來主文衡者。樂其簡易。相率效尤。於是文體頹而學術因之不振矣。道咸兩朝。功令文字。最爲卑陋。皆歙縣一人啟之也。祁文端既貴。以小學提倡後進。輦下學派。始稍稍振起。然遠遜乾嘉之盛矣。此條聞諸文道希學士

達縣吳季清先生友一內務府老司官旅人某君。年七十餘矣。通籍道光末。歷事四朝。內廷故事綦熟。嘗爲述道咸間遺事。多人間所不得知者云 宣廟晚年最鍾愛恭忠親王。欲以大業付之。金合緘名時。幾書恭王名者數矣。以 文宗賢且居長。故逡巡未決。濱州時在上書房行走。適授 文宗讀。微窺 上意所在。欲擁戴 文宗以建非

常之勛。一日 上命諸皇子校獵南苑。故事。皇子方讀書者。奉 命外出。臨行時。必詣師傅處請假。所以尊師也。是日。 文宗至上書房。左右適無人。惟濱州一人。獨坐齋中。 文宗入。行禮畢。（皇子見師傅皆長揖）問將何往。以奉 命校獵對。濱州乃耳語曰。阿哥至圍塲中。但坐觀他人馳射。萬勿發一槍一矢。并當約束從人不得捕一生物。復 命時。 上若問及。但對以時方春和。鳥獸字微。不忍傷生命以干天和。且不欲以弓馬一日之長。與諸弟競爭也。 阿哥第以此對。必能上契 聖心。此一生榮枯關頭。當切記無忽也。 文宗既至圍所。如所囑行之。是日恭王所得禽獸最多。方顧盼自喜。見 文宗默坐。從者悉垂手侍立。怪之。問其故。 文宗曰。吾無他。但今日適不快。弗敢馳逐耳。日暮歸。復 命。 文宗獨無所獻。 上詢之。具如濱州所教以對。 上大喜曰。是眞有君人之度矣。立儲之議。遂決。後數歲。 宣廟上賓。 文宗甫御極。即晉濱州爲協揆。未及正綸扉而遽薨逝。 上聞訃。爲之失聲。親往奠醊。追贈太師。予諡文正。飾終之典。悉視大學士例。有加。嘉道以來。漢大臣追贈太師者。僅公一人而已。蓋非惟追懷典學之勤。亦以報其擁戴之勳也。 國朝列聖之文學。以 文宗爲最優。蓋亦濱州啓沃之力云。

## 紀聶澐

蒲城王文恪公鼎道光末。以爭和議。效史魚尸諫。自縊死。其遺疏嚴劾穆相彰阿。穆大懼令其門下士。以千金啗文恪公子伉。且以危詞脅之。遂取其遺疏去。而別易一稿以進。人皆知爲涇陽張文毅芾所爲。而不知其謀實定於文毅同縣人聶澐之手。聶字雨帆。以拔貢朝考一等官戶部主事。入直軍機處。爲穆相所深倚。既得文恪遺疏。穆相面許以大魁酬之。是時聶已捷京兆試矣。及禮部試居期。穆相授以關節。且徧囑四總裁。十八同考官。時同考官有某侍御者。晉人也。夙倔强。生平未嘗趨謁穆相。得穆囑。陽諾之。及入闈。聶卷適分某侍御房。侍御亟扃諸篋中。而固鐍之。榜既定。獨不得聶卷。主司房考相顧錯愕。羣知爲侍御所匿也。因議搜遺卷至某侍御房。侍御故爲侘傺狀。曰。吾某夕不謹。致一卷爲火所燼。榜發後。不得不自請議處矣。公等所求者。得非即此卷乎。衆知無可爲。廢然而返。聶此歲亦補缺。不復應禮部試。後聶官至太常少卿。穆敗。聶亦謝病歸。回匪之亂。首擾涇陽。涇陽爲西北商旅所輻輳。繁盛亞漢皋。賊故首趨之。衆謀城守。議廣積芻粟。聶以官貴爲衆紳領袖。謂賊可旦夕平。城決無久守理。而其家有積粟數千石。可規善價也。乃倡議賊方苦乏食。故所至鈔掠。今積粟城中。是招之使來也。力爭不令一粟得入城。後賊圍城年餘。城中食盡。守禦具一無缺。獨人皆餓仆。莫能乘城。城遂陷。所失以數千萬計。涇陽不守而西北之元氣盡矣。嗟夫僉壬之爲禍也烈哉。

## 于文襄出缺之異聞

金壇于文襄在　高宗朝爲漢首揆。執政最久。恩禮優渥。輔臣不由軍功而錫世爵者。桐城張文和廷玉而外。文襄一人而已（新疆底定時文襄以帷幄贊襄之勞錫一等輕車都尉世職）然世頗傳其非考終者。云文襄晚年。偶有小疾。請假數日。　上遽賜以陀羅經被。文襄悟旨。卽飲鴆死。往者聞萍鄉文道希學士談此。方以爲傳聞之辭。絕無依據。頃者讀武進管緘若侍御韞山堂集。有代九卿公祭文襄文。中四語云。欲其速瘉。載錫之蔘。欲其目覩。載賵之衾。乃知陀羅經被之賞。固當時實錄也。經被之爲物。凡一二品大員卒于京邸者。例皆有之。幷非殊恩異數。以文襄膺眷之隆。身後奚慮不能得此。而必及其未死以前。冐豫凶事之戒。使其目覩以爲快耶。此中殆必別有不可宣布之隱。故特藉兩漢災異策免三公故事。以曲全恩禮如孝成之于翟方進耳　國朝雍正以前。漢大臣居政地者。雖無赫赫之功。然大抵硜硜自守。不肯以權勢自肆。洎張文和當國。風氣始一變。而文襄實承其衣鉢。士大夫之浮薄者。紛紛趨其門下。權勢赫奕。炙手可熱。　國初諸老剛正謹厚之風。至是乃如闋文乘馬矣。　裕陵之聰察。豈有不燭其隱者。文襄之禍。實由自取。昔文和晚年。以致仕歸里。陛辭日要請宣布配享　世宗廟廷之旨。致觸　聖怒。下　詔譴責。撤其配享。及其薨也。以配享爲　先朝所許。復下　詔還之。其用意殆與此舉同。英主之駕馭臣工。眞有非常情所能測度者矣。

管侍御以制藝雄一代。其韞山堂稿。百年以來。幾於家絃戶誦。士束髮受書。無不知有管韞山者。而其氣節事功。轉爲文名所掩。士之立身植學。以蘄傳於後世者。其亦有幸有不幸哉。初侍御數躓秋闈。中年始通籍。授戶部主事。旋入直軍機處。以才行受知阿文成。時和相已爲軍機大臣。赫奕冠一時。侍御時時持正論。折其牙角。和恨之甚。欲中以危法者屢矣。賴文成始終保全之。和於同列諸臣。俱視之蔑如。獨畏文成。故無如侍御何。侍御旣傳補御史。文成慮其以言賈禍。乃面奏軍機章京。唯管世銘一人。諳練故事下筆敏捷世銘去繼之者無人請以御史仍留軍機處行走故事軍機傳補御史即退出直廬若留則不得上疏奏事也侍御未引見時已艸疏數千言備論和之奸狀引見歸急繕摺將於次日上之而仍留軍機處之命已下矣侍御大失望洎入直謁文成猶侘傺不平文成慰之曰報稱有日胡必亟亟以言自顯乎且和相方得君豈一疏所能仆徒以取禍而已於國事無補也留有用之身圖異日之報稱不亦可乎侍御感其言乃稍稍自悔及文成薨侍御亦旋下世去和敗時僅數月耳

# 文苑

## 將赴奉天海藏樓雜詩第二十四

蘇庵

萬物役於人見用乃爲貴是豈萬物情誣之因自遂試看鶴乘軒孰與翔天外惟人有殊性殉意終不悔少游與文淵兩己適相背平生吝輕擲老去若可棄每思犯至難頭璧誓俱碎惜哉時無人誰能賞雄概樓頭意萬里縮手久不快倚闌更小留安閒故常態

## 讀范肯堂遺集愴然賦此

觚齋

達人齊恩仇沈憂吐珠玉拌世毀譽情待向滄桑哭誰知數卷詩早定浮生局君詩大國士未屑計邊幅精神在蒼莽萬象出斷續放筆奪天機窅然龍象伏甲午造君廬飢驅一月宿家貧國多難畏行轉躇踟幽吟互贈答一放常千曲相知肝肺深影不隔明燭收淚入歡娛持瑕又抵觸當年篤愛情歷歷詩在目此情不可追此詩安忍讀墓門

宿草深昨夜夢海角

還西山墓廬宿下關大觀樓與胡子靖話別　伯嚴

翻翻機輪聲數以千鼻息竹樹錯交迎市廛滅仍出俄落燈火塲江樓拾百級送者預
俟我鬢影靜赭壁小別勞話言傾吐波濤夕十載造士功所挾萬鈞力意氣古無有魑
魅爲辟易獨憐幾身殉事往淚欲滴書焚儒或阬何處收汝骨至今播公論其愚不可
及持動木石腸冰炭肯相入請羨旁舍生軒齁作霹靂

雪夜過瞻園誦樊山午詒倒疊前韻諸作感而和此　前人

肚皮厓柴向誰吐海內解人賸三五麻鞋藤杖無復之佇下萬靈一鐙苦遺編撥盡乾
死魚彼此是非任蠹午低頭呵研斥寸田活我七尺冀生黍猥鷙工巧完嫁衣繡文何
如市門女惆悵獨戀主客圖手斟天漿許吮哺仰面雖自列曹鄶強忘兩大齊與楚使
君元化包周身翰林簡練逾刺股陸離紙幅騰龍鸞目瞠舌撟歎且撫況蹈雪泥據譙
席擎讀豈暇論戳拇酒波燭影各動搖微覺騷魂獲安堵異時屬和千百篇輸與壇坫
權子母窗梅乘興擊鉢催城頭已應紞如鼓春還登高更能賦請待山樓洗雷雨

大雪酒集桃園水榭疊前韻　前人

一宵酣雪鑿飛雨勢若兩軍當旗鼓晨起園屋堆鵝毛龍伯迴車同勝母凍鴟縮觜蹲髠枝瘦犬屈脚臥缺堵烹茶煑餅蛛絲窗哦句握管僵到拇徑遮俊侶就水閣久別溪山加慰撫滸濯鍾阜飾靚妝天半瑤姬舒半股蠟梅花發欄干旁贏得衣裳對楚楚咫尺蓬戶號羣雛飢吻誰能以糜哺絃歌聲寂畫舫逃絕倒六朝付兒女氍毹置酒呼三遲吾曹大志供雞黍雜出嘲詼究角根旁搜物變互交午百國搶攘千禩荒祇有文科喻甘苦座客伍昭扆太守新用文科進士人我安從辨濁淸時事終堪相鄭五風來醉語蕩空虛冰岸飄鐙疑月吐

去西山還城同惺初皓如　前人

看山扶道氣之子好容顏萬態收晴雨連朝自往還炊煙村塢靜花影鬢毛斑春漲浮城郭靈風一葦間

園夜寫意　前人

池面冰猶合枝頭月又殘爲人多暇日閱世有加餐苔石春痕活藤廳瓦色寒萬方愁

獨夜啼雁起相看

## 文苑 四

### 懷文太初 彊邨

浮雲天北至居者不能歡騏驥臨車軌蜉蝣出井闌宿煙茶鼎濕驟雨葛衣單離索知同惜無因件釣竿

### 約價口 前人

小聚寒潮外深蕪返照斜落帆迎緩溜急棹避崩沙風雁疎疎字江梅稍稍花近知風物美鰕菜市聲譁

### 夏夜山寺納涼即景偶成 觚齋

一峰高受雨遠色尚空明露草蟲相語風林月有聲夜涼貪坐久幽極覺愁生又見晨光動勞勞愧此情

### 不信一首柬樹園先生 弱父

潸然掩袂下高邱強折瑤華當蹇修清切洞房環珮冷寂寥山館薜蘿幽微聞瓊瑟當秋怨誰遺滄波入海流不信人間有精衛千年心念未曾休

晨起書懷　　前人

蕭蕭爽籟散朝暉兀兀深堂挹翠微別有孤懷難語俗無端清淚忽沾衣萍飄蓬轉孤根在地老天荒萬念非何事高翔逐鴻鵠如今中路且安歸

次韻崔大九日登高見懷之作　　前人

五年彈鋏偶歸來臒欲同君一把盃懷抱淒涼成萬感別離惝怳抵千哀晚煙積水明沙步衰草斜陽見廢臺此日此身那免恨秋風秋雨漫相催

鵲踏枝　　乙樓

夢裏自憐消瘦易窮苦尋詩磨墨人前避白髮中年兒女累無時無恨無從寄謂我皇皇何所事江上行吟拚笑來山魅況復思親游子淚那堪重到傷心地

萬念從然如水逝宿痛驚提動飲孤鐙涕道是凡亡明有繫爲魚爲鳥求無際臘與髑髏爭百歲返照靈臺悔把塵埃蔽弱喪不知歸處計迷陽卻曲人間世

急景蒼黃寒又暑己了酴醾幾見將春補錮我聰明離我苦不期成蛹悲無緒歌哭

文苑

文章餘轂語士梗容聲指測矜何許腐食狂搜爭紊黍鵷鶵嚇以南方鼠

衆竅喁于由自致怒者其誰妙達玄天旨已化飛蛾循喙跂縱非投火庸無死　久壽

多憂惛不止此外浮名更有何何是四十三年聊爾耳元君休聽成風技

六

府歷史余知之稔。夫人言之。恐不若余之清晰也。敝店司府上財政出納已三十餘年。尊夫鼎鼎大名。蓋由發明製磁之法。以是知名。遂膺顯爵。今夕夫人乃從爵府中駕車來耶。夫人曰然。從鎗林彈雨中冒萬險而至此也。來時途次見一婦人中彈。旋死於妾車傍矣。翁曰然。適聞慘殺事。吾已有所聞。且風聞明日彼黨將攻禁城。恐道路慘劇。更有甚於今夕。夫人欲離此亂境。亦具卓識。夫人曰妾因旅行需欵。故特來奉商。翁曰夫人所需幾何。夫人曰。足供余家在外國暫住幾時足矣。迨至亂平。諸事甯謐。卽返巴黎也。翁曰一萬五千佛郎足敷用乎。夫人曰。似太多矣。翁曰。此數亦不爲多。若夫人能簽字。據準可相付。蓋翁意中以男爵遺囑。夫人名下產業實倍此數也。夫人聞言玉容陡變。四肢如顫。翁誤會其意。急謝過曰。余一時冒昧。出言不檢。有傷夫人之心。千祈恕罪夫人曰。妾夫遺囑。尚未辦妥。妾可以現物作抵押。較勝於一紙空言。且萬一亂極。吾家產業。不免充公。亦不致故交胥受其累也。翁曰。夫人此語亦是。亂事誠難預料。夫人曰。妾特攜得些須釧珥在此。以爲質信。言時便從懷中取出嵌火鑽之領帶一條。及指環手釧數事。陳於几上。其寶石晶瑩。在燈光之下。視之。愈覺燦爛奪目。老翁見之。連聲曰。

余不敢領此珍物。此爲夫人大婚奩具。是母夫人所贈者。余何敢持以作押乎。夫人曰。以母之物拯其女之危。用之可謂適當矣。母如有知。當九原感君之惠。請受之勿疑。況在妾手中。反不如存君處爲穩妥。異日太平。妾亦易於取贖也。翁曰。夫人既如此言。老夫權爲收存幾時。蓋翁口中雖若仗義。究不免有商家氣習也。翁接過各物。復於手中細閱一過。乃對女曰。余且攜去貯存。便持銀幣來。行至門傍。又佇立回顧。若疑訝之狀。復問曰。夫人府上各人亦與同行否。女聞言失驚。復枝梧曰。妾家中人耶。頃之乃曰自然。亦與俱也。翁曰。夫人出境。須請護照。余可命价代往辦也。女急止之曰無須。此適足以便人之偵察耳。翁曰。恐誰偵察乎。女曰。亂黨之耳目不可不防。翁曰。此似不妨事。王未出走。何慮之深。女復曰。先生雖如此云。妾斷不須護照。翁曰。若無護照。恐關津留難。奈何。夫人曰。妾已籌及。已得一假名之護照矣。翁聞言張目驚詫曰。假名護照乎。夫人曰。然。妾託名迄打利。爲貧婦往意大利尋夫也者。翁此時驚喜交集曰。天佑夫人。使夫人智慧敏捷若此。眞堪稱女智囊矣。女曰。翁譽之過甚。妾於驚懼中。不得不姑作此欺人之事。惟祈上帝恕其欺罔之罪耳。柏利亞乃曰。夫人護照既備。余今且將各物藏好。便攜銀交付翁去後。女獨坐於胡床之上。從懷中取出護照。細讀數徧。將姓名籍貫。暨其餘之各種情節。一一默記於心。復思吾得此於死人之手。並非騙奪者可比。夫亦何所芥蔕。正思索間。彼錢莊總理之老翁已回。將鈔票十四枚置于几上。計每枚一千佛耶。其餘之欵。我以零星小票及小銀元湊足其數。翁曰。此大鈔票。夫人可愼藏之。若將出找換。易動人心目。故另備此瑣屑者。爲隨時零用。以免疏虞。夫人接過。連聲稱謝。起立欲行。翁止之曰。僕僕胥征。恐不穩便。不若就此一宿。明晨再行。夫人答曰。妾須卽歸。豫備明日動身事。柏利亞君。須知妾家中事煩。須稍清理而行。不能躭延也。妾今者尙有一事相煩。前者妾母曾存貯衣箱一件于君處。此爲妾之舊衣裳。敢求命尊紀取置妾車中。妾須一幷帶去。翁應曰。如命。女曰。請卽辦。翁見其忙廹。卽出呼僕往取。女遂將其冠戴上。少頃翁入云。衣箱已取到。置於車中。老夫想此衣箱乃夫人舊時衣。並非素服。夫人斯時尙不需此。雖然。但夫人如此青春。亦定有用著時也。女曰。翁言得毋指再醮乎。妾心已如枯木寒灰。此生不復作是想矣。言罷不禁泣泗橫流。且以素帕拭淚。且向外行。柏利亞曰。夫人狀若甚疲。請留此少進飲食然後行。女曰。敬謝嘉惠。深感盛德。願天祐汝。後會有期。乃握手告別。遂匆匆出戶去。其時御者仍在外守候。女行至車旁。低語之曰。適纔所許之五百佛郎在此。還望汝勿憚勞。御者得此巨幣。神色飛揚。亟取藏之。稱謝不已。請曰夫人何往。唯所命。夫人曰。可驅車返祖拔街。御者曰。返死者之寓耶。女曰。然。御者遂驅車行。雅地利晏鸄（即夫人名）於黑夜穿街過巷。道上之警察。已避匿無踪。夫人仍不免憂惶切。心懷疑莫釋。迨旣抵祖拔街四十五號門前。心始釋然下車。是時司閽者尙醉臥未醒。夫人仍于房中壁上取下鑰匙。吩咐御者在外守候。御者曰。娘子子身復入死者之房。能無懼乎。夫人答曰否。吾所畏者乃生人。非死者也。於是移步登樓。身搖搖如顚。空房膽怯。盡人皆然。而少女尤甚。亦何足怪也。久之。御者正在其車前坐位假寐。忽然驚醒。大怒罵曰。何物狂奴。欲登我車。急從其車位躍下視之。方瞥見乃是雅地利晏鸄。穿著死者之衣。不禁瞠目大詫曰。小娘子何爲學此惡作劇。方纔猶是一位貴人。今竟與僵尸爲伍。我見之猶爲毛戴。小娘子獨無懼乎。雅地利晏鸄曰。非汝所知。改裝較穩。言訖。手攀車轅。欲上而足疲欲墮。御者曰。娘子憊矣。乃手掖之。扶進車中坐定。時已夜半。人聲漸寂。祗賸有天上半輪明月。斜照車箱。與寂寞玉人相

# 國風報第一年第四號目錄

●諭旨
●圖畫　旅美干城學校學生步操圖
●論說　論地方稅與國稅之關繫　滄江
改用太陽曆法議　滄江
●時評　國民籌還國債問題　滄江
西藏戡亂問題　滄江
●著譯　歐美七大國財政現狀　竹塢
●調查　各省濫鑄銅元小史　滄江
●法令　憲政編查館奏定京師地方自治章程
憲政編查館奏定京師地方自治選舉章程
●文牘　山東巡撫孫寶琦奏釐定直省官制謹陳管見摺
江西提學使湯壽潛奏父老且衰勢難就養懇　恩准予開缺摺
御史江春霖奏參慶親王摺
御史江春霖奏遵　諭明白回奏摺
給事中忠廉等奏言路無所遵循請　明降諭旨摺

●紀事　本國紀事　世界紀事

●談叢　歲晚讀書錄　滄江
春冰室野乘　春冰

●文苑　味梨集序　遙遊
伯嚴先生見過招同游雞鳴寺　君遂
前門汽車曉發晚宿順德　龍慧
贈夏午詒　伯弢
齊天樂木棉　彊邨
探芳信　前人
阮郎歸　前人
漁家傲　前人
浣谿紗　叔問
前調　前人
過秦樓　前人

●小說　伶隱記　英國魏司根遂原著　番禺馮滿澤譯述

●附錄　憲政淺說　滄江

# 國風報

大清郵政局特准掛號認爲新聞紙類
日本明治四十三年二月十三日第三種郵便物認可
（每月三期逢一日發行）

宣統二年二月十一日
第一年第四期

| 定價表 | 項目 | 報資 |
|---|---|---|
| 費須先惠逢閏照加 | 全年三十五冊 | 六元五角 |
| | 上半年十七冊 | 三元五角 |
| | 下半年十八冊 | 三元五角 |

| | |
|---|---|
| 零售每冊 | 二角五分 |
| 本國郵費 | 每冊四分 |
| 歐美郵費 | 每冊七分 |
| 日本郵費 | 每冊一分 |

廣告價目表

| | |
|---|---|
| 一面 | 十元 |
| 半面 | 六元 |

惠登廣告至少以半面起算如登多期面議從減

宣統二年二月十一日出版
四月念一日三版

編輯兼發行者　何國楨

發行所　上海福州路　國風報館

印刷所　上海福州路　廣智書局

## 分售處

北京桐梓胡同　廣智分局
廣州十八甫國事報館
廣州雙門底聖賢里　廣智分局
廣州十八甫廣生印務局
日本東京中國書林

# 國風報

## 各省代理處

▲直隸 保定府西大街 萃英山房
▲直隸 保定府 官書局
▲天津 府署東 原創第一家派報處
▲天津 浦東小關大行 公順京報局
▲天津 鄉祠南售報處 李茂林
▲天津 東馬路 羣益書局
▲奉天 省城交涉司對過 振泰報局
▲奉天 圖書館
▲盛京 昌圖府北大街 振泰報局
▲吉林 省城板子胡同 文盛報房
▲山東 濟南府芙蓉街 維新書局
▲河南 開封府城北書店街 茹古山房
▲河南 開封府西大街 文會山房
▲河南 開封府西大街 大河書局

▲河南 開封府西大街 敎育品社
▲河南 開封北書店街 總派報處
▲河南 武陟三官廟街 永亨利
▲河南 彰德府 茹古山房
▲陝西 省城內竹笆市 公益書局
▲陝西 省城 萃新報社
▲山西 省城翦子巷 文元書局
▲山西 省城 書業昌記
▲貴州 崇學書局
▲雲南 城東院街沙臈巷口 天元京貨店
▲安徽 廬州府神州日報分館 陳福堂
▲漢口 黃陂街 昌明公司
▲安慶 府龍門口 萬卷書樓

國風報

# 各省代理處

▲蕪湖 徽州碼頭 科學圖書社

▲四川 成都府學道街 輸文新社

▲四川 成都 正誼書局

▲四川 成都會府東街 華洋冬報總派處

▲四川 成都南紗帽街 安定書屋

▲湖南 長沙 羣益圖書公司

▲湖南 常德府 申報館

▲南京 城夫子廟 啓新書局

▲南京 城淮清橋 莊嚴閣

▲南京 城花牌樓 崇藝書社

▲南京 城花牌樓 圖南書社

▲江西 省城洗馬池 開智書局

▲江西 廣信府文昌宮 益智官書局

▲江西 南昌萬子祠裱畫巷內 廣益派報社

▲福州 督署後 教科新書館總派報處

▲廈門 關帝廟街 新民書社

▲溫州 府前街 日新協記書莊

▲溫州 瑞安太平石街 廣明書社

▲蘇州 觀前街倉橋浜 瑪瑙經房

▲揚州 古旗亭街 經理各報分銷處

▲常熟 常照派報處 朱乾榮君

▲常熟 寺前街 海虞圖書館

▲常熟 孚記書莊

▲星加坡南洋總滙報

▲澳洲東華報

▲金山世界日報

▲紐約中國維新報

▲香港 中環砵甸乍街 致生印字館

# 國風報第一年第四號目錄


●諭旨

●圖畫　旅美干城學校學生步操圖

●論說　論地方稅與國稅之關繫　滄江

改用太陽曆法議　滄江

●時評　國民籌還國債問題　滄江

西藏戡亂問題　滄江

●著譯　歐美七大國財政現狀　竹塢

●調查　各省濫鑄銅元小史　滄江

●法令　憲政編查館奏定京師地方自治章程

憲政編查館奏定京師地方自治選舉章程

山東巡撫孫寶琦奏釐定直省官制謹陳管見摺

●文牘　江西提學使湯壽潛奏父老且衰勢難就養懇　恩准予開缺摺

御史江春霖奏參慶親王摺

御史江春霖奏遵　諭明白回奏摺

給事中忠廉等奏言路無所遵循請　明降諭旨摺

# 目錄


●紀事　本國紀事　世界紀事

●談叢
歲晚讀書錄　滄江
春冰室野乘　春冰

●文苑
味梨集序　遙遊
伯嚴先生見過招同游鷄鳴寺　君遂
前門汽車曉發晚宿順德　龍慧
贈夏午詒　伯弢
齊天樂木棉　彊邨
探芳信　前人
阮郎歸　前人
漁家傲　前人
浣谿紗　叔問
前調　前人
過秦樓　前人

●小說
伶隱記　英國魏司根遂原著　番禺馮滿澤譯述

●附錄
憲政淺說　滄江

旅美干城學校學生步操圖

旅美干城學校學生步操圖

## 諭旨

二十三日　上諭給事中忠廉等奏言路無所遵循請明降諭旨一摺前因御史江春霖以毫無確據之言肆意瀆陳殊失建言大體諭令回原衙門行走以示薄懲茲據該給事中等奏稱請飭仍遵　欽定臺規　列聖諭旨辦理等語覽奏殊多誤會朝廷優待言官凡有切實指陳無不虛衷採納豈有抑遏言路之心況我朝　列聖廣開言路凡有條陳得當無不虛衷嘉納其參劾失實者亦必予以譴責詳載臺規該給事中等當共知之嗣後仍宜恪遵　祖訓謹守臺規凡遇民生疾苦官吏貪橫諸大端務當據實陳奏如立言得體必立予施行用副朕博採羣言虛懷納諫之至意將此通諭知之欽此監國政王鈐章軍機大臣署名

二十九日　上諭君臣爲千古定名我朝滿漢文武諸臣有稱臣稱奴才之分因係舊習相沿以致名稱各異恭讀　高宗純皇帝諭旨奴才即僕僕即臣本屬一體嗣後凡內外滿漢諸臣會奏公事均著一體稱臣等因欽此祖訓煌煌允宜遵守況當此預備立憲時代尤宜化除成見悉泯異同嗣後內外滿漢文武諸臣陳奏事件著一律稱臣

以昭畫一而示大同將此通諭知之欽此　上諭軍機大臣上學習行走內閣學士吳郁生著加恩在紫禁城內騎馬欽此監國攝政王鈐章軍機大臣署名

二月初三日　上諭廂藍旗蒙古副都統著兒欽兼署欽此監國攝政王鈐章軍機大臣署名

## 論說一

# 論地方稅與國稅之關係（地方財政論之二）

滄江

（參觀次號論說門論租稅系統）

政府之立憲九年預備案定以第一年籌辦城鎭鄉自治第二年籌辦廳州縣自治又定以第二年釐訂地方稅章程第三年釐訂國家稅章程驟視之一若登高自卑由小及大秩序粲然可觀然細按之則有甚悖於學理且爲事實上萬不能行者謹竭其愚爲政府一忠告焉夫自治非財政不舉地方財政雖有庸役酬金捐輸及原有公產等項以爲補助而要當以租稅爲大宗當未頒定地方稅則以前而責人民以籌辦自治其事固已不可行矣又於未釐訂國稅以前而欲先釐訂地方稅則爲道蓋有萬萬不能致者藉曰能致則其所釐訂者必鹵莽滅裂致國家與地方交受其病反不如不釐訂之爲愈矣請言其理夫地方稅不外兩種一曰附加稅二曰獨立稅附加稅者就國稅中所有之稅目擇出若干種許各地方附麗而抽若干成也獨立稅者則國稅中所

無之稅目許各地方斟酌情形擇其所能稅者而自稅之也此兩種者各國或專用其一或兼用其二而大率兼用者多顧無論專用兼用要之必須根據於租稅全體之系統輕重相補內外相維然後其法可以期於不敝也所謂租稅系統者其說甚長今不能具論若語其作用則莫要於選擇稅目務使全國各種階級各種職業之民悉應於其力所能負擔罔不可病末以利農尤不可朘貧而遺富若夫中央與地方之關係則或有稅目雖善良而當其徵收之也中央不如地方之便利則不以爲國稅而使爲地方之獨立稅焉又國稅稅目中其性質有可以用爲地方附加稅者有不可用以爲地方附加稅者其用以爲附加稅者則國稅必稍減輕其率毋使此階級之人民困於數重過重之負擔此租稅系統作用之大凡也故租稅系統者合國稅與地方稅之全體言之也然必國稅既定然後地方稅從之此本末先後之序萬不能倒置之者也今如預備案所規定宣統三年始釐訂國稅而二年先釐訂地方稅吾誠不知其地方稅以何爲標準而行釐訂也以言乎附加稅耶附加稅者國稅之附加也其與國稅成主從之關係主既未立從將焉麗而說者必曰姑就現行之國稅而附加之也夫現行國稅

於次年則將釐訂矣曷爲而必釐訂毋亦以其有不適者存也既有不適者存則於釐訂時必將有所增焉有所削焉萬一前此所指定附加之稅目而適爲後此所削則前此之釐訂悉爲無效矣而擾擾焉多此一舉何爲也且以吾論之現行稅目其可以爲地方附加稅者抑甚稀蓋附加稅之性質只能附於直接稅而決無從附於間接稅我國現行稅則雖繁而其直接稅則惟田賦一種而已本朝田賦以賦役全書定率言之可云甚輕然現行成例合之以貨幣之折算陋規之需索民之所出者不得不云甚重加以租稅系統不整若鹽課若釐金等消費稅其負擔無一非轉嫁於貧苦之農民農之不堪命也久矣今也地方自治團體下之有城鎮鄉中之有廳州縣而上之則有省若財源他無所出而一一仰附加於田賦其勢不至率天下之農而罹於凍餒焉不止也故田賦之附加可已則吾欲已若不可已則亦當俟國家改正田賦以後乃能議及由此言之則此惟一之直接國稅可以附加者而其窒礙難行也既若此吾不知釐訂地方稅時從何著手也至於獨立稅其性質與國稅不相附麗分別釐訂似無妨礙而實亦不然彼納稅之人民一方面固爲地方團體公民一方面又爲全國國民其所有

納稅力非一地方所得而私也苟於地方稅竭澤而漁則民無復餘力以負擔國用而國且殆矣又如一地方有特產之物而消售於他地方或消售於外國者苟課其消費稅則納稅義務轉嫁於購買之人似於本地方人之富力絲毫無損雖然今天下實世界生計競爭之天下也其競爭範圍既亘於全世界則當以國民生計爲競爭之主體而租稅之原則則於不阻害國民生計發達之範圍內而課之者也故地方稅而課其地方所產物雖不至加重本地方人民之負擔然其物苟銷於本國內則負擔仍散諸本國各地之民而國民生計或受其害焉卽使其物全然銷售於外國而以課稅太重故常被別國所產同類之物或近似之物奪我銷路而國民生計又受其害焉故地方獨立稅其稅目之選擇不可不愼也愼之維何則常與國稅相劑而毋或相犯是已雖然只能以地方稅避就國稅而不能以國稅避就地方稅故國稅未定以前則地方之獨立稅不可得而議也以言乎附加稅則既如彼以言乎獨立稅則又如此然則政府預備案之舍國稅而先釐訂地方稅者吾誠不解其操何術以能致之矣夫天下事固未有枝枝節節而能圖功者又豈獨地方稅爲爾哉

論說二

# 改用太陽曆法議

滄江

日本當明治初年廢太陰曆而用太陽曆吾昔嘗姍笑之謂國家所務自有其大者遠者何必鰓鰓焉於正朔服色之間舉一國人數千年所安習者一旦舍棄而貿然以從人毋乃太自輕而失爲治之體乎由今思之乃有以知其不然也凡論一事議一制不可先橫一彼我貴賤之成見於胸中惟求其是而已陽曆專以日躔爲標準而陰曆則欲兼日月而整齊之古昔疇人之術未精以日月並稱二曜其重視之也若一則不能有所偏棄亦無怪其然然日與月之大小旣太不相侔而一則爲地所繞一則繞地性質迥異躔度斷無從脗合欲兩利以俱存之實理勢所必不可幾而祇益其糾紛且日之在地譬則主也月之在地譬則臣也既已上從主矣而又復下從於其臣果何爲也哉然則定曆而日月雙繫非惟繁難抑且不必就學理上論之而陽曆之優於陰曆旣若是矣然吾所以持改革之議者顧不在此亦曰陰曆不足以周今日之用而已陰曆

緣有朔望以爲之限。不得不有大建小建。而歸餘於終。則置閏以濟其窮。而閏月之爲物。則使國家行政。及人民生計。生無量之窒礙者也。其最甚者莫如財政。夫欲整理財政。必先求豫算決算之詳明正確。此稍有識者所能知矣。然欲求豫算決算之詳明正確。其第一義。在定會計年度。會計年度者。綜一年之出入。而劃爲鴻溝。使與前後年各不相蒙者也。國家之歲入。其最大部分曰租稅。而租稅則除極少之間接稅皆以年徵者也。歲出則異。是月計日計者什居七八。而年計者不過二三。故每逢閏年則國費殆增什之一。而租稅所入悉由法律所規定。不能臨時妄增。則閏年必告不足。若於平年多置預備金以承閏年之乏。是益乃治絲而棼之也。其於豫算決算之本意。失之不亦遠乎。此不徒國家財政爲然。凡地方自治團體及其他公私法人。皆視此矣。又善理財者。其每年徵收租稅及償還公債本息。皆有定期。而所定之期。則斟酌於其國民農工商業投資穫實之先後。應乎金融之繁閑以爲之節。期既定。則歲歲同之。不復屢改。以淆亂人民之觀聽。我國以農立國。則收穫季節。其影響於金融者最劇。而閏年之收穫其月日與平年殊。則欲定此標準而迷所從也。若其他障礙於人民生計者。益更僕難數彼職員之受一定俸給者其最甚也我國今日之官吏雖不恃廉俸以爲養而別有資潤之道若夫行政機關大加整頓以後則舉國之奉公職者勢不得不恃歲俸以爲事畜交際之資每至閏年所入不增而所出加什一其道不亦大觳耶又各國之對於勞臣軍士有所謂養老年金及遺族扶助年金者又財政上有所謂年金公債者凡此者其賦之皆以年而受之之人則恃以爲生計唯一之源泉者也平年僅足自給則閏年必有啼飢者矣此外全國民之自食其力者除少數小職工計日授廩外自餘高等職業若學校敎師公司職員等類大率皆受年俸則其厄於閏年者亦與官吏等矣以吾所聞則學校敎師因閏月修脯生紛議者所在而有雖言之可羞然亦足見玆事之爲梗矣其他若私人債權債務之關係往往緣此起爭其最不便者則銀行存銀之週年利息逢閏則勢必參差凡此等事驟視之若無足重輕而處處影響於全國金融人民生計非細故也此外社會一切新事業其與曆法有密切關係者尚至多隨舉一端卽如各學堂章程皆規定每年爲若干學期每學期每科占若干時間舉國咸有恪遵之義務顧一遇閏年則　奏定章程悉歸無效矣今亦幸而未有國定敎科書耳若依

各國之例凡國民教育皆學部定其日課將遇閏之年非使全國學子坐曠一月之功而不可也茲事雖小可以喻大矣要之法治之所以可貴者在舉一國人之心思耳目而整齊畫一之所謂秩序是也而凡事業之性質爲年年循環相續者則必年年若同出於一型乃可以收秩序之效而間年置閏則非以理之而以淆之也吾之所以倡改曆之議者在是其有以忤俗駭民爲疑者吾將別著論解之

時評

# 國民籌還國債問題

（參觀次號調查門中國國債現狀調查記）

滄江

數月以來。我國民政治上之活動。有兩大事。一曰國會請願。二曰籌還國債會。此誠國家觀念發達之表徵。而國民程度最進步之一現象也。各國報紙。莫不贊歎起敬。而共揣筆以預測其前途之成績何如。雖然。吾於國會請願。則絕對的表同情。至於籌還國債會。則惟相對的表同情而已。故敢不避愚戇。略攄所懷抱之管見。求愛國君子一省覽焉。

## 一　籌還國債之當急

我國現在所負外債十萬萬餘兩。除鐵路債外。其純爲不生產的者。猶七八萬萬兩。每年攤還本息。幾去歲入之半。而以銀價日落。其隨時所負擔之磅虧。尚不可預計。遺害子孫靡有窮極。各國挾持其債主之權利。且竊竊焉議干涉我財政。非弛此負擔。則我國之旰食。將無已時。苟國民能毅然奮起。一舉而償之。不徒釋猥顧之憂。且使各國瞠目咋舌。識我國民愛國心之強。莫之敢侮。而法人之驟還德債。不足專美於前。豈非天地間一大快事耶。吾所謂表同情者此也。雖然。更有說。

## 二　籌還國債會之辦法

籌還國債會。由直隸商業研究所及天津商會發起。而官界商界學界所漸贊成者也。今略舉其辦法如下。

(一)範圍　所籌還者。以甲午庚子兩役賠欵爲限。

(二)辦法

(甲)定各地分擔之額。由諮議局量各府廳州縣貧富饒瘠。分爲等級。而各比例人口以分擔之。

(乙)勸全國富民代貧民出其所應分擔之額。其應代擔幾何。分別酌定之。但不得逾其財產百分之一。

(丙)隨其所捐之額。分出等級。將來　奏請給與勳章等優獎。

此舉實爲前此國民捐之化身。兩事同爲直隸人所提倡。國民捐既奉　優詔給還。而復提倡此會。其愛國血誠。愈接愈厲。眞北方之強也已矣。其辦法則以勸捐爲主而以攤派濟其窮。就其勸捐之點言之則全屬善舉而惟含有道德的性質。就其攤派之點言之則微近於租稅與強逼公債而略含有法律的性質。要之諸賢提倡之本意實在勸捐而不在攤派。所以不得不兼用者以爲數太鉅。恐勸捐之終不能如數耳。吾今將就此事之可行與否及其當行與否分別論之。

## 三　籌還國債與普法戰役後法人償還普欵之比較

我國民今茲之舉固由愛國天性所激發而實亦取師資於法人償普之役。法以彼役使強敵咋舌。環球起敬。吾國民同是戴天履地。何渠不若漢耶。謂法人能之而我不能是自暴自棄也。雖然既已取師資於彼。則彼當時之情狀若何。其辦法與我爲同爲異。是不可以不察也。

第一。當時法人之所以驟償此欵者。乃募集內國公債而非義捐也。義捐與公債其

時評　四

性質絕異至爲易見義捐純爲慈善性質其財一經捐出則不擬收回公債含有營利性質應募者雖將己財借與國家而每年向國家支息焉將來索國家還本焉不甯惟是彼持有債券者若値緩急則可以適市求善價而立沽之故民之應募公債也與投資本以營普通之生產事業同雖獲利或稍微而其安穩無憂虧蝕則過之故當國家急難時人民舉其資本之一部分由各公司之股分而移諸國債稍加激勸則其道至順今我國民議籌還國債民之出財者除効忠國家心安理得獲精神上之愉快外則所得者惟有虛銜勳章等之奬厲而所出之財其本與息皆不可復持其收條等於廢紙若法蘭西當時用此法其能立集爾許鉅欵以償普乎吾不能無疑

第二　孟子有言民之爲道也有恒產者有恒心無恒產者無恒心蓋人民生計必其於仰事俯畜之外更有餘裕乃可責以急國家之急法人以多金聞天下四十年前其富力尤爲萬國冠而其民之性又不好冒險以企業惟喜貸財與人以坐收其息故各國之募債者恆適巴黎至今猶爾故償普之債一呼而集蓋公債之性質本與

投資營業無異必其國民於日用所費之外更蓄有資本以待生利之用然後企業可也應募債可也使法人當時之富力一如我國今日則其能頃刻成此豪舉與否吾不能無疑

第三 更有一事當留意者則當時法人之能驟償此鉅欵其財非盡由法人解囊所出者也欲明此理當知歐美各國公債流通之情形歐美各國公債無所謂內債外債之別實與各種股份票同爲國際證券之一種凡募公債皆由其國之中央銀行與諸大銀行全數承受乃轉售債券於民間而本國銀行又大率與他國銀行聯絡故債券一出卽已不脛而走徧於諸國當時法國募債條件既極優異而復許分二十次交納極便於貧民之零碎貯蓄者而法國人民富力之充足與其政府財政基礎之鞏固復爲各國所共信而法蘭西銀行（法國中央銀行）之司理員又忠勤幹練能以種種手段吸集鄰資（其事甚長我國銀行政策所當取法也他日別述之）據公債史所紀載則當時法人償普之欵二十萬萬圓而其債券在外國人手者實十六萬萬餘元此所以驟聳此鉅欵與敵而於其國內之生計界一毫不見紊亂也假使法人於此役而涓滴皆須取諸本國國

民之囊則其能舉重若輕至是與否吾不能無疑

四　籌還國債與愛國心之關係

由此觀之則法人之所以能有彼豪舉者其原因可知矣其最大之動力由國民有極强烈之愛國心固也然又必有前舉之三條件與之相輔然後愛國心乃得發揮日俄之役日本人之爭購公債亦與法事相類日本則於愛國心之外更有前兩條件與之相輔而第三條件則未能幾及此日本之困難所以過於法國也今者吾國人漸知與國休戚之義苟得羣賢感以至誠爲之陳說則其愛國心之奮發諒亦匪難然僅恃此而謂籌還國債可以期成則鄙人雖工諛固未敢率爾以附和也先哲有言行不貴苟難又曰議道自己而制法以民凡道非普通一切人所能共由者君子不準之以率天下也故雖教孝而決不教人以割股雖教忠而決不教人以納肝其於畸節固共欽之然絕不以責望於常人也夫謂毀家紓難爲國民應踐之義務此猶曰身體髮膚受諸父母割股療疾義所宜然夫誰得謂其非者然能由此者幾人不能共由斯得謂之庸德矣乎故各國學者之論公債也咸抨擊愛國公債謂非正

軌以其不可以普及且不可以持久也苟以愛國公債而欲使之普及且持久焉則勢固有不得不出於強逼者矣而弊遂不勝其利夫愛國公債將來固還其本或且更薄給其息也而識者且期期以爲不可今我國民之償還國債乃並不取公債之形式而壹以樂捐之名義行之少數忠俠之士深明時局痛心國難其踴躍以赴者豈曰無人然綿力不足以舉此大業抑章章矣諸賢之提倡者亦固有見於此不得已而創各地分擔之議且欲諮議局爲之主持夫諮議局所決議之事件固有成爲律令之資格若厲行之則不幾於強迫耶吾以爲國民對於此事若出財者有分毫勉強則已瀆愛國心之神聖就令能成已未由躊躇滿志而況乎未必能也古之善言治者必曰因勢而利導之蓋自利之與利國其道本相因而絕非不能相容但普通人民知自利之義者甚多而知利國之義者抑少善爲國者舉利國之事寓諸

時評　八

自利中人民日由之而不知其道而國家之受福已多矣若公債即其一端也人民之應募者純爲自利其出於愛國心與否絕不必問而不知不識之間已大有造於國家之財政此眞可大可久之業也吾國人有一謬見焉曰應募公債爲國民之義務（此言見於奏牘）上以此責民而民亦以此自承公債之終不能成立雖原因多端此亦其一大梗也今欲舉此大業而惟賴愛國心專恃道德之制裁而無一毫利益之觀念以攙雜其間高尚洵高尚矣純潔洵純潔矣吾竊慮動機之有未足也

## 五　籌還國債與現在國民生計能力之關係

由前之說則謂僅恃愛國心恐難貫償還國債之初志也雖然至誠所感金石爲開吾安敢瀆冒我神聖之國民謂不參以自利之動機即絕不能爲利國之事者顧使人人誠能愛國矣而力能逮其所志與否又不可不審

也。

孟子辨不爲者與不能者之形。而舉折枝與挾山超海爲喩。今我國民籌還此至重之國債。雖未必挾山超海之類。而決非折枝之類。明矣。生計學者釋貧富之義。必以「自由財」之多寡爲衡。何謂自由財。各人一歲之所入。將其所資以維持本身及家族之生命。萬不可缺之費除出。而此外猶有贏餘。得以自由任意使用者。是也。無論愛國心若何強烈。充其量則舉此自由財之全部分。以獻於國家。極矣。若更欲進於此。雖以孔墨之聖。所不能也。吾國中每人平均之自由財能有幾何。吾不敢臆斷。但以今次籌還國債會所定之範圍。以甲午庚子兩役之賠款爲界。此款合計共七萬萬餘兩。以四萬萬人分之。每人所分擔者。將及二兩。然國中有二兩以上之自由財者。吾竊料十人中不得一二也。籌辦諸賢。亦見及此。故爲勸富人代捐之計。然此一二人者。其自由財之力果能代彼八九人。荷其負擔與否。又不可不審也。今且不必爲此支離之計算。所一言而決者。則合我全國民之富力。果能否有七萬萬兩以上之自由財而已。夫舉其自由財之全部分以獻於國家。此充類至義之盡之言耳。語其實際。則獻其三之一乃至獻其半極矣。故欲一舉而償七萬萬餘兩之國債，非吾國中實有十五萬萬乃至廿萬萬兩之自由財不可。而現在之决無此數，吾所敢斷言也。論者動曰吾國富之藏於民者甚衆，然吾常衡以生計之學理，核諸各地之現狀，日夜念此至熟，竊以爲中國今日確已民窮財盡，苟政治上無大革新以爲之補救，則不出十年，必舉國皆成餓莩。而現在全國合計果能有二三萬萬兩之自由財與否，吾猶不敢言，多則更無論也。此說甚長，他日當別著論說確舉例證。然則欲一舉而償七萬萬兩之國債，此如强羸疾之夫以扛九鼎，豈惟絕臏，必喪生耳。

## 六　籌還國債與將來國民生計進步之關係

藉曰吾國民各竭其現在之力，足以籌還此債而有餘也。然一舉而還爾許之鉅債，果爲政策上所當出與否，又一大疑問也。夫我國之債爲外債，動生政治上外交上之關係，原不可與各國之普通公債相提並論。雖然，若專就其影響於國民生計者論之，則同爲一原則所支配，不甚相遠也。今各國莫不負有極龐大之公債。其政府之財政。亦往往歲有剩餘。然不能以一時而爲多數之償還者。**蓋每當償還公債之時。其影響於一國之金融者甚大。而一國金融有變動。則生計界全體緣以變動**。故不可不愼之。又愼也。就令其債全屬內國債。猶當兢兢致謹。若是今吾國之債全屬外債。則其影響有更劇者矣。請明其理。譬如我國共有十萬萬兩自由財。於此我國果何以處置之乎。必也以其一大部分爲資本。以投諸生產事業。以其一小部分供娛樂享用之費。而此充資本之一大部分。可以生出利息。及明年。而全國自由財之總額。將加增焉。其供娛樂之一小部分。雖不能直接生出利息。然欲娛樂則必購其所嗜之物品。而製造販運此物品者。食其賜。生產事業。緣以日盛。則亦間接生出利息。如是展轉相引。則國富與年俱進矣。今一舉而償還七萬萬兩之債。驅此自由財之大部分。而放諸國外。則國中舊有之生產事業。以資本不繼。而不得不停止。將辦之生產事業。以資本無著。而更末由以發生。明年例應滋殖之利息。悉消滅矣。而一切人民。以自由財縮小。故其購買力驟減凡百物品滯銷則原有生產事業不復能得前此之利息行且虧蝕以致閉歇此皆事理自然之序無可逃避者也質而言之**則欲一舉而還數萬萬兩之外債必致全國金融忽若束溼不旋踵而遂涸竭政策上決無此辦法**雖在財力極豐之國然且不可況我國之久成枯臘者哉爲今日之中國計使誠有至誠惻怛精明强幹之人以在政府謂宜利用現在各國息率低落之時機更大借外債而使國民之能者運用之投諸生產之事業以廉息之資本而用廉價之土地與廉價之勞力則在全球生計界競爭之場莫或能攖吾鋒也夫今日之政府吾國萬不敢以此說進矣雖然若謂今日宜使吾民舉其至微至觳之資本一旦悉以爲償還外債之用而不復計及金融之情狀與生產事業之前途**此無異病者欲脫病苦而引刀以自殊也**

### 七　籌還國債與財政之關係

其影響於國民生計前途者既若是則財政上之惡果必與之相緣此又至易見者矣

夫國家之財政非能自致也亦取諸民而已孔子曰百姓不足君孰與足未有國民悉爲餓莩而府庫財猶爲其財者也今者司農仰屋情見勢絀久已儳然不可終日當局者於國民生計之原則與財政之原則毫無所知絕不審上下交困之所由來即循此現狀識者已卜其不能五稔今既舍借債外無所爲計矣今使舉吾民嚙蔬飲水之資而悉節減之以償舊債則現在預算案中每年外債本息數千萬可以驟減似於財政大有裨補而曾不思生計界之生機蒙此一擊不知何年始能復蘇全國之稅源日涸即欲革新財政方針亦無所憑藉以爲設施不甯惟是人民將並現行之租稅而力不能任國庫即欲求現在之歲入而不可得不甯惟是民爲餓驅鋌而走險國家不得不焦頭爛額以謀鎮撫而政費之增乃益無藝其勢不至於亡而不止也就令不遽亡**而彼時非更借新債則國家機關之全部行將膠淤而不復能以轉運**夫清舊債而得新債則牛羊何擇而我國民爲此僕僕果何爲也哉夫使新舊之害相若猶覺多此一舉**況還舊債時所生之損失至**

借新債時斷不能恢復而新債負擔之苦或反倍蓰於舊時者哉故就財政上言之吾亦終不敢謂此舉之利餘於弊也

## 八 籌還國債與對外政策之關係

抑我國民之激發而倡此義舉也實有其至切近之一動機焉曰各國干涉中國財政之警聞是也此語至可恐怖之噩夢我國民所宜動心忍性而夙夜思所以待之者也雖然以籌還國債爲消災解難惟一之法門則以吾之愚未識其可也吾固言之矣各國誠非有所愛於我而我國生計界既含有杌隉不安之種子其禍必將波及於彼則各國必思排除之而後卽安此情理之常毫無足怪者各國又誠非有所憾於我而我國之財政既足以陷全國生計界於杌隉之域則各國必思奪吾魁柄而代斡轉之又情理之常毫無足怪者干涉財政之動機實在於是（參觀第一號論說門論各國干涉中國財政之動機）夫我國以負借大債務故人乃得託名於保護債權以爲干涉之口實此誠召干涉之一原因無可疑者雖然此乃助因非主因也我國財政方

針苟能確定財政基礎苟能鞏固則雖外債倍蓰於今日決無容外國干涉之餘地今世歐美各國試問有何國之政府不對於他國國民而負債務者然猶得曰彼無內外債之分也彼日本現存公債總額十八萬萬餘元而屬於外債者十一萬四千五百七十餘萬元視我甲午庚子兩役所負之額且過之豈聞以召干涉爲憂也使我財政紊亂每下愈況貽本國生計界乃至全世界生計界以不安則雖無一銖之外債而干涉之禍固終不免日本干涉朝鮮財政時朝鮮所負日本之債僅四百萬元耳是故財政之紊亂猶爆藥也外債猶引火線也引線固足爲爆藥驟發之媒然欲避險厄要以移去爆藥爲主若不移去爆藥而惟務截斷引線無論此引線本藏於藥中無從斷也即能斷矣而他線可以隨時安置且百物所撞擊熱氣所烘蒸無在不藏有爆發之機防無可防也有焚巢粉身之一日故欲杜外國干涉財政之口

實其樞機不在籌還國債而別有在僅從事於籌還國債斯所謂不揣本而齊末也。

## 九 籌還公債之執行機關

以上諸節。其一論此舉之難成。其二論此舉之有弊。其三論此舉之無益。狂夫之言。畧具是矣。今且置此事。藉曰能成矣。有益無弊矣。然似此非常大舉不可無執行之機關而此機關則非政府莫能當之也。**而吾國民以其節衣縮食之費擲孤注以託諸現政府之手則危莫甚焉**。吾國民而欲成此大業也。則如何而能改造政府實先決之問題也。

## 十 結論

吾之草此文也。吾滋忐忑不能即安吾欲輟筆者屢矣。何也。以吾純潔如玉義俠如日之國民提倡此數千年未聞之義舉不數月而全國所至應者如響乃至終歲勤動之寒農髫齡未脫之稚子莫不銖錙貯蓄競割舍其所以自娛養之具以應國家之急此其天真爛熳天性濃摯實國家元氣之菁英蘊蓄既久。而借此事以發攄者也。而吾乃汲此冷水以澆彼熱腸吾獨何心而忍出此且吾之言之固欲吾國民聽之也不期見聽多言奚爲其見聽也則是多數國民愛國心方始萌芽而吾乃爲牛羊焉從而牧之則吾罪云胡可贖此吾所以惻惻沈詳而擲筆以起者且再四也雖然吾思之審矣**吾正以國民愛國心不可以挫折也故其愛國心之所寄不可以不審慎苟漫然寄於必不可成之事或成矣而效果反於其所期則恐有中道懊喪一靡而不能以復振者** 毋甯先事而犯顏諍之使無歧趨無分騖無濫用乃得遵正軌萃全力以完愛國心之作用此吾所以欲默而終不能默也不然吾雖不肖固食國家之毛而踐國家之土者豈其忍心害理而於曠古未聞之報國義舉謀破壞焉吾知國中愛國之士必有讀吾文而戟指唾罵吾者夫唾罵吾之人則眞乃吾之所最敬也雖然吾望其於唾罵之後而更取吾文三復之也 **嗟夫使吾國民之愛國心能由**

感情作用而進爲推理作用則吾國之興可立而待矣吾所忠告者豈僅在此事云爾哉

然則今日外債問題遂可置之不議不論乎曰惡是何言是何言外債者國家附骨之疽也非去之則終無夜臥貼席之時但去之之道不能如此匆遽而簡單耳吾於茲事頗積研究有所懷抱其道在本標兼治直間互用我國民而諒我也則吾願更端以進也

問者曰自籌還國債會之發起薄海含生莫不奮起今認捐之數亦已不少如子之說將如前此國民捐仍以返諸捐者乎曰是固有利用之途吾亦請於旬日後更言之

宣統二年正月二十五日稿

# 西藏戡亂問題

滄江

（參觀前號恭錄正月十六日　上諭及次號西藏問題關係事件調查記）

西藏宜討之日久矣國家多故日不暇給羣駃生心益復自恣宣統二年春王正月既望天子赫然震怒詔褫革達賴喇嘛阿旺羅布藏吐布丹甲錯濟寨汗曲却勒朗結名號黜爲齊民命訪尋靈異幼子照案籤掣嗣法以掌教務而責駐藏大臣以輯和其民於是西徼孽戎始知天威不可以久干而寰海友邦亦瞠目相視竊竊焉思觀後效之何如嗚呼事有牽一髮而動全身者今茲之役非細故也是用鑑往察來以造斯論冀躬其事者一省覽采擇焉

## 一　最近馭藏政策兩度之大失機

西藏者歐美人所稱爲世界秘密地也除服屬中國外自昔未嘗與大地諸國通我國前此之待屬國率皆用羈縻主義惟西藏則兵權財權皆我綰之蓋自　祖宗以來所以馭西藏者其道與今泰西諸國之待直轄殖民地者畧同而與我之待朝鮮安

時評



南諸國者絕異雖然我國之政治向主放任其在腹地且聽民之自爲刹乃藩屬故藏民雖有食毛踐土之名實則與上國渺若不相屬加以歷任駐藏大臣未嘗惟材是擇大率以不得志於中央政界者充其任其人亦以地僻天遠漫然自恣不特未嘗一爲藏民謀治安而所以朘削之者無所不至藏民之藝 朝廷非一日矣徒以四境交通斷絕如蝨處褌不復知天地之大故亦習而安之近十餘年來爲世界大勢所迫秘密之鑰漸開而藏乃自此多事矣

西藏其猶渾沌也首鑿其竅者厥惟英國英人自將印度統治權收於政府（光緒二年以前印度之統治權在東印度公司也）侵畧之軌以次北進至光緒十二年因哲孟雄界務始與我結印藏條約十九年復結印藏通商條約英人染指於藏自茲始光緒二十九年英人乘日俄戰爭之時利俄之不能南下而世界各國亦莫或注意於此偏隅也乃藉口於通商條約不能實行竟率兵以侵藏八閱月而陷拉薩（藏之首府也）遂以三十年七月與達賴結英藏條約我政府於事前置若罔聞直至草約告成由駐藏大臣電告政府始矍然思補救抑已無及矣其後遣唐紹怡以專使往印謀毀此約舌瘏筆禿迄無成議卒以三十二年在

北京更定所謂中英續訂印藏條約者。舉三十年之英藏條約。悉承認之。今茲之禍。實斯役之餘波也。竊嘗論之。光緒三十年之英藏條約。酷似光緒二年之日朝條約。光緒三十二年之續訂印藏條約。酷似光緒十一年之天津條約。朝鮮私與日本結約。為後此失朝鮮張本。西藏私與英結約。亦將為後此失西藏張本。天津條約明認朝鮮為中日公同保護國。為後此中日戰爭張本。續訂印藏條約。雖有英人不得干涉西藏內政之條。視津約稍優。而亦有以西藏為中英公同保護國之伏線。後此之禍。未有艾也。夫在三十年前。我國人全不知有所謂國際法者。不知保護國之性質何如。其坐視朝鮮之生心外向。固不足深責。乃至光緒三十年。所經覆轍既再既三。使當時政府稍有心肝。當英兵入藏之八月間。以一介之使。明主權之所在。則何至焦頭爛額以有今日。當局誤國之罪。眞擢髮難數也。

此機既失矣。未幾而有光緒三十四年達賴入覲之事。使當時能以術羈縻之於京師。則我之馭藏策。猶可以厲行。而決不至有今日之禍。蓋藏民舍迷信外毫無所知。故畏威懷德兩皆無藉。因勢利導。則必以其所信者為樞機。 列祖 列宗之治藏。其操縱之術。布在方策矣。已革達賴勒期結。其冥頑陰鷙之迹。既已見端。而藏民視爲神聖。彼在藏一日。則藏一日不安。彼去藏而適他國。他國利而用之。則藏之不安。將滋甚。故當時吾嘗警政府。謂宜圈留之。勿使逸。其法則別搆一宏壯之刹於京師。而使之住持。或更崇以國師之號。乃大誥於蒙藏之民曰。 皇帝敬禮三寶。國師宜以時。入侍說法。不得去輦轂。凡蒙藏之民。欲禮國師者。其詣京師。達賴既錮於京師。則選才十任駐藏大臣。率一旅之師。以鎮撫其民。其有不率。則以。 皇帝之命。達賴之教。並督責之。如是則羣堪布（堪布者西藏之行政官也凡西人名雖輔翼達賴實則權在其上）無所假威。而藏民。將戢戢聽命。吾謀不用。自達賴之出。吾固已知西陲之無復甯歲矣。（未完）

宣統二年正月二十六日稿

著譯

# 歐美七大國財政現狀（續第三號）

竹塢

三　俄國財政現狀

一九〇八年俄國歲入經常部二十三萬萬一千二百二十五千零九零盧布。臨時部一萬萬九千四百四十五萬七千六百七十盧布。其歲出之額。經常費二十萬萬三千一百二十二萬五千一百零九盧布。臨時費二萬萬六千九百十五萬二千零七十八盧布。又同年正月一日起至現在該國公債總額。約合爲八十七萬萬一千〇〇六萬六千餘圓。每年應支利息三萬萬六千萬元。每年還本所費約二千二百六十萬元。又加入銀行費及他種費。在一九〇八年俄國國債經費。總計約三萬萬八千五百九十六萬餘元。此該國歲出入及公債大略也。

俄自滿洲敗後。其財政上之困難。自可想像得之。故戰後歲計。每年所差。度亦不細。雖

著譯 二

無從確知其數。然以一九〇八年豫算計之。至少亦當短二萬萬元。自前年以來。俄國專取消極之政策。百凡以撙節爲主。然昨年所短。額亦略同。回顧日俄戰爭未起以前。十一年間。俄國歲入約有百七十萬萬盧布。當時支出之額約百五十萬萬盧布。兩數相消。約餘二十萬萬盧布。故俄之財政。似甚優裕。然每歲經常費外。尚有臨時經費。歲約三十萬萬盧布。以前數相比。實短十萬萬盧布。其所謂臨時費者。要爲不可經眡。略而言之。則俄欲展其雄圖之機密費也。如經營大連灣哈爾賓旅順口等。皆以臨時經費支應之。夫戰前所少。每歲已十萬萬。則戰後國力虛耗。其出入懸隔者。是又在意計中矣。

以俄國一九〇六年之歲計觀之。則經常歲入爲二十萬萬二千七百八十五盧布。臨時歲入爲二百萬盧布。總計二十萬萬二千九百餘萬盧布。然歲出之額。二十五萬萬一千餘萬盧布。相差爲四萬萬九千二百八十萬盧布。若再以一九〇三年戰前之歲計觀之。則歲入總額二十萬萬六千萬盧布。歲出總額十八萬萬八千萬盧布。如不計臨時費。應餘一萬萬八千萬盧布。兩者相較。蓋戰前可餘約二萬萬盧布者。戰後乃短

約五萬萬盧布也

然而俄國歲計之不足。不僅上述五萬萬而已。何以故。此歲出額中。究有加入戰時經費否。未能詳知也。若以俄國一八九〇年之法令言之。則戰時海陸軍所費。不必列於豫算案。故當時戰費。必未算入。則其歲計之差。更有不可言者。以最可信之調查觀之。俄國自開戰起。至一九〇六年。該國政府支出戰費實爲二十一萬萬盧布。然撤還滿洲各軍之費。尚不在此數。其後班師所用。與夫撫卹傷亡。種種經費。通盤算之。此次戰事。至少亦應費二十五六萬萬。或有以爲三十五萬萬者。則未知所據。不敢信爲實數也。用是之故。俄之國債亦異常增加。戰前總額爲六十六萬萬盧布。此內尚有三十二萬萬爲鐵路公債者。至戰後遂忽增至八十七萬萬盧布。相差以二十一萬萬計。此皆以之充戰費者也。坐是比之戰前。國費每年約增六千五百萬盧布矣。

俄當戰時及戰後。所以謀彌補此虧缺者。不僅恃國債而已。又盡其力之所及。以嚴行加稅。如酒精之値。逐日昂貴也。對於官俸及恩給金。加徵所得稅也。相續稅則較前增五成也。麥酒稅則加三成三分餘也。此皆俄政府不得已而爲之者也。

更就金融方面以言之。戰前俄國紙幣發行額。約六萬萬盧布。在俄羅斯銀行即俄國之中央銀行也及度支部所存準備實銀約九萬萬盧布。其多於紙幣之額者三萬萬。此外流通於國內之實銀。約有七萬萬五千萬盧布。然至一九〇八年。紙幣流通額十一萬萬六千萬盧布。其準備實銀。略等於前。故紙幣之數。較前幾爲二倍。而實銀之準備。所增者不過三之一耳。又有類於紙幣之國庫證券。戰前流通額約一萬萬盧布。戰後乃增至二萬萬五千萬。而商工業等。與戰前畧無大進。則俄國財政之艱難。又豈待多論哉。况該國戰後之經營。其事業正多。整頓陸軍也。重修海軍也。西伯利亞鐵路雙線之計畫也。經營黑龍江鐵路也。任舉一事。皆非巨貲莫辦。故俄而欲財政之稍有起色。非得每年有十數萬萬歲入之財源。必無寬裕之時。是則俄之深憂也。

四　此外各國財政現狀

法蘭西　法國一九〇九年。歲入三十九萬萬七千三百二十六萬六千〇四十八佛郎。歲出三十九萬萬七千三百〇三萬五千六百七十八佛郎。當其編豫算案之時。約短四千萬佛郎。其後幸得彌補無事。故法之財政。頗覺從容。遠非英德俄所能望其肩背。特歲計逐年增加。亦近世各國之通例。夫法亦猶是已耳。至於法國公債總額。為三百〇一萬萬六千百七十一萬佛郎。內有二百七十九萬萬八千二百三十萬佛郎。為度支部所管公債。一千七百四十九萬佛郎屬學部。十萬萬五千八百四十餘萬佛郎屬工部。其餘十一萬萬〇二百八十餘萬佛郎。為不定公債。

美利堅　今也世界各國。無不以財政支絀為苦。獨美國不知有此事。歲計綽有餘裕。則其富力有足驚者。然昨年之豫算案。入不敷出者相差約一萬萬二千萬打拉。蓋即歲出豫算需九萬萬二百七十九萬六千餘打拉。而歲入僅得七萬萬八千八百七十九萬餘打拉也。惟美國國庫。歲蓄餘欵稍有不敷足以償之而有餘。不足為之深慮也。至其國債總額由一九〇八年至今日。合計二十六萬萬二千六百八十萬打拉。若除却國庫現存實銀。則所負者僅九萬萬三千八百十三萬二千打拉耳。

意大利　意國財政。向苦支絀。近年稍覺優裕。如一九〇八年之歲入總額為二十一萬萬二千八百九十三萬六千餘里刺。一里刺約合中國銀四角餘　歲出總額二十萬萬五百三十二萬二千餘里刺。兩數相比。入過於出者四千三百六十一萬三千餘里刺。然該國國債日見其增由一九〇七年至於今日其總額爲百三十萬萬九千三十六萬一千餘里剌卽約爲五十二萬萬三千六百十四萬四千餘元矣其每年利息應支四萬萬六千百三十六萬四千餘里剌而本利清還約計每人負擔額當爲百七八十元不可謂非重負也

墺匈國　一九〇七年歲入總額四萬萬〇六百八十四萬克林（一克林約合中銀五角餘）歲出總額四萬萬二千九百八十八萬克林其國債則墺國約九十八萬萬克林匈牙利國約五十六萬萬克林也

余既述七大國財政現狀竟而最令余劌心怵目者厥有二事一其歲出總額强半爲軍事費也一其歲出入及國債之數動輒數十萬萬也由前之說則今世所謂平和所謂文明者不過紙上之空談欺人之巧詞耳由後之說則以彼七大國者除美國幅員可與吾相敵外俄雖大而半屬不毛其餘皆彈丸黑子小者爲吾一省大者亦兩三省耳而國計出入如是其鉅翻觀吾國以地大物博聞於天下而歲入不及十之一嗟乎人之度量相越豈不遠哉而國於今之世者果何所恃而不恐也

調查

# 各省濫鑄銅元小史

滄江

近數年來。以各省濫發銅元之故。致物價騰貴。民生彫敝。實爲全國人民切膚之痛。朝野識者。亦漸知之。而亟亟謀補救矣。然於其濫發之實狀、及其影響於全國生計之危機。或有未深悉者。吾故博考內外人所記載。著爲此篇。以促政府及國民之警醒焉。

銅元者。貨幣之一種也。貨幣最要之職務。在於爲價格尺度。凡一切物價。皆比於貨幣以爲標準焉。夫必先自有其一定之價格。然後能爲一切價格之尺度。此不易之理也。故既名曰貨幣。則其價格必當從法律所規定。無絲毫之變遷差忒。然後可以全其用。凡讀此文者。當先知此義。

凡貨幣所以能有一定不變之價格者。以其名價與實價相應也。例如法律所命爲一兩之銀幣。其每枚必含足色銀一兩。但使銀塊之價無變動。則銀幣之價亦無變動。其以金爲幣者亦然若此者謂之主幣（亦稱本位貨幣）主幣者充其國力之所能及雖多鑄焉而不爲病亦有名價大於實價者此則借以代表主幣而輔助之以便民用故謂之輔幣（亦稱補助貨幣）輔幣者行使當立限制而所鑄萬不能多以僅敷輔助所需而止若鑄太多而行無限制則幣制必緣而大亂凡讀此文者又當先知此義。

是故國家之鑄幣也萬不能視之爲籌欵之具無論財政若何支絀祇能向他處設法籌補而斷不容求諸鑄幣局蓋國家之鑄主幣只有耗費而無贏利其鑄輔幣所得贏利適足以彌補鑄主幣所耗費一部分若彌補耗費之外而仍有贏餘則亦偶然之事而國家鑄幣之本意固絕非在欲得此區區也若視鑄幣爲籌欵之具則惟有濫鑄輔幣之一法而濫鑄輔幣則其流毒視增徵惡稅剝奪民財且將十倍也凡讀此文者又當先知此義。

右三義者相因而至實則一義也我政府當道惟不知此義故有濫鑄銅元之舉我國民惟不知此義故有任政府濫鑄銅元之舉。

銅元者所以代制錢也其法律上之價格以一當制錢十故欲知銅元必當先知制錢。

今於正文之前。略述制錢之性質及其歷史。雖似駢枝。實非得已也。

我國數千年來法律上之貨幣。惟銅錢一項。故政書稱曰錢幣。即所謂制錢是也。歷代政府皆以不諳貨幣之原則。往往因鑄發失當。召亂致亡。而論世者幾視為棼絲之不能理。覆轍相尋。可勿具論。我　朝康雍之間。百廢具舉。康熙初元。定制以制錢千文當銀一兩。而制錢一文重量一錢。千文之重量。共為六斤四兩。所含之質。銅六鉛四。其時銀價甚賤。銀一兩之値。恰與制錢千文不相上下。及康熙四十年以後。銀價漸騰。則增鑄新錢一種。每文重一錢四分。仍以每千文準銀一兩。則舊錢重一錢者。則以每千文準銀七錢。如是常相調劑。務底於平。使民食其利。故言幣制之完美者。唐開元以外。必數康熙。民康阜而國尊榮。有自來矣。其時蓋以鑄錢為國家行政上之一義務。絕未嘗有借以牟利之心也。歷雍正以至乾隆之初。此意未改。及乾隆五年。始破此制。定每錢所含質為銅五鉛四錫一。重量亦僅得康熙錢十之七五。而法定之價。仍以千文準銀一兩。其時銀價益騰。非復康熙之比。而以質劣量輕之錢。欲強命以高價。此生計學原理所萬不許者也。於是銀與制錢之比價。壹隨市場為轉移。不復從國家所定法價。政府禁之不可只能任其所之。聖祖所定子母相權之幣制。自茲棄矣。自時厥後。戰亂頻仍。帑藏竭蹶。政府始藉鑄錢爲籌欵之一法門。質日劣。量日輕。私鑄日多。而錢價日落。今據英國上海領事某氏報告乾隆以後制錢重量日減之概如下。

| | | |
|---|---|---|
| 乾隆錢 | 百文 | 重一二、一九安士 |
| 嘉慶錢 | 〃 | 〃一〇、七三〃 |
| 道光錢 | 〃 | 〃一〇、八〇〃 |
| 咸豐錢 | 〃 | 〃九、〇〇〃 |
| 光緒舊錢 | 〃 | 〃九、八〇〃 |
| 光緒新錢 | 〃 | 〃六、八〇〃 |

此不過略舉大概耳。其實每朝之錢。亦各各不同。蓋鑄錢局分設於各行省。而又無造幣試驗之法。任各督撫之自營其私。安有畫一之理。且政府既恃鑄幣以牟利。則民間私鑄者亦蠭起而行。政機關不整。又無術以坊之。以故惡錢日滋。而據格里森貨幣原則。凡良幣在勢必爲惡幣所驅逐。此理之無可逃避者也。以故康雍乾三朝之錢。次第

絕跡。蓋自道光末葉而幣制淩亂之象。識者已深憂之矣。及咸豐軍興。海內鼎沸。復洊以外憂。司農仰屋。窮無復之。乃鑄爲當千當五百當十當五等銅錢。復鑄當十鐵錢及當一小鉛錢。欲藉此以救燃眉。然實價低劣之貨幣。必不能保其所浮之名價。此一定之理。非國家威力所能強也。以故此種錢絕不能推行。惟有當十一種。數十年來行於京都。而外省無聞焉。即京都行之。亦僅以當二。而國家所定當十之法價。依然無效也。而全國所行之制錢。日以惡劣。至二千文易銀一兩。其價僅值康雍之半。幣制之糜爛自是不可收拾矣。

然自同治末葉以降。錢價之比於銀。反日見其漲。此則別有原因焉。今先據稅務司所報告。示其漸漲之跡。而復論其所以然之故。自同治九年至光緒三十年。銀與制錢之比價變遷如下。

| | | | | |
|---|---|---|---|---|
| 同治九年 | 海關銀一兩 | 一八七五文 | 上海銀一兩 | 一六八三文 |
| 十年 | 〃 | 一八七五文 | 〃 | 一六八三文 |
| 十一年 | 〃 | 一八七五文 | 〃 | 一六八三文 |
| 十二年 | 〃 | 一八〇〇文 | 〃 | 一六一六文 |

調查　六

| | | | | |
|---|---|---|---|---|
| 十三年 | 〃 | 一八〇五文 | 〃 | 一六二〇文 |
| 光緒元年 | 〃 | 一七七八文 | 〃 | 一五九八文 |
| 二年 | 〃 | 一七二二文 | 〃 | 一五四五文 |
| 三年 | 〃 | 一六五五文 | 〃 | 一四八五文 |
| 四年 | 〃 | 一五九八文 | 〃 | 一四三四文 |
| 五年 | 〃 | 一六二〇文 | 〃 | 一四五四文 |
| 六年 | 〃 | 一六五三文 | 〃 | 一四八三文 |
| 七年 | 〃 | 一六九〇文 | 〃 | 一五一七文 |
| 八年 | 〃 | 一六八五文 | 〃 | 一五一三文 |
| 九年 | 〃 | 一六八五文 | 〃 | 一五一三文 |
| 十年 | 〃 | 一六五一文 | 〃 | 一四八二文 |
| 十一年 | 〃 | 一六五〇文 | 〃 | 一四八一文 |
| 十二年 | 〃 | 一六四八文 | 〃 | 一四七九文 |
| 十三年 | 〃 | 一五五七文 | 〃 | 一三九七文 |
| 十四年 | 〃 | 一五八〇文 | 〃 | 一四一八文 |

| | | | | |
|---|---|---|---|---|
| 十五年 | 〃 | 一五八五文 | 〃 | 一四二三文 |
| 十六年 | 〃 | 一四八八文 | 〃 | 一三三六文 |
| 十七年 | 〃 | 一四九六文 | 〃 | 一三四三文 |
| 十八年 | 〃 | 一五五二文 | 〃 | 一三九三文 |
| 十九年 | 〃 | 一五五二文 | 〃 | 一三九三文 |
| 二十年 | 〃 | 一五〇八文 | 〃 | 一三五四文 |
| 二十一年 | 〃 | 一四六五文 | 〃 | 一三一五文 |
| 二十二年 | 〃 | 一三七八文 | 〃 | 一二三六文 |
| 二十三年 | 〃 | 一三七八文 | 〃 | 一二三六文 |
| 二十四年 | 〃 | 一三〇五文 | 〃 | 一一七一文 |
| 二十五年 | 〃 | 一三二五文 | 〃 | 一一八九文 |
| 二十六年 | 〃 | 一三二八文 | 〃 | 一一九二文 |
| 二十七年 | 〃 | 一三五〇文 | 〃 | 一二一二文 |
| 二十八年 | 〃 | 一三四五文 | 〃 | 一二〇七文 |
| 二十九年 | 〃 | 一二七八文 | 〃 | 一一四七文 |

三十年　一二二五文　一一〇〇文



夫同治光緒間所用之制錢其質與量皆非有加於舊也而錢價乃能逐漸騰漲幾於以一千文能易一兩駸駸乎復康雍之舊則又何也蓋自南京淪陷以後政府見鑄錢無所獲利各省錢局率皆閉歇卽間或鑄亦時作輟且爲數甚微而前此佳錢銷燬已盡所餘惟沙板鵞眼之屬民間私鑄亦無利可圖故錢之供給日少而國中人口每年平均約增加百七十萬一切交易大半以錢故錢之需求日加咸同之間通商初開入口貨多而出口少銀之流出者多而國內銀價騰及大亂既定休養生息對外貿易漸保平衡銀稍稍來貴加以光緒十七年以後全世界銀價驟落二十二年以後益甚至二十八年則銀價之對於金價僅得咸同間三之一其對於銅價雖不如對金價之甚然大勢則固日趨低落矣合此諸原因故制錢易銀之市價無端而逐年漸進幾於與康雍間法定比價接近其時適値義和團變亂以後各國商約要求我以更改幣制而以我國民現在生活程度論之則最下級之輔幣實應爲主幣千分之一故制錢一項實爲我幣制系統所不能缺前此價格太落編制頗難今幸而有此現象苟能利用之

爲最低級輔幣先定主幣之質量而於主幣與制錢之中間別鑄小銀元銅元諸品覘人民所需之數而供給之毋使過多於以整齊幣制與民樂利爲事至順無所於閡

此眞千載一時之機也而不料當局者漫無學識惟利是圖乃演出此濫發銅元之歷史而流毒至於不可收拾也

(未完)

## 第二號勘誤記

時評 第一頁 第五行債下多通字

第二頁 第七行最下漏普字

調查 第三頁 第五行鈎誤作鉤

特別紀事 第十一頁 第六行或下漏所字

文牘 第十一頁 第十一行怨字誤作慫

第十九頁 第四行互誤作反

同 第八行政誤作致

文苑 第二頁 第五行請誤作猜

## 法令

# 憲政編查館奏定京師地方自治章程

第一章 總綱 第一節 通則 第一條 京師地方自治事宜按照本章程所定內外城地方由巡警總廳所轄各區公選合格紳民歸民政部督率辦理 其外郊地方按照本章程歸步軍統領衙門督率辦理仍隨時咨報民政部查核 第二節 區域 第二條 京師地方自治區域內外城地方以巡警總廳所轄區域爲境界 其外郊地方以京營所轄地面爲境界 第三條 京師地方自治分區之法內外城地方以巡警區之境界爲準 其外郊地方應就京營地面分區辦理 第四條 巡警區域有更改時自治區域一併更改 其京營地面亦同 第三節 自治範圍 第五條 京師地方自治事宜以左列各欵爲限 一 本地方之學務 中小學堂 蒙養院 教育會 勸學所 宣講所 圖書館 閱報社 其他關於本地方學務之事 二 本地方之衛生 清潔道路 蠲除污穢 施醫藥局 醫院醫學堂 公園 戒煙會 其他關於本地方衛生之事 三 本地方之道路工程 改正道路 修繕道路 建築橋梁 疏通溝渠 建築公用房屋 路燈 其他關於本地

方道路工程之事　四　本地方之農工商務　改良種植牧畜及漁業　工藝廠工業學堂　勸工廠　改良工藝　整理商業　開設市場　防護青苗　籌辦水利整理田地　其他關於本地方農工商務之事　五　本地方之善舉　救貧事業　恤嫠　保節　育嬰　施衣放粥　義倉積穀　貧民工業　救生會　救火會　救荒　義棺義塚　保存古蹟　其他關於本地方善舉之事　六　本地方之公共營業　電車　電燈　自來水　其他關於本地方公共營業之事　七　因辦理本條各欵籌集欵項之事　八　其他因本地方習慣向歸紳董辦理素無弊端之各事

第六條　前條第一至第六欵所列事項有專屬於國家行政者不在自治範圍之內

第七條　京師地方就自治事宜得公定自治規約惟不得與本章程及他項律例章程相牴牾自治規約內得設罰則以罰金及停止選民權爲限罰金最多之額不得過十元停止選民權最長之期不得過五年

第四節　自治職

第八條　京師地方設自治職如左　一　區議事會區董事會　二　總議事會總董事會

第九條　內外城巡警各區設區議事會區董事會各一所但各區有人口較少者得與鄰近之區合爲一所其總議事會及總董事會內外城應合設一所　京營各區設區議事會區董事會各一所其照本章程所定應屬總議事會總董事會權限者即由各區隨時連合協議辦理至應屬自治總監督核辦事件由各自治監督會同辦理

第十條

辦理自治事宜應各設自治公所爲議事會會議及董事會辦事之地自治公所可酌就本地方公產房屋或廟宇爲之 第十一條 內外城各區與京營各區有彼此相關之事必須連合辦理者得以協議設連合會辦理之 京師地方自治各區與附近地方自治各區有前項情事時亦同 第五節 居民及選民 第十二條 凡於京師地方現有住所及寓所者不論本籍旗籍或流寓均爲居民 居民按照本章程所定有享受本地方公益之權利並有分任本地方負擔之義務 第十三條 居民具備左列資格者爲選民 一 有本國國籍者 二 男子年滿二十五歲者 三 居民地方接續至三年以上者 四 年納正稅或本地方公益捐二元以上者 居民內有素行公正衆望允孚者雖不備第三第四款之資格亦得以議事會之議決作爲選民，若有納正稅或公益捐較本地選民內納捐最多之人所納尤多者雖不備第二第三款之資格亦得作爲選民 第十四條 有左列情事之一者雖具備前條第一項各款及合前條第三項所定資格不得爲選民 一 品行悖謬營私武斷確有實據者 二 曾處監禁以上之刑者 三 營業不正者 其範圍以規約定之 四 失財產上之信用被人控實尚未清結者 五 吸食鴉片者 六 有心疾者 七不識文字者 第十五條 選民按照本章程所定有選舉自治職員及被選舉爲自治職員之權 以第十三條第三項資格作爲選民者有選舉自治職員之權若不能自行選舉權者得遣代理人行之　代理人以具備第十三條第一項第一二款之資格且不犯第十四條所列各款者爲限　第十六條　左列人等不得選舉自治職員及被選舉爲自治職員　一　京師地方官吏有直接管理地方之職者二　現充軍人者　三　現充本地方巡警及兵丁者　四　現爲僧道及其他宗教師者　第十七條　現在學堂肄業者不得被選舉爲自治職員　第十八條　凡被選舉爲自治職員者非有左列事由之一不得謝絕當選亦不得於任期內告退　一確有疾病不能常任職務者　二　確有他業不能常居境內者　三　年滿六十歲以上者　四　連任至三次以上者　五　其他事由特經議事會允准者　第十九條　無前條所列事由之一而謝絕或告退者得以議事會之議決於一年以上五年以下停止其選民權

第二章　區議事會及區董事會　第一節　區議事會　一　員額及任期　第二十條　區議事會議員以十五名爲定額各區人口有滿五萬五千者得於前項定額外增設議員一名自此以上每加人口五千得增設議員一名至多以三十名爲限

第二十一條　區議事會議員由選民互選任之　區議事會議員選舉事宜照另定選舉章程辦理　父子兄弟不得同時任爲本區議事會議員若同時當選者以子避父以弟避兄　若有父子兄弟現爲總議事會議員或總董事會總董董事及本區董

事會總董董事者不得爲區議事會議員但名譽董事不在此限　第二十二條　區議事會設議長一名副議長一名均由議員用無名單記法互選其細則以規約定之　第二十三條　議員以二年爲任期每年改選半數若議員全數同時選任者其半數即以一年爲任滿　前項一年任滿之半數以抽籤定之若全數不能平分者以多數爲半數　第二十四條　議長副議長以二年爲任期任滿改選　第二十五條　議員及議長副議長任滿再被選者均得連任　第二十六條　議員因事出缺至逾定額三分之一者應即補選　第二十七條　議長因事出缺以副議長補之副議長因事出缺應即補選　第二十八條　補缺各員之任期以補足前任未滿之期爲限　第二十九條　議員及議長副議長均爲名譽職不支薪水　議長副議長有辦公必需之費用得給相當之公費其數目由區董事會定之　第三十條　區議事會得設文牘庶務等員其員額薪水以規約定之　文牘庶務員不限以選民由議長副議長遴選派充　二　職任權限　第三十一條　區議事會應行議決事件如左　一　本區自治範圍內應行興革整理事宜　二　本區自治規約但事關全體通行者不在此限　三　本區自治經費歲出入預算及預算正額外預備費之支出　四　本區自治經費歲出入決算報告　五　本區自治經費籌集方法但公益捐之性質應由京師地方全體擔任者不在此限　六　本區自治經費處理方法　七　本區

選舉上之爭議　八　本區自治職員辦理過失之懲戒　九　關涉本區全體赴官訴訟及其和解之事　第三十二條　區議事會議決事件由議長副議長呈報自治監督查核後移交區董事會按章執行　第三十三條　區議事會有監察區董事會執行事務之權並得檢閱其各項文牘及收支帳目　第三十四條　區議事會遇自治監督有諮詢事件應臚陳所見隨時呈覆　第三十五條　區議事會於地方行政自治事宜有關係各件得條陳所見呈候自治監督核辦　第三十六條　區議事會於區董事會所定執行方法視為踰越權限或違背律例章程或妨礙公益者得聲明緣由止其執行若區董事會堅持不改得移交總議事會公斷　若於總議事會之公斷有不服時得呈出自治總監督核斷但京營各區有前項情事時得逕呈自治監督辦理　三　會議　第三十七條　區議事會會議每月一次每次三日其有臨時應議事宜經自治監督之通知及區董事會之請求或議員全數三分之一以上之請求者均得隨時開會　每屆會議應由區董事會將應議事件距開會三日以前通知議事會議員其臨時會議事出倉猝者不在此限　第三十八條　會議時議長如有事故以副議長代理若副議長並有事故由議員中公推臨時議長代理　第三十九條

會議非有議員半數以上到會不得議決　第四十條　凡議事可否以到會議員過半數之所決為準若可否同數則取決於議長　第四十一條　會議時區董事會

職員均得到會陳述所見但不列議決之數 第四十二條 凡會議不禁旁聽其議長副議長視爲應行秘密者不在此限 第四十三條 會議事件有關係議長副議長及議員本身或其父母兄弟妻子者該員不得與議 議長副議長如有前項事由照第三十八條辦理議員半數以上有前項事由因而不能議決者由議長將該件移交總議事會或鄰近之區議事會代爲議決仍照第三十二條辦理 第四十四條 會議時議員有不守議事規則者議長得止其發議違者得令退出因而紊亂議場秩序致不能會議者得令暫時停議 第四十五條 旁聽人有不守規則者議長得令退出 第四十六條 議事規則及旁聽規則由區議事會自定之 第二節 區董事會 一 員額及任期 第四十七條 區董事會設職員如左 總董一名 董事一名至三名 名譽董事三名至六名 董事以區議事會議員十分之一爲額名譽董事以其五分之一爲額 第四十八條 總董以本區選民由議事會選舉正陪各一名呈由自治監督申報自治總監督遴選任用之 第四十九條 董事以本區選民由議事會選舉呈請自治監督核准任用之 第五十條 名譽董事以本區選民由區議事會選任之 第四十八四十九條及本條選舉事宜照另定選舉章程辦理 第五十一條 總董董事以二年爲任期任滿改選 第五十二條 名譽董事以二年爲任期每年改選半數若同時就任者其半數即以一年爲任滿 前項一年任

滿之半數照第二十三條第二項辦理　第五十三條　總董董事均支領薪水其數目由總議事會以規約定之名譽董事不支領薪水　第五十四條　區董事會職員任滿被再選者均得連任　第五十五條　區董事會職員不得同時兼任本區議事會議員若有由議員當選者應辭議員之職　父子兄弟不得同時任爲本區董事會職員若同時當選者照第二十一條第三項辦理　若有父子兄弟現爲總議事會議員或總董事會總董董事及本區議事會議員者不得爲區董事會職員但名譽董事不在此限　第五十六條　總董如有事故以董事內年長者代理年同則以居本區較久者代理若再相同以抽籤定之　第五十七條　總董董事因事出缺及名譽董事因事出缺至逾定額之半者均卽補選　第五十八條　補缺各員之任期照第二十八條辦理　第五十九條　區董事會因執行各事有應設各項辦事員時由總董遴選派充不限以選民但須經董事會之公認其細則以規約定之　第六十條　區董事會得設文牘庶務等員其員額薪水以規約定之　文牘庶務員不限以選民由總董遴選派充或按地方情形卽以本區議事會文牘庶務員兼充之　二　職任權限　第六十一條　區董事會應辦事件如左　一　區議事會議員選舉及其議事之預備　二　區議事會及總議事會議決各事之執行　三　以律例章程或自治監督委任辦理各事之執行　四　執行方法之議決　第六十二條　區董事會於

區議事會議決事件視爲踰越權限或違背律例章程或妨礙公益者得聲明緣由交區議事會覆議若議事會堅持不改得移交總議事會公斷不服者照第三十六條第二項辦理　第六十三條　總董總理本會一切事件凡區董事會公文函件均以總董之名行之　第六十四條　董事及辦事員輔佐總董分任本會一切事件　第六十五條　名譽董事參議本會應行議決事件　三　會議　第六十六條　區董事會每月舉行職員會議二次每屆會議由區董事會文牘員將本屆應議事件距開會三日以前通知各職員　第六十七條　會議時以總董爲議長　總董如有事故按照第五十六條以其代理者爲議長　第六十八條　會議時非董事會職員全數三分之二以上到會不得議決議決方法照第四十條辦理　會議時辦事員就該管事務亦得到會與議　第六十九條　會議時區議事會議長副議長議員均得到會陳述所見但不列議決之數　第七十條　會議事件有關係區董事會職員本身或其父母兄弟妻子者該員不得與議總董如有前項事由照第六十七條第二項辦理董事名譽董事全數三分之二以上有前項事由因而不能議決者將該件移交區議事會代爲議決　第七十一條　凡議決事件應隨時報告區議事會並呈報自治監督存案

第三章　總議事會及總董事會　第一節　總議事會　一　員額及任期　第七

十二條　總議事會議員以各區議事會議員十分之一爲定額　第七十三條　總議事會議員由各區議事會於議員內互選兼充其選舉事宜照另定章程辦理　第七十四條　總議事會設議長一名副議長一名均由議員用無名單記法互選其細則以規約定之　第七十五條　總議事會議員及議長副議長之任期改選補選等項照第二十三二十四二十六二十七二十八條辦理　第七十六條　議員及議長副議長均爲名譽職不支薪水　議長副議長有辦公必需之費用得給相當之公費其數目由總董事會定之　第七十七條　總議事會得設文牘庶務等員其員額薪水以規約定之文牘庶務員不限以選民由議長副議長遴選派充　二　職任權限

第七十八條　總議事會應行議決事件如左　一　關涉京師地方全體自治範圍內應行興革整理事宜　二　各區通行之自治規約　三　本會應需自治經費歲出入預算及預算正額外預備費之支出　四　本會自治經費歲出入決算報告　五　本會自治經費籌集方法及地方全體擔任之公益捐　六　本會自治經費處理方法　七　本會選舉上之爭議　八　自治職員辦事過失之懲戒其懲戒細則以規約定之　九　關涉本會全體赴官訴訟及其和解之事　第七十九條　總議事會議決事件由議長副議長呈報自治總監督查核後移交總董事會按章執行

第八十條　總議事會有監察總董事會執行事務之權並得檢閱其各項文牘及

收支帳目　第八十一條　總議事會遇自治總監督有諮詢事件應臚陳所見隨時呈覆　第八十二條　總議事會於地方行政與自治事宜有關係各件得條陳所見呈候自治總監督核辦　第八十三條　總議事會於總董事會所定執行方法視爲踰越權限或違背律例章程或妨碍公益者得聲明緣由止其執行若總董事會堅持不改得呈候自治總監督核斷　三　會議　第八十四條　總議事會會議每季一次以二月五月八月十一月爲會期每會期以十五日爲限限滿議未竣者得由議長宣示展限十日以內其有臨時應議事宜經自治總監督之通知及總董事會之請求或議員全數三分之一以上之請求者均得隨時開會　每屆會議應由總董事會將本屆應議事件距開會十日以前通知總議事會議員其臨時會議事出倉猝者不在此限　第八十五條　會議時議長如有事故照第三十八條辦理　第八十六條　會議議決之方法照第三十九四十條辦理　第八十七條　會議時總董事會職員均得到會陳述所見但不列議決之數　第八十八條　會議時不禁旁聽其有應禁旁聽者照第四十二條辦理　第八十九條　會議事件有關係議長副議長及議員本身或其父母兄弟妻子者該員不得與議　議長副議長如有前項事由照第三十八條辦理議員半數以上有前項事由因而不能議決者由議長將該件移交總董事會代爲議決仍照第七十九條辦理　第九十條　會議時議員及旁聽人有不守規

則者照第四十四四十五條辦理　第九十一條　議事規則及旁聽規則由總議事會自定之　第二節　總董事會　一　員額及任期　第九十二條　總董事會設職員如左　總董一名　董事五名　名譽董事十二名　第九十三條　總董以本地方選民由總議事會選舉正陪共三名呈由自治總監督申報民政部開單奏請圈出一人　第九十四條　董事以本地方選民由總議事會選舉呈由自治總監督核准申報民政部任用之　第九十五條　名譽董事以本地方選民由總議事會選任之　第九十三九十四及本條選舉事宜照另定選舉章程辦理　第九十六條　總董董事及名譽董事之任期薪水照第五十一至五十三條辦理　第九十七條　總董事會職員任滿再被選者均得連任　若總董再被選者應仍照九十三條辦理　第九十八條　總董事會職員不得同時兼任總議事會議員及各區自治職員但名譽董事不在此限　父子兄弟不得同時任爲總董事會職員若同時當選者照第二十一條第三項辦理　若有父子兄弟現爲總議事會議員或各區自治職員者不得爲總董事會職員　第九十九條　總董如有事故以董事內年長者代理年同則以居本地方較久者代理若再相同以抽籤定之　第一百條　總董董事及名譽董事因事出缺及補缺各員之任期照第五十七五十八條辦理　第一百零一條　總董事會因執行各事有應設各項辦事員時由總董遴選派充不限以選民但須經總

董事會之公認其細則以規約定之　第一百零二條　總董事會得設文牘庶務等員其員額薪水以規約定之　文牘庶務員不限以選民由總董遴選派充　二　職任權限　第一百零三條　總董事會應辦事件如左　一　總議事會議決各事之執行　二　以律例章程或自治總監督委任辦理各事之執行　三　執行方法之議決　第一百零四條　總董事會於總議事會議決事件有視爲應歸各區分辦者得以總董事之議決委任各區董事會辦理　第一百零五條　總董事會於總議事會議決事件視爲踰越權限或違背律例章程或妨礙公益者得聲明緣由交總議事會覆議若總議事會堅持不改得呈請自治總監督核斷　第一百零六條　總董總理本會一切事件凡總董事會公文函件均以總董之名行之　第一百零七條　董事及辦事員輔佐總董分任本會一切事件　第一百零八條　名譽董事參議本會應行議決事件　三　會議　第一百零九條　總董事會每月舉行職員會議一次

每屆會議總董事會文牘員應將本屆應議事件距開會五日以前通知各職員

第一百一十條　會事時以總董爲議長　總董如有事故照第五十六條以其代理者爲議長　第一百十一條　會議時非董事會職員全數三分之二以上到會不得議決議決方法照第四十條辦理　會議時辦事員就該管事務亦得到會與議　第一百十二條　會議時總議事會議長副議長及各區董事會總董均得到會陳述所

見但不列議決之數　第一百十三條　會議事件有關係總董事會職員本身或其父母兄弟妻子者該員不得與議　總董如有前項事由照第六十七條第二項辦理董事名譽董事全數三分之二以上有前項事由因而不能議決者將該件移交總議事會代爲議決　第一百十四條　凡議決事件應隨時報告總議事會並呈報自治總監督存案

第四章　自治經費　第一節　類別　第一百十五條　京師地方自治經費以左列各欵充之　一　本地方公欵公產　二　本地方公益捐　三　按照自治規約所科之罰金　第一百十六條　前條公欵公產以向歸本地方紳董管理者爲限如向無前項所指公欵公產或其數寡少不敷用者得由議事會指定本地方關係自治事宜之欵項產業呈請各該自治監督核准撥充　第一百十七條　公益捐分爲二種如左　一　附捐　二　特捐　就官府徵收之捐稅附加若干作爲公益捐者爲附捐於官府所徵捐稅之外另定種類名目徵收者爲特捐　前項附捐數目不得過原徵捐稅定數十分之一　凡以勞力或物品供給辦理自治事宜之需用者得計其相當價值以特捐論　第一百十八條　公益捐之創辦由議事會擬具章程呈請各該自治監督核准遵行嗣後如有應行變更廢止之處亦由議事會條議呈請各該自治監督核准　第二節　管理及徵收　第一百十九條　自治經費由議事會議

決管理方法由董事會管理之　第一百二十條　公欵公產之內有係私家捐助當時指定作爲辦理某事之用者不得移作他用其指定辦理之事業以律例章程變更廢止者不在此限　第一百二十一條　附捐由該管官吏按章徵收彙交董事會收管特捐由董事會呈請各該自治監督出示曉諭交董事會自行按章徵收　第一百二十二條　凡於本地方內有不動產或營業者卽本人不在本地方居住亦一律徵收公益捐　第三節　預算決算及檢查　第一百二十三條　董事會每年應預計明年經費出入製成預算表於十一月議事會會議期內移交該會議決　議決後除照第三十二條辦理外應呈報各該自治監督存案並於本地方榜示公衆　第一百二十四條　預算內除正額外得設預備費以備預算不敷及豫算各欵外臨時之支出若預備費不敷支出者非經議事會之議決不得提用他欵　第一百二十五條　董事會每年應將上年經費出入製成決算表連同收支細帳於每年二月議事會會議期內移送該會議決議決後照第一百二十三條第二項辦理　第一百二十六條　凡自治經費出入之檢查分爲二種如左　一　定期檢查　二　臨時檢查　定期檢查每月一次由董事會總董行之　臨時檢查每年至少一次由董事會總董會同議事會議長副議長及議員一名以上行之

第五章　自治監督　第一百二十七條　京師地方自治內外城以巡警各區區長

為監督巡警總廳廳丞為總監督均受成於民政部各該監督應按本章程查其有無違背之處而糾正之並令其報告辦事成績徵其豫算決算表冊隨時親往檢查將辦理情形按期由內外城總廳彙齊會報民政部查核　其外郊地方自治各區監督由步軍統領衙門派員充之按照前項所列各節申報步軍統領衙門查核仍由步軍統領衙門彙咨民政部存案　其第五條所列自治事宜有應隸各衙門管理者並由各該主管衙門監督之　第一百二十八條　各區區長有申請廳丞廳丞有申請民政部解散議事會董事會及撤銷自治職員之權解散或撤銷後應分別按章啟選議事會應於解散後兩箇月以內董事會應於解散後十五日以內重行成立　若議事會董事會同時解散應於兩個月以內先行招集議事會所有選舉及開會事宜由各該自治監督遣派官紳代辦應於議事會成立後十五日以內重行成立　其外郊地方各議事會董事會步軍統領衙門派出之員有申請步軍統領衙門解散或撤銷之權其重行成立期限及辦法照前兩項辦理並隨時咨報民政部存案

第六章　罰則　第一百二十九條　自治職員有犯贓私及侵吞挪借款項者除責令全數繳出外仍由審判廳按照律例辦理　第一百三十條　自治職員有不受監督者應酌量情形照第一百二十八條第一項辦理　第一百三十一條　自治職員有以自治為名干預自治範圍以外之事議事會各員及董事會名譽董事於會議時

停止其到會一次以上三次以下或三日以上十日以下董事會總董董事停止其薪水半月以上二月以下其情節較重者均除名

第七章　文書程式　第一百三十二條　議事會董事會行文各該自治監督用呈彼此互相行文用知會各自治監督行文議事會董事會用照會　第一百三十三條　議事會董事會各備木質圖記由民政部核定式樣歸自治總監督頒發鈐用　其外郊地方由步軍統領衙門頒發鈐用

第八章　附條　第一百三十四條　本章程自奏明奉　旨後施行　第一百三十五條　本章程如有增刪修改之處得由總議事會擬具條議呈送自治總監督審查申報民政部核議會同步軍統領衙門奏明修改　第一百三十六條　本章程施行細則由內外城巡警總廳酌定仍申報民政部存案　其外郊地方由步軍統領衙門派出之員擬訂施行細則申報步軍統領衙門核准仍隨時咨報民政部存案

## 憲政編查館奏定京師地方自治選舉章程

第一章　總綱　第一條　凡選舉及被選舉資格按照京師地方自治章程所定辦理　第二條　選舉事宜區議事會由區董事會辦理區董事會由區議事會辦理總董事會由總議事會辦理　第三條　辦理選舉應設調查及管理各員由區議事會

總董或區議事會總議事會議長各就自治職員內酌派充之

第二章　區議事會選舉　第一節　選舉年限　第四條　凡選舉議員每年一次於議員應居任滿三個月前由區董事會總董豫定日期舉行　第二節　選舉等級　第五條　選舉人分爲兩級就選舉人內擇其年納正稅或公益捐較多者若干名計其所納之額足當選舉人全數所納總額之半者爲甲級其餘選舉人爲乙級　第六條　選舉人有所納稅捐之額介於兩級之間者歸入甲級若兩級之間有二名以上所納之額相同者以年長之人入甲級年同者由區董事會總董抽籤定之　第七條　兩級選舉人分別各選舉議員半數其被選舉人不必限定與選舉人同級　若議員全數不能平分者先按兩級各分半數其所餘單數由甲級選出之　若甲級選舉人數少於該級應出議員額數者除各舉一名外其餘額歸入乙級選舉之　第三節　人名冊　第八條　每屆選舉應由區董事會總董派定調查員按章查取合格人員造具選舉人名冊所有選舉人及被選舉人均以列名冊內者爲限其照京師地方自治章程僅有選舉資格而無被選舉資格者應於本人姓名項下註明　調查細則由區董事會擬訂施行　第九條　選舉人名冊應按名記載姓名年歲籍貫住居年限及完納稅捐年額　第十條　選舉人名冊應於選舉期兩個月以前依限告成存放自治公所宣示公衆　第十一條　宣示選舉人名冊以二十日爲期如本人以爲

錯誤遺漏准於宣示期內取具憑證聲請區董事會總董更正逾限不得再請　區董事會總董據前項聲請應即日移知區議事會公斷　第十二條　區議事會自接到前條移知之日起應於十日以內斷定准否若斷定准其更正者應由區董事會總董一律更正即作爲確定　第十三條　選舉人名冊確定後應由區董事會總董保存如本屆選舉年限內有當選無效及照章應行補選者所有選舉人及被選舉人仍以列名冊內者爲限　第十四條　選舉人名冊確定後應分繕副本申報各該自治監督存案並發交投票所及開票所各一分備查　第十五條　宣示選舉人名冊時應刊印選舉傳單一同公布其應載事項如左　一　選舉日期　二　投票所及開票所地址　三　投票方法　選舉日期兩級應分兩日先乙級次甲級　第四節　投票所　第十六條　投票所設於自治公所　第十七條　投票所由區董事會總董派定管理員掌投票一切事宜　第十八條　投票所除本所職員及投票人外他人不得闌入　第十九條　投票所之啓閉以午前八時至午後六時爲率逾限不准入內　第廿條　管理員於投票畢後應將投票始末情形造具報告連同投票匭於翌日移交開票所並報告區董事會總董　第二十一條　投票所自投票完畢之日起十五日以內依限裁撤　第二十二條　投票所辦事細則由區董事會擬訂施行

第五節　投票簿投票紙及投票匭　第二十三條　區董事會總董應按照投票所

投票人數造具投票簿並按照定式製成投票紙及投票匭於選舉期十日以前發交投票所　第二十四條　投票簿應記載投票人姓名年歲籍貫及住所　第二十五條　投票簿應將兩級分別兩冊記載　第六節　投票方法　第二十六條　投票人以列名投票所之投票簿者爲限　第二十七條　投票人屆選舉期應親赴投票所自行投票不得倩人代理　其照京師地方自治章程第十五條第二項特許者不在此限但投票時應將代理憑證向管理員呈驗　第二十八條　投票人應在投票簿所載本人姓名項下簽字畢方准領投票紙　第二十九條　投票人每名祗准領投票紙一頁　第三十條　投票用無名單記法每票祗准書被選舉人一名不得自書本人姓名　第三十一條　投票人應准於選舉票附記格內將所選舉人素行如何公正附記一二事爲衆論所稱道者並得於附記格內註明所選舉人官銜職業住所等項此外不准夾寫他語　第三十二條　投票人於投票所內除關於投票事宜得與職員問答外不得涉及私言並不得與他人接談　第三十三條　投票人投票應即退出不得逗遛窺視　第三十四條　投票人倘有頂替及違背定章等事管理員得令退出　第七節　開票所　第三十五條　開票所設於自治公所　第三十六條　開票所由區董事會總董派定管理員掌開票一切事宜　第三十七條　開票所自投票匭送到之翌日由區董事會總董酌定時刻先行榜示屆時親自到場會

同管理員當衆開票即日宣示　第三十八條　開票時准選舉人前往參觀若人衆不能容時管理員得以限制人數　第三十九條　管理員應將開票始末情形造具冊本於檢點票數完畢之翌日報告區董事會總董　所有票紙應分別有效無效一併附送報告屆選舉年限內由區董事會之總董保存之　第四十條　第二十一條二十二條所定事項開票所一律照辦　第八節　檢票方法　第四十一條　檢票時應先將選舉票與投票簿對照如有票數與名數不符及放棄選舉權等事均應另冊記名　第四十二條　凡選舉票無效者如左　一　寫不依式者　二　字跡不可認者　三　不用投票所所發票紙者　四　選出之人不在選舉人名冊內者　五　選出之人不合被選舉資格者　第九節　當選決定　第四十三條　凡選舉以得票較多數者為當選按得票多寡以次遞推票數同者以年長之人列前年同者由區董事會總董抽籤定之　第四十四條　當選人確定後應即榜示並由區董事會總董具名分別知會各當選人　第四十五條　當選人接到知會後應自知會之日起五日以內答覆應選其逾期不覆者以謝絕論　第四十六條　一人兩級均當選者應自知會之日起五日以內答覆願應何級之選其逾期不覆者亦以謝絕論　第四十七條　前二條以謝絕論者照京師地方自治章程第十八十九條辦理　第四十八條　凡應選者由區董事會總董呈由各該自治監督申報自治總監督給予

執照並由自治總監督彙申民政部存案　外郊地方凡應選者由區董事會總董呈請各該自治監督申報步軍統領衙門給予執照彙咨民政部存案　前二項執照均由民政部先期依式製定京師內外城交由巡警總廳外郊地方交由步軍統領衙門分別塡用　第十節　選舉變更　第四十九條　凡左列各欵爲選舉無效　一　選舉人名冊有舞弊作僞情事牽涉全數人員公斷確實者　二　辦理選舉不遵定章公斷確實者　三　照章解散者　第五十條　凡左列各欵爲當選無效　一　謝絕　二　告退　三　身故　四　被選舉資格不符斷定確實者　五　當選票數不實斷定確實者　六　當選後失其資格斷定確實者　七　受除名之處分者　第五十一條　當選無效如已給予執照應令繳還並將姓名及其緣由榜示　第五十二條　每屆選舉年限應行改選議員出缺定額三分之一者應行補選　選舉無效一律改選當選無效一律補選　第五十三條　補選以得票最多者補所出缺中任期未滿最長者之缺其餘以次遞推票數同者以年長之人列前年同者由區董事會總董抽籤定之　第五十四條　改選及補選一切應有事宜均照本章程辦理　第十一節　選舉爭議　第五十五條　凡選舉人確認有左列各欵情事者得提起選舉爭議　一　選舉人名冊有舞弊作僞情事牽涉全數人員　二　辦理選舉不遵定章　三　被選舉資格不符　四　當選票數不實　五　當選後失其資格

第五十六條　選舉爭議由選舉人申訴區議事會公斷不服者申訴總議事會公斷仍不服者呈由自治總監督核斷　外郊地方應由總議事會公斷者卽由各區議事會連合協議辦理應由自治總監督核斷者由各自治監督會同辦理　第五十七條　申訴除第五十五條第五欵外應自選舉之日起三十日以內爲限　第五十八條　當選人員確信得票額數可以當選而未經與選者得照前二條辦理

第三章　區董事會選舉　第五十九條　凡選舉總董及董事二年一次選舉名譽董事每年一次於各該員應屆任滿三個月前由區議事會議長豫定選舉日期招集議員舉行並呈請各該自治監督親臨或派員監督之　第六十條　總董用無名單記法選舉以得票滿議員總數三分之一者爲當選　董事及名譽董事用無名連記法分次選舉以得票滿議員總數三分之一者爲當選　票數同者以年長之人列前年同者由議長抽籤定之　若得票無滿議員總數三分之一者應卽如法再選以選出爲止　第六十一條　總董選舉完畢後由議長將得票當選者擬定正陪各一名開列姓名履歷及得票數目造具清冊呈由各該自治監督申報自治總監督遴選一名照會任職並由自治總監督彙申民政部存案　外郊地方應呈請各該自治監督遴選一名照會任職並由各該自治監督申報步軍統領衙門彙咨民政部存案　第六十二條　董事及名譽董事選舉完畢後由議長開列姓名履歷及得票數目造具

清冊呈由各該自治監督申報自治總監督核准任用並由自治總監督彙申民政部存案　外郊地方應呈請各該自治監督核准任用並由各該自治監督申報步軍統領衙門彙咨民政部存案　第六十三條　總董董事及名譽董事均由自治總監督給予執照外郊地方由各該自治監督申報步軍統領衙門給予執照　前項執照均由民政部先期依式製定京師內外城交由巡警總廳外郊地方交由步軍統領衙門分別塡用　第六十四條　區董事會選舉一切細則以規約定之　其選舉爭議應申訴總議事會公斷不服者呈由自治總監督核斷　外郊地方照第五十六條第二項辦理

第四章　總議事會選舉　第六十五條　凡選舉總議事會議員每年一次於議員應居任滿三個月前由各該區議事會議長豫定選舉日期招集議員舉行並呈請各該自治監督親臨或派員監督之　第六十六條　總議事會議員用無名單記法選舉以得票較多數者爲當選按得票多寡以次遞推票數同者以年長之人列前年同者由各該區議事會議長抽籤定之　第六十七條　總議事會議員選舉完畢後由各該區議事會議長將得票當選者開列姓名履歷及得票數目造具清冊呈由各該自治監督申報自治總監督彙申民政部給予執照並由民政部存案　第六十八條　總議事會選舉一切細則以規約定之　其選舉爭議應申訴自治總監督核斷

第五章　總董事會選舉　第六十九條　凡選舉總董事會總董及董事二年一次選舉名譽董事每年一次於各該員應屆任滿三個月前由總議事會長豫定選舉日期招集議員舉行並呈請自治總監督親臨或派員監督之　第七十條　選舉總董董事及名譽董事之投票方法及當選決定第六十條辦理　第七十一條　總董選舉完畢後由議長將得票當選者擬定正陪共三名開列姓名履歷及得票數目造具清冊呈由自治總監督申報民政部開單奏請　圈出一人　第七十二條　董事及名譽董事選舉完畢後由議長開列姓名履歷及得票數目造具清冊呈由自治總監督核准申報民政部任用　第七十三條　總董董事及名譽董事均由民政部給予執照　第七十四條　總董事會選舉一切細則以規約定之　其選舉爭議應申訴自治總監督核斷

第六章　罰則　第七十五條　以詐術獲登選舉人名冊或變更選舉人名冊者處三元以上三十元以下之罰金　辦理選舉人員知情者處一月以上二月以下之監禁或三十元以上六十元以下之罰金　第七十六條　冒用姓名投票者處一月以上六月以下之監禁附加五元以上三十元以下之罰金　第七十七條　以財物利誘選舉人或選舉人受財物之利誘及居中周旋說合者處一月以上二月以下之監禁或三十元以上六十元以下之罰金財物入官已用去者按價追繳　第七十八條

以暴行脅迫妨害選舉人及選舉關係人者處一月以上三月以下之監禁或三十元以上百元以下之罰金　第七十九條　選舉人及選舉關係人携帶兇器者處一月以上二月以下之監禁兇器入官　第八十條　加暴行於辦理選舉人員或騷擾投票所開票所或阻留毀奪選舉票投票匭及其他有關選舉文件者處一月以上六月以下之監禁附加五元以上三十元以下之罰金　第八十一條　辦理選舉人員漏洩選舉票上之姓名者處一月以上六月以下之監禁附加五元以上三十元以下之罰金　其所漏洩非事實者罰同　第八十二條　辦理選舉人員違法干涉選舉之投票或暗記被選舉人之姓名者處一月以上三月以下之監禁或三十元以上百元以下之罰金　違法擅開投票匭或取出投票匭中之選舉票者罰同　第八十三條　凡犯本則所定各條者於處罰後一年以上五年以下停止其選舉權及被選舉權　第八十四條　凡犯本則所定各條者由審判廳審理執行

第七章　附條　第八十五條　本章程與京師地方自治章程同時施行　第八十六條　本章程如有未盡事宜應行增改者照京師地方自治章程第一百三十五條辦理　第八十七條　京師地方自治開辦時舉一次區議事會選舉所有辦理選舉人員由各該自治總監督會同遴派官紳充之其外郊地方由步軍統領衙門派令官紳辦理均於派定後彙報民政部查核

## 文牘

# 山東巡撫孫寶琦奏釐定直省官制謹陳管見摺

奏爲明年釐定直省官制謹陳管見以備　採擇恭摺仰祈　聖鑒事竊維析疆分治。古今所同。而分權集權義各有當。各國地方官吏。凡在中央集權之最重者。皆受監督於內務大臣。與漢之以御史中丞總領州郡奏事。用意不殊。而用法特密。其在地方分權之最重者。則直別立政府。如元之行省。規模擬於中書。如美瑞之聯邦。英法德之屬地。或因歷史之發達而組織殊。或因形勢之禁格而權限異。類皆自爲制度。儼具獨立自主之資格。惟普國每省有省長。代表內部。其職獨尊。常與國務大臣互調。獨唐宋宰相之出領府州。而其權則多用於非常特別之事。諸司守令各有獨立責任。權限分明。不相侵越。集權分權。輕重最爲適均。中國封域遼闊。統攝甚難。歷代成法。每假方面之權以集事。而遣巡方之職以詰奸。控御則務指臂之相聯。撫循但求安輯而不擾。

文牘 二

教養之政。放任實多。今憲法將頒。自治漸啓。政府之於封疆。官吏之於議會。關繫迥與昔殊。昔多消極之防制。今爲積極之進行。百廢俱興。萬端待理。出以漢唐簡靜之治。恐抑社會發達之機。而歐美各國之集權分權。則又意有可師。法難盡適。彼縮四境於戶庭。我隔各省爲畛域。既不能以一部之精神。周察萬里。亦豈可委一人之節度。專制百城。允宜博采中西之宜。鎔成一代特別之制。臣辱遭 聖明。忝膺疆圻。受任以來。悉心研考。竊見今日地方制度之害。莫甚於督撫虛擁泛博無限之權。而每舉一事。又輒支絀扞格。無貫澈始終之實力。集權分權。兩失所當。夫控御無萬全之策也。唐宋之季。內外輕重之勢。其失各有所偏。惟教養兼修。政和民樂。而國本始固。是富强之業。尤當望之州縣親民之官。漢唐令長之選最重。而致治以隆。五代令長之選最輕。而召亂斯極。臣愚以爲一省之權。寄於督撫。地方之政。起於州縣。二者實當並重。故集權分權。必以督撫爲機軸。而歸納於中央。國政民政。必以州縣爲本根。而裁成於知府。督撫州縣兩官之權限責任既明。然後大之司道之類事分職。小之佐貳之補助其長。一切據之以定界劃。明年將釐定直省官制。謹就臣管見所及。擇其要義。敢爲我 皇上陳之。

一確定督撫權限。特設責任專法以絕牽制。軍興以來。頗假督撫便宜。職權廣狹。已非舊制。近十年中。又益寬大。用人每邀　曲允。本為時局艱危。取資共濟。而成功甚少。流弊轉多。論其人豈盡營私。考其事非必失策。而人有更調。宗旨遂歧。事無始終。條理易亂。是非功過。究詰難明。今宜為督撫特設權限責任專法。分執行監督為兩大綱。執行權限。約為四端。稟承　廟謨者。以　諭旨臨時特定為斷。依據法令者。以法令成文及新舊典制例案為法令所認可者為斷。受之政府命令者。果有窒礙。許其陳論。而受事之後。不得推諉。政府勿掣其執行之權。督撫有維持政策統一之責。出之督撫建白者。規畫之初。預立經緯。既經政府許可。即以全權委任行之。設或不符原議。必須聲明理由。非有確據。不得自卸責任。以上數者。各定專條。其監督權限。則有直接間接之分。直接監督權。行於司道知府正印長官者。考核勤惰。舉劾功罪。必據列實迹。公行賞罰。而勿侵其職任。行於直轄之職。如督撫幕職者。奉命承教。分曹治事。仍由督撫自負責任。不得諉過其下以自解。間接監督權。行於司道知府所屬副貳之職者。考察各由其長。但加覆按。補署總歸一司。不得侵越。如有枉法徇情。則付行政裁判

文牘　四

所公斷。行於各部所附設及兼轄官廳者。各依定章所委任之範圍。惟州縣職重秩卑。不能不受兩重監督。則直接間接之權。皆所必及。至監督地方議會。用權自當別論。其他凡在權限之中。皆爲責任所在。對於　　諭旨之責任。則刑賞出自　　聖恩。對於法令之責任。則懲戒必付　　廷議。其與政府政策不合。與地方人地不宜。去職固出　　宸斷。辭職亦准自請。要使議事之人。不敢輕率。任事之人。不敢巧遁。局外之人。不敢妄持短長。局內之人。不敢故存意見。則地方之政畢舉。而　　朝廷之權愈尊。其司道以下。地方官吏。又宜有通行職權法。普國日本。可參用之例甚多。而與吏部處分則例迥乎不同。職權既變。則處分例亦宜刪改。而督撫有特別責任。尤不可用通行處分例。其責任等法。皆務取簡明。持其大體。科條太繁。反與事實矛盾。而規避以生。今言集權分權者。但防制度之偏。而不知操縱運用之妙。全在責任法中。責任果明。未有不能統一者。此立法之精意。不可忽略者也。　一申明司道職守。俾各有獨立責任。而後督撫任事之範圍。可以收縮。裁局所併入各司道。增設參佐。改差爲缺。而後責任職權法可以實行。蓋督撫總制方面。要在振綱挈領。範圍過廣。任事之能力轉薄。而其任事範圍與司道職守。最爲密接。督撫特權之事。固非司道所能問。而司道主管之事。莫非督撫所應知。故就督撫任事範圍以定界限。不如專就司道職守以設防維。司道職守既明。則督撫任事範圍自縮。然後以司道所不能任者。包括督撫範圍之中。其最要者。各有獨立責任。乃能不失其職。定制司道本得專摺奏事。今事無大小輕重。非經督撫不得奏咨。乃至例行公牘。疲於畫諾。簿書鞅掌。叢弊愈深。固由督撫攬權。亦實司道責任不能獨立。以漸釀成。至此近年局所益多。委員益濫。司道之權益削。督撫樂委員之可以更調自專。指揮惟意。當軍興事變之際。誠可收震厲敏活之功。而豈可以爲常制。改正之法。宜裁局所。以其職分歸司道。或督撫幕職。而改差爲缺。即續訂官制通則第五條督撫徵辟之官。既分別　奏咨。隨時保薦。已無異以實缺待之。而布政司職務太繁。實非一人所能兼顧。今擬定職制。分布政爲民政度支二司。與提學提法勸業巡警。爲常設司道。其有河防鹽茶關稅者。則爲特設司道。司道職守。各於職權法中。分別條列。民政度支事較複雜。且多與他司相涉。而性質最易辨識。則以類記括之。總以明白詳盡爲主。以上皆爲專務長官各員獨立責任而統受監督於督撫。督撫增設幕職。司道改設屬。官續訂官制通則。已有專條。臣竊以爲就現在情形而論。督撫幕職。固非十科不能盡事。若欲實行責任法。申明司道職守。惟交涉軍政爲督撫專責。其餘應歸司道主管。擬請設交涉軍政兩科。此外只設統計一科。蓋民政張弛。財力盈耗。教育盛衰。實業增損。謀事者所資以立計畫者也。定籌策規遠大。督撫之責也。遵法令。核名實。司道之任也。三科所不盡。悉隸秘書。而以秘書爲幕職之長。別設庶務長以主雜務。並管全署人役。司道各設副官一員。上佐其長。下爲屬官之首領。如秘書員。而分科設額。應察酌現行規則。由各部頒職掌責任專章。以取畫一。以上皆爲補助官。各直轄於其長官。仍間接受監督於督撫。督撫司道。各就其職權以內日行之事。裁決施行。所有　奏咨札行之件。皆應單銜。以專責任而防侵越。若遇奉　旨交議交查特別之事。則督撫隨時召集各司道會議。或專就所主管之司道密議。議決之後。所有　奏咨札行之件。應由督撫與司道會銜。以同擔責任。每五日督撫必與司道會議一次。互述日行緊要之事。俾可接洽。如此則分之各盡政事之責任。合之可保政權之統一。力除昔日敷衍推諉之弊。而吏治必蒸蒸日上矣。

一加重知府責任。而其職權範圍。則上擬督撫職權之所不能逮。下據州縣職權之所不能勝以定之。知府之監督州縣不妨嚴而督撫之監督知府則宜寬。漢唐州郡。世稱善制者。少層遞監臨之司。無束縛干涉之苦也。文景貞元之治。實與賢良共之。近郡比於股肱。上州選及親貴。璽書郊餞恩禮甚隆。至州牧專兵。而郡政壞。刺史失職而節度橫。得失之數。於此可知。況今之州縣爲官治自治集合之地。又擬革除迴避之例。任用本省之人。則知府監督命令之權。尤應加重。然後足主上級平決以保官民兩權之均衡。近世各國地方區域。未有龐大若吾一府。而上不接於政府。日理民事。而下不接於百姓者。中國地廣人稠。固不能以府職內隸使離督撫監督範圍。亦宜略復漢唐之舊。委以獨立責任。令得自行其意。且督撫本以　欽差監臨方面。改正官制。又將純以督撫代表中央政府。而司道平行並立。各有專任之職。無相統一之權。此其性質資格皆不適爲分地而治之長官也。是集權必政府爲主體。而督撫代表之。分權必知府爲主體。而督撫監督之。無疑義。已督撫下行州縣上行之事。未有不經知府而後辦者。向來緊急公牘。督撫知府直達者多。其由司道轉詳轉札。皆屬例事。知府通稟。仍惟督撫批示是從。與其存此具文。何如省一轉折。臣愚以爲宜加崇知府體制。使與司道平行。一省統一權旣在督撫。則知府直接奉承號令。原無礙於司道專任之權。蓋司道專任之權。督撫尙不能侵。而知府承督撫號令乃能侵之。無是理也。司道之對於知府。猶各部之對於督撫。昔不以札飭而見司道之權重。今豈以咨行而見司道之權輕。旣在司道專任範圍。自有强制執行之力。若爲知府獨立責任。尤無越俎代庖之權。但以直接督撫而得簡捷之益。決不至於平行司道而生抗違之弊。同爲國家高等官吏。何以司道必可信。知府必不可信也。知府之下。雖有同通佐職。而規制未能畫一完備。宜一律設上佐二員。一主地方財政。一主國民教育。此教養兩大綱也。其餘民政。分科置吏。是爲普通佐官。選一郡人望以充之。郡職旣能獨立。郡吏復盛選人才。則漢唐之盛可復。而新政可冀漸有實效。至直隸州廳。宜酌區域大小。道里遠近。幷省分隸。或升爲府。其邊地有交涉屯墾者。性質旣與內地不同。職制職權。自應特定。不以普通法治之矣。

一除州縣迴避之例。確定登用資格。嚴其選舉。以發達民政。蓋敎養之事。至極纖悉。富强之基。起於鄉里。古重親民之官。正所以急爲政之本。漢代令長。多取郡吏尤異。而吏多通經。又習於政。故循吏獨多。晉唐以降。猶郎官出宰。而縣令有政績者。內調省臺。明經進士。釋褐僅受丞尉。未嘗以百里之任。寄之書生。南北分地置選。至遠勿逾三十驛。良法美意。典冊具存。卽今東西各國。如日本郡長。有特別試驗登用之法。而普國千八百八年改制之後。選取縣長。更無一不與我古法相符。其秩甚尊。出自國王任命。非曾供職裁判所及高等行政官廳者。不得爲之。間有出本縣推薦者。則又非占縣籍一年以上。或在本縣有財產者。非曾在裁判所學習四年以上。或任本省地方自治行政官吏四年以上者。不與推薦之列。其得整理地方行政。盡心民事。視如己事。實由於此。今中國之州縣。就官者動涉數千里。費用倍蓰。人情又隔。名節累於衣食。利害視同秦越。官民並困。獨吏胥利爲奸弊。現當新政亟行。自治萌芽之初。興革損益。日趨複雜。既事非素習。亦力所難能。不敷衍以塞上官。卽鹵莽以滋民累。情見勢絀。窘急更甚於前。臣以爲非除迴避之例。用其地方之人。以謀桑梓之利。斷無改良進行之效。蓋官治自治。最患隔閡。調和維持。實惟州縣是賴。其於自治之發達。關繫尤密。且服官鄉里。人情所樂。卽俸入稍儉。而視其原有生計。業已比較加增。亦易以自給。現在佐雜之職。已免迴避本省。與教職同。擬請將州縣並前條所議增設各衙門科員。與凡五品以下佐職。亦一律辦理。州縣任地。以去本籍五百里為限。其選舉不宜專試法律。亦不須深通東西各國之學。國有新法。鄉里無新事。民政條理雖密。不出身家範圍。人人智力之所能逮。但上下扶持。實心以謀公益。則才識以經驗而優。利弊以研考而見。擬分登用為三途。曰曾任府縣行政官吏三年以上優異者。曰曾任高等行政官廳科員三年以上有成績者。曰曾任地方自治行政官吏四年以上有名譽。由長官保舉者。而別設考試一途。試以州縣應知之事。及格後。勿遽受州縣正官。先令在各行政官廳學習。必勤能然後補職。現在各省實缺候補人員。准其自行呈請改歸本省。仍依原班序補。將來登用。則悉依新例。其州縣職權。凡在地方行政範圍。悉由監督執行。非事連他縣。或有衝突。不上於府。凡在國家行政範圍。以法令條例委任之。行政警察。悉聽指揮。以維地方秩序。而分曹設屬。即遵續訂官制通則。或考或舉。悉用士紳。使官民融洽。如治家事。十年之後。州縣之才必出地方之政必舉。至疑官吏多出本省。恐與議會結合。把持政權。則國法具在。長官命令。豈敢抗違。古今中外。未聞以離隔官民為操縱者。且迴避專為防私。今議司法獨立。州縣不理詞訟。議會公開之後。耳目衆多。更無容私之地。中西歷史。成效可徵。今日地方根本救濟之策。未有急於此者也。

以上各條。略舉大綱。自非專定章程。不能詳盡。而官制精神。全在任用懲戒兩法。兩法不立。所謂職權責任。皆成具文。考歷代銓法及考績察吏之典。未有久行不敝者。大率則例繁密。而奸弊遂緣法以生。各國任用法。總於內閣。而考試選補。分主於各部。未嘗以一部一司之智力。評量天下之人才。有廷推者。有獨薦者。有大臣自辟者。大臣各有密考簿。註優註劣。隨時呈於國君。漏洩者有罰。而懲戒則有特設裁判所。必依訴訟法起訴。開廷公審。其最要者在限資格於用官之初。而處分必憑公判。故愛憎恩怨。不得行於其間。考核甄別之例。轉可從簡。今宜剷除吏部各項繁碎則例。採取各國之制。叅以古義之精當者。改定任用懲戒法。地方官選補。內歸民政部。外歸民政司。其司法等官。各由主任部司。而復漢唐公府徵辟長官署吏舊法。府縣屬吏。委之知府。惟其上佐。乃由督撫司道會推。督撫司道直轄科員。聽其自擇。惟不許擇及任用資格以外之人。將來組織內閣。若裁撤吏部。必須於閣中設司勳主選之職。以覆按內外補署之公私。其懲戒法。應各省各設一行政裁判所。督撫司道皆為例設裁判官。於高等審判廳

文牘　十二

司法官中。每年請　旨點派數人會之。有大參案。仍　特簡大臣或御史按臨。而於京師設高等懲戒院。每年　欽派大臣及法官爲常設裁判官。有大參案。仍　特派大臣加入之。如是則長官不得肆威福。而人得以法自衛。無所創制。皆樂立志節以赴功名。展布建白。必有異於從前者。抑臣更有請者。當此過渡時代。新舊法令必多牴牾、而施行法往往疏漏。或但憑理想。不察事實。常有窒礙難行者。又每從全部中抽改一二。以致不能貫通。法令如機器。又如治宮室。未審全部圖案。而以意爲增損。安望其完全成立。即如地方官制。其與內閣組織及司法獨立行政裁判自治機關種種制度。皆有密切關繫。又無時不與人民身家財產相涉。尤應調查社會情狀。臣智識短淺。初任封疆。又未嘗身歷親民之官。可否　飭下各省督撫。照臣所奏。博訪周諮。各陳所見。由憲政編查館資政院彙擇妥酌。請　旨核定。其施行不宜太驟。務須逐條實驗。以便隨時改良。其關於職權者。條文不可稍涉含混。致費解釋質問。管蠡之見。是否有當。恭摺具陳。伏乞　皇上聖鑒訓示。謹　奏宣統元年十二月初九日奉　硃批憲政編查館知道欽此

# 江西提學使湯壽潛奏父老且衰勢難就養懇恩

## 准予開缺摺

奏為父老且衰勢難就養假期屆滿進退俱窮惟有冒瀆　宸嚴准予開去江西提學使缺以遂陳情而防倖進恭摺仰祈　聖鑒事竊臣於光緒二十一年任安徽青陽縣知縣三月餘以親病交卸。旋請開缺。本年十月十六日援案懇辭滇臬。蒙　恩特改贛學。十八日專摺籲請　收回成命。復辱　溫旨慰留凡此逾格之　殊施。實為近今所罕覯。爰於二十二日奏蒙　恩准賞假兩月遵卽　陛辭出都。呈明歸察臣父近狀如勉可就養自當懔遵　前旨由籍赴任。回里以後備述　皇上禮待之懃拳。體恤之周至。臣父感激涕零。謂有　君如此。何忍負之。責令壹意馳驅。無以老人為慮。臣於溫凊餘閒。遵　諭以迎養請。臣父怵於青陽三月痰厥者屢。言及就養。心有餘悸。非臣所敢強也。伏念雲南邊遠。朝廷鑒其陳情已久。不以規避見罪。皖贛同是鄰近。且前次兩淮視江西更近。昔者辭。今者出。適為君子所惜。小人所笑晉溫嶠功在中原絕裾赴義李贄議其害母誠爲刻論而此心終太恝然臣才非溫嶠贛學尤非赴義可比久冷忽熱即迎養已干清議迎而不就則與絕裾等誚前奏所云以親爲市臣安敢自言而自蹈之夫　上諭不曰江西學務重要急資整頓乎他人所恃以整頓學務者惟恐不輸入新知識以做官臣愚所恃以整頓學務者惟恐不保存舊道德以做人爲可先自戾其宗旨以爲倖進者導也亦知　皇上所以采及葑菲無非念時艱正急或期其能效尺寸之用耳臣自靑陽開缺此十五年間杭滬往還從無匝月不侍膝下而見有裨益於大局者未嘗不越俎而效其千慮之一得蓋江湖　魏闕自效與否亦視其忠愛之忱必待位祿而始謀靖獻其自效亦略可覩矣臣亦猶是人情萬物皆流非眞金石獨止深懼薄於事父必不能厚於事　君用敢守其硜硜之愚冀爲　朝廷激薄渟澆之一助所有臣父篤老難於就養援案仰懇　恩准開去江西提學使缺感悚之私罔知所措伏乞　皇上聖鑒訓示再此摺係借用浙江布政使關防合并呈明謹　奏宣統二年正月十八日奉　硃批另有旨欽此

## 御史江春霖奏參慶親王摺

奏爲老奸竊位多引匪人非　特簡忠良嚴杜濫進不足挽危局而贊大猷恭摺仰
祈
聖鑒事竊溯戊戌變政全局爲前軍機大臣袁世凱一人所壞世凱因得罪
先常乃結慶親王奕劻爲奥援排斥異己徧樹私人包藏禍心覬覦非望幸而瞿
鴻禨退　先朝起　監國攝政王以鎮之世凱進　先朝又召閣臣張之洞
以參之天與人歸謀不得逞及我　皇上御極首罷世凱奕劻恭順以聽而其黨亦
慄慄危懼中外相慶以爲指日可致太平矣既而窺見　朝廷意主安靜異派無所登
庸要津仍各盤據而農工商部侍郎楊士琦署郵傳部侍郎沈雲沛復爲畫策汚名嫁
與他人而己陰收其利被劾則力爲彌縫見缺又薦引塡補就衆所指目而言江蘇巡
撫寶棻陝西巡撫恩壽山東巡撫孫寶琦則其親家山西布政使志森則其姪壻浙江
鹽運使衡吉則其邸內舊人直隷總督陳夔龍則其乾女壻安徽巡撫朱家寶之子朱
綸則其子載振之乾兒郵傳部尚書徐世昌則世凱所薦兩江總督張人駿江西巡撫
馮汝騤則世凱之戚亦緣世凱以附奕劻而陰相結納者尚不在此數樞臣名有五人
實仍一人攬權而已現查軍機大臣戴鴻慈業已出缺若我　皇上　監國攝政王

復聽奕劻薦引私人或誤用老邁庸懦者充數伴食大局之壞何堪設想臣在先朝劾奕劻父子及世凱者疏凡八上皇上臨御以來亦屢有言均未荷蒙鑒納賤不謀貴疏不謀親何苦數以取辱但念蒙恩寬免處分並諭指陳遠大樞臣賢否實爲治亂攸關遠大孰有過於是者緘口不言撫衷滋疚敢懇聖明攬天下才極一時選不論官階崇卑是否現任破格擢用俾效贊襄古人夢卜求賢版築屠釣皆立作相欲建非常之業必用非常之人固未嘗以成例拘也不避冒瀆披瀝上陳伏乞皇上聖鑒獨斷施行謹奏

## 御史江春霖奏遵諭明白回奏摺

奏爲遵諭明白回奏恭摺仰祈聖鑒事竊本月十六日內閣奉上諭御史江春霖奏參慶親王奕劻一摺朝廷虛衷納諫博採羣言然必指陳確實方足以明是非該御史所奏直隸總督陳夔龍爲奕劻之乾女壻安徽巡撫朱家寶之子朱綸爲載振之乾兒各節果何所據而言著江春霖明白回奏欽此仰見聖明咨詢不厭

欽佩莫名。惟臣原奏寶棻、恩壽、孫寶琦、爲奕劻親家。志森爲奕劻姪壻。衡吉爲奕劻邸內舊人。徐世昌爲袁世凱所薦。張人駿、馮汝騤爲袁世凱之戚。皆緣世凱以附奕劻。各節。陛下均置不問。獨提陳夔龍朱綸二事著臣明白回奏。是臣所參八款。皆實。疑此二事尚近曖昧。請據所聞明白陳之。陳夔龍繼妻爲前軍機大臣許庚身庶妹。稱四姑奶。曾拜奕劻福晉爲義母。許宅寓蘇州婁門內王府。致餽皆用黃匣。蘇人言之鑿鑿。夔龍赴川督任。畏道難。逗留漢口。旋調兩湖。實奕劻力。朱綸拜載振爲義父。係由袁世凱引進。光緒三十四年二月。朱綸曾到其父吉撫署內。購備貂褂、人參、珍珠、補服等件。送禮朱家寶。每於大庭廣衆。誇子之能。不以此事爲諱。現猶不時往來邸第。難掩衆人耳目。並非任意揑誣。皇天后土。實式臨之。且光緒三十四年九月初九日。臣劾載振與袁世凱結拜弟兄。疏請語如涉虛。甘坐誣謗。時奕劻袁世凱同在軍機。竟不敢辯。前之得實即可證後之不虛。原摺尚存。可取覆按。臣豈不知蔣式瑆趙啓霖皆以劾奕劻罷官。仗馬一鳴。三品料去。祇以樞垣重地。恐或汲引私人。貽誤大局。激於忠悃。冒昧直陳。恭考道光十六年御史富隆額奏請究查揑造浮言。宣宗成皇帝聖諭。若如該御史所奏。言官奏事。應究風之所自起。聞之所自來。是使進言之人。心存畏葸。瞻顧不前。必致民生疾苦吏治廢弛。恐壅上聞。豈不於朝廷設立言官之意。與朕達聰明目之心。大相逕庭耶。所奏著毋庸議。欽此。臣職在風聞言事。祖訓昭垂。有聞卽應入告。人言藉藉如此。豈容畏葸瞻顧。不以上聞。緣奉諭旨據實陳明。伏乞

皇上聖鑒謹 奏

## 給事中忠廉等奏言路無所遵循請明降諭旨摺

奏爲言路無所遵循勢將阻塞流弊滋多籲請 明降諭旨以重臺職恭摺仰祈 聖鑒事竊臣等恭讀本月十九日 上諭前經諭令建言諸臣毋得懷挾私見及毛舉細故儻敢任意嘗試必予懲處該言官等應如何敬謹懍遵乃昨據御史江春霖奏參慶親王奕劻並明白回奏各摺牽涉瑣事羅織多人以毫無確據之言肆意誣衊殊屬有妨大局本應予以重懲姑念該御史平日戇直尚無劣跡是以從寬祇令其回原衙門行走朝廷於用舍大權斟酌至當毫無容心茲據陳田趙炳麟胡思敬等奏請收回成

命暫予優容留任効用之處著毋庸議欽此　綸綍昭垂。臣等何敢瀆請。惟臣等所論者。非一人之去留。乃全臺之職掌。亦非一官之存廢。乃舉國之安危。請就我國現在情形。參酌中外古今設官分職之理。敬爲我　皇上陳之。天生民而立之君。以爲民也。君不能以獨治。設官以分治之。而用人不能必其皆賢也。於是設御史臺以監察行政。彈劾官邪。綱紀相維。上下皆受治於法律之中。故吏稱其職。民安其業。而天下治矣。其在東西立憲各國。有國會以糾察政府。通達民情。又有行政裁判院以司行政之訴訟。左右維持。勢無偏重。理有同然也。我　列祖　列宗以來。許臺臣風聞言事者。深念民人疾苦。非是無以周知。官吏貪橫。非是無以禁止。法良意美。行之二百餘年。儻彈劾大臣。而卽謂其懷挾私見。則彈劾小臣。必又以爲毛舉細故。且言路爲衆怨所歸。勢不得不發人之私。攻人之過。若概以爲汚衊。則將來進言者。其將何以措詞。一人不能爲惡。欲揭其行私納賄之由。不得不牽涉其黨。若概以爲羅織。則將來進言者。又何以自明其跡。是都察院之性質全失矣。而國會未開。行政裁判院未立。司法之權與行政相混合。會計之事。無專司以檢查。一切大權。皆付諸內外行政大臣之手。並舊日都察院之性質。亦歸於有名無實。陛下能必所用之人皆無過舉乎。儻不幸而巧立名目。剝削百姓。輦金私室。集怨公朝。如是則民受其害矣。更不幸而排斥異己。任用私人。威立勢成。相顧結舌。天子號令不出一城。孤立無援。竟同尾大。如是則君受其害矣。且也九年籌備。事體紛繁。萬一徒飾其名。不求其實。大臣以一紙空文報諸政府。政府以數言奬語稱爲考覈。從虛文觀之。則百廢具舉。就實事考之。則百舉具廢。無人糾發。陛下終無由知之。如是則不免上下相蒙。大臣之巧黠者。甚且託名辦事。歛費閭閻。其實則輸賄要津。已收其利。而所辦之事全虛也。上既許民人以立憲之福。下反受官吏立憲之禍。如是則不免上下相疑。民猶水也。載舟者水。覆舟者亦水。不堪其虐。鋌而走險。如是則不免上下相衝。夫至於上下相衝。考諸英法歷史。或十餘年或數十年。肝腦塗地。竭全國之力。僅僅底定。波蘭則以內部釁亂。外人乘之。遂召分析之禍。其原皆由於行政專横之所致也。臣等以茲事關係重大。不敢緘默。應請明降諭旨。飭令建言諸臣。仍遵欽定臺規。歷奉列聖諭旨辦理。臣等全臺會議。意見相同。聯銜具陳。伏乞

皇上聖鑒訓示。謹奏

## 本國紀事

江侍御獲譴後之餘聞　江侍御罷言職後。其同志有往慰之者。侍御慨然云。吾自任言官。即已置此身于度外。當　德宗時。吾奏劾奕劻袁世凱之疏。先後八上。吾固自信，爲　先皇帝之忠臣也。記者按吾國所以危亡而不可救藥者。其原因悉在戊戌政變一事。而政變之舉。實以袁氏爲罪魁禍首。十年以來。上疏劾袁者。頗不乏人。而卒無人焉。敢斥其爲先帝之罪人者。即私家紀述。亦不敢明斥其罪。今江侍御獨能慨然言之。君臣大義。今日始稍明于天下。侍御自謂　先帝忠臣。信哉。其無媿也。聞侍御罷官後。湯君蟄仙以電慰之。曰。非爲公惜。爲大局痛。勖哉。二趙。二趙謂趙熙及趙炳麟兩侍御也。給事中忠廉等聯名上疏一事。已紀前報。茲查此摺係言官五十三人聯名入奏。唯湖北人涂國盛，不與焉。疏中大意。謂嗣後親貴重臣。遇有應行奏參之事。尚可以奏參與否。請明降　諭旨。俾得欽遵云云。忠廉等疏既上。御史胡思敬。又單銜上疏。請收回處分江春霖成命。內容約分四段。一御史回原衙門行走。向來少見有之。自參某邸之蔣式瑆始。已而趙啓霖繼之。今江春霖復如是。是不啻專爲某邸開此例矣。按御史以不勝言官回原衙門者、昔已有之、德宗朝文悌王廷相皆然、不過彼出于公、而今出于私耳、一吾國未有議院。唯賴御史以通上下之情。今議院未開而御史一參權貴。卽致擯抑。豈不爲外人所笑。一去年江春霖蒙召見兩次。備承獎勵。今忽被嚴斥。兩年之間。安能賢否相懸至此。一諭旨既謂江春霖爲莠言亂政。則情罪甚重。理當處以相當之罪。若仍回原衙門。爲五品官。情罪未免不符。疏上留中未下。而台諫諸君復相與會議於松筠庵。有某君提議。謂江氏以忠獲譴。此後吾輩若噤不敢聲。朝廷何貴有此言官。且吾輩亦不可讓江氏一人。獨爲君子。所望諸君子努力前進。勿稍畏怯。並須廣加采訪。搜查中外大臣劣跡。據實聯名入奏。以盡職守。各侍御均表同情。擬再上彈章。專劾慶邸。慶邸聞之。頗內懼。遂請假數日。今雖已入朝。然仍擬辭去軍機大臣。專辦外部事以自解云。

**改正臣工奏疏稱謂**　正月二十九日奉　上諭。令滿漢文武諸臣奏疏。一體稱臣。不得再有奴才之稱。按國朝滿大臣及漢武臣奏事。不稱臣而稱奴才。實爲古今中外之所未有。辱國體而貽笑外人。莫甚於是。今朝廷毅然廢去之。亦調和滿漢形式上之一進步也。

**派員調查民商律**　修律大臣。以現方修訂民商專律。應派明習法律之員。分往各省調查一切。業于日前奏准。畧謂民律爲各律之主法。關係最重。派出各員。須於所查省分之民情風俗習慣利病。素有見地者。始克收効。擬由本館及法部大理院司員中。擇其通曉法律明幹耐勞者。資遣回籍。責成調查。不拘尋常迴避本籍之例云。　並聞法部已奏准。各省司法官員。徑歸本部管轄。遇有缺出。應由本部遴取明習法律之員。考選補授。各省督撫。不得率請簡補。以重司法獨立之權。

**郵傳部訂定船路郵電四政專律**　郵傳部管理船路郵電四政。頃以全國鐵路已成八千餘里。電報所達。六萬餘里。郵政航業。亦日發達。而法令規章。尚付闕如。既無整齊之法。難收畫一之效。奏請訂定專律。派施愚、馬德潤、陳籙、鄭誠、胡貽穀、項驤、黃爲基、曾彝進、等爲起草員。先草路律。次及郵電船律。則派王世徵、李瑞棠、陳壽彭、專任之。以李方、張煜全、熊崇志、沈成鵠、黎淵、周啓濂、爲參訂員。而以陳毅總司纂核。俟草案告成後。然後奏請欽定頒行云。

本國紀事 四

**郵傳部電詰粵路糜欵** 粵路糜欵過鉅。經粵督奏參。郵部奏派龍僉事查辦。頃郵部復因公司電請截收二期股銀。卽定展期。並詰問去年成路之少。及支欵之鉅。蓋粵路腐敗。實駭人聽聞。非澈查清釐。未易有成也。郵部原電具錄於下。二期收股准展至本年三月二十日止。惟查戊申年結除支存銀五百一十七萬餘兩。公司旬報內載去年所收三百萬兩上下。合計去年舊存新收約八百餘萬兩。現據電稱公司僅餘銀三百餘萬兩。是年支用已過五百萬兩。以一年之久。築成開車之路。僅由源潭至石碑坑三十餘里。用欵竟至五百萬兩。殊堪詫異。仰卽限一個月。速將去年年結抄錄送部。並將去年由某處至某處所築已鋪軌行車之路里若干。已築成未鋪軌之路里若干。其已購未用及已定未到之材料若干。購定田畝若干。從實稟報。毋許揑飾。其韶州以上路段。應趕派勘。預估工程價值。擬定年限。繪圖貼說。稟部核辦。郵傳部敬。

**督辦鹽政處奏定辦事章程** 澤公奉 命督辦鹽政。奏調晏安瀾等十員佐理一切。頃奏定辦事章程十三條。明定職掌。以期整飭鹺綱。章程內任事各員。除幫提調一員、祕書官一員。尚未派人外。已奏請將晏安瀾派充提調。楊壽枏、奎濂、慶森、錢承鋕、張茂烱、周蘊華、劉澤熙、吳晉夔、雷多壽、等九員派充參事官。業經奉　旨允準。

**陸軍部新設財政處**　陸軍部壽尙書以各省軍隊所需用款。漫無限制。特在部設立財政處以資淸理。現已派定陶葆廉正郎爲該處總辦。軍實司李司長盛和軍需司蘇司長錫第爲該處會辦。不日卽奏請開辦矣。

**廣東兵變案已結**　廣東兵變前已紀錄。此事早已平定。茲得粵督袁海帥致各督撫電云。粵省新軍兵變。旋卽平定。情形前此已詳支電。茲查逆首係已革排長倪映典。業經陣斬。叛兵黃洪昆王占魁等。均被生擒。供認從逆。亦已駢誅。殲厥渠魁。自應寬其脅從。連日招撫散亡。分別淸查。其並未從逆。先行投首者。仍挑入伍。其實係脅從者。派員押解回籍。仍予資遣。日內籌辦善後事宜。漸次就緒。省垣內外。一律安謐。

**藏事紀聞**　正月十七日。英使照會我外部。畧謂達賴爲印度土民拜跪頂禮。仰爲活佛。如此佛徒。散在藏印者。約一千萬人。深恐藏民滋擾。若輩以宗旨相同之故。聯絡聲氣。滋生風潮。則於大局窒礙非淺。願中國深謀遠慮。撫綏得宜。愼勿輕加壓力。牽動大局云云。俄使亦以十九日照會外部。大旨與英使畧同。畧謂俄領巴密爾及西比利亞諸地。所有佛教徒。約百五十萬人。莫不尊崇達賴。中國若用强硬手段。恐藏民思亂。與此輩聯絡呼應。大局未免寒心。請中國再三致意云。外部已各以婉辭答之矣。

達賴去年。曾派努嗒汪堪布赴俄。回藏未久。即有此次之變。現該堪布復走俄廷。云欲效秦庭之哭。該堪布最爲俄皇所親信。時局之變。正未艾也。

藏中刺麻。向不充當兵勇。四五年來。吾國派駐新軍一標於此。約一千五百餘人。因糧餉轉運艱阻。乃屯田拉薩。爲持久計。又招募番兵一隊。約千餘人。益之以舊有綠營兵六百人。（綠營兵駐藏者、定額四千五百人、駐藏大臣、肆意侵蝕、實數止存此耳、）均由駐藏大臣管理。此次新來之軍約計千五百人。由徐方紹統之。由哈唐向拉薩進發。藏民遂誤會。以爲中國將派兵滅藏。謠言胥動。致有達賴出奔之變。

自藏事起。人言嘖嘖。咸謂溫宗堯實釀成之。而不知其何事。近始知大兵入藏之先。溫先與達賴立一契約。第一條即爲官軍入藏。秋豪無犯云云。果爲安撫藏民起見。自當用告示宣布。豈有與達賴定約之理耶。宜其敗矣。

# 世界紀事

**英國陸軍費** 本年度英國陸軍部經費。計二千七百七十六萬磅。比之去年。增三十二萬五千磅。其預算計畫書。述騎兵隊編成之變更。次述將校士官並訓練隊之大進步。而於最近之將來。以二個之氣球供軍用云。

**英國之海軍豫算** 英國海軍豫算。四千六十萬三千七百磅。比之去年增五百五十六萬一千磅。新軍艦之建造。凡戰鬥艦七艘。裝甲巡洋艦三艘。保護巡洋艦九艘。不裝甲巡洋艦二艘。驅逐艦三十七艘。潛航艇九艘。

**英國之外國貿易** 二月分之英國貿易。輸入計六十九萬二百十四磅。輸出三百六十六萬七千四百十八磅。其重要物品。以鐵、鋼、綿花、羊毛、絹布、及其他之製造品爲多。

**德國海軍與外交** 德國議會。討議海軍問題。海軍大臣奇爾必治宣言德國政府力求海軍豫算。務使適合於德國財政之地位。本年度之豫算。較之去年減少一百二十萬磅。且言德國之海軍政策。決非以侵畧爲目的。不過保護領土之沿岸及航業而已。

至與英國之關係日益親密。務使兩國民之感情日相親善云。

**德國之社會黨** 德國社會黨。反對普魯士國之選舉法。於脫勒士圖公園結合大衆。爲示威運動。警察禁止之。運動者之首領與之抵抗。警官發銃擊之。遂至大鬨。負傷者三十餘人。被逮者十四人。

**南極探險** 德國地理學協會之中央亞細亞探險家腓爾特湟中尉。將派隊赴南極探險。方在計畫中。中尉將以十月由域提爾海之西啓行。不襲南極探險家士噶特之故道。

**塞王赴俄** 塞爾維亞王彼得。以三月二十一日赴俄訪問俄皇。

**俄勃交親** 去月勃牙利王赴俄。今月塞爾維亞王復赴俄。俄勃交親。土爾其政府大以爲憂。勃王從俄返國。道出維也納墺國外部大臣耶靈特爾伯亦避面不與之會見。

**希臘修正憲法** 希臘代議院。提議修正憲法。對於十一票以百五十票之大多數可決。以九月十四日召集國民大會。

**俄國之猶太人** 千九百零七年、俄國首相士特爾奇賓。所發布保護猶太人之訓令。

今已註消。頃有一千三百八十八名之猶太人家族。被俄人褫奪其住居權。

**大同盟罷工**　美國費城電鐵同盟罷工者數千人。焚毀街市鐵道之發電所。風潮劇烈。數日之間。至有十二餘萬人。更互相煽動。為大同盟罷工之開始。此次之同盟罷工。務必繼續。以決勞働組合之勝敗。殆為美國史中最劇之勞働戰爭。罷工者既多。暴動往往而在。與軍隊警官互相衝突。死傷頗多。市中之食物燃料之配達。一切中止云。

**美人排日**　桑港之勞働同盟頃開大會。議決凡日本人之商店。日本產之品物。及用日本人之商店。皆極力抵制。風潮殊極劇烈。

**歐美水災**　法國大水之後。小麥大歉收。里爾之綿業罷工者。襲擊工場數處。大肆掠奪。和蘭之馬奴河附近。復有泛濫之處。美國阿維亞州之一部。被洪水之害。失家者數百人。今格里白蘭市數十工場。皆為歇業之計。其損失實不少。紐約州之上部大水復發。阿特順河一時間水漲八吋。而橫斷北部諸大陸之鐵道。為積雪與大水所阻。不能通行。北部之茄士克山。為雪壓之故。列車衝突。死者六十餘人。英領之哥倫比亞州。為機山脈間之羅賒士。亦為大雪崩壓。列車埋沒。負傷者十四人。

**歡迎達賴** 印度政府。以客禮待達賴。聞達賴將至大吉嶺。其他之喇嘛及佛教徒。皆將豫備歡迎。

**日本政黨之組織** 日本政黨。以政友會爲最盛。進步黨黨勢日漸退減。其他大同俱樂部。中央俱樂部、又新會。諸黨人數亦極寥寥。頃進步、又新、無名、戊申四派中人。聯合組織立憲國民黨。於三月六日開國民黨創立準備會。會者七十餘人。舉犬養毅、大石正已、河野廣中、島田三郎、等七人。爲創立委員起草委員。福本誠宣布政綱及黨則。政綱九條。一建立責任內閣。以求憲政之完備。二保持文武鈞衡。以期國費分配之適當。三斟酌國防之緩急。以期軍備之適宜。四尊重國際之和平。以期權利之伸張。五改善內政。以謀地方自治之更張。六整理稅則。七獎勵農工商業。八整頓交通機關。九草新教育制度。黨則十五條。置常議員二十名。幹事七名。政務調查委員若干名。十三日舉行結黨式。而又新會卽於七日解散。合并於國民黨中。

談叢

# 歲晚讀書錄

滄江

## 治具與治道

董子曰。法令者。治之具。而非制治清濁之源也。可謂至言。近世之立憲國。學者亦稱之爲法治國。吾國人慕其名。津津然道之。一若彼國中舍法之外。卽無所以爲治者。不知法乃其治具。而所以能用此具者。別有其道焉。苟無其道。則雖法如牛毛。亦不過充架之空文而已。故全世界中立憲國以數十計。而其聲光爛然日進無疆者。僅數國也。道者何。曰官方。曰士習。曰民風而已。此其言雖若老生常談。聞者鮮不以爲迂。然舍此以外。則實無可以厝國於不拔之途。眞欲救國者。可能無急哉。賈子亦曰。今世以侈靡相競。棄禮誼。捐廉恥。日甚。可謂月異而歲不同矣。而大臣特以簿書不報。期會之間。以爲大故。至於俗流失。世壞敗。因恬而不知怪。夫移風易俗。使天下回心而鄉道。類非俗吏

談叢　二

之所能爲也俗吏之所務在於刀筆筐篋而不知大體嗚呼是不啻爲今日言之矣

## 學問與祿利之路

太史公作儒林列傳曰余讀功令至於廣厲學官之路未嘗不廢書而歎也讀者不得其解謂是史公歎美當時儒學之盛此誤也史記一書凡稱廢書而歎者三其一則十二諸侯年表稱讀春秋歷譜諜至周厲王其二則孟子荀卿列傳稱讀孟子書至梁惠王問何以利吾國並此文而三皆以歎息於世運升降之大原也蓋古之學者爲學而學自廣厲學官之制興於是學者始爲官而學爲官而學學自此湮矣故史公既歷舉六國及楚漢之交齊魯儒生之抱道自重復舉叔孫通公孫弘以後公卿士夫之趨時承流兩兩比較而無限感慨係於言外班孟堅深知其意故直揭曰祿利之路然誠恥之誠傷之也日人後藤新平治臺有聲吾嘗詢以臺灣教育之狀答曰臺人非欲仕進者則不願就學欲教育之普及殊非易易吾聞其言而歎不能自禁夫臺人此種思想受諸故國者也而全國中此等思想則自漢開祿利之路以後相傳以迄今日而痼疾中於膏肓者也故科舉一廢而舉國幾無復嚮學之人學堂及外國留學生所以不

絕者恃變形之科舉以維持之耳歐美日本幾於無人不學而應文官試驗者不及百之一此正乃學之所以盛也我中國若不能將學問與祿利分爲二事吾恐學之絕可計日而待矣

## 不悅學之弊

左氏昭十八年傳魯人有見周原伯者與之語不說學歸以語閔子焉閔子曰周其亂乎夫必多有是說而後及其大人大人患失而惑又曰可以無學無學不害不害而不學則苟而可於是乎下陵上替能無亂乎嗚呼何其言之壹似爲今日言之也我國數千年來不說學之風殆未有甚於今日者六經束閣論語當薪循此更閱十年則千聖百王之學精華糟粕舉掃地以盡矣或曰今者新學方興則舊學之銷沈亦非得已日本明治初年其前事也雖然日本前此之鶩新學則眞能悅之而以所學名其家與傳其人者輩出焉日本之有今日蓋學者之伐最高我則何有治新學者以之爲應舉之敲門磚而已門闢而磚旋棄其用恰與前此之帖括無以異夫前此學子雖罔不困於帖括而帖括以外必尙有其所學者其所學之致用與否勿具論要之舍肉慾外更有

此以供精神上之愉快。於以維繫士夫之人格。毋使墮落太甚。而國家元氣無形中往往受其賜。今也舊學則視爲無用而唾棄之矣。至其所謂有用之新學。其價値乃僅得比於帖括。吾國需此變形之帖括何爲也哉。孟子曰。上無禮。下無學。喪無日矣。是豈可不爲寒心也。

## 警偸

左氏文十七年傳。襄仲如齊。復曰。臣聞齊人將食魯之麥。以臣觀之。將不能。齊君之語偸。臧文仲有言曰。民主偸必死。明年。齊人弒其君商人。昭元年傳。天王使劉定公勞趙孟於潁。劉子曰。子盍遠績禹功而大庇民。對曰。老夫罪戾是懼。焉能恤遠。吾儕偸食。朝不謀夕。何其長也。劉子歸以語王曰。趙孟爲晉正卿。以主諸侯。而儕於隸人。朝不謀夕。棄神人矣。是年冬。趙孟卒。夫於言語之間。而以懸斷人壽命短長之數。其理若甚幽眇。不可憑實。乃不然。人之所以託命於天地者。則精神爲之君。偸也者。苟且圖安於旦夕。而不恤其後者也。後之不恤其精神。哀哉耗矣。精神耗而營魄能存。未之聞也。此心理與生理相屬之至道也。豈惟箇人心理有之。卽社會心理亦然。舉國人而有偸食朝不謀夕之心國未有不亡者也故吳季札聽鄭樂而卜其先亡錫西羅於西羅馬之末葉而決其不可救亦於其人民之心理察之而已故孔子以民不偸爲貴今吾國內治之艱鉅外侮之憑陵壹不足懼而惟君民上下之習於偸爲足懼苟不思警其何以十稔

# 春冰室野乘

春冰

## 高心夔遺事

故協辦大學士戶部尙書宗室肅順爲三凶之魁卒以大逆伏誅然其才識在一時滿大臣中實無其比髮逆蕩平之由全在重用漢臣使曾胡諸公得盡其才人第知其謀之出于文文端慶而不知帷幄之謀皆由肅主持之徒以戊午科場大獄爲科甲中人所切齒故惡而不知其美耳肅雖痛恨科甲而實愛才如渴一時名士咸從之遊湘潭王闓運湖口高心夔其尤著也方左文襄之佐湖南幕府也爲蜚語所中疾之者爭欲置諸死地禍幾不測微肅之論救必無幸矣方獄事急時文襄故交某君走京師詣高謀之高即入言於肅肅曰論救吾當力任之然必外廷漢官有上疏言之者　上必垂

詢。某乃可盡言。不然。某素不與外官交通。　上所深知。今無端言此。適以啓　上疑耳。高出謀于衆。衆皆畏禍累。蔑敢應者。吳縣潘文勤。時官翰林。慨然單銜入奏。請以百口保左宗棠無他。　上果持其疏。詢諸樞臣。肅頓首奏潘祖蔭國家世臣。所保必可信。請姑寬之。以觀後效。因乘。機。極言。滿。將。帥。腐。敗。不可。恃。非重。用。漢。臣。不。可。　上大感動。即可潘奏。文襄獲無事。旋即大用。而曾。文。正。督。師。之。局。亦定。于。此。時。肅之。功。故。可。沒。哉。文襄歷任閩陝兩江。於京朝士大夫。嚮不致餽冰炭。獨於文勤。每歲必以千金爲贐。訖終身無間。高舉己未進士。相傳禮部放榜後。肅爲之竭力揄揚於公卿間。必欲以第一人處之。及覆試　保和殿。　欽命詩題。官韻限十二文。而高誤押入元韻一字。因置四等。罰停殿試一科。肅亦爲懊喪無已。次歲庚申　恩科。高臚唱列入二甲。肅於　朝考前一日。探得詩題。爲紗窗宿斗牛。得門字。唐人孫逖夜宿雲門寺詩也。亟召高至。密以題紙授之。且屬曰。此番好爲之。朝元當可望也。入場。題下果符。通場三百人。無識出處者。高意得甚。自命不作第二人想。出場後。持詩稿即往謁肅。肅覽之。頓足曰。完矣。完矣。蓋通。首。除。官。韻。外。其七。字。皆。押。入。十。一。眞。部。也。翌日榜發。復列四等。引　見得歸班銓選。

王壬秋嘗戲以聯語贈高曰平生雙四等該死十三元嘻、謔而虐矣自肅伏法後高益潦倒無聊俚文襄由陝督入軍機高猶旅食京師也文襄出督兩江亟爲高報捐道員指分江南囑其先行到省以俟高引　見畢卽由海道南下文襄由內地徐徐行抵瓜洲司道以下官皆渡江迎謁獨不見高來奇之俄度江至金陵城外高猶未來文襄不能忍詢諸藩司某某愀然對曰高道於昨日逝矣文襄亟往臨哭之爲不怡者累日嗟夫迷信家恒謂君相能造命豈其然哉（高號伯足江西湖口人同治末年官吳縣知縣光緒七年卒於吳中）

## 輓聯

陳弢庵學士會辦南洋海防丁毋憂歸里豐潤張幼樵學士以聯輓之曰狄梁公奉使念吾親白雲孤飛將毋有懷嗟陟屺周公瑾同年小一月東風未便吊喪無面愧登堂時方當馬江敗後故其辭悲憤異常馬江之役人多以咎豐潤然豐潤不過會辦耳書生夙不知兵而受任於倉卒之際號令不專兵將不習政府又力禁其先發著著皆有取敗之道一督一撫一船政大臣開府有年何竟一無備禦既知豐潤調度乖方何不先事奏叅此何等事而可袖手旁觀乎斯時閩中大吏殆惟幸豐潤之敗而藉手於法

軍以取之耳豈有絲毫爲國之意耶豐潤出京時閻文介執其手而謂之曰子其爲晁錯矣聞事之必敗智者莫不知之卽豐潤亦未始不自知之知之而不得不往殉之其遇彌艱而其心未嘗不可諒也然法帥孤拔實爲吾礮所斃故船局雖毀而不敢進趨省城然則茲役雖敗猶不無尺寸之功焉視甲午之役又孰優而孰劣也

錢塘孫子授少司農甍於位王黻卿農部（頌蔚）輓之曰公以枚乘給札兼浮邱授詩直道難行往事不須斟醴酒我本詞館門人備司農掾屬文章無命逢人猶自惜焦桐蓋司農初爲南書房翰林後入毓慶宮授 德宗讀 眷畀日隆行陟正卿忽以失察戶部書吏案退出毓慶宮遂一蹶不振鬱鬱以歿故上聯以申公爲比下聯則農部由庶常改官部曹故以焦桐自慨也蒙於司農爲再傳弟子嘗侍公座爲言授讀時 上之天亶聰明眞非常人所及讀書不三徧卽成誦能熟背授之講解未嘗或忘其或有所疑而垂詢者則皆講義之所未及或與他篇有牴牾同異者也時 聖齡纔十四五耳後來外間傳言謂 上讀書不慧者皆謡諑之言不足信也

## 紀日下舊聞數事

德宗平生最惡外洋機巧玩物卽鐘表亦不肯多置左右後來崇尚西法純出於保國救民之念而絕無喜新厭故之思此質諸天地而無憾者外間所傳某侍郎每召見必懷西人奇巧玩物數事以進故　聖眷最隆者皆謠諑之蜚語耳秀水沈淇泉太史衛甲午殿試前補行覆試不記何詩題其結聯頌聖處曰　聖朝崇本務奇技絀重洋閱卷大臣原定一等第十名及進呈　上特以硃筆密圈拔置第一人觀此可以知　先皇之儉德矣

南海張樵野侍郎蔭桓起家簿尉粗識字中歲始力學四十後卽出持使節入贊總署而駢散文詩皆能卓然成家餘力作畫亦超逸絕塵眞奇材也生平作事不拘繩尺且以流外官致身卿貳輦下諸貴人尤疾之以故毀多於譽然幹局實遠出諸公上戊戌五月常熟去國時侍郎亦被人劾奏聞　東朝已有旨飭步軍統領卽日前往抄籍矣以榮祿力諫而止實則榮祿別有用心非爲侍郎乞恩也嘗見其爲人所畫便面濕雲滃欝作欲雨狀雲氣中露紙鳶一角一童子牽其線立一危石上自題詩其上曰天邊任爾風雲變握定絲綸總不驚蓋卽此數日中所作也

政界之變相始於光緒辛卯壬辰間自是以後遂如丸石走坂不及平地不止矣先是輦金鬻官者必賫望稍近始敢爲之至是乃弛綱解弢乳臭之子汎埽之夫但有輦金儼然方面羣小之側目於　先帝亦至是而愈甚滬道聶緝槼之升某省臬司也次日樞臣入見袖關道記名單以進請　上簡員補授　上閱之無一言忽出白紙條寸許署魯伯陽三字蹙額授樞臣俾詳查其籍貫履歷諸臣奉　旨退至軍機處徧檢各種道府存記名單並無其人即持以復命　上猶欲召吏戸兩部堂官查詢其出處諸臣徐悟其故乃頓首曰　上果知此人可用即徑行簡放可也必欲確查出處恐吏戸兩部亦無籍可稽耳　上凝思良久乃太息而授之越數月而又有四川鹽茶道玉銘之事玉銘者都下木商隸籍內務府入貲得同知職銜者也其謝恩召見時　上詢爾向在何署當差對曰奴才向在〇〇（二字爲木廠字號、記者忘之矣、）上不解又問之則曰　皇上不知〇〇乎〇〇者西城第一大木廠也奴才向充管事　上哂曰然則木廠掌櫃耳木廠生意甚好何忽棄而作官對曰因聞四川鹽茶道之出息比木廠更多數倍耳　上是時已怒甚然猶隱忍未發復問爾能國語乎曰不能能書漢文乎囁嚅良久始對曰能上乃以紙筆擲地。令一太監引之出。于乾清宮階上。默寫履歷。待之良久。始復命。繳卷。僅有奴才玉銘某旗人數字。字大如茶杯。而脫落顚倒。不可辨識。甚者卽玉銘兩字亦復錯訛。不能成書。　上始震怒。立命以同知歸部候選。而改授張元普爲鹽茶道。張元普者。浙中老進士。官諫院多年。貧甚。京察已數居。望一知府不可得。一旦獲此。眞所謂始願不及者矣。玉銘既失官。復歸木廠承辦　醇賢親王祠廟大工。以乾沒巨欵。並勾通醕邸內監。盜邸中物。售諸西人使館。事覺　詔提督衙門逮捕。乃披剃爲僧。遁入西山佛寺。魯伯陽抵江南。劉忠誠方督兩江。知其所由來。固靳之。終不令到任。數月後。竟藉事劾去之。奉　旨開缺。聞魯於此缺。先後運動。費耗去七十餘萬。竟未得一日履新任。因憤而入山著道士服。不復出矣。京師人談此兩人事者。戲謂之一僧一道也。

風俗陵夷日可憐。
乞墦鉗市亦欣然。
看渠皮底元無血。
那識虞卿老仲連。

文苑

# 味梨集序

遙遊

爲文辭者尊詩而卑詞是謬論也四五七言長短句其體同肇始於三百篇墨子稱哥詩三百舞詩三百絃詩三百故三百篇皆入樂之章也樂章以詠歎淫佚感移人心爲要眇故其爲聲高下急曼曲折亦以長短爲宜三百篇之聲既亡於是漢之將進酒艾如張上之回亦以長短句爲章六朝時漢鐃哥鼓吹曲既廢于是清波白鳩子夜烏棲之曲亦以長短句爲章中唐時六朝之曲廢于是合律絕句黃河遠上曼聲之調出爰曁晚唐合三五七言古律增加附益肉好眇曼音節洽洽俯仰進退皆中乎桑林之舞經首之會曁宋人益變化作新聲曼曼如垂絲飄飄如游雲劃絕如斫劍拗折如裂帛幽幽如洞谷龍吟鳳嘯鶯囀猿啼體態萬變實合詩騷樂府絕句而一協於律蓋集辭之大成文之有滋味者也古詩樸律體稚詞曲治如忠質文之異尚而郁郁彬彬孔子

從文以詞視詩如以周視夏殷爲勝也或譏其體豔冶靡曼蓋詞禰律絕而祖樂府以風騷爲祖所自出與雅頌分宗別譜然雅頌遠裔爲鐃歌鼓吹皆用長短句則亦同祖黃帝也吾嘗遊詞之世界幽嫭靈眇水雲曲曲鐙火重重林谷奧鬱山海蒼琅波濤相撞天龍神鬼洲島渺茫吐滂沛于寸心既華嚴以芬芳忽感入于神思徹八極乎徬徨信哀樂之移人欲攬涕乎大荒惟情深而文明者能依聲而厲長桂林王侍御佑遐所謂情深而文明者耶爭和議而逐鷹鸇非其義深君父耶歎日月而惜別離非其情深朋好耶溫厚敦柔之至而爲詠歎淫佚之辭其爲稼軒之飛動耶其爲游揚訞蕩之美成耶其爲草窗白石之芳馨耶但聞裂帛聽幽濤紫瀨涓涓古琴瑟瑟它日遊王子之故鄉泛瞢洲之烟雨宿風洞之嵐翠天晴豁開萬壑湧秀忽而雲霧半冥一峯青青有人獨立其上蒼茫問天其必情深而文明者哉光緒二十一年七月

伯嚴先生見過招同游鷄鳴寺　君遂

夕陽衰草古城隅廢埭遙連元武湖鍾阜雲開見殘雪僧寮樹禿有啼烏憑欄茗話春猶寂如子文章世已無掃轍深居斷車馬能過委巷喜相呼

前門汽車曉發晚宿順德　龍慧

束帶飄纓謁帝歸殘年去國更依依車輪腸轉驚蛇逝冰柱魂搖凍鵲飛掉鞅空歌橫術廣調琴猶說改絃非斜陽應變西山色土銼篝燈照獨欷

贈夏午詒　伯弢

涼風整歸策始念與子遇霜橫幕府山月照金陵樹別情恆未淹初好欣如故婉彼鸞鷺姿振翰厲天路道行時則舒名高衆方鶩外誘內朝徹貞觀齊所趣曰余攖世紛中歲見醜惡鳳鳥歎不至騏驥又焉御邈矣知北游目送心容豫樵隱倘不遺黽勉慰歲暮將尋梧櫝約永絕魚鳥慕

## 齊天樂 木棉

彊邨

燭龍。飛。上。珊。瑚。岸。殷。空。萬。鐙。成。蕾。幹掩斑鱗。香銜絳嘴。凝作連谿朝。采。煗滋露。溉。就中著溫茸。歲寒曾。耐老盡。春叢。可憐。朱鳳。故巢在。越王。臺畔。麗。質照人風雨夜天半。無。晦。繭蝶移家。蓉砂變景。誰睇。孤。根。嶺外。交柯未改。好留駐年年。祝融幢蓋夢結。扶桑。日華。擎。翠。海。

## 探芳信

前人

春城連雨游計因循叔問拈夢窗雨聲樓閣寂寞收鐙之句切情依黯約次其韻

燭花。瘦。問夜。吟。詩。肩。淸寒。支。否。殢翦。鐙。簾幙。澆愁。但。偎酒。細禽。啼。濕。西。崦。夢。半落。東。風。後。坐。逡。巡。汎。舸。游。情。看。花。芳。候。巖徑。蘚。斑。繡。正。撩。亂。蒼。鬟。鈿。壓。迷。晝。未。穩。陰。晴。探。匳。卜。欠。紅。豆。翠。眉。誰。惜。年。芳。去。惟有。纖。纖。柳。黯。江。城。似。墨。吳。雲。滿。岫。

## 阮郎歸

前人

埭西山行偶書

水墟花瀨上彊邨雙谿溜竹分鬟絲供得十年塵飛泉清角巾 拕瘦策理空綸重尋釣石溫年年含笑待歸人春山清淨身

漁家傲 前人

繞榻書籤兼畫幰朦朧散帙何曾竟老去不禁茶力猛微睡醒風爐煎朮供秋病 萬里碧雲生雁興行行書破青天影樓月半升簾薄暝闌獨凭商音滿耳無人聽

浣谿紗 叔問

從石樓石壁往來鄧尉山中

一半梅黃雜雨晴虛嵐浮翠帶湖明閒雲高鳥共身輕 山果打頭休論價野花盈手不知名烟巒直是畫中行

前調 前人

半夜鐘 石林詩話嘗辨張繼楓橋詩夜半鐘聲以爲吳中自古已然引南史邱仲孚夜讀以鐘鳴爲限兼据樂天飛卿于鵠諸作爲夜鐘之證而譏歐公未嘗至吳余獨愛唐劉言史夜泊潤州詩有千船火絕寒宵半獨聽鐘聲覺寺多

之句自來賦夜鐘者無此清逸也

落葉昏燈古寺荒松巖響答鶴聲長數峯江上夜蒼蒼　旅榜夢回孤枕月寒山僧臥
一樓霜南譙漏斷更迴腸

過秦樓　　前人

後谿連雨新漲平橋一樓臥臨城西陂船舫皆從几案間過晚霽見月水光花影滄然空寒有懷丁酉秋石壁山望湖臺夜游流連光景動踰歲時遭世亂離游情匪昔感時屬景不自知其詞之淒異也

過雨檐花透風窗竹露點翠梧金井林梢小閣曲枕谿流漭綠盪胸千頃簾捲夜近銀河秋浸天階水明星靜欠追涼綺袖一枝橫玉滿身雲影　迴憶處月氣湖烟空濛搖落上下臥臨清鏡淩波弱步濕霧香鬟夢斷數峯青迴年事如今暗驚燕草天荒吳楓江冷但孤雲遠水愁入離痕淚枕

對。女俛仰身世。顧景悽然。念及日間偵探追迫情形。心猶悸悸。遂低聲謂御者曰。吾有一言請教於汝。汝果如何方能避却警察乎。御者曰。然則汝爲罪人耶。女曰否否。乃被人所誣者。御者曰。此事若在昨日。刑法已加於汝身。今幸巴黎亂作。警察不遑他顧。雖屈鐸警長猶不能自保。彼何暇拿人。此誠汝之莫大之幸也。女曰誠然。但爲今之計。當用何策。以離去此巴黎乎。御者曰。欲出巴黎境。必須護照。女曰。吾已有護照在此。御者瞪目而詫曰。汝何從得之。果爲眞者乎。女曰。僞者。御者曰。今將何往。女曰。南行往里昂。但鐵路尚未竣工。吾欲馳驛。御者曰。不可。恐偵者俟汝於驛站。汝必不免。御者乃搔首作沈思狀久之。乃曰。娘子可乘船往滿他路。但未識攜得川資否。女曰。已攜在此。御者曰。如此甚善。娘子不必疑懼。吾非歹人。絕不乘人之危。不過欲娘子多給我一百佛郎。明日吾再御娘子往古利夫碼頭。至六十號船公司處。買一船票。往滿他路。乘亂民攻城緊急之際。彼公司中人。其心正注於鎗林彈雨聲中。不遑檢驗汝之護照。乃易得手。迨至滿他路。改賃一馬車。往杜來施。再從該處改乘驛車。往里昂。則萬無一失矣。女聞言狂喜。鼓掌稱妙者再三。而氣若不續。聲嘶力竭而言曰。吾自晨迄今。未嘗飲食。汝能御我往何處覓食且寄宿一宵。較勝于車中假寐乎。御者曰。此甚易事。我有姨母。乃是嫡孀。住於古逵路。距此不遠。房屋尚稱清潔。人亦慈祥愷惻。樂善不倦。可以借宿一宵。烘麵包充飢。煑咖啡解渴。較勝于在此寒餓多矣。吾無異心。可誓上帝。請娘子放心勿疑。吾爲娘子設此謀。俾履坦途。亦不過欲娘子多給二百佛郎耳。女曰。深感費神。自當重謝。御者曰。今往吾姨母處。吾將以何名呼汝乎。女曰。汝此問可謂精細之極。卽呼吾爲汔打利縫婦可也。御者笑曰。旣如此云。娘子須將金表藏匿。豈有貧婦能用金時計乎。噫。小娘子豈非有夫者乎。何指上之金環猶在。殊令人一目瞭然已。女曰。然。吾今正往意大利晤吾夫也。御者笑曰。護照上情節想已讀之熟矣。女哀懇曰。務望始終爲我隱瞞。勿中途變計。幸甚。御者曰。娘子請寬心。吾一生任俠自矢。絕不作不義事也。言訖。策馬而馳。取僻道曲折灣環。往古連路老婦家而去。

## 第三回　有客濟川珠輝玉映　彼姝去國李代桃僵

却說巴黎王城攻破。崇尚專制政體之法王路易非獵出走之晨。城外有一美少年。濯高遙望。鼓掌大笑曰。奧國黨又弱一個。此吾意國之幸也。大事胥定。古廉武君何尙不來。正沈吟間。忽見一人身服軍服若軍中隊長者然。策馬飛至。瞥見少年即下騎曰。梅善那君。吾國失君有君。易專制而爲立憲。君民一德同束身于法律之中。無詐無虞。綿亘萬世。國之福也。梅善那君君亦爲吾國色喜乎。少年曰。誠然。語曰同病則相憐。跛者不忘履。此正我意大利倡義之機會也。古廉武亟止之曰。君毋遽云爾。妨有伺察者。于是兩人遂相偕至僻靜處立語。梅善那曰。吾欲即往美倫一行。（按美倫乃意城屬林拔地省管轄。與奧國接壤。）若吾友馬善鼇君于數日至巴黎。煩君將此次細情告知。令彼傳與林拔地雲利士兩省之人。使知法王出走。奧援衰弱。以震蕩吾意人之心魂。使之一鼓作氣也。古廉武覩梅善那手携皮包。因問曰。君已預備遠行乎。梅善那曰。予今日即須回美倫。古廉武曰。君之護照已備乎。梅善那曰。已備。但此非法國所發之護照。乃吾國奧官所發之護照。準余梅善那樂師來法。攜一十六齡之少女回國者。今日所棘手之處。亦正在此。古廉武曰。君何故欲携少女歸國。梅善那曰。吾攜此少女歸美倫。使就吾姑之音樂學校。學習歌舞。以備將來劇場之選。此蓋表面上之文章。欲掩飾澳人耳目也。有少女名衣士梯梨者。家本清貧。其父母曾允令其遠適異國。及門肄業。

乃願書方將簽押時。適因此變亂。其家惶恐。謂意大利亦在澳人羈束之下。難保將來不罹亂萌。視今爲烈。則孤雛飄泊。道遠難歸。故以此事爲鑑。陡然中變。余恐孑身歸去。又轉增澳人之疑耳。古廉武曰。汝畫策亦何左。當時何不竟告澳政府曰。吾受巴黎劇場之聘而往。豈不決絕。何必又牽出此學徒。致生此枝節也。梅善那曰。君之此論。罔符事實。若吾云應聘而來。此間劇場與美倫之劇場。消息相聞。豈有不知蹤跡之理。且來此演劇。亦有定期。則吾之進退遲速。轉不得從容自由。不若以訪徒爲辭。庶行止可任我自定也。古廉武笑曰。嘻。子何不與緬梨校書同來。彼年及瓜期。玉顏嬌豔。一登舞台。卽巴黎之龐顏皓叟。當見亦生憐。況渠與君素稱莫逆。君此行當不免依依若使彼裝成一十六歲之女童。不特形貌惟肖。且於風塵勞瘁之中。時有綠珠捧琴之樂。不亦一舉而兩得乎。梅善那曰。吁。是何言。此事與我國前途大有關繫。烏可作此兒戲之舉動耶。余今日行矣。匝月之內。請觀我國義旗。當與貴國之義旗相輝映也。今雖有此棘手事。然無妨礙。終當設法瞞過。俟行出澳人林拔地省外。再作計較。古廉武曰。吾今有忠告之一言。昨夜余聞友人巴律君告余云。有澳國細作數人。來至巴黎偵伺消息。蓋欲偵此次起義之端倪。其中有二婦人。或即因汝而來。亦未可知。蓋與汝之利用女學徒事有暗合處也。君其慎之。梅善那聞言慨然曰。深感良友垂教。余當謹誌不忘。言訖遂向江干緩步而行。古廉武曰。君欲即此首塗耶。曰然。曰乘驛車往里昂否。梅曰吾不由巴黎馳驛。余年雖少。而謀事之智則甚老。吾曾詢於令親。彼勸我由此乘船往滿他路。乃由彼處僱私車往杜來施。現在亂亟之時。關津邏察不周。當可瞞過。乃由杜來施再乘驛車往里昂。再由里昂取道馬些兒而往毡路亞。余行途紆折如此。彼與偵探雖有神算。烏能料我哉。古廉武曰。甚善。乃携手偕行。不覺已至古利夫碼頭。梅曰請君止步。就此告別。古廉武曰。且更送一程。登輪乃歸。兩人於是疾行。只見河橋邊泊有一小汽航。煙囱裏濃煙噴出。豫備啓椗。遄行往滿他路者。有水手已立於船橋上。疾聲催客登船。云將收橋。古廉武疾呼曰。速買船票。勿延。兩人於是偕詣輪船公司賣票處。見公司中人異常驚惶。百事草率。有一女子。身穿杏黃服者。方取出護照交驗。納銀買票。公司中人幷不細閱。即收銀而呼曰。速發船票與迄打利娘子。護照已驗訖矣。其時買票人多如鯽。但能畧看護照之名。更不遑及其他。梅善那亦匆匆買得船票一紙。從人叢裏走出。古廉武偕之登船。乃悄悄附耳言曰。梅君試觀女偵探來矣。梅善那聞言大驚悄問曰。君何所見而云然。古廉武悄指其人而告曰。此美婦人身著貧婦之衣。而姿態則若大家閨秀。余曾覩其面。年約十七八。貌實天人。方其將護照呈驗時。曾畧窺視。乃塡注爲已嫁婦。年二十五。今試觀其足下一雙高踵鳳鞾。其價亦應須五十佛郎。若非世閥大家名媛易服而逃者。卽係女偵探無疑。梅善那低聲答曰。余確信其爲女偵探。君不覩彼所穿之衣。甚覺寬博。殊不稱其身材乎。是時船中水手促閑人登岸。將收船橋。兩人遂揮淚握手告別。古君登岸立望至船開行。乃歸。梅善那旣別故人。乃於船尾自擇一距人稍遠之坐位坐下。取出煙捲燃吸。貌若甚閑暇。而心則時復轆轤。目視此女曾不少瞬。見其雜坐儔人中。惶怯之狀。仍復如前。因疑其若非偵探中人。亦必防人之偵察者。愈看愈覺有味。無何彼女子行行漸近。亦目注梅善那。不遑他矚。梅則目視岸上山景。佯以避之。女見梅意存趨避。遂欲語而復茹者至于再三。仍徘徊而不去。俄而船將抵埠。已望見滿他路城堞。距離不遠。此女惶急愈甚。乃向梅耳邊小語曰。先生恕罪。妾將有言。梅轉身直視曰。汝何言哉。女曰。妾一弱女子。孑身旅行。人地疎闊。懼爲無賴欺凌。舟抵埠時。欲重煩先生大駕導至一旅館。憑藉威嚴。稍資保護。妾觀先生器宇不凡。誠篤可恃。且舍先生外亦無可託庇者。故冒昧奉瀆。萬望慨諾勿辭。梅聞言暗暗驚奇曰。彼亦善爲說辭。令我殊不能却。無已。且俟抵加他路時。再爲設法擺脫也。方沈吟不語間。女又低語曰。妾之所畏者。卽彼憲兵肆言無忌也。梅覘之信然。乃免冠爲禮。且作德國方言相答以試之。曰汝言誠然。俟抵埠時。吾當伴送汝至旅館也。女子聞言。連聲道謝。亦以雲利士省方言相答。且甚圓熟。梅駭然詰之曰。汝法人亦能爲德語乎。女自剖析曰。乃幼時從敎士學校中學得者。未幾舟抵滿他路碼頭。彼憲兵早趨詣俟於船橋之側。女瞥見之。乃顫聲語梅曰。先生幸勿忘適間之約。梅曰。夫人勿憂。吾定如命。女曰。先生請萬勿如此稱呼。妾名迄打利。將取道馬些兒往意訪夫者。請呼迄打利可也。梅聞言愈驚。私忖曰。異哉。此女偵探。豈已偵得我之行徑耶。吾不可不加倍留神也。未幾船泊岸。梅善那任女挽其臂。並肩上陸。彼憲兵乃無可如何。梅善那伴女既至本鎭之驛站旁。覓得一小旅館。名花奢爾勃者。將女導入安置訖。即向女鞠躬致辭曰。請從此別。恕不更陪。於是疾行趨出。至旅邸主人處。議賃一私車往杜來施。主人曰。

客誠有幸哉。今日巴黎逃難來者。男女甚夥。僱車甚衆。街車多賃去。吾廐中僅餘轎車一乘。先生賃去。則後來賃車者。皆須住此一宿矣。梅善那曰。如若言。誠有幸。然余有要事。請即將馬配好。且速備午膳。余食畢即行。俄頃膳已備。梅遂至餐堂坐下。匆匆用膳。而彼所深畏憚之女子。亦在此餐室用膳。若甚忙迫者。且時復舉目相視。有欣喜之色。匆匆盡一二簋。便休趨出。梅覩之甚疑。迨餐罷。會鈔出門。方欲登車。館主人趨前言曰。先生。僕不自忖量。欲有一言。茲女郎亦欲往杜來施者。因彼云有要事。刻不能緩。僕已允彼與先生同車。僕見先生曾伴之來。其人又孱弱可憐。料先生必首肯也。梅善那曰。乃余同來之女子乎。曰然。彼衣雖儉樸。而豐於財。往杜來施六十五里之遙。一路車費。彼願與君分認其半也。梅聞之尋思曰。豐於財耶。古廉武曾言。見其護照填注爲縫女。其衣服亦樸陋如工人。何以竟能用顧繡之綾帕。又能操德國南省之方言。今復要余同車。其爲奧國偵探。殆無疑義。我烏可受彼牢籠。方欲以他語却之。忽又轉一念曰。彼乃一孱弱之少女。吾何畏之。可覷機會以窺敵情。借予攻盾。亦甚善也。意旣決。遂向店主人曰。旣女客肯出車費。則偕行何妨。吾亦正欲得一人爲伴。可於途次閒談。慰寥寂絕不以革命目之故比利時之國體。非君主而民主也觀於此則國體之區別。從可識矣。

復次有以國家結合形態而區別國體者。則其種類曰單一國曰複雜國單一國者。如我中國及英法俄日等皆是其性質爲人所共知。不必贅論複雜國者。以二國或多數國相結而爲共同團體也。復分二種。一曰君合國二曰聯邦國君合國者。兩國而同戴一君主者也。如奧大利之與匈牙利。三年前那威之與瑞典皆是。聯邦國者。多數國相聯合爲一大國。而割其統治權之一大部分以屬之者也。如瑞士以二十五州聯合而成。美國以四十五州聯合而成。德國以二十二君主國三共和國聯合而成是也。君合國之性質。雖與單一國無甚差別。獨聯邦國則有大相異者存。近世言國法學者。恒以此爲聚訟之一端焉。以其與我國國體無關。故不復縷述也。

第四節　政體

政體。之。區。別。以。直。接。機。關。之。單。複。爲。標。準。其。僅。有。一。直。接。機。關。而。行。使。國。權。絕。無。制。限。者。謂。之。專。制。政。體。其。有。兩。直。接。機。關。而。行。使。國。權。互。相。制。限。者。謂。之。立。憲。政。體。大抵專制政體。則君主國行之最多。如我國數千年來所行者是也。雖然民主國亦非無專制者。若僅有一國會而立法行政司法之大權皆自此出焉。則其國會雖由人民選舉而成者。亦謂之專制。如歐洲古代斯巴達羅馬之元老院皆是也。又使雖有行政首長與國會兩者並立。而國會毫無權力。徒爲行政首長之奴隸者。則亦謂之專制。如羅馬之該撒屋大維爲公修爾（公修爾者羅馬行政首長之名）時代。英國克林威爾法國拿破侖第一爲執政官時代。法國拿破侖第三爲大統領時代皆是也。故立憲與專制之異。不在乎國體之爲君主民主。而在乎國權行使之有無制限。夫制限之表示於形式者。則兩直接機關對峙。而各行其權是也。今就現世之君主立憲國而舉其特色。則有三焉。

第一　民選議會　議會謂國會也。凡立憲國必有國會。以多數議員組織成之。其議員或全部分由人民選舉。最少亦須一大部分由人民選舉。國會之職權雖各國廣狹不同。而其最要而不可闕者有二。一曰議決法律。二曰監督財政。法律非經國會贊成不能頒布。豫算非經國會畫諾不能施行。凡所以限制君主之權。使無使濫用也。是故無國會不得爲立憲。有國會而非由民選不得爲立憲。雖有民選國會。而此兩種權力不圓滿具足。仍不得爲立憲。

第二　大臣副署　凡立憲國君主之詔勅。必須由國務大臣署名。然後效力乃發生。署名者以定責任之所攸歸也。蓋立憲國之君主。神聖不可侵犯。一切政治。不能負責。故違憲失政之舉。皆以大臣尸其咎。善則歸君。過則歸己。義宜爾也。故爲大臣者。遇有違憲失政之詔勅。則宜力爭。爭之不得。則宜辭職。苟不爭不辭而貿貿然署名。則其輔弼無狀明矣。故人人得起而責之。此立憲國最要之一條件也。若夫雖署名而僅自處於奉令承教。動輒諉過君上者。則不得爲立憲。

第三　司法獨立　凡立憲國皆有獨立之審判廳以行司法權。何謂司法。謂遵法律以聽獄訟也。何謂獨立。使審判官於法律範圍之內。能自行其志。而不爲行政官所束縛也。審判官如何然後能不爲行政官所束縛。凡任此者。必終身在其職。苟非犯法或自行乞休。則雖以法部大臣。亦不能褫革之左遷之。如是則無所顧忌。而審判始得公平。人民權利始獲保障矣。此又立憲國之一重要條件也。

舉此三條件。規定於憲法中。而不許妄動。謂之立憲。立憲之制。首行於英國。而法人孟德斯鳩撮舉其精神著爲法意一書命之曰三權分立制三權分立者謂立法權由國會行之行政權由國務大臣行之司法權由獨立審判廳行之也雖然分立云者非鼎峙而無所統一也立法行政司法總名曰統治權統治權之體不可分可分者乃其用耳故有君主以立乎國會國務大臣審判廳之上以總攬此權君主之行立法權則以國會協贊之形式出之君主之行行政權則以大臣副署之形式出之君主之行司法權則以審判廳獨立之形式出之斯乃所謂立憲也故三權之體皆筦於君主此專制國與立憲國之所同也三權之用其在專制國君主則率其所欲徑遂而直行之其在立憲國之君主而分寄之於此三機關者以一定之節制而行之此則其所以異也此亦言乎君主國也若在民主立憲國則此三權之體筦於國民而其用之分寄亦與此同

明乎此則政體之區別從可識矣若夫立憲政體優於專制政體之故則次章論之

## 第二章 政治

### 第一節 國家之功用

政治者。麗於國家以行者也。欲明政治之意義。必當先知國家之功用。欲論政治之得失。必當先審國家之目的。故循序而論之。

國家。以何因緣而建置耶。人曷爲而必樂有國家耶。以此發問。能言其故者蓋寡矣。厭世者流。輒稱道羲軒以前睢盱渾噩之象。指其部落不分刑政不設者。謂爲郅治之極。其意蓋謂國家爲無用之長物。此一說也。及最近數十年前。則有極偏激之社會主義。有橫暴之無政府黨。欲盡取全世界之國家而傾覆之融化之。其意蓋謂國家之爲物。非徒無益而且有害。此又一說也。夫吾儕日生息於國家中。若覆載於天地而不知其高厚也。則亦相忘焉已耳。夫惟有此二說。則國家功用所在。有導吾儕以不得不研究者。

荀子曰。天下之害生於縱欲。欲惡同物。欲多而物寡。寡則必爭矣。離居不相待則窮。羣而無分則爭。窮者患也。爭者禍也。救患除禍。則莫若明分使羣矣。此推原國家之所以不得不建。政令之所以不得不設。而歸本於人類生存競爭之一大原則。此即近世西儒達爾文、赫胥黎、斯賓塞輩所詫爲獨創之新理。而以之演爲學說。披靡一世者也。今從其說而論列之。則人類以求生存之故而不免於爭者有四焉。一曰人類與其他生物之爭。古代草木暢茂禽獸逼人之時。人類須常與爪牙爭食是也。二曰箇人與箇人之爭。普通之私爭是也。三曰階級與階級之爭。平民之對貴族。窶人之對富豪。俗徒之對僧侶等是也。四曰地域團體與地域團體之爭。甲部落之對乙部落。甲州郡之對乙州郡。甲國家之對乙國家是也。由泰西學者所說。則謂競爭為進化之母。夫競爭果為有益與否。且勿具論。要之欲惡同物。欲多物寡。既為宇宙自然之現象。不爭且無以自存。雖曰無益。勢固有不得避者矣。而此四種競爭中。言夫第一種。則人類今已處於全勝。其爭殆息。可勿復論。其第二第三種。凡在文化稍深之社會。其競爭之形式已漸變程度已漸殺。而其所以能爾者。恒賴有國家。此亦俟下方別論之。若夫第四種。則今日正當其爭最劇之時。而將來且日進而未有艾者也。

荀子所謂離居不相待則窮。羣而無分則爭。可謂盡人之性也已矣。人欲自繕其生。則必藉通功易事。其不得不為羣者。勢也。然使羣內所屬之箇人相鬩無已。或羣內復為小羣相鬩無已。則其羣未有能堅樹者也。不能堅樹於內。則固不足以競於外矣。夫人

# 廣智書局新書目錄

| | |
|---|---|
| 幾何原本 | 一元 |
| 平面三角法講義 | 九角 |
| 物理學公式及問題 | 一元 |
| 中等教育物理學 | 一元六角 |
| 中國之武士道 | 三角五分 |
| 樂典教科書 | 五角 |
| 商業教本 | 五角五分 |
| 中國商業地理 | 六角 |
| 工業化學 | 六角五分 |
| 節本明儒學案 | 一元二角 |
| 德育鑑 | 三角五分 |
| 中國學術思想變遷論 | 二角 |
| 教育學教科書 | 六角五分 |
| 實驗小學管理術 | 二角五分 |
| 學校衛生學 | 二角 |
| 教育學解剖圖說 | 一角 |
| 康南海官制議 布面一冊 | 一元 |
| 十九世紀四大家政治學說 | 三角 |
| 那特硜政治學全編 布皮金字洋裝一冊 | 一元 |
| 地方自治制論 | 三角五分 |
| 政治汎論 | 一元 |
| 法學通論 | 三角 |
| 清國行政法 | 一元 |
| 憲法精理 | 四角 |
| 英國憲法史 | 六角 |
| 萬國憲法志 | 五角 |

◀上海福州路▶

# 廣智書局新書目錄

|  |  |
| --- | --- |
| 政治原論 | 四角 |
| 大清帝國新編法典 | 三角五分 |
| 英國憲法論 | 三角 |
| 近世中國秘史第一編 | 五角 |
| 近世中國秘史第二編 | 四角 |
| 世界近世史 洋裝全一册 | 七角 |
| 世界進化史 | 二角 |
| 日本維新三十年史 | 八角 |
| 今世歐洲外交史 | 三元 |
| 血史 | 一元 |
| 康南海 | 二角 |
| 中國名相傳 精製 並製 | 一元二角 一元 |
| 中國六大政治家第五編 精製 並製 | 一元二角 一元 |
| 中國六大政治家第一二編合册 精製 並製 | 一元 七角 |
| 中西偉人傳 | 三角 |
| 李鴻章 | 三角 |
| 中國鐵路指南 | 八角 |
| 工商理財要術 | 四角五分 |
| 最近衛生學 | 二角 |
| 物質救國論 | 三角 |
| 三名臣奏議 | 一元二角 |
| 張江陵書牘 精製 並製 | 一元三角 一元 |
| 三名臣書牘 四册 | 二元 |
| 東坡尺牘 二册 | 四角 |
| 三星使書牘 二册 | 五角 |
| 盧史二公書牘 | 一角 |

◀上海福州路▶

# 廣智書局新書目錄

| | |
|---|---|
| 熊襄愍書牘 | 二角五分 |
| 惜抱軒尺牘 | 三角 |
| 惜抱軒尺牘補編 | 一角 |
| 黃石齋書牘 | 四角 |
| 國文語原解 | 二角 |
| 新民說 | 六角 |
| 仁學 | 三角 |
| 曾胡批牘 | 六角 |
| 松陰文鈔 | 二角五分 |
| 心史 | 四角 |
| 中國魂 | 三角 |
| 第一種家政學 | 二角五分 |
| 第二種家政學 | 三角 |
| 女學生 | 二角 |
| 康南海歐洲十一國游記 第一編 第二編 | 八角 六角 |
| 新大陸遊記 精製有圖 並製無圖 | 八角 六角 |
| 分類精校飲冰室文集 自丙申至乙巳 | 四元 |
| 增補改良飲冰室自由書 | 四角 |
| 中國國債史 | 二角 |
| 滿洲處分案 | 二角 |
| 越南亡國史 | 二角五分 |
| 曾文正公十八家詩鈔 | 三元 |
| 董香光畫禪室隨筆 | 三角 |
| 王照圓列女傳補注 | 四角 |
| 康南海廣藝舟雙楫 | 三角 |
| 包氏藝舟雙楫 | 三角五分 |

◀上海福州路▶

# 廣智書局新書目錄

|  |  |
|---|---|
| 英文尺牘資料 | 四角 |
| 新法英語教科書 | 五角 |
| 二十世紀讀本第一編 | 六角 |
| 華英合璧訓蒙編第一册 | 一角五分 |
| 華英合璧訓蒙編第二册 | 二角 |
| 華英商業會話 | 三角五分 |
| 增補改良華英學生會話 | 二角 |
| 初級英文範 即納氏英文典第一册 | 三角 |
| 華英文件新編 | 五角 |
| 華英商賈會話 | 二角五分 |
| 初級英語作文教科書 | 四角 |
| 東文新法會通 | 五角 |
| 笏山記 上中下每册 | 三角 |

|  |  |
|---|---|
| 斯芬克斯之美人 上中下每册 | 二角五分 |
| 偵探小說 虛無黨眞相 | 八角 |
| 偵探小說 離魂病 | 二角五分 |
| 偵探小說 殲讐記 | 四角五分 |
| 言情小說 紅淚影 全四册每册 | 四角 |
| 言情小說 花月香城記 | 三角 |
| 偵探小說 怪獒案 | 三角 |
| 哀情小說 刼花小乘 | 二角 |
| 偵探小說 妖塔奇譚 全弍册每册 | 三角 |
| 偵探小說 美人手 全三册 | 六角五分 |
| 偵探小說 劇場大疑獄 | 四角 |
| 偵探小說 情魔 | 三角 |

◀ 上海福州路 ▶

# 廣智書局新書目錄

| | |
|---|---|
| 偵探小說 中國偵探案 | 二角 |
| 偵探小說 地中秘 | 四角五分 |
| 司底芬偵探案 | 一角五分 |
| 偵探案彙刻 | 二角 |
| 冒險小說 十五小豪傑 | 二角 |
| 荒島孤童記 上下全 | 五角 |
| 理想小說 未來戰國志 | 一角 |
| 社會小說 二十年目覩之怪現狀 甲乙丙己 丁戊 | 每冊四角 三角 |
| 歷史小說 鐵假面 上中每 下冊 | 五角 四角五分 |
| 黃繡球 | 五角 |
| 奇情小說 電術奇談 | 四角 |
| 偉人小說 女媧石 甲 乙 | 二角五分 一角五分 |
| 寫情小說 恨海 | 二角 |
| 說部腋 | 一角 |
| 九命奇冤 全三冊 | 七角五分 |
| 警黃鐘傳奇 | 二角 |
| 西青散記 全二冊 | 六角 |
| 經國美談 全二冊 | 五角 |
| 虞初新續志 | 九五角 |
| 桃花扇 精製 | 八角 |
| 中國廿一省全圖 | 一元七角 |
| 藝蘅館詞選 | 二元五角 |
| 暗射中國輪廓地圖 | 三元五角 |

◀上海福州路▶

# 國風報第一年第五號目錄


●諭旨

●圖畫 德皇威廉第二像 美總統塔夫脫像

●論說 官制與官規 滄江

改鹽法議 滄江

●時評 西藏戡亂問題 滄江

張怡鐵路問題 滄江

城鎮鄉自治章程質疑 滄江

●調查 各省濫鑄銅元小史 滄江

西藏問題關繫事項調查記 茶圃

我國外債現狀調查記 明水

●紀事　本國紀事　世界紀事

●法令　憲政編查館奏定府廳州縣地方自治章程

●文牘　憲政編查館會奏彙案會議禁革買賣人口舊習酌擬辦法摺

度支部會奏併案覈議川鹽廢票改官摺

●叢錄　雙濤閣時事日記　雙濤

春冰室野乘　春冰

●文苑　爲朱九江先生贈家立祠啓　遙遊

啼血三律

戊戌九月和宋燕生作二律　瓠齋

六醜芙蓉　大鶴

慶春宮冬緒羈懷賦示漚尹　前人

●小說　伶隱記　英國魏司根達原著　番禺馮滿澤譯述